DROIT CIVIL
EXPLIQUÉ.

COMMENTAIRE DU TITRE XVIII
DU LIVRE III DU CODE CIVIL :

DES

PRIVILÉGES ET HYPOTHÈQUES.

PARIS. — IMPRIMERIE DE COSSON,
rue Saint-Germain-des-Prés, 9.

Voy. code civil annoté – art. 100, rectif. d'acte d'état civil –

Troplong – art. 2155. Privil. hypothèques –

4.

LE DROIT CIVIL
EXPLIQUÉ

SUIVANT L'ORDRE DES ARTICLES DU CODE,
DEPUIS ET Y COMPRIS LE TITRE DE LA VENTE.

DES

PRIVILÉGES ET HYPOTHÈQUES,

OU

COMMENTAIRE DU TITRE XVIII DU LIVRE III DU CODE CIVIL,

PAR M. TROPLONG,

CONSEILLER A LA COUR DE CASSATION,
ANCIEN PRÉSIDENT DE CHAMBRE A LA COUR ROYALE DE NANCY,
CHEVALIER DE L'ORDRE ROYAL DE LA LÉGION-D'HONNEUR;

OUVRAGE QUI FAIT SUITE A CELUI DE M. TOULLIER, MAIS DANS LEQUEL ON A ADOPTÉ LA FORME PLUS COMMODE DU COMMENTAIRE.

TROISIÈME ÉDITION.

TOME TROISIÈME.

PARIS,
CHARLES HINGRAY, LIBRAIRE-ÉDITEUR,
10, RUE DE SEINE.
A NANCY, CHEZ GEORGE GRIMBLOT.

1838.

CODE CIVIL,

LIVRE III,

TITRE XVIII :

DES

PRIVILÉGES ET HYPOTHÈQUES.

CHAPITRE IV.

DU MODE DE L'INSCRIPTION DES PRIVILÉGES ET HYPOTHÈQUES.

ARTICLE 2146.

Les inscriptions se font au bureau de conservation des hypothèques dans l'arrondissement duquel sont situés les biens soumis au privilége ou à l'hypothèque. Elles ne produisent aucun effet si elles sont prises dans le délai pendant lequel les actes faits avant l'ouverture des faillites sont déclarés nuls.

Il en est de même entre les créanciers d'une succession si l'inscription n'a été faite par l'un d'eux que depuis l'ouverture, et dans le cas où la succession n'est acceptée que sous bénéfice d'inventaire.

SOMMAIRE.

655. L'art. 443 ne proscrit pas non plus l'acquisition des hypothèques légales dispensées d'inscription. Dissentiment avec M. Pardessus et M. Dalloz.

655 *bis*. De l'inscription prise d'après l'art. 500 du Code de commerce pour la masse sur les biens de la faillite.

655 *ter*. On peut s'inscrire sur le failli quand il n'est que tiers détenteur. On peut s'inscrire sur les tiers détenteurs des biens acquis du failli dans les dix jours.

656. Examen de la question de savoir quel est le sort des hypothèques acquises entre l'ouverture de la faillite et la déclaration de son ouverture. Réfutation d'un arrêt de la cour de Paris, et approbation d'un arrêt de la cour de Bordeaux. Théorie du Code de commerce sur l'*ouverture* de la faillite. Ressemblance et dissemblance avec l'ancienne jurisprudence.

656 *bis*. Question proposée par M. Pardessus. Renvoi.

657. Question transitoire.

657 *bis*. Renvoi pour le renouvellement des inscriptions pendant la faillite.

657 *ter*. 2° *Exception* pour le cas de *succession bénéficiaire*. Pourquoi on ne peut s'inscrire sur pareille succession.

658. Question transitoire.

658 *bis*. La prohibition de s'inscrire ne s'étend pas sur les biens que possède une succession bénéficiaire comme tiers détentrice.

658 *ter*. L'acceptation de la succession sous bénéfice d'inventaire produit un effet rétroactif, et annule les hypothèques acquises depuis l'ouverture.

659. L'art. 2146 a lieu quand même la succession serait acceptée *par un mineur*.

659 *bis*. On ne peut inscrire *un privilége* sur les successions bénéficiaires.

659 *ter*. 3° Tout ceci s'applique à la *succession vacante*.

660. Mais non pas à la succession acceptée purement et simplement.

660 *bis*. On peut *renouveler* les inscriptions en cas de faillite,

COMMENTAIRE.

646. J'ai montré ci-dessus (1) l'objet de l'inscription, qui est de mettre l'hypothèque en action et de lui assurer un rang parmi les créanciers du débiteur. Dans ce chapitre je m'occuperai principalement de la forme de l'inscription. Mais c'est plus spécialement sous l'article suivant que l'on trouvera la description des solennités importantes qui constituent l'inscription. Notre article m'avertit que je dois parler ici du délai accordé pour s'instruire et des cas où l'inscription arrive trop tard et ne peut plus être prise avec effet.

647. En général, la loi ne détermine aucun délai pour s'inscrire. Elle s'en rapporte à la vigilance du créancier hypothécaire, qui, sachant que son hypothèque est inefficace tant qu'elle n'est pas inscrite, doit s'empresser de la manifester dans le plus bref délai, afin de lui assurer un rang utile.

Il arrive cependant une époque où les créanciers non inscrits sont mis en demeure de le faire dans un délai déterminé : c'est lorsqu'un tiers acquéreur veut purger les hypothèques existantes

(1) Nos 566 et suiv.

sur les biens qu'il acquiert. Ce n'est pas le lieu de s'en occuper ici avec détail. Je dirai seulement que, d'après les art. 834 et 835 du Code de procédure civile, les créanciers ordinaires doivent, à peine de déchéance, s'inscrire dans la quinzaine de la transcription de la vente volontaire, et que, d'après les art. 2194 et 2195 du Code civil, les hypothèques légales des mineurs et des femmes mariées doivent être inscrites dans les deux mois de l'exposition du contrat translatif de propriété, sans quoi l'immeuble demeure purgé de ces hypothèques.

En ce qui concerne les priviléges sur les immeubles, il en est quelques uns dont l'inscription est assujettie à un délai déterminé. J'en ai parlé sous les art. 2109 et 2111 du Code civil.

648. Jetons maintenant un rapide coup d'œil sur l'état des choses qui a précédé la publication du Code civil. La loi du 9 messidor an 3 (art. 255) voulait, afin que les hypothèques pussent remonter à la date du contrat, qu'elles fussent inscrites dans le mois de ce contrat, faute de quoi elles ne pouvaient prendre rang que du jour de leur inscription (1).

La loi du 11 brumaire an 7 (art. 37) voulut que les droits d'hypothèques ou priviléges existans lors de sa publication, et qui n'auraient pas été inscrits d'après la loi du 9 messidor an 3, le fussent dans un délai de trois mois; l'art. 38 permit qu'à ce prix ces hypothèques conservassent le rang qui leur était assigné anciennement. Enfin, d'après

(1) *Suprà*, n° 564.

l'art. 39, il fut dit que les hypothèques anciennes qui n'auraient pas été inscrites avant l'expiration de trois mois, n'auraient d'effet qu'à compter du jour de l'inscription qui serait requise postérieurement (1).

Mais pour les hypothèques constituées depuis la loi de l'an 7, il n'y eut plus de rétrogradation possible, et toutes durent prendre date du jour de leurs inscriptions.

Le Code, ayant ainsi trouvé les règles tracées pour toutes les hypothèques anciennes, ne s'est occupé que des hypothèques et priviléges à venir (2). Je viens de dire au n° 647 quel était son système à cet égard.

649. Mais à côté des principes généraux viennent toujours les exceptions.

Sans doute, en thèse ordinaire, on peut toujours s'inscrire quand on le juge convenable, sauf à s'exposer à ne pas arriver le premier.

Mais il est des circonstances où la nécessité force à modifier cette règle, et où les immeubles sont virtuellement purgés de tous hypothèques ou priviléges non inscrits, abstraction faite de toute mesure propre à pratiquer la purgation des hypothèques.

Le premier cas a lieu lorsque le débiteur tombe en faillite. Alors son créancier hypothécaire ou privilégié ne peut prendre inscription non seule-

(1) V. un arrêt de la cour de cassat. du 18 germinal an 13. Dal., Hyp., p. 222.

(2) Sauf ce que j'ai dit nos 573, 628 et suiv. de quelques dispositions transitoires.

ment lorsque la faillite est ouverte, mais encore dans les dix jours qui précèdent l'ouverture de cette faillite. (Art. 443, Code de commerce.)

Les motifs qui ont fait établir cette règle rigoureuse sont (1) que, dans les cas de déconfiture, et lorsque la ruine du débiteur menace la totalité des créanciers de pertes imminentes, il n'est pas juste qu'un de ces créanciers puisse acquérir des garanties au préjudice des autres; sans quoi il pourrait arriver que les créanciers placés sur les lieux et informés des dangers que court la fortune du débiteur, prissent leurs précautions, tandis que les créanciers plus éloignés et avertis postérieurement pourraient ne pas arriver à temps; de sorte que la préférence serait en quelque sorte le prix de la course. La faillite fixe les droits de tous les créanciers : elle les fixe même au rang qu'ils avaient avant les dix jours de son ouverture, parce qu'on suppose que, dès cette époque, le mauvais état des affaires du débiteur était connu. Les créanciers doivent s'imputer de n'avoir pas été plus vigilans.

Ainsi, quand même un créancier aurait une hypothèque avant les dix jours qui précèdent l'ouverture de la faillite, il ne pourrait plus la faire inscrire pendant ces dix jours (2). Car l'inscription améliorerait sa position, et c'est précisément ce que la loi défend.

Tel est le sens et l'esprit de notre article; il est empreint d'une grande exagération, et sa généra-

(1) Je les ai combattus et réduits à leur juste valeur. *Préf.*, p. lxxij.

(2) Art. 5 de la loi de brumaire an 7.

lité conduit à des résultats que la raison repousse très-souvent, et qui sont, j'en suis sûr, contraires à sa pensée primitive (1).

Mais c'est surtout quand on le combine avec l'art. 443 du Code de commerce qu'arrivent des difficultés nouvelles.

L'art. 443 du Code de commerce va en effet beaucoup plus loin que l'art. 2146. Ce dernier ne prohibe que les *inscriptions* prises dans les dix jours de la faillite. Mais l'art. 443 attaque le fond du droit d'une manière générale, et il défend d'*acquérir* privilége ou hypothèque sur les *biens* du failli dans les dix jours antérieurs à l'ouverture de la faillite.

On voit combien cette portée est grande; elle semble atteindre les hypothèques et les priviléges dispensés d'inscription, sur lesquels l'art. 2146 ne s'expliquait pas. Elle s'arme d'une défiance ombrageuse, qui, au premier coup d'œil, paraît embrasser non seulement les causes ordinaires de préférence, émanées de la concession du débiteur, mais encore les contrats les moins suspects de complaisance. De nombreux efforts d'interprétation ont donc été faits pour limiter cet article.

Nous allons passer en revue les difficultés de cette matière délicate.

950. Une déclaration du mois de novembre 1702

(1) Le législateur semble avoir partagé cette opinion; car, dans le projet de loi sur les faillites, l'article 446 porte : « L'hypothèque pourra, dans les dix jours qui précèdent l'ouverture de la faillite, être valablement inscrite si elle avait » été constituée antérieurement. »

portait « que toutes cessions et transports sur les » biens des marchands qui font faillite seraient » nuls et de nulle valeur, s'ils n'étaient faits dix jours » au moins avant la faillite *publiquement connue;* » comme aussi que *les actes et obligations qu'ils* » *passeraient devant notaires*, au profit de quel- » ques uns de leurs créanciers, ou pour contracter » de nouvelles dettes, ensemble les *sentences* qui » seraient rendues contre eux, n'acquerraient » *aucune hypothèque ni préférence* sur les créanciers » chirographaires, si lesdits actes et obligations » n'étaient passés, et lesdites sentences n'étaient » rendues pareillement dix jours au moins avant » la faillite *publiquement connue* (1).

En pesant bien les termes de cette déclaration, on voit qu'elle n'a entendu proscrire que les hypothèques *conventionnelles* ou *judiciaires*, constituées dans les dix jours antérieurs à l'ouverture de la faillite. Elle ne peut s'étendre en effet ni aux *hypothèques légales* des mineurs et des femmes, puisque ces hypothèques résultent du fait de la loi, et non pas *de sentences* ou d'actes *passés devant notaires* (2); ni aux *priviléges*, puisque c'est aussi la loi qui les concède sans le fait des parties, et qu'ils s'attachent aux transactions faites sous *seing privé* aussi bien qu'aux actes faits par *acte notarié* (3).

(1) Dal., v° Faillite, p. 66, col. 2. Répert., Faillite, p. 65, et Hyp., p. 793.

(2) Le mariage (*suprà*, n° 513) ou la gestion de la tutelle (*suprà*, n° 429) y donnent lieu.

(3) Il faut excepter le privilége du gagiste que la loi ne concède pas sans le fait des parties, et qui ne résulte, au contraire,

La loi de brumaire an 7 était entrée dans ce système, si ce n'est que, par suite d'une susceptibilité trop jalouse peut-être, elle avait défendu aux hypothèques, même à celles qui existaient avant les dix jours de la faillite, de se compléter dans ce délai par l'inscription. C'était aller un peu plus loin que la sage déclaration de 1702; mais du moins, en ce qui concerne les priviléges, le système était maintenu (1). Tel était l'état des choses lors de la promulgation de l'art. 2146; a-t-il voulu y apporter des modifications?

Je suis convaincu que telle n'a pas été l'intention de ceux qui l'ont rédigé. Mais ils se sont servis d'expressions qui dépassent leur pensée, et qui, malgré eux peut-être, ont altéré l'état de l'ancienne législation.

Que dit en effet notre article? Que les inscriptions prises dans les dix jours de la faillite sont sans efficacité, et il applique cela non seulement aux hypothèques, mais encore aux priviléges sujets à inscription.

Ainsi le privilége du vendeur, le privilége du co-partageant, le privilége de l'architecte, bien qu'existant avant les dix jours de la faillite, ne pourront être inscrits dans ces dix jours, et par là ils se trouveront paralysés.

Il y aurait quelque chose de hardi à dire sur ce texte de l'art. 2146; ce serait de soutenir que le

que de leur volonté formellement exprimée dans un acte public, ou dans un acte sous seing privé enregistré.

(1) Arg. des art. 5, 26, 29.

législateur est tombé dans la même confusion que dans l'art. 2136, où nous l'avons vu accoler ensemble les mots de *privilége* et d'hypothèque, et appliquer avec une grande légèreté aux priviléges ce qui n'est possible que pour les hypothèques conventionnelles (1). Ce qu'il a fait dans l'art. 2136 pourquoi ne l'aurait-il pas fait dans l'art. 2146, et dans combien d'autres circonstances ne l'avons-nous pas vu se servir de mots qui ont trompé sa pensée, et que l'interprétation a dû nécessairement corriger, afin de rentrer dans le vrai? N'a-t-il pas dit, par exemple, dans l'art. 2106, que les priviléges ne produisent d'effet qu'*à compter de la date de leur inscription?* ce qui est un contresens si évident qu'il n'est personne qui aujourd'hui considère ces mots comme ayant quelque valeur (2).

On se fortifie d'autant plus dans cet esprit d'indépendance contre le texte de notre article, qu'on ne voit pas de motifs plausibles pour étendre aux priviléges une disposition que la législation antérieure avait restreinte avec raison aux hypothèques conventionnelles et judiciaires.

En effet, l'inscription donne à l'hypothèque un rang qu'elle n'avait pas encore. Elle crée pour l'hypothèque un droit nouveau; au contraire, en matière de privilége, l'inscription ne fixe pas les rangs, elle ne fait que *conserver* le droit à la préférence. Or, comme le disait M. Merlin sur une

(1) *Suprà*, t. 2, n° 633 *bis*.
(2) *Suprà*, t. 1, n° 266 *bis*.

autre question, la faillite ne devait pas empêcher de *conserver* des droits *acquis*, et l'on ne doit pas argumenter d'un droit à *acquérir* à un droit à *conserver* (1).

Il y a plus; la loi ne défend pas au failli de faire, dans les dix jours qui ont précédé sa faillite, des traités et des actes de bonne foi : il peut vendre, acheter, procéder à un partage s'il n'y a pas fraude (2). Conçoit-on, dès-lors, que la vente qu'on lui fait de bonne foi soit reconnue valable, et qu'elle ne produise pas en même temps le privilége que la loi attache de plein droit et sans stipulation à toute vente dont le prix n'a pas été payé? le conçoit-on surtout, lorsqu'on sait que le vendeur peut reprendre sa chose en faisant prononcer la résolution de la vente?

Des raisons à peu près semblables militent en faveur du co-partageant, de l'architecte, etc. Soixante jours sont donnés au co-partageant pour s'inscrire; et tandis qu'il se repose sur cette promesse de la loi, voilà que la faillite de son débiteur suffit pour rendre son privilége inutile; mais la faillite ne peut faire que l'immeuble ne soit entré dans le patrimoine du failli avec la charge des soultes ou garanties; elle ne peut empêcher que l'architecte n'ait amélioré la condition du failli, et qu'il n'ait fait par conséquent l'affaire de tous les créanciers.

Adopter l'art. 2146 dans ce qu'il a de relatif aux

(1) Quest. de droit, v° Inscript. Hypoth., p. 613, col. 2.
(2) Art. 444 du Code de commerce.

priviléges, n'est-ce pas violer la règle que « *nul ne peut s'enrichir aux dépens d'autrui ?*

Aussi presque tous les auteurs ont-ils pensé que l'art. 2146 devait être restreint aux hypothèques, et qu'il ne devait pas être étendu aux priviléges (1). C'est aussi ce qu'a jugé la cour de Paris par arrêt du 20 mai 1809 (2).

Mais, comme je le disais en commençant, cette opinion est hardie, et je ne m'étonne pas que la jurisprudence n'ait pas osé l'adopter. La cour de cassation s'est constamment prononcée contre elle (3), et les cours royales (4) ont suivi cette direction, et imité cette réserve.

Moi-même, qui reconnais tous les inconvéniens de l'art. 2146, toutes les fois que j'ai eu à traiter cette question comme magistrat, je l'ai fait dans le sens que la cour de cassation a fait prévaloir, parce que les hardiesses de l'interprétation théorique, quelquefois utiles dans les livres, ont des dangers dans la pratique des affaires qui occupent la conscience du juge.

Ainsi donc, la jurisprudence s'accorde à reconnaître que le vendeur ne peut faire inscrire son privilége dans les dix jours qui précèdent l'ouver-

(1) Tarrible, Inscript., Hyp., Répert., p. 220, n° 10. Persil, Rég. hyp., art. 2146, n° 3. M. Grenier explique notre article en disant qu'il ne s'applique qu'aux priviléges dégénérés en hypothèque, t. 1, n° 125. Pardessus, t. 4, p. 287 et suiv.

(2) Dal., Hyp., p. 105, note n° 2.

(3) 16 juillet 1818, Dal., Hyp., p. 245. 12 juillet 1824, arrêt portant cassation. Dal., Hyp., p. 105, 106.

(4) Toulouse, 2 mars 1826. Dal., 26, 2, 186.

ture de la faillite. Peu importent les lois antérieures et les avertissemens qu'on peut en tirer! L'article 2146 est là avec son texte qui tue l'esprit.

Ce que la jurisprudence a décidé dans le cas d'une inscription prise par un vendeur dans les dix jours de la faillite, il faudra le décider dans le cas où le vendeur aurait conservé son privilége, non par une inscription, mais par une transcription faite dans les dix jours de la faillite. La transcription vaut inscription (1); elle vaudrait davantage si elle produisait des effets que l'inscription ne peut pas produire.

651. Mais plus notre article fait violence par son texte aux doctrines fondées sur la raison, moins on doit l'étendre hors de sa sphère. Qu'on l'applique aux droits du vendeur, du co-partageant, de l'architecte, parce que ce sont là de véritables priviléges; on y est forcé par la lettre de la loi. Mais on ne saurait lui donner extension jusqu'au point d'atteindre le droit de celui qui demande la séparation des patrimoines.

Ce droit n'est pas un véritable privilége (2). Ce n'est qu'improprement que l'art. 2111 lui donne cette qualification. Qui ne voit d'ailleurs que c'est positivement parce que l'héritier peut se trouver obéré sur son patrimoine personnel, qu'on a introduit le droit de demander la séparation des patrimoines en faveur des créanciers légataires du défunt? Est-ce qu'il ne serait pas absurde de pro-

(1) *Suprà*, t. 1, nos 277 et 282.
(2) *Suprà*, t. 1, n° 323.

noncer contre eux la peine de la confusion des patrimoines, par la seule raison que le motif qui rend la séparation nécessaire viendrait à se réaliser? N'est-ce donc que quand l'héritier est *in bonis* que les créanciers et légataires seront restreints à user du bénéfice de la loi? Voudrait-on que la loi se fût jouée d'eux en leur accordant une faculté de nature à n'être exercée que dans les cas où elle est inutile?

Uue succession peut être acceptée sous bénéfice d'inventaire, ou demeurer vacante, ou être acceptée purement et simplement.

Si elle est acceptée sous bénéfice d'inventaire, la séparation des patrimoines s'opère de plein droit. Il en est de même si elle demeure vacante. Dans ces deux cas, il n'est nécessaire ni de demander la séparation ni de s'inscrire. Or, on sait qu'entre le cas de faillite et celui de succession bénéficiaire ou vacante, il y a là plus grande analogie.

Ce n'est que lorsqu'une succession est acceptée purement et simplement qu'il y a lieu à demander la séparation des patrimoines, et ce droit n'est utile que lorsque l'héritier est obéré! et l'on voudrait que la faillite de cet héritier privât les créanciers du défunt et ses légataires de demander même si la succession s'ouvrait *pendant la faillite!*

Le premier paragraphe de l'art. 2146 doit s'entendre de la même manière que le second. Or ce second paragraphe, en défendant de prendre inscription sur une succession bénéficiaire, déclare

que cette prohibition n'a lieu qu'*entre créanciers de la succession*. Donc, c'est avec cette limitation qu'il faut entendre ce qui, dans l'art. 2146, est relatif aux faillites. La prohibition de s'inscrire n'a lieu qu'*entre créanciers de la faillite*. Eh bien! ici il s'agit de légataires et de créanciers du défunt, qui ne tiennent pas leurs droits du failli, et qui demandent à ne pas devenir ses créanciers. C'est ce qu'a jugé un arrêt de la cour de Paris du 23 mars 1824 (1).

652. Je crois également que notre article ne doit pas être appliqué aux créanciers privilégiés qui ont fait la condition de la masse meilleure *depuis que le failli a été dessaisi*. Tels sont les ouvriers qui auraient réparé des édifices appartenant au failli, depuis sa faillite; ils sont censés avoir contracté avec la masse dont ils ont fait l'affaire (2); ils sont bien plutôt les créanciers de la masse que les créanciers du failli (3); ils pourront donc prendre toutes les mesures autorisées par la loi, pour conserver leur privilége.

653. Résumons maintenant les effets de l'article 2146.

Il empêche l'inscription des priviléges dans les dix jours de la faillite, sauf ce que nous avons dit aux numéros précédens.

Il empêche aussi l'inscription des hypothèques. Ainsi on ne peut inscrire ni hypothèques judiciaires, ni hypothèques légales, ni hypothèques con-

(1) Dal., 25, 2, 119, V. *infrà*, n° 655 *ter*.

(2) Arg. de l'art. 558 du Code de commerce.

(3) *Suprà*, t. 1, n° 320.

ventionnelles, *bien que la cause de ces hypothèques soit antérieure aux dix jours de la faillite* (1).

Mais les hypothèques légales, dispensées d'inscription, restent à l'abri des dispositions de l'article 2146 ; c'est par les principes de la déclaration du mois de novembre 1702 (2) qu'elles sont réglées, de même que les priviléges affranchis d'inscription (3).

653 *bis.* Mais la publication du Code de commerce est venue jeter des difficultés nombreuses sur ce dernier point.

Voici ce que porte l'art. 443 : *Nul ne peut acquérir privilége ni hypothèque sur les biens du failli, dans les dix jours qui précèdent l'ouverture de la faillite.*

Il suit de là qu'en prenant à la lettre cette disposition, une femme qui se mariera avec un négociant dans les dix jours qui auront précédé la faillite n'aura pas d'hypothèque légale sur les biens de son mari, ou bien que si une tutelle est déférée à un négociant à la même époque, le mineur sera privé d'hypothèque légale ; enfin que les priviléges mobiliers attachés par la loi aux frais funéraires, aux frais de justice, etc., ne seront pas admissibles. Ainsi l'art. 443 aurait fait disparaître tout ce que l'art. 2146 du Code civil aurait encore laissé d'effet à la déclaration de 1702 !!

Ce résultat a quelque chose de blessant : pour

(1) Cassat., 11 juin 1817. Dal., Hyp., p. 242, 243.

(2) *Suprà*, n° 650.

(3) Tels que les priviléges sur les meubles, etc.

décider s'il est juste, il faut se livrer à quelques observations.

Le mot *acquérir* doit d'abord être exactement défini. Dans son acception la plus large, il embrasse tous les moyens de droit civil ou naturel qui font entrer quelque chose dans le domaine d'un individu, soit que la volonté de l'homme y soit requise, soit qu'elle n'y soit pas exigée. C'est dans ce sens que l'art. 712 du Code civil dit que *la propriété s'acquiert par accession*. En effet, l'accession incorpore à notre domaine une chose qui n'en faisait pas partie, et elle l'y fait entrer, même à notre insu, par la seule force de la matière principale à laquelle elle s'unit.

Mais dans un sens plus restreint, le mot *acquérir* s'entend de ce que nous obtenons par l'effet de notre volonté, ou par un effort de notre industrie, en un mot par quelque acte personnel. Il n'est plus alors qu'un composé de notre verbe *querir*, ou un synonyme du verbe *quærere* des Latins, qui indiquent tous les deux l'effort, la poursuite, la sollicitation. C'est dans ce sens que le jurisconsulte Ulpien se sert du verbe *quærere* au lieu du verbe *adquirere*, lorsqu'il parle de l'acquisition du domaine par la possession (1). « Placet, dit-il, per » liberam personam omnium rerum possessionem » quæri posse, et per hanc dominium. » C'est encore en ce sens qu'on donne à l'acheteur le nom d'*acquéreur* (2), parce que l'achat est un des prin-

(1) L. 20, § 2, Dig., *De adq. rer. dom.*

(2) Art. 1625 du Code civil, 1619, 1620, 1621, 1617, *et passim*.

cipaux moyens d'*acquérir* par un acte personnel et volontaire (1).

Maintenant quelle est de ces deux significations celle qui convient au mot *acquérir* employé dans l'art. 443 du Code de commerce? Doit-il être restreint à ce qu'on n'acquiert que par l'effet de sa volonté, ou doit-on l'étendre à ce qui s'acquiert sans la volonté des parties?

L'art. 558 du Code de commerce vient jeter un trait de lumière sur cette difficulté! Il consacre le privilége des frais de justice, qui dérive de la loi et non de la stipulation; il permet que, malgré l'art. 443 du Code de commerce, on puisse obtenir sur les biens d'un failli un privilége indépendant de la volonté des parties. Le mot *acquérir* doit donc être pris dans son sens restreint, et non dans son acception la plus générale (2).

654. Ceci posé, jetons un coup d'œil rapide sur la plupart des priviléges.

Beaucoup de ces priviléges sont attachés par la loi à certains actes nécessaires de la vie civile, indépendamment de la volonté des parties. Tels sont les priviléges des frais de justice, des frais funéraires de dernière maladie, etc. De ce qu'un individu est en faillite, il ne s'ensuit pas qu'il soit pour cela privé *de l'eau et du feu*. S'il est malade,

(1) C'est pourquoi M. Pardessus a très-bien dit, dans son Traité des Servitudes : « Celles qui résultent de la disposition » naturelle des lieux ou de la volonté de la loi, ne *s'acquièrent pas*, à proprement parler. » N° 241. Arg. de l'art. 690.

(2) V. au n° 654 le nouvel argument fourni par l'art. 53[illegible] du Code de commerce, et de l'art. 558.

il faut qu'il se fasse soigner; s'il vient à mourir, l'humanité veut qu'il soit inhumé avec les honneurs dus à tout citoyen. Il ne peut se priver entièrement des services de ses domestiques; on ne pourrait non plus sans une cruauté impitoyable lui refuser des fournitures de subsistance. Dans tous ces cas, il y a un privilége attaché par la loi à chacun de ces actes. Ce privilége ne *s'acquiert* pas par une stipulation. Le créancier ne se l'est pas procuré par une exigence exercée sur le débiteur; il ne l'a pas *acquis* par ses sollicitations, par sa volonté ou par celle du failli. Il le trouve attaché nécessairement comme qualité inhérente à la créance dont il réclame le paiement. Il semble donc que le créancier pourra réclamer ce privilége non seulement dans le cas où il aurait pris naissance dans les dix jours de la faillite, mais encore lorsqu'il serait né dans un temps postérieur à la déclaration de l'ouverture de sa faillite. Ainsi, par exemple, quel que soit le temps où un négociant failli vienne à mourir, il est bien certain que les frais funéraires et de dernière maladie seront privilégiés (1).

Si ces frais n'étaient pas avancés par un créancier, il faudrait qu'ils fussent faits par la masse (2). L'humanité en fait un devoir. Il en est de même des fournitures de subsistances. D'après l'art. 530 du Code de commerce, on doit prélever sur les

(1) *Suprà*, n° 137. M. Pardessus, t. 4, p. 275. M. Dalloz, Hyp., p. 234. M. Grenier, Hyp., t. 2, p. 20.

(2) Arg. de l'art. 530 du Code de commerce.

biens du failli les sommes nécessaires pour venir à son secours et pourvoir à ses besoins, et ces sommes sont privilégiées (art. 558). De cette disposition ne sort-il pas la preuve que l'existence de tous les priviléges généraux est bien loin d'être incompatible avec l'état de faillite? Car qu'est-ce que ce secours privilégié accordé au failli, si ce n'est le moyen d'acquitter les créances privilégiées dont nous venons de parler?

Voyons maintenant pour les priviléges spéciaux. Des marchandises sont expédiées à un négociant en faillite : le voiturier les transporte et les amène ou au failli ou aux syndics. Evidemment il sera privilégié sur ces marchandises : car en les transportant, il a fait l'affaire de la masse. Il y a pour le maintien du privilége du voiturier même raison que pour les frais de justice, savoir, origine puisée dans la volonté de la loi et non des parties, avantage commun de tous les créanciers.

Supposons encore qu'un individu étant en voyage dans les dix jours qui précèdent sa faillite, ou même depuis sa faillite, fasse des dettes dans une auberge; il n'est pas douteux que l'aubergiste aura privilége sur les effets transportés dans son auberge. Il ignore si le voyageur qui lui demande l'hospitalité est ou non failli, ou voisin de sa faillite. Car c'est précisément parce qu'il est obligé de recevoir toutes les personnes en voyage (1) sans les connaître, que la loi le favorise : d'ailleurs, la loi place une espèce de main-mise et de saisie-arrêt en faveur de l'au-

(1) *Suprà*, n° 201

bergiste sur les effets que le voyageur fait entrer dans son auberge. Est-ce lui qui va chercher le voyageur? N'est-ce pas la nécessité qui force ce dernier à prendre un gîte? On ne peut donc voir dans ce cas aucun empêchement à l'établissement du privilége.

Que doit-on dire du commissionnaire? Un négociant expédie à un commissionnaire des marchandises pour les vendre, et le surlendemain il tombe en faillite. Le consignataire aura-t-il un privilége pour ses avances, ou bien pourra-t-on lui opposer que, d'après l'art. 443 du Code de commerce, nul ne peut acquérir privilége sur les biens d'un failli dans les dix jours qui précèdent la faillite?

D'après l'art. 445 du Code de commerce, les engagemens de commerce qui ont lieu dans les dix jours de la faillite ne sont nuls à l'égard des tiers contractans, que lorsqu'il est prouvé qu'il y a fraude de leur part. Ainsi dans l'absence de fraude une opération de commission est permise dans les dix jours qui précèdent la faillite.

Mais si cette opération est permise, il est clair qu'elle doit subsister avec les priviléges que la loi déclare lui être inhérens : sans cela, le législateur aurait tendu un piége aux parties. Il aurait été injuste de dire au commerçant de bonne foi : « Vous » pourrez contracter en sûreté, même la veille de la » faillite », et cependant de le priver des garanties sans lesquelles il n'aurait pas contracté. L'art. 443 du Code de commerce ne s'applique donc pas aux engagemens de commerce auxquels la loi a atta-

ché un privilége de plein droit et sans la convention des parties.

Cet avis est celui de M. Pardessus (1). Il est corroboré par un arrêt de la cour de Rennes, du 13 juin 1818, rendu après une grande discussion dans laquelle on produisit une excellente consultation de ce professeur (2).

Examinons à présent l'application de l'art. 443 du Code de commerce au privilége de celui qui a fait des frais pour l'amélioration ou la conservation d'une chose appartenant à un individu voisin de sa faillite.

Comment la masse des créanciers pourrait-elle contester ce privilége? Si l'ouvrier n'eût pas avancé ces frais, elle aurait été forcée de les faire elle-même. Il y a même raison ici que pour les frais de justice.

A l'égard du privilége du locateur, comme il est fondé sur l'occupation des meubles appartenant au locataire et sur une espèce de main-mise que la loi accorde au locateur sans aucune convention, je crois qu'il ne peut être refusé, quand même le bail aurait commencé dans les dix jours de la faillite. On ne peut empêcher un failli de chercher un asile; cependant tous les propriétaires de maison refuseraient de recevoir un individu de cette qualité, si le privilége *in invectis et illatis* leur était refusé (3).

(1) T. 4, p. 275.

(2) Dalloz, Commiss., p. 764, 765.

(3) Arg. de l'art. 530 du Code de commerce, et de l'art. 558 du même Code.

Pour ce qui concerne la vente d'effets mobiliers faite au failli dans les dix jours qui précèdent la faillite, si elle constitue une opération réciproque de commerce, on sait qu'elle n'a pas de privilége, et qu'elle peut seulement donner lieu au droit de revendication (1).

Mais si elle a pour objet des effets mobiliers que l'acquéreur n'avait pas l'intention de faire entrer dans son commerce, comme, par exemple, des meubles pour meubler son appartement, alors, dans les cas ordinaires, il y a lieu au privilége en faveur du vendeur. Mais ce privilége pourra-t-il être invoqué si la vente est faite au failli dans les dix jours de la faillite?

M. Pardessus tient l'affirmative dans la consultation dont j'ai parlé (2). Il me semble qu'on doit partager cet avis.

En effet, la masse des créanciers veut-elle faire entrer les meubles meublans vendus dans l'actif de la faillite? Elle ne le peut que sous la condition du privilége inhérent qui grève ces meubles d'après la volonté de la loi, tant que le prix n'est pas payé. Elle ne peut séparer les meubles du privilége; car ils ne sont entrés dans le domaine du failli qu'avec la charge du privilége.

D'après l'art. 1654 du Code civil, le vendeur peut demander la résolution de la vente. Ce droit ne me paraît avoir été modifié par aucune loi dans le cas de faillite. Le vendeur aurait donc la faculté

(1) Art. 576. C. de comm., *suprà*, t. 1, no 200.
(2) Dal., *Commissionnaire*, p. 764.

d'en user. Or, s'il peut reprendre la chose en nature, pourquoi lui refuser un privilége sur le prix?

Disons donc que l'on doit restreindre la signification du mot *acquérir*, qui se trouve dans l'art. 443, au seul cas où il s'agit d'un droit qu'on s'est procuré par une stipulation, afin d'améliorer sa condition; mais qu'il ne faut pas étendre ce mot *acquérir* aux priviléges qu'on ne se procure pas, et qui découlent d'une volonté supérieure et de la force intrinsèque de la qualité d'une créance.

Cette interprétation ne tend pas à anéantir l'art. 443; elle a pour but unique de lui donner un sens raisonnable, et de le concilier avec les principes et avec les autres dispositions du Code de commerce.

Ainsi, on l'appliquera dans toute sa force lorsqu'il s'agira du privilége du gagiste. Car il s'agit ici d'une sûreté conventionnelle qui souvent a pour but principal de favoriser un créancier aux dépens des autres. Il s'agit d'un droit qu'on s'est procuré par stipulation, *qu'on a acquis* par contrat, à peu près comme quand on fait *acquisition* d'une chose par le moyen de l'achat (1).

Dans tous les autres cas, l'art. 443 devra être considéré comme inapplicable.

655. Voyons ce qui concerne les hypothèques légales dispensées d'inscription.

Une femme qui se marierait avec un failli, dans les dix jours de sa faillite, pourrait-elle prétendre à une hypothèque sur ses biens!

(1) M. Pardessus, t. 4, p. 276. Dal., Hyp., p. 234 (Rennes, 13 juin 1818). Dal., *Commissionnaire*, p. 764.

MM. Pardessus et Dalloz (1) se décident pour la négative.

D'après ce que j'ai dit ci-dessus, l'affirmative me paraît préférable. La femme n'*acquiert* pas d'hypothèque légale (2), en ce sens qu'elle ne la stipule pas : elle la reçoit des mains de la loi tout établie. Le mot *acquérir*, appliqué à l'hypothèque, doit avoir le même sens que lorsqu'il est appliqué au privilége.

Il en est de même du cas où un individu devient tuteur dans les dix jours qui précèdent sa faillite. C'est l'opinion de M. Pardessus (3), et l'on ne sait trop pourquoi. M. Dalloz a été plus conséquent en assimilant la tutelle au mariage (4); seulement il a donné trop de latitude au mot *acquérir* dans l'un et l'autre cas.

On objectera peut-être que l'hypothèque judiciaire découle de la loi, et qu'il est étonnant que je ne reconnaisse pas sa validité, si elle arrive dans les dix jours de la faillite. Ma réponse est qu'il n'y a pas d'hypothèque judiciaire sans inscription, et que l'inscription est un acte personnel et volontaire qui fait que nous tombons sous l'influence du mot *acquérir* pris dans son sens le plus restreint. Je dis la même chose des hypothèques légales soumises à l'inscription. C'est par là qu'on explique pourquoi l'art. 2146 n'a pas voulu laisser

(1) Cours de droit comm., t. 4, p. 278. Hyp., p. 235.
(2) N° 653 *bis*.
(3) *Loc. cit.*
(4) *Loc. cit.*

inscrire les priviléges sur les immeubles dans les dix jours de la faillite.

655 *bis*. Revenons maintenant à l'art. 2146.

D'après l'art. 500 du Code de commerce, les syndics sont tenus de prendre inscription au nom de la masse des créanciers sur les immeubles du failli, et l'inscription doit être reçue sur simple bordereau énonçant qu'il y a faillite, et relatant la date du jugement par lequel ils ont été nommés.

Il ne faut pas croire que cette disposition soit une exception au principe qu'on ne peut prendre inscription sur les biens d'un failli. L'inscription dont il est ici question n'est qu'une formalité conservatrice, qui annonce que la masse des créances est constatée, et que le débiteur est en faillite (1). Le failli peut avoir des propriétés éloignées de son domicile : son état de faillite pourrait être inconnu, et des tiers pourraient de bonne foi traiter avec lui. L'inscription les avertit (2).

Ainsi cette inscription ne confère aucun droit individuel aux créanciers. Un créancier hypothécaire du failli qui ne serait pas inscrit ne pourrait pas s'en prévaloir. Un créancier hypothécaire inscrit, mais dont l'inscription serait périmée, ne pourrait non plus prétendre que son inscription a été utilement renouvelée par celle des syndics (3).

(1) Tarrible, Inscript., Hyp., p. 188, col. 2.

(2) M. Grenier, t. 1, n° 127.

(3) Arrêt de Dijon du 26 février 1819. (Dal., Hyp., p. 313). Autre de Limoges, 26 juin 1820 (Dal., Hyp., p. 104, n° 2). Rép., t. 16, p. 472, col. 2. Grenier, t. 1, n° 127. Pardessus, t. 4, n° 1157.

655 *ter*. J'ai dit ci-dessus, n° 651, que l'art. 2146 devait s'entendre en ce sens que la prohibition n'avait lieu qu'entre créanciers directs et personnels du failli.

Il suit de là que, si le failli n'était tenu que comme tiers détenteur, une inscription pourrait être prise contre lui.

Par exemple : Denis a une hypothèque sur la vigne appelée *la Vignette*, possédée par Joseph son débiteur. Avant que cette hypothèque soit inscrite, Joseph vend cette vigne à *Mercator*, négociant, qui tombe en faillite quelques jours après. Je crois que Denis sera en droit de prendre inscription. En effet, la masse des créanciers du failli, étant tiers-détentrice, ne peut conserver l'immeuble qu'en purgeant. Supposons que cet immeuble soit frappé d'une inscription autre que celle de Denis; si la masse veut purger cette hypothèque inscrite, il faudra qu'elle transcrive. Or, la transcription n'est pas autre chose qu'une sommation aux créanciers non inscrits de prendre inscription dans la quinzaine (1). Donc Denis pourra s'incrire utilement (2); d'ailleurs il est en dehors de la masse. Il n'est pas créançier de *Mercator*, et j'ai prouvé au n° 651, par la contexture de notre article, qu'il n'était applicable qu'entre créanciers du failli.

Une autre conséquence de l'art. 2146, c'est que si le négociant avait aliéné un de ses immeubles à

(1) *Infrà*, n° 900 et suiv.

(2). M. Grenier, t. 2, p. 164, n° 364.

titre onéreux dans les dix jours qui ont précédé l'ouverture de la faillite, celui des créanciers qui aurait eu hypothèque sur cet immeuble, pourrait prendre inscription sur lui entre les mains du tiers détenteur (1) Car ce ne serait pas s'inscrire *sur les biens du failli* (art. 443 Code de commerce).

656. Nous avons vu que l'art. 2166 déclare inefficaces les inscriptions prises dans les dix jours de l'ouverture de la faillite, et que l'art. 443 du Code de commerce décide que nul ne peut acquérir privilége ni hypothèque sur les biens du failli, dans les dix jours qui précèdent l'ouverture de la faillite.

Mais des difficultés sérieuses se sont élevées pour savoir ce que l'on devait entendre ici par l'ouverture de la faillite.

Par exemple : l'ouverture d'une faillite est d'abord fixée au 1er août (2). Le 1er juillet un créancier du failli avait obtenu un jugement contre lui et l'avait fait inscrire le 3 du même mois. Mais plus tard les syndics de la faillite obtiennent un jugement qui fait remonter la faillite au 5 juillet. Quel sera le sort de l'hypothèque judiciaire du créancier? Devra-t-on dire qu'elle a été acquise et inscrite dans les dix jours qui ont précédé l'ouverture de la faillite? ou bien faudra-t-il décider que ce n'est pas à la date de la faillite remontée qu'il faudra s'arrêter, mais à la date de la faillite déclarée par le premier jugement.

(1) Delvinc., t. 3, p. 168, nos 6 et 9. Persil, art. 2146, nos 11 et 15. Dal., Hyp., p. 235, n° 8.

(2) Pardessus, t. 4, p. 236.

Les tribunaux sont partagés sur cette question. La cour royale de Bordeaux a décidé, par arrêt du 6 mars 1829 (1), que l'on devait prendre pour point de départ l'époque à laquelle la faillite est déclarée remonter. Au contraire, la cour de Paris, par arrêt du 13 avril 1831 (2), a décidé que l'hypothèque qu'un créancier de bonne foi a obtenue d'un failli avant les dix jours qui ont précédé la déclaration de la faillite, mais après l'époque à laquelle l'ouverture de la faillite a été déclarée remonter, doit être maintenue.

Cette question est très-importante pour les créanciers de bonne foi qui ont traité avec un négociant encore à la tête de ses affaires; mais je ne la crois pas aussi difficile qu'elle est grave eu égard aux résultats.

On a vu ci-dessus, par le texte de la déclaration du mois de novembre 1702 (3), que dans l'ancienne jurisprudence on n'annulait que les hypothèques acquises dix jours au moins *avant la faillite publiquement connue*. Quand le mauvais état des affaires d'un négociant est notoire, on ne doit pas permettre à l'un de ses créanciers d'acquérir des garanties aux dépens des autres; car le créancier le plus promptement arrivé serait le plus heureux; d'ailleurs on n'ignore pas avec quelle facilité dangereuse un homme qui voit tout son patrimoine lui échapper devient prodi-

(1) Dal., 30, 2, 167, v. Décisions analogues. Dal., Faill., p. 76.

(2) Dal., 31, 2, 158, 159.

(3) N° 650.

gue de concessions. Ce qu'il donne n'est pour ainsi dire plus à lui : aussi n'en est-il pas avare; que lui en coûte-t-il pour accorder des hypothèques? Les biens sur lesquels elles vont frapper sont dévolus à la masse de ses créanciers. Dans une pareille position, il y a également fraude et de la part du débiteur qui, dans ses largesses à bon marché, peut si facilement favoriser un ou plusieurs de ses créanciers au détriment des autres, et de la part de celui des créanciers qui, abusant de l'état connu du débiteur, prend des garanties sur des biens qu'il sait ne plus appartenir à ce dernier. Et comme la faillite d'un négociant est précédée d'avant-coureurs, et que la notoriété publique la pressent toujours d'avance, la même présomption de fraude existe dans les dix jours antérieurs à son ouverture légale.

Tel est le sens et l'esprit de la déclaration de 1702. Cette déclaration fait dépendre la nullité de l'hypothèque de la connaissance du mauvais état des affaires du débiteur.

En est-il de même sous le Code de commerce?

Toute la difficulté se trouve concentrée dans l'art. 443, portant que nul ne peut acquérir hypothèque dans les dix jours qui précèdent *l'ouverture de la faillite.*

Qu'est-ce que l'ouverture de la faillite (1)?

L'art. 441 du Code de commerce décide cette question.

Il envisage trois choses : 1° le jugement que doit

(1) M. Dal., Faillite, p. 20. M. Vincens, t. 1, p. 462. M. Pardessus, t. 4, *passim.*

rendre le tribunal de commerce pour *déclarer l'ouverture* de la faillite. C'est l'annonce légale que le négociant est au dessous de ses affaires; 2° l'époque à laquelle remonte la faillite; 3° les actes qui constituent l'ouverture de la faillite : ce sont tous les actes d'où résulte la cessation de paiement.

L'ouverture de la faillite n'est donc autre chose que le moment où les paiemens s'arrêtent. La faillite commence, elle *s'ouvre* quand ils viennent à cesser. Peu importe qu'elle ne soit pas encore *déclarée* officiellement; elle n'en existe pas moins de fait; car encore une fois (1) c'est la cessation de paiement qui donne ouverture à la faillite, et non la déclaration du tribunal.

Il y a donc une grande différence entre la déclaration de l'ouverture de la faillite et l'ouverture elle-même de la faillite. Celle-ci est le fait de la perte du crédit; celle-là est la promulgation de ce fait. La faillite peut être réelle sans être déclarée. Elle peut par conséquent précéder de beaucoup l'annonce officielle de son existence.

Ceci posé, l'art. 443 me paraît clair et exempt d'ambiguité. Il a voulu parler des dix jours qui ont précédé la cessation effective des paiemens, et non des dix jours qui ont précédé la déclaration de faillite; il a entendu se référer à la faillite existante de fait, et non à la faillite promulguée. L'art. 443 ne peut se détacher de l'art. 441.

Ce qui a fait ombrage à quelques personnes, c'est qu'elles ont cru que l'ouverture de la faillite

(1) T. 4, p. 243 du Cours de droit com. de M. Pardessus.

pourrait dépendre d'actes latens; leur raison a répugné à admettre la nullité de contrats passés de bonne foi à une époque à laquelle le dérangement des affaires du débiteur pouvait être dissimulé par ses efforts pour maintenir extérieurement son crédit.

Mais je crois qu'elles ont prêté à la loi une pensée qui ne lui appartient pas, et qui ne peut résulter tout au plus que de jugemens qui ont fixé quelquefois avec légèreté l'ouverture des faillites. Ce sont les erreurs de la pratique qui ont fait calomnier la loi.

L'ouverture de la faillite ne peut résulter dans l'esprit du Code de commerce que d'actes publics, capables d'instruire les tiers (1). Sans être absolue, il faut que la cessation de paiement soit constatée par des refus nombreux et publics (2). Il n'est guère possible de concevoir l'ouverture d'une faillite sans une notoriété qui s'y attache. Ainsi, sous le Code de commerce comme sous l'empire de la déclaration de 1702, on n'annule que les hypothèques qui ont lieu dans les dix jours de la faillite *publiquement connue*. Le Code de commerce a suivi les erremens de l'ordonnance de 1673, qui s'attachait à certains actes patens pour y attacher la présomption d'ouverture de la faillite. Mais il y a cette différence entre la loi nouvelle et la loi ancienne, que celle-ci ne faisait pas déclarer d'une *manière absolue* l'époque de l'ouverture de la fail-

(1) M. Pardessus, t. 4, p. 237.

(2) V. les arrêts cités dans M. Dalloz, v° Faillite, p. 37.

lite, tandis que la loi actuelle a voulu que le jugement du tribunal de commerce fît de l'état du failli un état un et indivisible à l'égard de tous les créanciers; il a voulu de plus que la faillite fût solennellement proclamée par jugement, afin de fixer le point de départ du dessaisissement de fait du failli.

La loi a donc pourvu à tous les besoins. D'une part, elle veille aux intérêts de l'avenir en faisant annoncer juridiquement qu'il y a faillite, afin que les biens du débiteur soient frappés de main-mise et placés à l'abri de dilapidation; de l'autre, elle assure les intérêts du passé, en faisant déterminer, avec précision, l'époque à laquelle la faillite a pris sa première origine, et s'est manifestée d'elle-même par des atteintes publiques portées à un crédit qui succombait. Les créanciers du débiteur n'ont pu ignorer cet état éclatant de détresse; ils sont donc répréhensibles si, profitant de la position désespérée de leur débiteur, ils ont obtenu de sa faiblesse des concessions préjudiciables aux autres créanciers.

Si l'on veut bien se pénétrer de ces idées, on concevra dès-lors sans peine que la fixation de l'ouverture de la faillite, découlant de symptômes publics, place nécessairement dans une présomption de fraude *juris et de jure* ceux qui, malgré la notoriété de son discrédit, ont reçu des garanties du débiteur. Il n'y a rien à répondre à l'argumentation suivante : les hypothèques obtenues dans les dix jours de la faillite *publiquement connue* sont nulles; or, la fixation de l'ouverture de la faillite

par le tribunal de commerce repose sur des faits *publics* de détresse, de perte de crédit, de cessation de paiement; donc il n'y a pas de fallite ouverte sans qu'elle soit censée connue; donc les hypothèques consenties dans les dix jours qui précèdent l'ouverture de la faillite, sont nulles de droit.

Examinons les raisons de la cour de Paris pour s'écarter du texte de l'art. 443.

L'ordonnance de 1673 et la déclaration de novembre 1702 ne frappaient de nullité les transports, cessions, ventes et hypothèques obtenues d'un négociant failli, qu'autant que ces actes étaient passés dans les dix jours antérieurs à sa faillite *publiquement connue*. Le Code de commerce a adopté les mêmes principes. Les articles 442 à 447 prouvent que les actes passés par le failli peuvent être déclarés valables si, passés à une époque *où la faillite n'était pas notoire*, ces actes sont sérieux et de bonne foi; le rapport en arrière de la faillite ne peut préjudicier au créancier dont la bonne foi se trouve vérifiée, et qui a contracté avec un débiteur publiquement en possession de ses biens; il est fondé à dire qu'il a ignoré les faits qui ont donné lieu au report de la faillite, avec d'autant plus de raison que le tribunal lui-même ne peut les connaître que par des investigations souvent longues et pénibles.

M. Tarbé, avocat-général, dont les conclusions ont été conformes à l'arrêt, ajoutait qu'une faillite remontée était une faillite *de droit* et non *de fait*; qu'elle n'a aucun caractère de publicité ni de

certitude ; qu'elle laisse les tiers dans le doute ; que d'ailleurs il y a quelque chose de choquant à laisser subsister l'acte par lequel le créancier a prêté son argent ; et à annuler l'hypothèque qui lui sert de garantie.

Reprenons une à une ces objections.

J'ai dit ci-dessus que le Code de commerce avait entendu que l'ouverture de la faillite découlât d'actes publics et notoires ; qu'ainsi il y avait entre lui et la déclaration de 1702 une grande conformité d'esprit ; mais que le Code de commerce avait ajouté à la législation ancienne des dispositions tendant à *fixer avec plus de précision l'ouverture de la faillite* (1). La cour de Paris n'a pas fait attention que sous le Code de commerce la faillite s'ouvre d'une manière absolue pour tous les créanciers. La loi actuelle n'a pas voulu qu'il y eût autant d'époques différentes d'ouverture de la faillite qu'il y avait de créanciers ; elle a organisé les choses sur un système uniforme. Elle exige, sans doute, comme la déclaration de 1702, que l'ouverture de la faillite ne résulte que d'actes notoires, d'un discrédit publiquement connu ; mais elle veut (de plus que cette déclaration) que ce qui est public pour les uns *soit censé public pour les autres ;* elle attache à la fixation de l'ouverture de la faillite par le tribunal une présomption que cette faillite s'annonçait à tous les créanciers par des signes extérieurs.

La cour de Paris est tombée dans une erreur bien

(1) M. de Ségur, Rép., Faillite, p. 76.

plus palpable encore quand elle a affirmé que les art. 442 à 447 déclarent valables les actes passés par le failli avec des tiers de bonne foi et à une époque où la faillite n'était pas notoire.

D'abord il n'est pas un seul de ces articles qui parle de la notoriété de la faillite, et qui en fasse dépendre la validité des actes passés par le failli. C'est toujours l'*ouverture de la faillite* qui est le point de départ, et cela se conçoit, puisque, dans l'esprit du Code, l'ouverture de la faillite dépend d'actes notoires. Si le Code eût voulu s'en référer à une notoriété variable, il y aurait eu autant de procès que de créanciers pour savoir la date de la connaissance de la faillite à l'égard de chacun d'eux. Mais c'est ce qu'il n'a pas fait : il ne prend en considération que l'*ouverture de la falllite*, parce qu'une fois fixée par le tribunal, cette ouverture donne une règle générale, et détermine le sort de la masse entière.

De plus, les art. 441 à 447, loin de mettre sur la même ligne tous les actes passés par le failli dans les dix jours de l'ouverture de la faillite, établissent entre eux des catégories distinctes : les uns sont nuls de plein droit, les autres sont seulement susceptibles d'être annulés pour cause de fraude. Les actes nuls de plein droit et présumés frauduleux, sans qu'aucune preuve du contraire puisse être admise, sont les hypothèques (1) (et c'est sur le sort d'une hypothèque que la cour de Paris avait à statuer !!), les actes translatifs de propriété immo-

(1) Art. 443.

bilière à titre gratuit (1), les paiemens de dettes commerciales non échues (2). Les actes susceptible d'être annulés sont les actes translatifs de propriété (3) immobilière à titre onéreux, s'il y a fraude; les engagemens de commerce, si ceux qui ont contracté avec le failli n'ont pas été de bonne foi (4); tous actes et paiemens faits en fraude des créanciers (5).

La cour de Paris continue en disant que la fixation rétroactive de l'ouverture de la faillite ne peut préjudicier au créancier de bonne foi, qui a contracté avec le débiteur publiquement en possession de ses biens. Cela est vrai sans doute pour les actes qui ne sont susceptibles d'être annulés qu'en cas de fraude; mais cela est d'une fausseté palpable pour les actes déclarés frauduleux de plein droit, tels que l'hypothèque. A quoi donc servirait la fixation de l'ouverture de la faillite par le tribunal, si elle ne devait produire aucun effet?

Mais, dit l'arrêt que je combats, le créancier est fondé à dire qu'il a ignoré les faits qui font rétroagir l'ouverture de la faillite! Je soutiens, au contraire, qu'il y est non-recevable. La loi présume de plein droit qu'il connaissait les actes publics et notoires qui annonçaient le discrédit du débiteur; si, en fait, il les a ignorés, c'est une circonstance dont la loi ne tient pas compte; elle considère

(1) Art. 444.
(2) Art. 446.
(3) Art. 444.
(4) Art. 445.
(5) Art. 447.

cette ignorance comme l'effet d'une négligence sans excuse, et qui ne peut faire fléchir la décision qui fixe l'état de faillite du débiteur (1).

Cela serait injuste, continue la cour royale ; car le tribunal lui-même est obligé de se livrer à de longues investigations, pour constater les faits qui établissent l'ouverture de la faillite. Voilà, j'ose le dire, une singulière raison ! Quelle parité y a-t-il donc à établir entre le tribunal de commerce et le créancier? Est-ce que le tribunal a contracté avec le failli? Est-ce qu'il a eu intérêt à veiller sur sa conduite, à s'enquérir de la gestion de ses affaires, à tenir l'œil ouvert sur ses opérations? le créancier a dû au contraire faire tout cela : il n'a pas dû se reposer sur un crédit périssable et fragile ; s'il a eu la diligence d'un bon père de famille, il n'a pas dû rester étranger aux avant-coureurs qui annonçaient la ruine de son débiteur. Voilà sur quelles présomptions le législateur a raisonné.

M. Tarbé a prétendu que la faillite remontée était une faillite *de droit* et non *de fait ;* je ne puis adopter cette opinion : la faillite n'est jamais qu'un fait. Seulement ce fait existe souvent avant sa déclaration par les juges.

Il n'est pas plus exact de dire que la faillite remontée n'a aux yeux des tiers ni publicité ni certitude ; car le tribunal de commerce ne la fait remonter que parce qu'elle s'est signalée au dehors par des actes publics et certains.

(1) Il y a d'ailleurs la ressource de l'opposition contre le jugement qui fixe l'ouverture de la faillite (art. 457).

Enfin, quand M. Tarbé argumente de la bizarrerie qu'il y aurait à laisser subsister le contrat principal et à annuler l'hypothèque qui lui est accessoire, il argumente contre la loi elle-même ; car l'art. 443 du Code de commerce n'a pas ignoré sans doute qu'une hypothèque ne pouvait jamais être que l'accessoire d'une créance à qui elle sert de garantie; et cependant cet article ne frappe de nullité que la seule hypothèque ; il laisse subsister l'obligation principale, s'il n'y a pas fraude.

Dans l'espèce jugée par la cour de Bordeaux et par la cour de Paris, la faillite avait été reportée par le tribunal de commerce à une époque antérieure à celle à laquelle les hypothèques avaient pris date ; de sorte que c'étaient des hypothèques constituées après l'ouverture de la faillite. La cour de Bordeaux décida fort bien que cette circonstance était un motif de plus pour annuler l'hypothèque, « considérant que, si nul ne peut, aux » termes de la loi, obtenir un droit d'hypothèque » sur les biens du failli dans les dix jours qui pré» cèdent la faillite, à plus forte raison nul ne peut » en acquérir postérieurement à la faillite ».

M. Tarbé a soutenu, devant la cour de Paris, une doctrine contraire. Il lui a paru que c'était là une circonstance qui devait conduire à valider l'hypothèque, et voici comment il a motivé cette opinion :

« Remarquons-le bien d'ailleurs ; dans l'espèce, » il ne peut même s'agir de l'application textuelle » de la loi, de la règle qui annule les actes faits » dans les dix jours qui précèdent la faillite, mais » de la disposition qui entache de nullité les actes

» postérieurs à la faillite même, *par un motif tout* » *autre*, parce que le failli était dessaisi de l'admi- » nistration de ses biens, et sous le coup d'une » incapacité légale. Or, dans l'espèce, c'est par *une* » *fiction* que l'on reconnaît cette incapacité, cette » privation de l'administration; car, *en fait*, au » jour où la faillite est reportée, le failli était à la » tête de ses affaires. On le demande, un pareil » système est-il admissible? Une incapacité ne » saurait être rétroactive, une incapacité est un » fait et non une fiction, etc. »

Il y a à cette argumentation des réponses péremptoires.

Je pourrais d'abord me prévaloir d'une opinion consacrée par plusieurs arrêts (1), qui, interprétant à la rigueur l'art. 442 du Code de commerce, soutient que le dessaisissement du failli remonte de plein droit au jour de l'ouverture de la faillite, et que tout ce qu'il a fait depuis cette époque n'oblige pas la masse de ses créanciers, bien que ceux avec qui il a contracté fussent de bonne foi; on ne peut se dissimuler que, quoique sévère, cette opinion a pour elle le texte de la loi. Car l'article 442 décide que le dessaisissement a *lieu de plein droit à compter du jour de la faillite.* Or la faillite a lieu lorsqu'il y a cessation de paiemens (2); il n'est pas nécessaire qu'elle soit déclarée pour exister. Donc, dès qu'il y a, en fait, cessation de

(1) Liége, 20 mars 1824. Dal., Hyp., p. 69, note 2. Colmar, 24 avril 1813. Id., p. 75. Aix, 20 décembre 1820. Id. Bruxelles, 18 avril 1822, et 8 juin 1822. Id.

(2) Art. 437 du Code de commerce.

paiement, il y a eu faillite ouverte et par conséquent dessaisissement *de droit* du failli.

Mais je consens à adopter l'opinion plus douce de la cour de cassation, qui consiste à dire que l'art. 442 n'a voulu dessaisir le failli qu'à compter du jour de la faillite déclarée. Car il lui répugne de donner au dessaisissement un effet rétroactif, qui ne serait qu'une fiction contraire à la réalité des faits.

Mais, tout en admettant que, depuis l'ouverture de la faillite jusqu'à la déclaration, le failli a été saisi, la cour de cassation ne va pas jusqu'à considérer comme sans influence la fixation de l'ouverture de la faillite : elle applique aux actes passés depuis cette ouverture les règles déterminées par le Code de commerce pour les actes passés dans les dix jours qui la précèdent. Elle se réfère aux art. 443, 444, 445, 446, 447 du Code de commerce (1). Il ne m'en faut pas davantage pour démontrer le mal-jugé de l'arrêt de la cour de Paris; car il s'agissait d'une hypothèque déclarée nulle par l'art. 443 (2).

(1) Arrêt du 28 mai 1823. Dal., Hyp., p. 80 et 81.

(2) Depuis la deuxième édition de cet ouvrage, la cour de Paris a adopté la doctrine que nous défendons. Arrêt du 26 février 1835 (Sirey, 35, 2, 245. Dalloz, 35, 2, 105). Voir dans le même sens arrêt de Bordeaux du 26 mars 1834 (Dalloz, 34, 2, 186), arrêt de Lyon du 9 juillet 1833 (Sirey, 34, 2, 113). On oppose un arrêt de la cour de cassation rapporté par Sirey, 33, 1, 656 et Dalloz, 33, 1, 263; mais, bien que les motifs paraissent, sous un certain point de vue, s'écarter de notre opinion, il faut remarquer qu'il ne s'agissait pas, dans l'espèce, de droits hypothécaires.

Mais ce n'est pas ainsi que M. Tarbé entend les choses. Suivant lui, le failli est saisi de fait de tout son patrimoine, malgré l'ouverture de la faillite; donc, il peut faire toutes sortes d'actes avec ses créanciers de bonne foi, même constituer des hypothèques, d'où il suivrait que c'est une vaine formalité que la fixation de l'ouverture de la faillite.

Mais dans les dix jours qui précèdent l'ouverture de la faillite, le débiteur n'est-il pas en possession de ses biens? Et cependant que dit la loi! Les art. 443, 444, 446 du Code de commerce sont là pour servir de réponse. On voit donc combien M. Tarbé est dans l'erreur, lorsqu'il pense que les actes dont parlent ces articles ne pourraient être annulés depuis la faillite remontée, *que sous prétexte que le failli était dessaisi de l'administration de ses biens.* Ils sont annulés par les mêmes motifs qui les font déclarer nuls dans les dix jours qui précèdent l'ouverture de la faillite, alors que le débiteur est encore à la tête de ses affaires.

Cette discussion, au reste, n'a pas pour objet de justifier pleinement le système embrassé par le Code de commerce. Peut-être pourrait-on soutenir que les présomptions sur lesquelles il se fonde sont forcées, et que leur généralité conduit à des erreurs; qu'il y a de l'inconvénient à faire fixer l'ouverture de la faillite à une date qui lie tous les créanciers sans exception. Mais les imperfections de la loi ne sont pas une raison pour la violer ouvertement, surtout lorsque le plan qui dans la pratique a engendré ces abus a été adopté par le législateur après réflexion et dans la croyance qu'il

était une source d'améliorations. Or, c'est ce qu'a fait le Code de commerce, en établissant une distinction entre l'ouverture de la faillite et sa déclaration, en faisant fixer avec précision l'époque de cette ouverture, en se fondant sur elle pour qualifier et classer les actes émanés du failli; il a voulu essayer un système nouveau dont il ne voyait que le beau côté, un système dont les vices lui ont échappé, et qui, quoique reconnu peut-être imparfait par une expérience de longues années, ne doit pas moins subsister jusqu'à ce qu'il soit réformé.

656 *bis*. M. Pardessus propose (1) la difficulté suivante, qui se rattache à notre article.

Un manufacturier se fait donner un crédit de 20,000 francs par un banquier qui exige une hypothèque et la fait inscrire. Le manufacturier tire d'abord jusqu'à concurrence de 15,000 francs; mais quant aux 5,000 francs restant à sa disposition, il n'en dispose que dans les dix jours qui précèdent l'ouverture de sa faillite. Le banquier pourra-t-il prétendre que la faillite ne nuit en rien à l'hypothèque de 5,000 francs?

M. Pardessus se décide pour l'affirmative, par la raison que le manufacturier est obligé sous peine de dommages et intérêts à puiser dans les caisses du banquier, et par conséquent il y a eu obligation parfaite avant la faillite.

J'ai démontré ci-dessus la fausseté de cette opinion (2). L'obligation du manufacturier est po-

(1) T. 4, p 280.
(2) N° 478.

testative pure : l'hypothèque ne prend donc son existence qu'au fur et à mesure des versemens effectués ; il suit de là que l'hypothèque pour les 5,000 fr. est née dans les dix jours de la faillite, et qu'elle est par conséquent nulle d'après l'art. 443.

C'est exagérer singulièrement les choses que de soutenir qu'un manufacturier à qui un crédit de 20,000 fr. est ouvert, est obligé de l'épuiser sous peine de dommages et intérêts ; dans une pareille stipulation, il n'y a d'obligation que de la part du banquier ; je ne vois qu'une faculté pour le manufacturier.

657. Je dois parler ici d'une question transitoire qui a long-temps partagé les esprits. C'est de savoir si une hypothèque antérieure à la loi de brumaire an 7 a pu être inscrite après une faillite déjà ouverte lors de la publication de cette loi.

Différens arrêts ont jugé l'affirmative.

Le premier est du 5 avril 1808. Dans l'espèce, le sieur Badaracque était tombé en faillite en 1774.

Le 2 juin 1806, la dame Badaracque, son épouse, qui avait pris une inscription sur les biens de son mari, le 2 fructidor an 13, prétendit se faire colloquer à la date de son contrat de mariage du 28 janvier 1768. Mais le sieur Laugier, créancier du sieur Badaracque, qui s'est fait inscrire le 28 ventose an 4, réclama la préférence. Il se fondait sur les art. 37, 38, 39 de la loi de brumaire an 7, qui, en accordant un délai de trois mois aux créanciers porteurs d'hypothèques anciennes, pour s'inscrire, avaient dé-

cidé que l'inscription seule pourrait maintenir aux hypothèques anciennes leur rang et leur prérogative; que celles qui ne seraient pas inscrites dans ce délai, ne prendraient rang que du jour de l'inscription. Arrêt de la cour d'Aix qui repousse ce système, en se fondant sur le motif qu'il n'est pas permis de s'inscrire après la faillite. Mais, par arrêt de la cour de cassation du 5 avril 1808, cet arrêt fut cassé (1).

Les motifs sont que les lois nouvelles n'ont défendu de prendre inscription sur les biens des faillis que pour *acquérir* un droit d'hypothèque; mais qu'elles n'ont pas défendu de conserver par des inscriptions les hypothèques anciennes; que les art. 37, 38, 39 obligent à l'inscription dans les troismois, toutes les hypothèques, sans distinction, de celles existantes sur les biens des faillis ou non faillis; que ce n'est qu'à la condition de cette inscription que la loi de brumaire an 7 les conserve; que la dame Badaracque pouvait sans difficulté conserver son rang, en prenant inscription dans les délais; mais que, ne l'ayant pas fait, elle ne pouvait prendre rang qu'à la date de son inscription, et devait s'imputer d'avoir négligé de remplir les conditions que la loi lui imposait.

L'affaire fut renvoyée devant la cour de Grenoble, qui adopta l'opinion de la cour d'Aix; mais ce second arrêt fut cassé par arrêt de la cour de cassation, du 15 décembre 1809, rendu sections réunies (2).

(1) Répert., Inscript., p. 249. Dal., Hyp., p. 237.
(2) Q. de droit, Inscript., Hyp., Dal., Hyp., p. 239.

La cour de cassation a confirmé cette jurisprudence par un troisième arrêt, du 4 décembre 1815 (1). Il faudrait l'appliquer au cas où la faillite étant ouverte avant la loi de l'an 7, on ne prendrait inscription que sous le Code de commerce.

Mais il en serait autrement si la faillite s'ouvrait sous le Code civil. Les créanciers devaient faire inscrire leurs hypothèques anciennes, aux termes des lois nouvelles : ils le savaient ; ne l'ayant pas fait avant la faillite, cet événement les en empêche : ils arrivent trop tard pour remplir la condition de la loi.

657 *bis*. Sur la question de savoir si l'on peut renouveler une inscription dans les dix jours qui précèdent l'ouverture de la faillite, voyez n° 660 *bis*.

657 *ter*. Il est un second cas qui empêche de prendre inscription, d'après notre article. C'est lorsqu'une succession est acceptée sous bénéfice d'inventaire. On ne peut s'inscrire sur les biens qui la composent (2).

Les motifs qui ont fait établir cette disposition sont que l'état des affaires du défunt est réglé par sa mort, et que dès ce moment ses dettes ne peuvent plus augmenter ni diminuer (3) ; qu'il n'est

(1) Grenier, Hyp., t. 1, p. 243. Chabot, Quest. transit., t. 1, p. 100.

(2) *Quid* si la succession n'est acceptée sous bénéfice d'inventaire que par quelques héritiers, et qu'elle soit acceptée purement et simplement par les autres? La cour de cassation a décidé, par arrêt du 18 novembre 1833, rendu contre les conclusions de M. Laplagne-Barris, qu'on ne peut pas acquérir d'hypothèque (Dalloz, 33, 1, 356).

(3) Lebrun, Success., liv. 4, ch. 2, sect. 1, n° 16.

pas permis par conséquent à ceux qui sont simples chirographaires lors de la mort de leur débiteur de devenir créanciers hypothécaires *de sa succession*, et qu'ils ne peuvent le devenir que de *son héritier* (1).

Or (a pensé le législateur) ils ne peuvent acquérir hypothèque sur *l'héritier bénéficiaire*, puisqu'il n'est que simple dépositaire et administrateur de la succession (2).

D'un autre côté, il est aussi trop tard pour en acquérir sur la succession elle-même, détachée de celui qui l'administre, puisque la mort a fixé tous les droits.

Donc les créanciers doivent rester dans la position où ils se trouvent lors de la mort de débiteur (3).

D'ailleurs, l'état d'une succession acceptée sous bénéfice d'inventaire ressemble beaucoup à une faillite.

Telles sont les raisons qui ont déterminé le législateur. Mais si elles expliquent logiquement pourquoi une hypothèque ne peut être acquise sur une succession bénéficiaire, elles sont moins satisfaisantes, à mon avis, quand on les applique à une hypothèque et à un privilége préexistans qui ne demandent qu'à se compléter. Dans tous les cas, il me semble que le crédit entre particuliers aurait

(1) V. *suprà*, n° 459 *bis*.

(2) Peregrini, *De fideic.*, art. 33, n° 12. Despeisses, t. 2, p. 260, n° 12.

(3) Merlin, Quest. de droit, v° Succession vacante. Grenier, t. 1, p. 245, n°s 120 et 128.

dû l'emporter sur la subtilité du droit, et qu'une circonstance aussi peu importante que l'acceptation sous bénéfice d'inventaire, qui n'est presque toujours qu'une mesure de précaution, ne devait pas paralyser l'exercice des garanties données aux créanciers hypothécaires ou privilégiés (1).

658. Ici se présente une question transitoire, analogue à celle que j'ai examinée n° 657 : elle consiste à savoir si une succession ayant été acceptée sous bénéfice d'inventaire avant la promulgation de la loi de brumaire an 7, il a été permis de s'inscrire dès le moment que cette loi a exigé que toute hypothèque fût inscrite pour produire effet.

L'affirmative n'est pas douteuse, et ressort des décisions rapportées au n° 657, et d'autres décisions spéciales (2).

Mais revenons à 'art. 2146.

658 *bis*. Ce texte, tout en déclarant inefficace une inscription prise sur une succession bénéficiaire, ajoute que cette prohibition n'a lieu *qu'entre créanciers* de la succession; il a voulu qu'ils ne pussent pas se nuire les uns aux autres. Mais rien n'empêche que celui qui n'est pas créancier de la succession ne prenne inscription sur les biens qu'elle possède comme tiers-détentrice (3).

De même, si l'immeuble hypothéqué et appartenant au défunt avait été aliéné par lui, l'état bénéficiaire de sa succession n'empêcherait pas le

(1) V. préface, p. lxxv.

(2) Arrêts de la cour de cass. des 17 décembre 1807 et 4 juillet 1815. Dal., Hyp., p. 240.

(3) V. *suprà*, n° 655 *ter*.

créancier de s'inscrire sur le tiers détenteur (1).

658 *ter*. Il faut remarquer aussi que le délai de dix jours dont il est parlé pour les faillites n'a pas lieu ici; c'est seulement du jour de l'ouverture de la succession que date la prohibition de s'inscrire.

Mais que doit-on décider si la succession n'est acceptée sous bénéfice d'inventaire que long-temps après, et si à l'époque où l'inscription a été prise, on croyait qu'elle serait acceptée purement et simplement?

Dans ce cas, ne doit-on tenir pour nulles que les inscriptions qui sont prises dans les dix jours qui précèdent l'acceptation sous bénéfice d'inventaire?

M. Merlin examine cette question (2), et il décide que l'on doit indistinctement considérer comme nulles toutes les inscriptions prises après l'ouverture de la succession, quand même cette succession ne serait acceptée sous bénéfice d'inventaire que très-postérieurement. En effet, il est de principe que l'acceptation d'une hérédité produit un effet rétroactif, et la succession étant censée avoir été acceptée sous bénéfice d'inventaire dès le moment de son ouverture, il s'ensuit que toutes les inscriptions sont de nul effet (3).

Ce résultat est dur. Mais, tout en nous y soumettant avec résignation, c'est pour nous une

(1) Delvincourt, t. 3, n°s 6 et 9, p. 168. Persil, art. 2146, n°s 11 et 15. Dalloz, Hyp., p. 235. *Suprà*, n° 655 *ter*.

(2) Quest. de droit, Success. vacante, § 1.

(3) *Junge* M. Grenier, t. 1, p. 251. Dalloz, Hyp., p. 235.

raison de plus de persister dans les reproches que nous avons faits à l'art. 2146.

659. M. Grenier (1) pense que notre article n'est pas applicable au cas d'une succession acceptée sous bénéfice d'inventaire par un mineur. Mais il en donne des raisons qui ne sont pas suffisantes pour s'écarter de l'inexorable généralité de l'art. 2146. C'est pourquoi j'estime avec M. Persil (2) qu'il n'y a pas lieu à distinguer, et c'est ce qui a été jugé avec raison par arrêt de la cour de Toulouse, du 2 mars 1826, et par arrêt de la cour de Bordeaux, du 24 juin de la même année (3).

En effet, l'acceptation sous bénéfice d'inventaire, soit qu'elle ait lieu de la part d'un majeur, soit qu'elle émane d'un mineur, met une séparation entre la succession et l'héritier, et donne également lieu à ces raisons dont je parlais au n° 657 *ter*, et qui ont servi de prétexte pour empêcher de prendre inscription sur la succession.

649 *bis*. Il faut appliquer ici ce que j'ai dit *suprà* (4) relativement à l'inscription des priviléges dans le cas de faillite. Notre article s'en explique positivement, et par l'arrêt que je viens de citer, la cour de Toulouse a montré sa soumission au texte de la loi, en déclarant nulle une inscription prise par un vendeur sur la succession de son débiteur, acceptée sous bénéfice d'inventaire pour l'héritier mineur.

(1) T. 1, n° 122.
(2) Sur l'art. 2146, n° 13. V. aussi Dal., Hyp., p. 236.
(3) Dal., 26, 2, 186, 221.
(4) N° 650.

Mais, d'un autre côté, il faut appliquer aussi ce que j'ai dit (1) des priviléges dispensés d'inscription, parce qu'il n'y a pas de texte de loi qui en défende l'acquisition dans le cas de succession bénéficiaire. Ainsi celui qui aura avancé des frais de justice pour le compte d'une succession bénéficiaire, pourra les recouvrer par privilége sur les biens qui la composent (2).

Il y a plus; c'est que si, par exemple, depuis l'ouverture de la succession, il avait été nécessaire de faire des travaux de réparation aux immeubles qui la composent, l'architecte acquerrait privilége sur eux, et pourrait conserver ce droit par l'inscription. Car il s'agirait ici d'une dette contractée par la succession, et non par le défunt. Or, ce que la loi a voulu empêcher, c'est que l'état des dettes *du défunt* ne fût pas changé. Ainsi, l'art. 2146 serait inapplicable.

659 *ter*. Notre article ne parle pas de la prohibition de s'inscrire sur *une succession vacante*. Mais il est aujourd'hui reconnu qu'on doit en faire l'application à ce cas, parce que les mêmes raisons qui ont fait annuler les inscriptions prises sur une succession acceptée sous bénéfice d'inventaire, militent à plus forte raison pour faire annuler celles qui viennent s'imprimer sur une succession vacante.

L'art. 12 de la loi du 7 messidor an 3 portait : « Ne sont pareillement susceptibles d'aucune hy-

(1) N° 653 *bis*, mais *servatis servandis*.

(2) Art. 810 du Code civil.

» pothèque les condamnations obtenues contre » l'hérédité acceptée sous bénéfice d'inventaire, ou » le curateur à la succession vacante. » L'analogie conduit, sous le Code civil, aux mêmes résultats (1); et il faut les accepter, sous peine de se montrer infidèle à l'esprit de la loi. Mais ils n'en sont pas moins inquiétans pour le crédit particulier.

Appliquez ici tout ce que j'ai dit sur l'inscription des priviléges dans le cas de faillite.

660. M. Grenier (2) examine fort longuement la question de savoir si l'on peut s'inscrire sur les biens d'un individu après sa mort, *lorsque sa succession est acceptée purement et simplement.* Il se fait des objections, et raisonne comme si la question pouvait être susceptible de la moindre difficulté.

Mais elle est résolue d'une manière si formelle par le Code civil, qu'on ne conçoit pas le but de cette argumentation. En effet, l'art. 2149 dit : *Les inscriptions à faire sur les biens d'une personne décédée pourront être*, etc.

660 *bis.* La faillite d'un débiteur et l'acceptation de sa succession sous bénéfice d'inventaire, ou même la vacance de sa succession, n'empêchent pas de renouveler les inscriptions dans les dix ans. Il faudrait même dire qu'elles seraient périmées si on ne prenait la précaution de les renouveler.

C'est ce qu'a jugé la cour de cassation par arrêt

(1) Merlin, Q. de droit, success. vacante. Grenier, Hyp., t. 1, n°s 120 et 121.

(2) T. 1, p. 269.

du 17 juin 1817. « Attendu que ni la loi de bru- » maire an 7, ni l'art. 2146 du Code civil *ne dé-* » *fendent* ni ne dispensent de renouveler les in- » scriptions lorsque le débiteur est tombé en faillite, » ou que sa succession est prise sous bénéfice d'in- » ventaire, et qu'ainsi ces événemens ne suffisent » pas pour prolonger l'effet des inscriptions (1). »

Néanmoins, M. Pardessus (2) pense que, lorsque la faillite est ouverte, comme il y a dessaisissement, il n'est plus nécessaire de faire des actes conservatoires pour assurer les droits subsistans au moment de la faillite, et qu'ainsi un créancier hypothécaire n'a pas besoin de renouveler l'inscription existante lors de son ouverture.

Plusieurs arrêts ont décidé la question en ce sens (3). Mais un plus grand nombre ont adopté avec plus de raison le sentiment contraire (4).

En effet, s'il est vrai de dire que la faillite dessaisit le failli, il n'en est pas moins vrai qu'un con-

(1) Répert., t. 16, p. 471, Inscript.. Hyp. Grenier, t. 1, nº 114, et t. 2, nº 362.

(2) T. 4, nº 1123. *Junge* Persil, art. 2154, nº 7. Delvincourt, t. 3, nº 3, p. 168.

(3) Paris, 7 juillet 1811 (Sirey, 11, 2, 487). 9 mars 1812 (Id., 12, 2, 408. Dal., Hyp., p. 314). Turin, 27 décembre 1806 (Dal., Hyp., p. 242, nº 5). Bruxelles, 3 juin 1817 (Dal., Hyp., p. 54, nº 2). Rouen, 30 juin 1820 (Id., p. 314). 18 mars 1820, Id., Paris, 7 décembre 1831 (Dal., 32, 2, 77).

(4) Dijon, 26 février 1819 (Dal., Hyp., p. 314. Limoges. 26 juin 1820 (Id., p. 104, nº 2). Caen, 19 février 1825 (Dal., 25, 2, 160). Rouen, 30 mai 1825 (Id., 26, 2, 13). Bordeaux, 15 décembre 1826 (Id., 27, 2, 139). Caen, 29 mai 1827 (Id., 28, 2, 119). Cassat. (rejet, 29 juin 1830, 1, 310).

cordat peut le rétablir dans tous ses droits, et que s'il vient à faire honneur à ses engagemens par des secours étrangers, il rentre dans la possession de ce qui lui appartenait. D'un autre côté, l'héritier bénéficiaire peut devenir héritier pur et simple (art. 801 du Code civil). La succession actuellement vacante peut être acceptée plus tard par un héritier absent dont on ignorait l'existence, et qui se présente. Il n'y a donc, dans l'état de faillite et de succession bénéficiaire ou vacante, rien d'assez définitif pour dispenser du renouvellement. De plus, l'inscription est bien loin d'avoir atteint tous ses effets, par cela seul que les biens qu'elle frappe appartiennent à une faillite, à une succession bénéficiaire ou à une succession vacante : il s'en faut de beaucoup qu'on en soit encore arrivé au point où le droit sur l'immeuble se trouve converti en un droit sur un prix à distribuer (1). D'un autre côté, les immeubles de la faillite peuvent être vendus, de même que ceux de la succession. Comment les acquéreurs sauraient-ils à quoi s'en tenir sur les charges qui grèvent l'objet qu'ils achètent, si les créanciers étaient dispensés de renouveler leurs inscriptions? Que deviendrait le système hypothécaire?

On a beau dire que la faillite fixe les rangs des créanciers; que la vacance de la succession ou son acceptation sous bénéfice d'inventaire déterminent irrévocablement leurs droits! Cela est vrai en ce sens, que les créanciers ne peuvent améliorer leur

(1) *Infrà*, n° 717.

position. Mais rien n'empêche qu'elle ne puisse se détériorer ; par exemple, la prescription peut courir entre créanciers d'une faillite, d'une succession bénéficiaire, d'une succession vacante ; personne ne soutiendra le contraire. Or, qui empêche un créancier inscrit de perdre, par la prescription décennale, le bénéfice de son inscription ? Pour qu'on ne pût lui opposer cette prescription, il faudrait qu'au moment où elle arrive, l'inscription eût produit tout son effet, et j'ai prouvé qu'il n'en était rien.

Cette opinion est celle de MM. Merlin (1), Grenier (2) et Dalloz (3).

661. Les dispositions de l'art. 2141 du Code civil ne s'appliquent pas au cas où un individu non commerçant tombe en déconfiture. Néanmoins, par l'art. 5 de la loi du 11 brumaire an 7, il n'était pas permis de prendre inscription sur les biens d'un débiteur dans les dix jours qui précédaient sa faillite ou banqueroute, ou *cessation publique de paiement*, et il est bien certain que le cas de déconfiture était compris dans ces mots, *cessation publique de paiement*, et que le débiteur non négociant était assimilé au commerçant.

Mais c'était une innovation. La déclaration du 18 novembre 1702 ne parlait que des *faillis*. La loi du 9 messidor an 3 ne s'occupait que des négocians. Jamais, dans l'ancienne jurisprudence, il n'avait été défendu d'acquérir privilége ou hypo-

(1) T. 16, *loc. cit.*
(2) *Loc, suprà cit.*
(3) Hyp., p. 301, n° 8.

thèque sur les biens d'un individu non négociant en état de déconfiture (1).

Aussi ne trouve-t-on rien dans l'art. 2146 qui fasse supposer que le Code a voulu persister dans le système de la loi de brumaire. Il parle d'abord des *faillis*, et le mot failli ne s'applique qu'aux négocians; si l'on parcourt tout le droit civil, on verra qu'il n'y a pas une seule disposition qui indique qu'un particulier non négociant puisse tomber en état de faillite. Toujours la loi distingue la faillite de la déconfiture; toujours elle prend soin de joindre le cas de déconfiture au cas de faillite, lorsqu'elle veut que les mêmes règles les gouvernent l'un et l'autre (2), parce qu'elle sait bien qu'un de ces mots n'embrasse pas l'autre. Mais lorsqu'elle ne s'occupe que des négocians, alors le mot de failli seul se présente à sa pensée. C'est ce que justifie l'art. 2146 rapproché des autres articles que je viens de citer en note.

L'art. 2146 parle aussi des successions acceptées sous bénéfice d'inventaire. Mais on ne peut argumenter de ce cas à celui de déconfiture d'un débiteur vivant.

D'abord, j'ai donné au n° 657 *ter* les raisons qui ont fait décider qu'il ne serait pas pris inscription sur une succession bénéficiaire, et aucune de ces raisons ne peut s'appliquer, même par analogie, au cas de déconfiture.

(1) Loyseau, Off., liv., 3, ch. 8, n°s 9 et 10. Ferrière, Paris, art. 179.

(2) Art. 1446, 1613, 1276, 1913, 2032.

De plus, dans le cas de bénéfice d'inventaire, l'héritier n'est pas tenu personnellement; il n'est que dépositaire; on peut, sans qu'il en rejaillisse aucune tache sur lui, appliquer aux biens de la succession les règles de la faillite. Mais il en est autrement, lorsqu'il s'agit de la déconfiture d'un débiteur vivant. C'est sur lui que retomberait la flétrissure. Or, de quel droit pourrait-on lui faire l'injure de le placer dans la classe des faillis, lorsque la loi ne dit nulle part qu'on doive lui infliger cette punition, et qu'elle n'a modifié le droit de libre administration, qui appartient à tout citoyen non négociant, que dans le cas de mort civile, de minorité, d'interdiction ou de nomination d'un conseil judiciaire?

Cette théorie est lumineusement développée dans un arrêt de la cour de Toulouse confirmé par arrêt de la cour de cassation du 11 février 1813 (1). Elle est embrassée par M. Merlin (2) et par M. Grenier (3). Il existe en ce sens plusieurs arrêts (4). Néanmoins, la cour de Bruxelles a rendu une décision dans laquelle elle adopte l'opinion oppo-

(1) Dal., Hyp., p. 244. Répert., t. 19, p. 485. Il est à regretter que M. Dalloz n'ait pas donné le texte de l'arrêt de Toulouse.

(2) T. 16, *loc. cit.*

(3) T. 1, n° 123.

(4) Paris, 29 juin 1812 (Dal., Hyp., p. 245, note). Nancy, 5 décembre 1811 (Sirey, 13, 2, 182). Rennes, 24 mars 1812 (Den., 1813, 2, 3). Paris, 9 juin 1814 (Sirey, 15, 2, 237).

sée (1). Mais il est impossible de donner la moindre approbation à cet arrêt.

662. A l'égard du cas de cession judiciaire de biens par un individu non négociant, M. Tarrible pense qu'il y a lieu d'appliquer l'art. 2146 (2), avec cette restriction néanmoins, que l'empêchement à la prise de l'inscription ne commence qu'au jour de l'abandon fait aux créanciers, et non dans les dix jours qui précèdent. C'est aussi l'avis de M. Grenier (3) et de M. Dalloz (4).

Néanmoins, cette extension de l'art. 2146 à un cas non prévu dans ses dispositions rigoureuses, ne me paraît rien moins qu'évidente. Elle s'appuie à la vérité sur l'art. 5 de la loi du 11 brumaire an 7, portant prohibition de s'inscrire sur les biens de celui qui a cessé ses paiemens. Mais nous avons vu, au n° précédent, que l'art. 2146 du Code civil était loin d'avoir voulu se rendre l'écho de cette disposition de la loi de brumaire, puisqu'il laisse sous l'empire du droit commun le citoyen en déconfiture.

On peut opposer cependant que la cession judiciaire dessaisit le débiteur et investit *tous ses créanciers sans exception* (5) du droit de percevoir les fruits de ses biens, et de les faire vendre pour se payer sur le prix qu'ils produisent; que ce sont là aussi les effets de la faillite, et qu'il y a parité pour

(1) Dal., Hyp., p. 245. Merlin, t. 16, Rép., Faillite.
(2) Répert., Inscript., § 4, n° 6.
(3) T. 1, n° 124.
(4) Hyp., p. 256, n° 11.
(5) L. 5, § 4, Dig., *de cess. bonor.*

décider que l'on doit appliquer l'art. 2146, au moins depuis la dépossession du débiteur.

Cette raison serait bonne s'il s'agissait d'une constitution d'hypothèque faite par le débiteur depuis son dessaisissement. On conçoit facilement qu'il ne puisse créer des hypothèques sur des biens qui lui échappent, et qui sont plus à ses créanciers qu'à lui. Mais quand l'hypothèque existe avant la cession des biens, et qu'il ne s'agit plus que de l'inscrire, je ne vois pas de raison pour y mettre obstacle. Objectera-t-on que, de même que la faillite fixe les droits des créanciers, de même la cession doit les fixer aussi? Mais c'est juger la question par la question. Il y a l'égard de la faillite des textes sévères qui n'existent pas à l'égard de la cession. En fait de prohibitions, les analogies me paraissent souvent fautives. Il faut se garder de les étendre. Je ne vois écrit dans aucun texte de loi que la cession judiciaire empêche un créancier de compléter un droit dont il possède le principe avant la cession.

Quant au désaisissement pris en lui-même, on conçoit qu'il n'est pas suffisant pour arrêter les inscriptions. N'arrive-t-il pas tous les jours qu'on prend inscription sur l'immeuble, même après que le débiteur l'a vendu? On peut donc prendre inscription à plus forte raison, quand le débiteur n'a pas encore cessé d'être propriétaire.

Je pense en définitive qu'il n'y a pas de motifs suffisans pour être plus rigoureux dans le cas de cession judiciaire, que dans le cas de déconfiture.

M. Tarrible veut assimiler les biens cédés à des

biens *vacans;* mais ce sont là de ces comparaisons plus ingénieuses que solides. Ces biens ont un propriétaire : c'est le débiteur (1). Ils ne sont donc pas sans maître.

Ce que je dis de la cession judiciaire, je le dis à plus forte raison de la cession volontaire. Cependant si le débiteur aliénait, par l'acte de cession, ses biens au profit de ses créanciers acceptans (2), ces créanciers seraient privés du droit de s'inscrire. Car on ne s'inscrit pas sur soi-même. Quand on est propriétaire d'une chose, on a plus d'hypothèque sur cette chose.

663. Peut-on s'inscrire sur l'immeuble du débiteur après la vente par expropriation forcée?

La négative est incontestable. La vente sur saisie immobilière purge l'immeuble de toutes les hypothèques inscrites, et à plus forte raison de celles qui ne sont pas inscrites. J'aurai occasion de revenir sur ce point de jurisprudence, qui du reste a été traité avec une grande solidité par M. Tarrible (3).

653 *bis*. Quand on a une hypothèque ou privilége sur un immeuble, et que cet immeuble vient à être purgé de la charge qui le grevait, il semble qu'il n'y ait plus moyen de s'inscrire.

Nous avons cependant vu des exemples du contraire, 1° à l'égard du trésor royal, dans le cas expliqué aux n°s 95 et 95 *bis*; 2° à l'égard du co-

(1) Art. 1269 du Code civil.

(2) Il y en a des exemples. Arrêt de Paris du 14 avril 1826. D.l., 27, 2, 73.

(3) Inscript., Hyp., p. 215. Grenier, t. 1, n° 109. *Infrà*, n°s 905 et 906.

partageant, dans les circonstances dont j'ai fait mention au n° 317; 3° à l'égard du créancier qui demande la séparation des patrimoines, dans l'espèce prévue au n° 327 *bis*.

Mais ces exceptions ne viennent que de ce que la loi a fixé dans ces divers cas des délais de faveur, dont on ne peut priver les créanciers pour leur enlever le droit de préférence.

Ce sont là néanmoins des bizarreries qu'il ne faudrait pas prendre comme conséquence de règles générales. Il ne faudrait pas les étendre à d'autres cas.

ARTICLE 2147.

Tous les créanciers inscrits le même jour exercent en concurrence une hypothèque de la même date, sans distinction entre l'inscription du matin et celle du soir, quand cette différence serait marquée par le conservateur.

SOMMAIRE.

664. Concurrence de tous les créanciers inscrits le même jour. Ce principe s'applique à toutes les hypothèques. Erreur de M. Grenier.

COMMENTAIRE.

664. Notre article veut que tous les créanciers inscrits le même jour viennent en concurrence. En effet, si la préférence dépendait de la priorité de l'heure, il serait possible qu'il y eût des frau-

des ou des erreurs, et la moindre méprise eût amené de très-graves inconvéniens. Le conservateur, ayant plusieurs bordereaux à inscrire le même jour, aurait pu se tromper sur celui qui lui aurait été le premier remis. Quelquefois il aurait dépendu de lui de favoriser un créancier au préjudice d'un autre. Les créanciers eux-mêmes auraient pu n'être pas d'accord sur celui d'entre eux qui serait arrivé le premier. La loi lève tous ces inconvéniens. Suivant M. Jollivet (1), la règle qu'elle pose était déjà en usage sous la loi du 11 brumaire an 7.

Je ne sais pourquoi M. Grenier veut que les priviléges déchus de leur prérogative, et rentrés dans la classe des hypothèques (art. 2113), de même que les hypothèques légales sujettes à inscription, soient toujours préférés aux hypothèques ordinaires, quand même les inscriptions auraient lieu le même jour (2). La loi ne fait pas cette distinction, dont il est d'ailleurs difficile de rendre un motif plausible. Car les priviléges déchus faute d'inscription dans les délais, ne sont plus que des créances hypothécaires ordinaires. Quant aux hypothèques légales soumises à inscriptions, quel motif y aurait-il donc de leur donner la préférence sur les autres hypothèques? Est-ce parce que c'est la loi qui les donne et non la convention? Mais ne sait-on pas que la loi ne fait que l'office des parties, qu'elle opère ce que les contractans sont censés avoir voulu faire, et que par consé-

(1) Conf., t. 7, p. 199.
(2) T. 1, n° 88.

quent il n'y a pas lieu à conférer aux hypothèques de ce genre de prérogatives qui ajouteraient encore à l'immense avantage de leur naissance (1)?

Article 2148.

Pour opérer l'inscription, le créancier représente, soit par lui-même, soit par un tiers, au conservateur des hypothèques, l'original en brevet ou une expédition authentique du jugement ou de l'acte qui donne naissance au privilége ou à l'hypothèque.

Il y joint deux bordereaux écrits sur papier timbré, dont l'un peut être porté sur l'expédition du titre. Ils contiennent :

1° Les nom, prénoms, domicile du débiteur, sa profession s'il en a une, et l'élection d'un domicile pour lui dans un lieu quelconque de l'arrondissement du bureau ;

2° Les nom, prénoms, domicile du créancier, sa profession s'il en a une connue, ou une désignation individuelle et spéciale, telle que le convervateur puisse reconnaître et distinguer dans tous les cas l'individu grevé d'hypothèque ;

3° La date et la nature du titre ;

4° Le montant du capital des créances ex-

(1) M. Tarrible, Répert., p. 221, v° Inscript., col. 1.

primées dans le titre ou évaluées par l'inscrivant, pour les rentes et prestations ou pour les droits éventuels, conditionnels ou indéterminés, dans les cas où cette évaluation est ordonnée, comme aussi le montant des accessoires de ces capitaux et l'époque de l'exigibilité;

5° L'indication de l'espèce et de la situation des biens sur lesquels il entend conserver son privilége ou son hypothèque.

Cette dernière disposition n'est pas nécessaire dans le cas des hypothèques légales ou judiciaires. A défaut de convention, une seule inscription pour les hypothèques frappe tous les immeubles compris dans l'arrondissement du bureau.

SOMMAIRE.

665. Esprit et but de l'art. 2148.

666. De l'omission des formalités qu'il prescrit. Système de sévérité adopté dans l'origine par la cour de cassation. Il trouve des censeurs.

667. Nouveau système. Tout n'est pas de rigueur dans l'article 2148. S'il y a des formalités substantielles, il y en a d'autres qui sont accidentelles.

668. Mais quelles sont les formalités substantielles, et celles qui ne sont qu'accidentelles? Diversité d'opinions.

668 *bis*. Définition de ce qui est substantiel, et indication de ce qui, dans l'article 2148, est substantiel et accidentel.

669. En matière de nullité d'inscription, tout dépend de la question de savoir si le créancier postérieur a été induit

dans une erreur préjudiciable. Contradiction dans la jurisprudence de la cour de cassation : elle manque de principes fixes. Elle invente le système des équipollens, système sans vérité. Exemple.

670. Efforts de M. Merlin pour combattre à la fois la théorie que nous adoptons et les ménagemens par lesquels la cour de cassation cherche à s'en rapprocher.

671. Argument qu'il tire de la loi du 4 septembre 1807. Réponse.

671 *bis*. Détails des formalités de l'inscription. Elle se fait au bureau du conservateur de la situation des biens.

672. Qui peut requérir inscription.

673. Du mandataire. Du *negotiorum gestor*.

674. Un créancier peut prendre inscription pour le débiteur.

675. L'usufruitier peut prendre inscription au nom du propriétaire d'une créance hypothécaire.

676. Du cessionnaire. Du subrogé. Du créancier délégué. Renvoi.

677. Présentation au conservateur du titre en vertu duquel on prend inscription.

678. Remise de deux bordereaux. Utilité de cette remise.

679. Du contenu aux bordereaux. 1° *Désignation du créancier*. Détails sur cette formalité. Son utilité et son but. L'inscription n'est pas nulle pour omission de l'indication du créancier. Arrêts contraires. Examen critique de la jurisprudence et d'un arrêt relatif au domicile élu.

680. 2° *Désignation du débiteur*. C'est une formalité substantielle.

681. Du cas où le débiteur est décédé.

681 *bis*. Équipollens dans la désignation du débiteur.

681 *ter*. Quoique l'immeuble ait changé de mains, l'inscription doit contenir le nom du débiteur originaire.

682. 3° *De l'indication, de la date et de la nature du titre*. Examen critique de la jurisprudence.

683. 4° *Du montant du capital et des accessoires et de l'exigibilité*. De l'évaluation du capital indéterminé.

684. L'inscription prise en vertu d'un jugement ne doit pas nécessairement contenir l'évaluation du capital indéterminé. Dissentiment avec M. Tarrible et M. Grenier.

685. De la mention de l'exigibilité. De quelle utilité elle peut être pour les tiers. Contradictions dans les arrêts.

686. Système des équipollens en cette matière. Son peu de franchise. Conséquences où il mène.

687. Le débiteur est intéressé à une mention exacte de l'exigibilité. Dans quel cas une mention inexacte peut nuire aux tiers. Conséquences de cette inexactitude.

688. De l'exigibilité à l'égard des intérêts et arrérages.

689. 5° *Mention de l'espèce et situation des biens*. Rigueur justement mitigée. Critique d'un arrêt de Bourges.

690. L'obligation de mentionner l'espèce et la situation des biens n'a pas lieu pour les hypothèques judiciaires.

691. Dans le cas d'hypothèque judiciaire, l'inscription *primitive* saisit les biens à venir. Erreur de M. Tarrible.

692. Notre article n'est pas applicable aux hypothèques légales.

COMMENTAIRE.

665. L'art. 2148 du Code civil a donné lieu à tant de controverses lors de sa promulgation et depuis sa mise à exécution, il soulève tant de difficultés dans la pratique et même dans la théorie, que je dois nécessairement entrer dans des détails développés pour en donner une intelligence complète.

D'abord, je ferai quelques observations sur l'esprit de l'art. 2148. C'est à lui qu'il faut recourir, comme l'on voit, pour les formalités de l'inscription des priviléges et hypothèques ; il les détaille avec soin, et l'on voit que le législateur, toujours fidèle au système de la publicité et de la spécialité, a voulu

que les créanciers trouvassent dans l'inscription tous les documens qui pouvaient être de nature à les éclairer sur la position du débiteur. Pour parvenir à ce but, l'inscription doit donc principalement publier trois indications importantes : 1° celle de l'immeuble hypothéqué ; 2° celle de la personne du débiteur ; 3° la quotité de la somme dont il est redevable (1). Car ces trois choses sont précisément celles qu'a le plus grand intérêt à connaître celui qui hésite à prêter son argent ou à acheter. Autour de ces trois solennités fondamentales, il en est d'autres qui viennent se grouper pour compléter tous les genres de renseignemens qui peuvent écarter la fraude et assurer la bonne foi dans les contrats. J'en parlerai avec détail dans l'analyse des formes nécessaires pour l'inscription. Pour le moment, je me borne à exprimer cette idée, que toutes les solennités indiquées par le législateur dans notre article ne sont que les moyens dont il se sert pour assurer les droits individuels des divers créanciers entre eux, et empêcher qu'ils n'éprouvent un préjudice par ignorance de la position du débiteur (2).

666. Mais ici se présente une question ; l'article 2148 ne prononce pas la peine de la nullité contre les inscriptions non revêtues des formalités qu'il prescrit. Est-ce à dire pour cela qu'il ne faut

(1) M. Tarrible, v° Inscript., p. 226, col. 2.

(2) V. dans Sirey, t. 7, 1, 238, les conclusions du savant M. Daniels, l'une des illustrations de l'ancienne cour de cassation.

pas la prononcer? Le législateur a-t-il voulu donner un précepte sans sanction? Est-il permis d'éluder les sages combinaisons de sa prudence? Ou bien la peine de nullité doit-elle être suppléée? Mais alors dans quel cas faut-il la prononcer? La moindre omission entraînera-t-elle la déchéance du créancier? Ou bien faut-il faire un choix de formalités dont les unes sont considérées comme *substantielles*, et les autres comme *secondaires?*

Sous l'empire de la loi de brumaire an 7 (1), qui, en prescrivant la formalité de l'inscription, portait à peu près les mêmes disposition que l'article 2148 du Code civil, on avait pensé que toutes les solennités exigées devaient être suivies à la rigueur. L'observation de la loi dégénérait en une servilité, que la loi 88, § 17, Dig. *de leg.* 2°, appelle très-bien « *nimiam et miseram diligentiam* ». La cour de cassation se montra aussi sévère pour la forme de l'inscription que pour la forme des testamens, et l'on ne peut dire combien de particuliers furent ruinés par cette jurisprudence pleine d'âpreté.

Les mêmes idées de rigueur se soutinrent encore sous le Code civil. Le système de la publicité des hypothèques était encore trop nouveau, pour que l'expérience eût éclairé tous les esprits sur le véritable but de la loi en traçant les formalités de l'art. 2148.

M. Daniels fut, je crois, le premier à élever la voix contre cette sévérité brutale, qui compromet-

(1) Art. 17.

tait tant d'engagemens contractés sous le sceau de la bonne foi. Mais ses paroles, quoique remplies de sagesse, furent méconnues. La cour de cassation persista dans les voies erronées où elle était entrée (1). On était imbu de l'idée que *toutes* les formalités prescrites par la loi de brumaire, et par l'art. 2148, étaient substantielles, et que par conséquent la nullité était sous-entendue dans la loi, d'après la loi 5, C. *De legib.* L'hypothèque, disait-on, est du droit civil : la loi ne l'accorde que sous la condition de certaines formalités. Ces formalités doivent donc être observées à peine de nullité (2).

667. Mais on aperçut plus tard que ce système funeste dépassait le but que s'était proposé le législateur; on l'abandonna presque généralement pour embrasser un autre système, qui consistait à distinguer dans l'art. 2148 des formalités *substantielles*, et des formalités *accidentelles* et *secondaires*. Proposé par M. Merlin en 1809, il fut adopté par la cour de cassation dans un arrêt du 15 mai de la même année (3).

Voici ce que disait M. Merlin à cette occasion :

(1) Sirey, 7, 1, 238, donne les conclusions de ce magistrat, et l'arrêt du 22 avril 1807, rendu contre son avis. V. aussi cet arrêt dans Dal., Hyp., p. 270; mais on n'y trouve pas le résumé des conclusions de M. Daniels.

(2) M. Toullier, t. 7, n° 511, p. 602, 603, 604, et M. Grenier, t. 1, n° 70, p. 144. Ils blâment l'un et l'autre; cette sévérité outrée, qui appliquait la peine de nullité à l'omission des formalités *les plus minutieuses* de l'inscription, les considérant comme substantielles.

(3) Rép., Inscript., p. 233, req. note. Dal., Hyp., p. 257 à 260.

« Sur la première difficulté, il est une maxime que » la cour a proclamée par plusieurs de ses arrêts, » et que la loi du 4 septembre 1807 a consacrée de » la manière la moins équivoque. C'est que l'omis- » sion de celles des formalités prescrites par la loi » qui tiennent à la substance des inscriptions hy- » pothécaires, emporte de plein droit la peine de » nullité.... Cette peine de nullité, la loi se garde » bien de la prononcer. Et pourquoi ? Parce que, » mettant toute sa confiance dans le principe géné- » ral qui veut que la peine de nullité soit suppléée » de plein droit dans toutes les formalités qui pres- » crivent des formes substantielles, et qu'elle ne le » soit jamais dans celles qui ne prescrivent que des » formes secondaires, elle se repose sur les juges » du soin de distinguer quelles sont, parmi les » formes qu'elle prescrit pour l'inscription, celles » qui tiennent ou ne tiennent pas à la substance » de ces actes, c'est-à-dire celles qui ne sont pas » indispensables pour faire connaître la créance, » le débiteur, le créancier et les biens sur lesquels » il s'agit d'acquérir hypothèque. »

Ce système est aussi celui de M. Tarrible (1). Il se corrobore d'une foule d'arrêts qui ont décidé, les uns que l'omission du *prénom* de l'inscrivant, les autres que l'omission de sa *profession*, ceux-ci que l'omission de *son domicile*, ceux-là que l'omission de *l'élection de domicile*, n'entraînent pas la nullité de l'inscription (2).

(1) Rép., Inscript., Hyp., p. 221, col. 2, *in fine*. Dalloz, Hyp., p. 250.

(2) *Prénom*. Cassat., 15 février 1810 (S. 10, 1, 170). Bor-

Voilà donc un grand pas fait vers un état de choses réclamé par tous les bons esprits, et seul capable de déjouer les projets de la cupidité et de la mauvaise foi, trop favorisés par la première jurisprudence de la cour suprême.

668. Mais quels sont dans l'art. 2148 les formalités substantielles et celles qui ne sont qu'accidentelles?

C'est ici que commencent les dissentimens entre les auteurs et les arrêts Le législateur ayant en effet gardé le silence, et juxta-posé dans l'article 2148 des formalités substantielles et accidentelles, il est devenu difficile de s'entendre, parce que la distinction des solennités en substantielles et accidentelles est extrêmement subtile, et que de tout temps elle a embarrassé les hommes les plus éclairés (1).

Suivant M. Merlin, ce sont celles qui désignent le créancier et le débiteur, l'immeuble hypothéqué, la date et nature du titre, et la quotité et l'exigibilité de la dette (2).

M. Tarrible est du même avis (3). — De plus

deaux, 8 février 1811 (S. 11, 2, 252). Cassat., 2 mars 1812 (S. 12, 1, 257).

Profession. Cass., 1er octob. 1810 (S. 10, 1, 383). Bruxelles, 20 février 1811 (S. 11, 2, 375).

Domicile de l'inscrivant. Paris, 29 août 1811 (S. 12, 2, 3). Cassat., 2 mars 1812 (S. 12, 1, 257).

Élection de domicile. Metz, 2 juillet 1812 (S. 12, 1, 388).

(1) M. Toullier, t. 7, nos 500 et 502.

(2) *Loc. cit.*, et t. 16, p. 397.

(3) Répert., Inscript., Hyp.

ces deux auteurs pensent que, quels que soient les moyens dont on se sert pour parvenir à cette désignation, pourvu qu'elle soit opérée d'une manière suffisante, il n'y a pas de nullité, quand même on ne se serait pas servi précisément des moyens d'indication dont parle la loi

Mais d'autres auteurs se sont effrayés de donner à l'art. 2148 une si grande extension : ils ont calculé le degré d'utilité de chacune des formalités prescrites par cet article, et, considérant comme accessoire la désignation du créancier et du débiteur, de la date et nature du titre, de l'exigibilité de la créance, ils ont été amenés à ne considérer comme formes substantielles que celles qui indiquent dans l'inscription le montant des charges hypothécaires et les biens qui en sont grevés (1).

668 *bis*. Si l'on pouvait s'accorder sur une bonne définition des formes *substantielles*, peut-être serait-il facile de conduire les esprits à un point de ralliement commun.

Or, que doit-on entendre par formalités substantielles? Ce sont celles qui sont indispensables pour remplir le but pour lequel l'acte a été institué. Introduites par l'équité naturelle pour protéger des droits, elles sont violées toutes les fois que par leur omission ce but n'a pas été atteint. Alors l'acte se trouve vicié dans sa substance, et il est réduit *ad non esse* (2).

(1) Toullier, t. 7, n° 510, p. 601. Hua, Moyen d'améliorer le régime hyp.

(2) M. Toullier (d'après Suarez de Legib.), t. 7, n°s 501 et 507.

En appliquant cette définition aux inscriptions hypothécaires, il est possible, ce me semble, d'arriver à un résultat certain.

Comme le disait M. Daniels, dans les conclusions de 1807, que je citais tout à l'heure et que les préjugés du moment empêchèrent d'admettre, l'objet de la loi, en traçant les formalités de l'inscription, a été de donner des moyens assez efficaces pour empêcher que celui qui va prêter son argent ou qui veut acheter un immeuble, ne tombe dans un piége par l'ignorance des charges qui pèsent sur le débiteur. Ce qu'il y a donc de substantiel dans l'art. 2148, c'est ce qui éclaire le prêteur de fonds ou l'acquéreur sur la position du débiteur; ce sont les formalités qui étant omises peuvent induire en erreur ceux qui veulent contracter avec ce même débiteur. Les autres formalités ne sont qu'*accidentelles* ou *précautionnelles*, et l'on ne voit pas de raison pour dire que leur omission doit produire une nullité; car cette nullité n'est ni *prononcée par la loi* ni *conseillée par l'équité :* je me sers des termes de M. Daniels.

Eh bien! quelles sont les choses que doit nécessairement connaître celui qui veut contracter avec le débiteur? Quelles sont les omissions préjudiciables qui l'induiront en erreur et ne rempliront pas le vœu de la loi?—La raison dit qu'il n'y en a que trois.—D'abord, il doit trouver dans l'inscription la désignation de celui des immeubles appartenant au débiteur qui est déjà hypothéqué; ensuite l'indication des sommes pour lesquelles cet immeuble est grévé; enfin l'indication du débiteur.

Il doit connaître l'immeuble hypothéqué! car s'il y avait du vague à cet égard, il se trouverait dans la perplexité fâcheuse d'ignorer sur quel immeuble porte précisément l'hypothèque, et il pourrait prendre comme libre l'immeuble déjà chargé d'hypothèques.

Il doit connaître le montant des charges hypothécaires, parce que c'est par elles qu'il peut juger du degré de solvabilité du débiteur comparativement à la fortune immobilière qu'il possède, et savoir si l'argent qu'il prête sera bien ou mal placé (1).

Il doit connaître le débiteur! et en effet plusieurs immeubles peuvent porter le même nom. Alors c'est le nom du propriétaire qui les distingue les uns des autres. Celui qui cherche sur le registre des hypothèques les charges pesant sur tels fonds de terre appartenant à Paul, et qui trouve dans l'inscription qui le grève la désignation de Jacques comme propriétaire, est autorisé à croire que ce fonds n'est pas celui sur lequel Paul lui offre une hypothèque; et, voyant qu'il n'y a pas d'inscription qui s'applique à celui-ci, il se persuade qu'il sera le premier en hypothèque, tandis que par le fait il ne sera que le second. On voit dans quelles erreurs fâcheuses peut faire tomber l'indication vicieuse du propriétaire; cette indication est donc une formalité substantielle de l'inscription hypothécaire. C'est à tort que M. Toullier enseigne le contraire.

A l'égard des autres formalités dont parle l'ar-

(1) M. Toullier, t. 7, n° 510.

ticle 2148, on ne voit pas que, dans aucun cas, elles soient de la substance de l'inscription ; elles sont d'une utilité purement relative. Passons-les rapidement en revue.

Et d'abord, à quoi peut servir aux créanciers la connaissance du créancier premier inscrit? Que ce soit Pierre, que ce soit Paul, peu leur importe. Le tiers-acquéreur peut avoir quelque intérêt à cette connaissance, afin de faire les notifications prescrites par l'art. 2183. Mais si le créancier ne s'est pas fait connaître, il ne lui sera pas fait de notification, et l'inscription sera sans effet à l'égard du tiers-acquéreur. Voilà la sanction de la loi (1). De plus, celui qui, avant de contracter, consulte les inscriptions existantes, a fort peu d'intérêt à savoir de quels titres procèdent les inscriptions prises; il ne pourrait consulter et examiner ces titres chez le notaire. Car n'étant ni partie contractante, ni héritier, ni ayant-cause (puisqu'il n'a pas encore traité avec le débiteur), le notaire ne pourrait lui en donner connaissance d'après l'art. 23 de la loi du 25 ventose an 11 ; et puis, pourquoi cette recherche? pour spéculer sur une nullité, sur un procès à venir? Est-il probable qu'il ait été dans l'intention de la loi de favoriser ces odieuses combinaisons? Qu'importent aussi la nature et la date du titre constitutif de l'hypothèque? le créancier fera connaître ce titre, s'il veut s'en aider (2). Enfin l'époque de l'exigibi-

(1) N° 679, *infrà*.

(2) M. Toullier, t. 7, p. 603. *Infrà*, 682.

lité de la somme n'est que d'une utilité fort minime, pourvu que le montant de la créance soit connu. Car on sait que l'acquéreur qui veut purger, doit offrir de payer les sommes *exigibles* ou non, et s'il arrive qu'une indication inexacte de l'exigibilité trompe celui qui prête des fonds, le créancier négligent sera assez puni par la perte des intérêts dont il n'a pas annoncé aux tiers la future existence (1); le préjudice qu'il aura causé se trouvera ainsi réparé. Toutes ces formalités n'ont donc rien que d'accessoire et de secondaire, et leur omission ne peut entraîner une nullité radicale.

Telle est l'opinion à laquelle de mûres réflexions m'attachent avec fermeté (2). En la dégageant de ce que ces expressions scientifiques, *nullités substantielles* et *nullités accidentelles*, peuvent avoir de vague dans l'application, on peut la réduire à cette idée claire et simple pour tous les esprits : c'est que si l'omission signalée dans l'inscription blesse un intérêt que la loi a pour but de protéger, cette inscription reste sans effet; sinon, l'équité et la raison veulent qu'elle subsiste (3).

(1) *Infrà*, nos 685 et 687.

(2) Voyez *infrà*, n° 679.

(3) Ce système est celui qui a prévalu en grande partie dans la nouvelle législation hollandaise (V. *Revue de législation étrangère*, par M. Fœlix, p. 641). L'art. 1264 du Code civil est ainsi conçu : « L'inscription ne peut être annulée » pour omission des formalités ci-dessus prescrites que dans » le cas où elle ne ferait pas connaître suffisamment le créan- » cier, le débiteur, la dette ou le bien grevé. » On voit que cet article n'indique comme formalités *substantielles* de l'in-

669. C'est vers ce système qu'incline, avec plus ou moins de modifications, la majorité des auteurs (1). Quant à la jurisprudence, elle est pleine d'incertitudes. On voit que le système qui multiplie dans l'art. 2148 les solennités substantielles, l'effraie le plus souvent; mais elle l'élude beaucoup plus qu'elle ne le condamne. Tantôt elle pose pour principe que l'omission d'une formalité, qui n'a pas porté préjudice, ne vicie pas l'inscription; tantôt elle annule des inscriptions qui sont privées de formalités indifférentes pour les tiers qui se plaignent de leur omission. Voyons quelques exemples de ces tiraillemens.

Par arrêt du 17 août 1813, la cour de cassation a décidé qu'une erreur dans la date du titre de créance ne pouvait vicier l'inscription, parce qu'il n'en résulterait pas de méprise dommageable (2).

Par arrêt du 9 novembre 1815, la même cour a décidé la même question dans le même sens, toujours par le motif que le créancier n'en avait pas éprouvé de préjudice (3).

Par arrêt du 3 janvier 1814, cette cour a encore

scription que la désignation du débiteur, de la dette, du bien grevé et celle du créancier. Quant à cette dernière, je persiste néanmoins à la regarder comme d'une utilité purement relative.

(1) M. Grenier, t. 1, p. 144. M. Toullier, t. 7, n° 510. M. Delvincourt, Cours de droit civil. M. Hua, Moyens d'améliorer le régime hypothécaire. Consult. de Sirey, t. 13, 2, 180. Dalloz, Hyp., p. 250.

(2) Répert., t. 16, p. 394, 395. Dal., Hyp., p. 273.

(3) Répert., t. 16, p. 395, col. 2. Dal., Hyp., p. 388, 339.

décidé que l'erreur dans l'exigibilité de la créance n'avait pas pour effet d'annuler une inscription, sur le fondement que cette erreur n'avait pu nuire au créancier (1).

Ce n'est pas tout. La cour de cassation, par arrêt du 2 août 1820, a cassé un arrêt de la cour d'Amiens qui avait annulé une inscription qui, sans faire mention de la date d'un des titres constitutifs de l'hypothèque, se référait à un autre acte qui contenait l'indication de la date de ce titre.

La cour dit, dans son premier considérant, qu'une inscription hypothécaire ne peut être annulée sous prétexte qu'elle ne fait pas mention de la date du titre, ou à défaut du titre, de l'époque à laquelle l'hypothèque a pris naissance, lorsqu'elle contient l'une ou l'autre de ces énonciations, de manière que personne n'a pu raisonnablement en prétendre cause d'ignorance, ni être induit en erreur (2).

Je pourrai citer également un arrêt de la cour de Nancy du 28 avril 1826, rendu sur mes conclusions conformes, qui déclare valable une inscription dans laquelle on avait omis de désigner la commune de la situation des biens. La cour donne pour l'une de ses raisons, que l'omission n'avait pu entraîner le subséquent prêteur de fonds dans une erreur qui aurait déterminé sa confiance (3).

(1) Répert., t. 16, p. 441, col. 2. Dal., Hyp., p. 293.

(2) Répert., t. 16, p. 397. Dal., Hyp., p. 276 et 277.

(3) Dal., 1827, 2, 45. V. *infrà*, n° 689, un autre arrêt de la cour de cassation fondé sur l'absence de préjudice.

En présence de ces monumens de la jurisprudence, qui ne serait persuadé que c'est désormais un point établi, qu'il n'y a de nullité résultant de l'art. 2148 qu'autant qu'il y a préjudice? qui ne serait convaincu que c'est là le *criterium* auquel la cour de cassation ramène toutes les difficultés auxquelles donne lieu l'art. 2148?

Eh bien! l'on se tromperait! car, il faut le dire, rien n'est plus variable que la jurisprudence de cette cour. En cette matière, elle n'a aucun système arrêté : elle donne, tour à tour, raison aux doctrines les plus contradictoires : il n'y a pas d'opinion qui ne puisse s'étayer de quelques uns de ses arrêts, en sorte que celui qui se laisserait guider par sa marche, arriverait à une confusion dont je défie qu'il pût se tirer (1).

Par exemple, l'inscription est-elle dépourvue de la mention de l'exigibilité, ou du domicile élu, ou de la date du titre? la cour de cassation reste dans les voies rétrogrades de sa première jurisprudence. Elle déclare l'inscription nulle (2), quoique la nullité ne soit pas prononcée par la loi, et bien qu'il n'y ait pas de préjudice causé! ce qui est contraire à l'équité, qui devrait, de jour en jour, faire de nouveaux progrès dans l'interprétation de la loi.

Mais, au lieu d'une omission, y a-t-il une de ces

(1) V. les arrêts contradictoires que je rapporte n° 679 sur l'indication du domicile réel, n° 685 sur l'erreur dans la mention de l'exigibilité, et n° 686 sur le système des équipollens et des erreurs non préjudiciables d'une part, et le système des nullités substantielles de l'autre, etc.

(2) V. n°s 679, 682, 685.

erreurs qui équivalent à une omission? la cour de cassation recherche s'il y a préjudice, et comme il n'y en a pas et ne peut y en avoir, elle déclare l'inscription valable (1). Ainsi il suffit d'une apparence, d'un simulacre trompeur d'observation des solennités prescrites par l'art. 2148, pour échapper à la nullité! peu importe que l'inscription dise autre chose que ce qu'elle devrait dire, qu'elle trompe les tiers au lieu de les éclairer; la cour de cassation s'en contente, pourvu qu'il y ait un faux-semblant de docilité pour ce qu'elle considère comme des solennités substantielles. Tout cela prouve bien que la cour de cassation est importunée de la rigueur qu'elle voit dans ces solennités. Mais ne vaudrait-il pas mieux surmonter des préjugés qui ne résistent pas à l'examen, que de s'en tirer par de tels faux-fuyans?

Ce qui prouve cette répugnance de la cour de cassation pour un sytème de nullité qu'elle n'ose pas encore combattre de front, c'est sa théorie des *équipollens*, qui consiste à torturer une inscription pour lui faire dire ce qu'elle ne dit pas (2); théorie désespérée et sans logique, qui autorise les interprétations les plus contournées et qui rabaisse la jurisprudence jusqu'à la ruse. Notre opinion sur l'art. 2148 a au moins cet avantage, c'est qu'elle est pure de ces subterfuges : c'est qu'elle a quelque chose de simple et de positif qui satisfait la raison,

(1) V. les mêmes numéros et le n° 686.

(2) V. l'arrêt du 2 août 1820 (Dal., Hyp., p. 227, et *infrà*, n° 682), qui est un exemple mémorable en ce genre.

et qu'elle met l'art. 2148 d'accord avec l'équité, sans avoir besoin de s'appuyer sur des contradictions et sur de petits détours.

Ainsi il y a, dans l'art. 2148, trois formalités substantielles, sans lesquelles il n'y a pas d'inscriptions, savoir : le nom du débiteur, l'indication de la somme hypothéquée, l'indication de l'immeuble soumis à l'hypothèque. L'omission de ces formalités est une cause nécessaire d'erreurs préjudiciables, et rend forcément l'inscription nulle, tant à l'égard de tous les créanciers, qu'à légard du tiers acquéreur

Quant aux autres formalités, elles sont ou relatives ou purement accessoires. Leur omission n'entraîne jamais un préjudice qui puisse s'étendre à tous les intéressés, et qui puisse par conséquent faire annuler l'inscription. L'une d'elles, l'indicatoin du domicile élu, n'est susceptible de donner lieu à des débats qu'entre le créancier, dont l'inscription est critiquée pour omission de cette indication, et le tiers acquéreur. Quant aux autres créanciers, ils n'ont jamais lieu de s'en plaindre. C'est donc là une formalité purement *relative* au tiers acquéreur (1). Les autres formalités prescrites par l'art. 2148 peuvent être omises, sans qu'il en résulte de préjudice ni pour les créanciers ni pour les tiers acquéreurs. Ce sont des formalités de précaution, qu'il est bon d'observer, mais dont l'omission ne saurait entraîner la peine de nullité. En un mot, il n'y a nullité qu'autant qu'il

(1) V. *Infrà*, n° 679.

y a préjudice. C'est là la règle simple et vraie avec laquelle on verra toutes les difficultés s'aplanir dans la pratique, sans le moindre effort.

670. Un des auteurs que nous regrettons le plus de voir opposés à cette doctrine, c'est le savant M. Merlin. Il la combat avec force dans différens endroits de ses ouvrages (1), et il repousse, avec la même énergie, les ménagemens par lesquels la cour de cassation cherche à s'en rapprocher. M. Merlin a rendu de grands services à la jurisprudence, en contribuaut à l'éloigner du système de rigueur absolue qui avait signalé ses premiers erremens (2). Mais nous croyons qu'il est resté en route, et nous cherchons à le dépasser, parce qu'il nous semble qu'il n'a pas fait tout ce qu'il était possible de faire pour placer l'art. 2148 sous son véritable jour. C'est en vain qu'il proscrit l'idée de voir mesurer la gravité de l'infraction sur l'étendue du dommage. Quoi cependant de plus naturel et de plus juste? La loi, encore une fois, ne prononce pas la peine de nullité. Que reste-t-il donc à faire? A voir si la formalité omise est substantielle, c'est-à-dire si elle empêche l'acte de remplir son but et son objet. Or, si personne n'a éprouvé de dommage et n'a été induit en erreur, disons avec confiance que le but de la loi est rempli, et qu'on n'a pas touché à une formalité substantielle.

671. M. Merlin insiste cependant pour soutenir son opinion, en argumentant de la loi du 4 septem-

(1) T. 16, Hyp., p. 396, et Inscript., p. 448, 441.

(2) *Suprà*, n° 667.

bre 1807. Cette loi est importante à connaître (1).

« Art. 1. Dans le délai de six mois, à dater de la » promulgation de la présente loi, tout créancier » qui aurait *depuis la loi du* 11 *brumaire an* 7 jus- » qu'au jour de ladite promulgation, obtenu une » inscription, *sans indication de l'époque de l'exi-* » *gibilité de sa créance*, soit que cette époque doive » avoir lieu à jour fixe, ou après un événement » quelconque, est autorisé à représenter au bu- » reau de la conservation où l'inscription a été » faite, son bordereau rectifié, à la vue duquel le » conservateur indiquera, tant sur son registre » que sur le bordereau resté entre ses mains, l'é- » poque de l'exigibilité de la créance, le tout en se » conformant à la disposition de l'art. 2200 du » Code civil, et sans perception d'aucun nouveau » droit.

» Art. 2. Au moyen de cette rectification, l'in- » scription primitive sera considérée *comme com-* » *plète et valable*, si d'ailleurs on y a observé les » autres formalités prescrites.

Art. 3. La présente loi ne s'applique pas aux » inscriptions qui auraient été annulées par juge- » mens passés en force de chose jugée. »

Voici maintenant comment raisonne M. Merlin : l'art. 2148 n'a pas plus de raison pour exiger la mention de la date et nature du titre que pour exiger la mention de l'exigibilité de la créance. Or, la loi du 4 septembre 1807 reconnaît bien évidemment que les inscriptions dépourvues de la

(1) M. Dalloz en donne le texte, v° Hyp., p. 285.

mention de l'exigibilité sont nulles, tant pour le passé que pour l'avenir. Donc, il faut dire qu'une inscription qui serait privée de la mention de la date du titre ou qui même contiendrait une date fausse, serait absolument nulle. Le même raisonnement s'applique au domicile élu, etc.

Mais il y a bien des choses à répondre à ce raisonnement; en effet, on pourrait dire, en premier lieu, qu'en supposant que la loi du 4 septembre 1807 ait le sens que lui prête M. Merlin, il serait trop rigoureux d'étendre aux autres formalités de l'article 2148 une disposition qui n'a trait qu'à l'indication de l'exigibilité de la créance. C'est déjà bien assez de cette loi du 4 septembre 1807 : n'en faisons pas une de notre chef pour chacun des paragraphes de l'art. 2148.

De plus, voyons en elle-même cette loi qu'oppose M. Merlin, et admettons avec ce jurisconsulte qu'elle suppose la peine de nullité écrite dans l'art. 2148. Voici ce qu'on pourra alors objecter.

La loi du 4 septembre 1807 a été rendue à une époque où l'on avait encore de fausses idées sur l'étendue et le but de l'art. 2148. Elle a été incontestablement déterminée par l'idée erronée, et cependant dominante alors, que toutes les formalités prescrites par l'art. 2148 pour l'inscription, étaient substantielles. C'est une véritable loi de circonstance, qui n'a été rendue que pour régler un état de choses passé, qui n'a rien statué pour l'avenir, et qui, toute puissante qu'elle soit, ne peut faire dire au Code civil ce qu'il ne dit pas.

Le législateur voit en effet que presque tous les

tribunaux s'accordent à prononcer la nullité des inscriptions hypothécaires pour les moindres omissions ; il voit la cour de cassation soutenir ce système avec la plus grande inflexibilité. Il sait cependant qu'un nombre considérable d'inscriptions manque de la mention de l'exigibilité. Il craint alors que les fortunes ne soient menacées, qu'une foule d'intérêts ne soient froissés par suite d'une légère omission ; et, prenant les choses sous le point de vue où la cour de cassation les considérait, interprétant la loi comme on l'interprétait alors sans conflit entre les tribunaux, il permet de rectifier les inscriptions déjà prises. On voit qu'il n'est pas possible de considérer cette loi comme interprétative de l'art. 2148. Elle n'a pas statué sur une chose en état de controverse sérieusement engagée ; elle est partie d'une supposition que les arrêts ne cherchaient pas à combattre, et qu'elle n'a pas non plus cherché à éclaircir. Eh bien ! si le point de départ était erroné, comme cela est aujourd'hui reconnu et comme M. Merlin le reconnaît lui-même en partie, quel avantage pourra-t-on tirer de cette loi arrachée ou surprise par les idées du moment (1) ? Il faut

(1) Me trouvera-t-on hardi dans ce que je viens de dire ? Je répondrai que, quoique je ne sois pas de ceux qui raisonnent toujours sur les lois comme si le législateur était infaillible, toutefois, si la loi du 4 septembre 1807 s'expliquait positivement sur l'interprétation à donner à l'article 2148 du Code civil *à l'avenir*, je m'y soumettrais sans difficulté. Mais c'est ce qu'elle ne fait pas. Elle tire tout au plus une conséquence d'une opinion admise de son temps.

donc la circonscrire dans son but, qui a été de donner aux créanciers inscrits lors de sa promulgation les moyens d'empêcher qu'on ne critiquât leurs inscriptions pour défaut de mention de l'exigibilité : mais on ne peut pas lui faire régler le sort des inscriptions à prendre pour l'avenir. Elle ne s'en occupe pas. Elle n'est qu'une disposition transitoire faite pour un passé désormais épuisé. Elle n'est qu'un accident éphémère que le temps a emporté, qu'un secours passager, donné à la hâte dans l'hypothèse d'un péril admis sans discussion. Sa pensée, quelle qu'elle soit, a fait son temps : elle a produit tous ses effets, et il n'en reste plus rien de réel et de vivant, comme autorité législative. L'art. 2148 subsiste donc, dégagé désormais de cette espèce d'excroissance hétérogène qui altérait son principe; il est rendu à sa pureté primitive, et en cet état il ne prononce aucune peine de nullité.

Mais ce n'est pas tout, et il me semble qu'il est possible d'interpréter la loi de 1807 dans un sens bien moins absolu que M. Merlin.

L'art. 2 de cette loi (sur lequel on s'appuie pour prétendre que toute inscription qui ne mentionne pas exactement l'époque de l'exigibilité de la créance est nulle radicalement) porte qu'au moyen des rectifications autorisées par l'art. 1er, l'inscription *sera complète et valable*, si d'ailleurs on y a observé les autres formalités prescrites. Mais, à mon avis, ce texte ne conduit pas nécessairement à dire que toute inscription qui manquera de cette rectification sera nulle.

Le législateur me paraît frappé dans cet article de l'idée que la rectification, quoique faite *après coup*, aura cependant un effet rétroactif, et vaudra *ab initio* tout ce que vaut une inscription qui porte la mention de l'exigibilité de la créance. C'est une question de rétroactivité qu'a voulu vider l'art. 2. Il a senti la nécessité de prévenir les difficultés qu'on pourrait élever sur la date de la rectification, et d'empêcher qu'on ne puisse dire que l'inscription ne prendrait rang que du jour de sa rectification (1); voilà pourquoi il a déclaré qu'au moyen de cette rectification l'inscription *primitive* serait *complète* et *valable*. Elle sera *complète;* car il lui manquait une formalité souvent utile, et l'en voilà désormais revêtue. Elle sera *valable*. Mais entendons-nous sur ce mot. De même qu'il y a des nullités absolues et des nullités relatives, de même aussi il est facile de concevoir que quelquefois la validité donnée à un acte n'ait pour but que de faire disparaître certaines imperfections partielles, qui, sans annuler absolument cet acte, le privaient cependant de ses effets sous certains rapports. Tel est le cas de l'art. 2 de la loi de 1807. L'omission de l'exigibilité de la créance, ou (ce qui est la même chose) la fausse mention de cette exigibilité, n'annule pas l'inscription : mais quelquefois elle empêche que l'inscription ne réalise tous les effets que le créancier s'en promettait sous

(1) Un arrêt de Liége, du 7 janvier 1811 Dal., Hyp., p. 218), et un arrêt de Toulouse, du 18 juillet 1823 (Dal., Hyp., p. 419), prouvent que l'art. 2 n'a pas tari la source des difficultés.

certains rapports (1). Eh bien! si une loi permet de rectifier, la rectification validera l'inscription *ab initio*, en ce sens qu'elle la relevera des inefficacités qui l'affectaient.

Cette interprétation n'a rien de nouveau en droit : par exemple, l'art. 170 du Code civil nous présente un cas absolument semblable à celui que prévoit l'art. 2 de la loi de 1807. Il porte : « Le mariage contracté en pays étranger, entre Français, » ou Français et étranger, sera *valable*, s'il a été » célébré dans les formes usitées dans le pays, » *pourvu qu'il ait été* précédé des publications » prescrites par l'art. 63 (2). » Mais est-ce à dire pour cela que tout mariage célébré à l'étranger *sera nul nécessairement*, s'il n'a pas été précédé de ces publications? Non sans doute, et nombre d'arrêts ont jugé que l'omission de cette formalité n'annulait pas le mariage (3). Pourquoi cela? Parce que la validité dont parle l'art. 170 n'est pas une validité absolue, placée en regard d'une nullité absolue, parce que c'est une validité relative correspondante à une imperfection qui par elle-même ne suffit pas pour annuler un mariage (4). C'est

(1) *Infrà*, n° 687.

(2) A peu près comme la loi de 1807 dit que l'inscription sera valable si elle a été rectifiée, etc.

(3) Répert., t. 16, Bans de mariage. M. Merlin approuve cette jurisprudence.

(4) C'est aussi ce que jugeait le parlement de Paris, sous l'empire de l'ordonnance de Blois, portant : « Pour obvier aux » inconvéniens et abus qui adviennent des mariages clandes-

identiquement ce que nous disons pour l'inscription rectifiée en vertu de la loi de 1807 ; la validité dont elle s'occupe n'est que le contrepied d'une inefficacité partielle et secondaire.

De cette explication, qui me paraît simple et appuyée de précédens imposans dans le droit, que résulte-t-il en définitive? C'est qu'après tout, la loi de 1807 se prête à tous les systèmes, et n'en contrarie précisément aucun. Au fond, elle n'a pas voulu prononcer entre les opinions qui s'agitent aujourd'hui, parce que, malgré les protestations de quelques esprits avancés, une seule était en vogue. Peut-être eût-elle condamné notre sentiment, j'en conviens, si elle eût été appelée à statuer sur le conflit. Mais enfin elle ne l'a pas fait; et, par une circonstance heureuse, son texte est neutre sur la difficulté. Je dis qu'il est neutre! car il s'adapte sans doute à l'opinion rigoureuse qui prononçait la nullité absolue, et il donne les moyens d'échapper à une jurisprudence qui compromettait des intérêts précieux! Mais il s'adapte aussi à l'opinion plus mitigée, qui consiste à mesurer les nullités sur le préjudice : il s'y adapte, disons-nons, en employant le mot *valable*, dans le même sens que l'art. 170 du Code civil. Ainsi donc, il laisse l'art. 2148 du Code civil tel qu'il est, tel qu'il appartient à l'interprétation, sans peine de nullité expressément prononcée.

» tins, ordonnons que nos sujets..... ne pourront *valablement* » contracter mariage, sans proclamation précédente des » bans, etc. » Répert., v° Bans de mariage, p. 625, 626.

On m'objectera que l'orateur du gouvernement a laissé entendre dans l'exposé des motifs que la loi de 1807 supposait que l'art. 2148 emportait de plein droit la peine de nullité. Mais j'aime mieux m'en tenir au texte des lois, qu'aux opinions d'orateurs qui ont souvent professé de très-graves erreurs. Bacon a dit : « *Dimensio et latitudo legis ex » corpore legis petenda : nam præambulum sæpè aut ul- » trà aut citrà cadit.* » C'est surtout lorsque le préambule de la loi place le législateur en suspicion d'inconséquence, qu'il faut suivre ce conseil. Et quoi de plus inconséquent que de prêter gratuitement au législateur l'intention de prononcer des peines de nullités pour des omissions sans préjudice? La loi doit être examinée dans son esprit et dans son texte : souvent son texte conduit plus loin que son esprit, et l'on sait dans combien de circonstances cet empire du texte, dont il faut bien tenir compte, dénature ou corrompt la pensée primitive de la loi (1). Mais quelquefois aussi le texte littéral est un moyen de l'améliorer, et quand une idée pernicieuse est annoncée comme ayant présidé à la confection de la loi, il est du devoir du jurisconsulte d'en appeler au texte, pour voir s'il ne donne pas ouverture à une direction plus droite, et s'il ne permet pas de ramener la loi dans les limites de ce qui est raisonnable et juste.

671 *bis*. Je passe maintenant aux explications de détail de notre article, et de toutes les formalités dont se compose l'inscription.

(1) N° 650, *suprà*.

On a vu par l'article précédent que l'inscription se fait au bureau de la conservation des hypothèques dans l'arrondissement duquel sont situés les biens soumis au privilége ou à l'hypothèque. Comme le dit M. Tarrible (1), « c'est sur la démar» cation des arrondissemens que repose tout le sys» tème hypothécaire. La publicité ne peut se réa» liser qu'à l'aide de cette démarcation. » On doit donc tenir la main avec la plus grande rigueur à cette disposition de la loi. Un autre bureau que celui de la situation des immeubles est tout-à-fait incompétent pour recevoir les inscriptions.

672. Pour opérer l'inscription, le créancier, soit par lui-même, soit par un tiers, présente au conservateur l'original en brevet, ou une expédition authentique de l'acte constitutif de l'hypothèque.

Telle est la première disposition de notre article 2148. Mais elle doit être accompagnée de quelques observations.

1° Le créancier, quel qu'il soit, majeur ou mineur, même une femme sans l'autorisation de son mari, peut requérir l'inscription; car c'est un acte conservatoire qui ne produit pas d'engagement. L'art. 2139 nous a fait voir d'ailleurs le mineur et la femme requérant une inscription sur les biens du tuteur ou du mari (2).

673. 2° Le créancier peut se faire représenter par un tiers. Il n'est pas nécessaire que ce tiers soit muni d'une procuration écrite. L'article 2148

(1) Rép., Inscript., p. 222, col. 1.
(2) M. Tarrible, *loc. cit.*, col. 2.

ne l'exige pas, le conservateur des hypothèques ne serait pas non plus en droit de l'exiger. Il y a plus, c'est qu'un *negotiorum gestor* pourrait requérir l'inscription. Un créancier peut être en voyage; il peut devenir imminent de prendre inscription. Nul doute que les amis et parens de ce créancier ne puissent, dans son intérêt, quoique sans procuration, prendre cette inscription. M. Tarrible, qui s'est créé sur cette question des doutes que je ne crois pas fondés, finit par reconnaître que dans la pratique il serait impossible de contester l'inscription prise par un *negotiorum gestor*.

674. Tout créancier peut aussi prendre inscription pour conserver les droits de son débiteur. C'est la disposition de l'art. 778 du Code de procédure civile. Je renvoie aux développemens donnés par M. Tarrible (1).

675. L'usufruitier d'une créance hypothécaire a-t-il qualité pour la faire inscrire non seulement dans l'intérêt de son usufruit, mais encore dans l'intérêt de la nue-propriété?

Par exemple : Pierre donne à Paul l'usufruit d'une somme de 200,000 fr. sa vie durant, et à sa mort, le capital de cette somme à Jacques, le tout hypothéqué sur tous ses biens.

Il est certain que l'inscription prise par Paul, tant pour son usufruit que pour la nue-propriété de Jacques, sera valable. Sans doute, l'usufruitier, en son nom seul, ne pourrait prendre une

(1) Rép., Inscript. hyp., p. 224, col. 1. Paris, 16 février 1809. Dal., Hyp., p. 247.

inscription qui profitât au nu-propriétaire. Mais s'il agit au nom de ce propriétaire, en se présentant comme son procureur-né, il agit légalement et dans la limite de ses droits. Car l'usufruitier est le mandataire-né du propriétaire (1). Il n'a pas besoin de mandat; il le tient de la loi (2).

676. §. J'ai examiné (3) ci-dessus le mérite des inscriptions prises par le cessionnaire d'une créance privilégiée, ou par le créancier indiqué ou par le créancier subrogé. La matière y ayant été traitée à fond, je n'ai rien à ajouter ici.

677. Le créancier, ou celui qui agit pour lui, doit représenter au conservateur l'original en brevet (4) ou une expédition authentique du jugement ou de l'acte qui donne naisance au privilége ou à l'hypothèque.

M. Tarrible est d'avis que la représentation du titre n'est pas une formalité substantielle de l'inscription. Seulement, le créancier n'exhibant pas toutes les pièces que la loi exige de lui, le conservateur pourrait refuser l'inscription; mais si, sans s'arrêter à cette omission, le conservateur procédait à l'inscription, il serait bien étrange qu'on pût la critiquer (5).

Cela est d'autant plus vrai, que la loi n'exige

(1) L. 1, § 20, Dig., *De operis novi nuntiat.*

(2) Voët, *De usuf.*, n° 33. Merlin, Rép., Inscript. hyp., p. 229, col. 2 de la note, et Hyp., sect. 2, § 2, art. x, n° 2, p. 869, col. 1.

(3) Nos 363 et suiv., t. 1.

(4) V. la loi du 25 vent. an 11, art. 20.

(5) Rép., v° Insc., p. 224, col. 2. *Suprà*, t. 2, 443 *bis*. p. 118.

pas la mention de la représentation du titre, et que dès-lors il ne doit rester aucune trace de cette formalité. Elle n'est donc pas indispensable. C'est aussi l'avis de M. Merlin (1). Et c'est ce qui a été jugé par un arrêt de la cour de cassation du 18 juin 1823 (2).

678. Au titre, doivent se trouver joints deux bordereaux écrits sur papier timbré, dont l'un peut être porté sur l'expédition du titre (3). Je dirai tout à l'heure ce qu'ils doivent contenir. J'observerai ici que la présentation de ces deux borderaux au conservateur est nécessaire pour qu'il puisse en extraire l'inscription qu'il fait sur son registre. Ils sont le type de l'inscription.

D'après l'art. 2200, le conservateur doit inscrire jour par jour, et par ordre numérique, les remises qui lui sont faites des bordereaux à inscrire, et donner à l'inscrivant une reconnaissance sur papier timbré. Cette formalité a été établie pour prévenir la confusion, et obliger le conservateur à s'astreindre dans l'ordre des inscriptions à l'ordre des présentations.

Si le bordereau porté sur l'expédition du titre se référait pour les indications requises au contenu de ce même titre, je ne crois pas qu'il y eût nullité. Les bordereaux ne sont pas destinés à être vus du public : ils sont faits pour le conservateur, dont ils abrègent le travail, en lui présentant, sous un

(1) T. 16, p. 480, n° 15.
(2) Dal., Hyp., p. 248.
(3) Pourquoi deux bordereaux ? V. l'art. 2150.

même point de vue, tout ce qu'il doit porter dans l'inscription. Les tiers ne sont donc admis qu'à critiquer l'inscription, et non pas les élémens dont s'est servi le conservateur pour la formaliser (1).

679. Puisque les bordereaux sont le type de l'inscription, il doivent contenir tout ce que contiendra l'inscription. Voyons donc ce qu'ils doivent mettre à la connaissance du public.

1° D'abord les noms, prénoms, domicile du créancier, sa profession, s'il en a une, et l'élection d'un domicile pour lui dans un lieu quelconque de l'arrondissement du bureau.

On doit, autant que possible, se conformer à ces dispositions : elles évitent les difficultés et les procès. Cependant on ne peut pas dire qu'elles soient prescrites à peine de nullité, car la loi ne prononce pas cette peine. De plus, il est évident, d'après ce que j'ai dit ci-dessus, que les formalités indicatives du créancier ne sont pas substantielles de l'inscription; car les tiers n'ont pas un grand intérêt à connaître le créancier qui les précède. *Tros Rutulusve fuat nullo discrimine habebo.*

Pourquoi donc l'indication du créancier est-elle exigée? Ce n'est pas seulement parce qu'une dette suppose un créancier, ou qu'une dette sans désignation de créancier est une dérision, comme le dit M. Tarrible (2); car ces raisons ne sont pas bien décisives. C'est seulement parce que, lorsqu'un tiers acquéreur veut purger, il doit faire aux créan-

(1) *Infrà*, n° 695.

(2) Répert., Inscript., p. 226 et 227.

ciers inscrits des notifications dont j'aurai à parler ultérieurement, et qu'il est donc nécessaire qu'il trouve dans l'inscription la désignation des créanciers inscrits. C'est également afin que le créancier inscrit puisse être appelé lorsque la radiation de l'hypothèque est demandée (art. 2156 du Code civil). C'est aussi pour qu'on lui fasse, dans le cas d'expropriation forcée, les notifications prescrites par l'art. 695 du Code de procédure civile, et que le poursuivant puisse se mettre en présence avec lui dans tous les cas où, d'après le même Code de procéd. civ., les créanciers inscrits doivent recevoir des avertissemens et des significations (art. 693 et autres). Mais il est évident que la désignation du créancier est uniquement, sauf une seule exception, dans l'intérêt de ceux qui s'inscrivent. S'ils ne sont pas désignés, le tiers acquéreur ne leur fera pas les notifications voulues par la loi; ils courront risque de ne pas arriver à temps pour surenchérir, de rester étranger à la poursuite en expropriation, et même d'être forclos dans la distribution du prix (1). Mais ce sera là la seule peine de leur négligence, et il paraît difficile de croire que les autres créanciers puissent s'en autoriser pour demander la nullité des inscriptions.

J'ai dit qu'il y avait une exception au principe, que la désignation du créancier est toute dans son intérêt. C'est lorsqu'il s'agit de poursuivre contre lui la main-levée ou la radiation de l'inscription hypothécaire. On sait que, pour l'obtenir judi-

(1) *Suprà*, n° 669.

ciairement, le débiteur ou le tiers détenteur doivent intenter une action devant les tribunaux. Dans ce cas, il est utile qu'ils connaissent le créancier, et qu'ils trouvent dans l'inscription un domicile élu, afin de n'être pas obligés d'aller chercher le créancier à son domicile réel, ce qui occasionerait des frais.

Mais si le créancier omet de faire cette élection de domicile, quoiqu'il en résulte un certain préjudice pour le débiteur ou le tiers détenteur, néanmoins ils ne pourront pas demander la nullité de l'inscription pour ce seul chef; car ils ne sentent ce préjudice qu'au moment même où l'inscription, ne pouvant plus subsister pour d'autres causes, il s'agit de la faire disparaître, et où elle est, par conséquent, inutile. D'ailleurs, le débiteur n'est jamais recevable à critiquer l'inscription pour un vice de forme (1).

Le créancier négligent devra donc être assigné à son domicile réel. Mais, dans la taxe des frais, on lui fera supporter toutes les dépenses résultant du défaut d'élection de domicile (2). Ce sera là la sanction de la loi, qui, du reste, comme on peut s'en assurer par l'art. 422 du Code de procédure civile, ne prononce pas nécessairement, et toujours, la peine de nullité pour omission de l'élection de domicile (3).

(1) M. Grenier, t. 1, p. 196. *Infrà*, nos 731 et 745.

(2) Arrêt de Riom, 7 mars 1825 (Sirey, 28, 2, 78. Dalloz, 27, 2; 188), rendu dans une espèce analogue. Cet arrêt a été cassé Voyez à la fin de ce numéro.

(3) Grenier, t. 1, p. 196, 197. *Infrà*, n° 735.

Quelle que soit l'évidence de ces raisons, il faut néanmoins convenir que la jurisprudence est loin d'y être conforme. En voici la statistique.

Un arrêt de la cour de cassation, du 8 septembre 1807, décide qu'une inscription est nulle lorsqu'elle ne mentionne pas les *nom*, *prénoms*, *profession et domicile* de l'inscrivant (1). Même arrêt émané de la cour de Poitiers (2).

Mais une simple erreur ne vicierait pas, si d'ailleurs des équipollens y suppléaient d'une manière suffisante (3).

La désignation de la profession n'est pas substantielle : ainsi son omission n'entraîne pas de nullité (4). Néanmoins il existe en sens contraire un arrêt de la cour de Bruxelles, du 16 avril 1808 (5).

Quant au domicile *réel* du créancier, son indication constitue, suivant la cour de cassation, une formalité substantielle (6). Cependant cette cour a décidé, par un arrêt du 26 juillet 1825 (7), que cette désignation n'est qu'un moyen de parvenir à

(1) Dalloz, Hyp., p. 256. Arrêt de rejet.

(2) Dalloz, 30, 2, 125.

(3) Cassat., 15 février 1810 (Dalloz, Hyp., p. 259). Idem, 3 juin 1811 (id., p. 262). Liége, 4 août 1810 (id., p. 262).

(4) Cassat., 1er octobre 1810 (Dalloz, Hyp., p. 260). Idem, 17 mars 1813 (id., p. 260, note 3). Liége, 29 janvier 1811 (id., p. 260). Bruxelles, 20 février 1811 (id.).

(5) Dalloz, Hyp., p. 260.

(6) Arrêt du 6 juin 1810 (Répert., Inscript., p. 256. Dall., Hyp., p. 266). Autre du 1er avril 1824 (Dalloz, Hyp., p. 267).

(7) Dalloz, 25, 1, 380.

la connaissance du créancier, et qu'ainsi son omission n'annule pas l'inscription, s'il n'y a pas de doute sur la personne du créancier. C'est aussi ce qu'a jugé la cour de Paris, par arrêt du 9 juin 1814 (1).

En ce qui concerne le domicile *élu*, il a été décidé par un arrêt remarquable de la cour de Metz, en date du 2 juillet 1812, que l'omission de cette formalité, purement dans l'intérêt du créancier inscrivant, ne pouvait entraîner la nullité de l'inscription à l'égard des tiers (2). C'est aussi ce qu'a jugé la cour de Riom (3), par arrêt du 7 mars 1825. Mais cet arrêt a été cassé par arrêt de la cour de cassation, du 27 août 1828. Un autre arrêt de la cour de cassation, du 2 mai 1816 (4), a rejeté un pourvoi formé contre un arrêt de la cour d'Agen, du 31 janvier 1816, qui avait décidé que l'élection de domicile est une formalité substantielle de l'inscription, et qu'il y avait nullité dans une inscription privée de cette formalité. Même décision de la cour de Douai, en date du 7 janvier 1819 (5).

Les auteurs ont, en général, une opinion qui incline vers le maintien de l'inscription. M. Tarrible dit que *les prénoms du créancier, son domicile réel* (6), *son domicile élu, sa profession*, ne sont jamais indispensables. C'est aussi l'opinion de

(1) Dalloz, Hyp., p. 267.
(2) Répert., t. 16, p. 436. Dalloz, Hyp., p. 268.
(3) Dalloz, 27, 2, 188.
(4) Dalloz, Hyp., p. 267.
(5) Dalloz, Hyp., p. 266.
(6) Répert., v° Inscript., p. 226, 227.

M. Grenier (1) et celle de M. Merlin (2). M. Persil me paraît être le seul qui considère la désignation du domicile réel et celle du domicile élu comme substantielle (3).

Pour moi, je vais plus loin encore que M. Tarrible, et je soutiens, par les raisons que j'ai données tout à l'heure, qu'il n'y a rien de substantiel dans la désignation du créancier. A plus forte raison, suis-je disposé à désapprouver les décisions qui attachent une si singulière importance aux désignations accessoires de la profession, des prénoms et du domicile réel ou élu. Dans tous ces arrêts, il n'y a pas une seule raison qu'on ne puisse réfuter. Pour le prouver, je m'attacherai à l'arrêt du 27 août 1828, rendu par la cour de cassation, à la surprise générale, parce qu'on la croyait portée à revenir de ce système de rigueur, qui avait marqué les premiers essais de sa jurisprudence. On connaît la tendance de la cour de cassation à éluder les grandes solutions, et à tourner les difficultés. Il est étonnant qu'elle ait réservé une de ces cassations, dont elle est si avare, pour l'omission, sans importance, d'une formalité que la loi ne prescrit pas à peine de nullité. Voici les faits : Chausson, en prenant inscription sur des biens situés dans l'arrondissement du bureau de Riom, avait, par erreur, déclaré faire élection de domicile dans le ressort du bureau de Clermont. La cour de

(1) T. 1, p. 196, 197.
(2) T. 16, p. 430, 431.
(3) Art. 2148, § 1, n° 7.

Riom avait rejeté, par les considérations les plus solides et les plus puissantes, le moyen de nullité qu'un créancier tirait de cette irrégularité! Mais son arrêt a été cassé par l'arrêt précité, sur les conclusions *contraires* de M. Cahier, avocat-général.

La cour suprême prétend, pour arriver à ce résultat, que « l'élection de domicile est une *des* » *bases de la publicité*, et qu'elle a pour objet de » mettre *les tiers* à l'abri du préjudice que son » omission pourrait leur occasioner. » Voilà sa proposition principale. Maintenant voici par quelles raisons elle la justifie.

L'élection de domicile, dit-elle, est nécessaire au *débiteur* pour demander la radiation des inscriptions!!! Mais la cour de Riom avait objecté que le débiteur n'est jamais admis à demander la nullité de l'inscription, d'où il suit qu'il est impossible de se fonder sur son intérêt pour prétendre que l'inscription doit être annulée. A cette raison décisive, qu'oppose la cour de cassation? Rien absolument; et qu'aurait-elle pu répondre?

Elle ajoute que la désignation du domicile élu est nécessaire au *tiers détenteur* qui veut purger. Rien n'est plus faux. Elle n'est nécessaire que pour le créancier porteur de l'inscription : quant au tiers détenteur, qui ne trouve pas de domicile indiqué dans l'inscription, il ne fait pas les notifications prescrites par l'art. 2183, et c'est tant pis pour le créancier qui est privé du droit de surenchère. Mais, loin que ce soit un empêchement à la purge de l'immeuble, c'est une circonstance qui ne fait que l'accélérer. Du reste, conçoit-on qu'un autre

créancier puisse tirer avantage de cette fausse position dans laquelle le créancier inscrivant s'est placé à l'égard du *tiers détenteur*, et dont il est déjà assez puni?

La cour de cassation continue en disant que l'indication du domicile est nécessaire aux créanciers pour procéder à la saisie immobilière et à l'ordre. Mais elle ne cesse de confondre ce qui fait l'intérêt de l'inscrivant avec l'intérêt des autres créanciers. N'est-ce donc pas dans l'intérêt de l'inscrivant qu'a été introduit l'art. 692 du Code de procédure civile, qui oblige le poursuivant à lui notifier un exemplaire du placard? Eh bien! si son inscription ne contient pas de domicile élu, le poursuivant ne lui fera pas de notification, et tout sera dit. Mais en quoi la procédure sera-t-elle empêchée ou retardée? On peut dire la même chose de l'article 753 du Code de procédure civile.

Enfin la cour de cassation termine en disant que l'élection de domicile a paru tellement importante que le législateur en parle de nouveau dans les art. 2152, 2156 et 2185 du Code. Mais l'article 2152 dispose dans l'intérêt de l'inscrivant; l'art. 2156 n'a pas été fait dans l'intérêt des créanciers qui veulent faire annuler l'inscription, et ils ne peuvent s'en prévaloir; l'art. 2185 est, comme l'art. 2152, dans l'intérêt de l'inscrivant (1).

680. La seconde formalité, qui du bordereau doit passer dans l'inscription, c'est la désignation du débiteur.

(1) Il est intervenu sur cette question un nouvel arrêt rendu

Notre article veut que cette désignation s'opère

par la cour de cassation le 6 janvier 1835 (Dalloz, 35, 1, 49. Sirey, 35, 1, 1). Mais cet arrêt ne m'a pas fait changer d'opinion, et voici la réponse que j'ai donnée dans Sirey, 35, 2, 129 :

L'inscription hypothécaire est-elle nulle à défaut d'élection de domicile, par l'inscrivant, dans l'arrondissement du bureau des hypothèques ? (Code civil, 2148).

(Réponse à l'arrêt de la cour de cassation du 6 janvier 1835.)

Depuis long-temps, les amis du crédit particulier déplorent le système de sévérité funeste qui, armant l'art. 2148 de nullités qu'il ne prononce pas, enlève aux créanciers de bonne foi l'avantage de leurs inscriptions, sous prétexte d'omissions indifférentes et sans grief pour les tiers. L'inscription est la manifestation et la sauvegarde de l'hypothèque ; rendre son existence périlleuse et fragile, c'est intimider les capitaux, et faire de la publicité un instrument de dommage, tandis qu'elle ne doit être qu'un instrument de conservation et de confiance.

Dès l'origine, la cour de cassation, dominée par un respect exagéré pour la lettre de l'art. 2148, s'était laissé entraîner dans ce système impitoyable. A ses yeux, les moindres omissions reprochées à une inscription suffisaient pour la vicier, et par exemple, si un créancier avait oublié de faire connaître la *nature* des biens sur lesquels pesait son hypothèque, son inscription était déchirée sans pitié, bien qu'elle ne laissât aucun doute sur la situation et l'identité des immeubles (1) !

Des plaintes s'élevèrent contre un tel puritanisme. La cour de cassation les entendit : car elle n'est pas seulement grande par ses lumières ; elle l'est encore (chose plus difficile) par la haute impartialité qui lui a fait reconnaître plus d'une fois les erreurs qui ont pu lui échapper.

De là la nécessité de se placer dans d'autres voies. Comme l'art. 2148 ne prononce pas de nullité, et que cependant il ne

(1) Sirey, t. 10, 1, 178. Dalloz, Hyp., p. 207, n° 2. *Junge* ce que je dis au n° 666.

doit pas dépendre du caprice des parties de l'anéantir, on proposa une idée qui repose sur un fond de vérité : c'était de rechercher quelles formalités sont exigées par lui comme substantielles, et quelles autres n'ont été imposées que comme secondaires ou purement précautionnelles. Mais, en appliquant cette nouvelle théorie, on ne tarda pas à être convaincu qu'il était difficile de s'accorder sur ce que l'on doit entendre par *formalités substantielles* et *formalités secondaires ;* des controverses s'élevèrent ; on disputa à l'infini ; on dispute encore.

Cependant un trait de lumière avait jailli du choc de la discussion. On avait dit : puisque l'inscription a été établie pour rassurer les tiers sur la position du débiteur avec qui ils traitent, pourquoi ne pas faire dépendre la validité de l'inscription de la question de savoir si l'omission qui lui est reprochée a lésé un intérêt que la publicité devait éclairer? Des droits très-divers viennent se croiser dans le régime hypothécaire; ici c'est un tiers acquéreur que la loi a voulu protéger ; là ce sont des créanciers postérieurs. Eh bien ! quand un de ces droits aura été compromis par les omissions signalées dans une inscription, cette inscription sera écartée à son égard ; mais les droits qui n'auront pas souffert seront déclarés non recevables dans leurs attaques contre des défectuosités indifférentes pour eux.

Ce système avait un avantage marqué ; c'est qu'il était clair et rationnel; c'est qu'il ramenait toutes les controverses à un intérêt facile à saisir; c'est qu'il dispensait de se perdre dans les subtiles distinctions qui hérissent la matière des nullités substantielles et accidentelles, absolues et relatives, etc. M. Toullier l'a embrassé avec chaleur ; je l'ai défendu avec des aperçus nouveaux. C'est vers lui que semblent converger aujourd'hui tous ceux qui sentent la nécessité d'interpréter la loi hypothécaire dans un esprit favorable au crédit particulier. La cour de cassation elle-même l'a préconisé dans des arrêts d'autant plus remarquables qu'à l'époque à laquelle ils étaient rendus, les doctrines sur la nullité des inscriptions étaient

sa profession s'il en a une connue, ou une dé-

beaucoup plus flottantes qu'aujourd'hui (1). La cour suprême peut donc être classée parmi les fondateurs de cette théorie équitable.

D'où vient donc qu'aujourd'hui nous avons à combattre un arrêt qui la renverse, un arrêt qui annule une inscription sur la demande d'un créancier dont les intérêts n'avaient été nullement blessés par l'omission d'élection de domicile dans cette inscription qui le primait? — J'ai essayé de prouver dans mon commentaire de l'article 2148 (2), contre un arrêt de la cour suprême du 27 août 1828, que la formalité de l'élection de domicile n'a pas été introduite pour protéger les capitaux des créanciers postérieurs; qu'ainsi, ils n'ont jamais intérêt à se prévaloir de son omission pour attaquer l'existence de l'inscription dans son essence; que ce serait se jouer de la confiance publique, et attiser l'esprit de chicane, que de leur accorder une nullité que *d'ailleurs la loi ne prononce pas*. Depuis la publication de cet ouvrage, j'ai eu connaissance d'une grande autorité qui est venue me confirmer dans mes idées; c'est la loi promulguée en Hollande en 1834 pour la mise en vigueur du régime hypothécaire. Cette loi, beaucoup plus sévère que le Code civil sur la spécialité et la publicité des hypothèques, puisqu'elle a retranché les hypothèques générales et occultes de toute origine (3), a eu pour but d'élever au plus haut degré les garanties des créanciers, et de déjouer toute espèce de surprise. Eh bien! voici ce qu'elle porte dans son art 1264 : « L'inscription ne peut être annulée pour omission des formalités ci-dessus prescrites (4), que dans le cas où elle ne ferait pas connaître suffisamment le créancier, le débiteur, la dette ou le bien grevé. » Or, je le demande, est-il sage d'attacher à

(1) V. ses arrêts des 17 août 1813, 6 mars 1820 et 28 août 1821, dans mon comment. *des Hypoth.*, t. 3, numéros 688 et 689. Sirey, t. 14, 1, 126; 20, 1, 173, et 21, 1, 420.

(2) Tom. 3, n° 679.

(3) *Revue étrangère*, publiée par M. Fœlix, t. 1, p. 641.

(4) Les mêmes à peu près que celles de l'art. 2148. L'obligation de faire élection de domicile est spécialement prescrite par l'art. 1261.

signation individuelle et spéciale, telle que le

notre art. 2148 une nullité *qu'il ne prononce pas* pour absence d'élection de domicile, lorsque nos voisins, plus craintifs que nous en matière de crédit, plus favorables que le Code civil aux tiers qui se fient à la publicité, déclarent, dans leurs travaux de réforme mûris par l'expérience, que cette formalité est indifférente sous le rapport de la sûreté des prêts hypothécaires!!! On a beaucoup parlé, dans ces derniers temps, et moi tout le premier, de modifications à apporter au régime des hypothèques. Après l'essai que le gouvernement vient de faire dans la discussion de la loi des faillites, il est probable qu'il ne s'avisera pas de long-temps encore de livrer à l'arène parlementaire une révision trop féconde en périls. Mais, du moins, qui empêche la jurisprudence de devancer des réformes commandées par le bon sens, et compatibles avec le respect dû à la loi? N'est-il pas digne de sa noble mission d'accepter tous les progrès que réclament l'opinion publique, la bonne foi, la sûreté des capitaux?

Les défenseurs de l'inscription pourraient triompher du silence gardé par la cour de cassation sur leurs principales raisons. En voici le résumé : voulez-vous que l'élection de domicile soit dans l'intérêt du débiteur qui veut radier? mais le débiteur ne peut jamais demander la nullité de l'inscription (1); combien, à plus forte raison, le créancier qui agit dans une autre sphère d'intérêts? Voulez-vous que la formalité dont il s'agit se lie à l'intérêt du tiers détenteur qui veut purger? on pourrait peut-être le contester, mais accordons-le. Eh bien! laissez agir le tiers détenteur, s'il s'y croit fondé; mais ne donnez pas son action aux créanciers, séparés de lui par des intérêts différens; d'ailleurs le tiers détenteur lui-même n'a aucun intérêt raisonnable pour demander la nullité, et l'on peut douter qu'il y ait un seul exemple d'acquéreurs qui aient importuné les tribunaux de ces querelles misérables. La peine de l'inscrivant sera de ne pas recevoir les notifications prescrites

(1) V. mon comment. *des Hypoth.*, t. 3, n° 679.

conservateur puisse reconnaître et distinguer

par l'art. 2183, et de voir son droit de surenchère compromis ou même perdu (1). — Enfin, voulez-vous que le besoin d'éviter les frais pour la masse et d'accélérer le cours de la procédure d'expropriation et d'ordre, soit entré dans les motifs qui ont fait établir la nécessité de l'élection de domicile? nous y consentons; mais l'inscrivant ne sera-t-il pas assez puni en n'étant pas appelé à l'expropriation, en ne recevant pas les avertissemens et significations dont il lui est si utile d'être touché, en courant le risque de ne pas arriver à temps pour la distribution du prix (2)? — La loi ne prescrit pas toujours l'élection de domicile à peine de nullité; témoin l'art. 422 du Code de procéd. civile. Dans l'art. 2148, la loi ne s'est pas expliquée sur le genre de sanction destinée à lui prêter main forte; mais celle que notre interprétation lui donne satisfait également à tous les intérêts et au respect qui ne doit jamais abandonner la loi. Que si l'on veut aller plus loin, on tombe dans l'exagération et l'on imite l'ours qui tue son maître pour le préserver d'une piqûre d'insecte.

Pour réfuter ce système frappant par sa justesse, il y avait un point qu'il fallait aborder de front; c'était de prouver que la peine que nous faisons retomber sur l'inscrivant n'est pas satisfactoire, et que la nullité seule de l'inscription peut réparer le dommage causé par l'omission. Or, c'est précisément là l'endroit sur lequel l'arrêt de la cour de cassation reste muet. Serait-ce parce qu'un arrêt ne doit pas entrer dans tant de détails? mais prenons-y garde; dans ce siècle de critique et de controverse, l'autorité ne s'accorde qu'à la raison, et la vérité elle-même doit se donner la peine de prouver qui elle est.

Non seulement l'arrêt du 6 janvier 1835 ne songe pas à prouver que notre sanction de l'art. 2148 n'est pas assez sévère; il faiblit encore sous un autre rapport : c'est qu'en supposant, sans le démontrer, que la peine de nullité est écrite dans l'article dont il s'agit, il omet de rechercher si du moins

(1) V. encore le comment. *des Hypoth.*, n° 679.
(2) Comment. *des Hypothèques*, n° 679.

dans tous les cas l'individu grevé d'hypothèque.

le demandeur en nullité a un intérêt appréciable à s'en prévaloir.

Dans le fait, les biens du débiteur avaient été vendus soit par expropriation forcée, soit par vente volontaire; on avait franchi, sans contestations ni difficultés, toutes les phases, soit de la saisie, soit du purgement; l'inscription avait été acceptée, telle qu'elle était, par les tiers acquéreurs ou bien par le poursuivant; enfin, les créanciers étaient en présence à l'ordre, et les communications que l'élection de domicile a pour but de faciliter étaient consommées. C'est cependant après ce résultat obtenu, qu'un créancier venait reprocher à l'inscription qu'elle ne portait pas au domicile élu!! Quel était l'intérêt de ce créancier? que voulait-il faire de l'élection de domicile? rien absolument; cette élection n'était pour lui d'aucune utilité; il ne pouvait y puiser aucun avantage, ni rattacher aucun grief à son omission. Sa réclamation était donc purement capricieuse, et la nullité ne pouvait être prononcée dans de telles circonstances, sans porter une atteinte au crédit; c'est ce que lois romaines auraient appelé : *nimiam et miseram diligentiam* (1).

Je comprendrais cependant l'arrêt du 6 janvier 1835, si la cour de cassation assimilait franchement la disposition de l'art. 2148 à celle des articles 1001 du Code civil et 61 du Code de procéd. civile. Mais on sait que, depuis les adoucissemens qu'elle a sagement apportés à sa première jurisprudence, elle se garde bien d'aller aussi loin. Elle reconnaît avec nous que tout dans l'art. 2148 aboutit au point de vue d'un intérêt blessé; en effet, tout son arrêt roule sur cette idée, que l'élection de domicile est *dans l'intérêt commun des parties :* intérêt du débiteur, intérêt du tiers détenteur, intérêt des créanciers qui procèdent à la saisie réelle et à l'ordre. Acceptons en passant cette concession si grave, qui fortifie l'interprétation que j'ai proposée de l'art. 2148, savoir : que cet article ne prononce pas de

(1) L. 88, § 17, D., *de legatis*, 2°.

Néanmoins, on ne peut pas dire que chacune

nullité sans grief. Mais, pour être fidèle à ce point de départ, ce n'est pas assez d'établir d'une manière générale et abstraite la possibilité d'un dommage par l'omission de l'élection de domicile ; il faut prouver qu'en fait, un préjudice a été causé. Eh bien! point du tout. Parvenu à ce point, l'arrêt tourne court une seconde fois ; il ne touche point ce côté vif du débat!! Mais n'est-ce pas une étrange contradiction ? car, s'il est vrai que l'intérêt soit la mesure de l'action en nullité, comme la cour de cassation l'admet positivement, pourquoi donc sacrifier l'inscription à un créancier qui, en réalité, ne peut pas articuler le moindre dommage ?

La preuve que la doctrine de la cour de cassation laisse une lacune immense, va résulter bien mieux des observations suivantes. Elle parle de l'intérêt des créanciers qui veulent procéder à l'ordre et à la saisie, sans vouloir examiner si, en fait, celui qui demande la nullité est un de ceux qui ont été froissés. Mais supposons que le créancier qui procède à l'expropriation et à l'ordre soit précisément celui dont l'inscription manque de l'élection de domicile ; il fait un appel aux créanciers inscrits conformément à l'art. 695 Code proc. civ.; puis il les somme de produire, conformément à l'art. 753. Bientôt, quand toutes les parties sont en présence et qu'il n'y a plus qu'à fixer les rangs, il prend fantaisie à l'un des créanciers postérieurs de reprocher au poursuivant que son inscription manque de l'élection de domicile. Si l'on veut suivre jusqu'au bout le système consacré par le dispositif de l'arrêt de la cour de cassation, il faudra aveuglément prononcer la déchéance de l'inscription ; et cependant quoi de plus déraisonnable ? quoi de plus opposé à la règle de l'intérêt, écrite dans l'un de ses considérans ? car enfin le poursuivant répondra : C'est moi qui suis l'auteur de la saisie, et je n'avais pas de notifications à me faire à moi-même ; c'est moi qui ai provoqué l'ordre, et je n'avais pas à me signifier à moi-même une sommation de produire ; qu'importe donc que mon inscription soit dépourvue de l'élection de domicile ? je concevrais vos plaintes si c'était

de ces indications, prise isolément, puisse consti-

vous, demandeur en nullité, qui fussiez le poursuivant; vous pourriez peut-être me dire que le défaut d'élection de domicile vous a empêché de me dénoncer le placard (art. 695), ou bien de me sommer de produire (art. 753); sans doute ce ne serait pas une raison pour annuler mon inscription; mais enfin vous pourriez faire valoir l'ombre d'un grief, et donner au moins une couleur à votre prétention. Mais ici quelle différence! c'est moi qui ai eu le rôle actif, et vous le rôle passif; c'est moi qui ai fait les sommations et dénonciations, et vous qui les avez reçues; c'est moi qui suis allé vous chercher, et vous qui m'attendiez au repos. Dès-lors, que vous fait que j'élise ou non un domicile dans mon inscription? entre vous et moi il n'a pu être question de domicile élu dans aucune des périodes de la saisie et de l'ordre, d'autant qu'en ma qualité de poursuivant j'ai dû faire une élection spéciale dans le lieu où siége le tribunal, d'après l'art. 673 Code proc. civ.! Que signifie donc votre prétention de faire annuler mon inscription, sous prétexte que l'élection de domicile *est utile aux créanciers pour procéder avec économie, et en même temps avec célérité à la saisie immobilière et à la confection de l'ordre?* en quoi y a-t-il augmentation de frais? en quoi l'activité des poursuites a-t-elle été ralentie? en quoi même mon élection était-elle utile pour vous? quelle signification avez-vous eue à me faire à ce domicile conventionnel? — Je ne vois pas ce qu'on pourrait répondre de raisonnable à ce langage.

Reconnaissons donc qu'il y a des cas où l'élection de domicile n'a pas la moindre influence sur la saisie et sur l'ordre; et qu'il n'est pas possible d'accepter dans sa généralité la proposition de la cour suprême, qui affirme qu'elle est une condition de la célérité et de la marche économique de la procédure. De là je conclus que, pour agir avec prudence, il faut distinguer les hypothèses, examiner chaque position, et faire à chacune sa part d'intérêt et d'action. Sans quoi l'on creuse un abîme où l'on précipite le crédit particulier.

Si l'on veut admettre avec nous cette nécessité, voici ce qui

tuer une formalité substantielle de l'inscription.

en résultera. D'abord on ne donnera pas à un créancier une action en nullité pour un grief qui ne concerne que le tiers acquéreur ou le débiteur. Ce serait confondre les rôles, ce serait même un contre-sens (1).

Ensuite, en se renfermant dans le point de vue exclusif de l'intérêt des créanciers, on sera frappé du cas spécial et singulièrement remarquable, où l'omission existe précisément dans l'inscription de celui qui poursuit la saisie et l'ordre. Comme alors l'élection de domicile dans l'inscription ne peut jamais attirer à elle aucune notification et signification de la part des autres créanciers, on se verra amené à considérer cette formalité comme indifférente, et dès-lors on n'aura aucune hésitation à valider l'inscription qui en est dépourvue.

Ce premier pas fait en dehors de l'arrêt de la cour de cassation, la force des choses conduira bientôt à abandonner tout-à-fait le principe de cette décision, si difficile à justifier à tant d'égards? Renversons en effet l'hypothèse précédente, et supposons que l'omission se rencontre dans l'inscription de celui qui doit recevoir les notifications et sommations. Mais nous l'avons dit tout à l'heure, et nous le répéterons tant qu'on ne nous aura pas prouvé le contraire, l'inscrivant trouvera sa peine dans la chance qu'il courra de n'être pas appelé à l'expropriation et à l'ordre, et de subir une forclusion. Que si le poursuivant passe par dessus l'omission, soit parce qu'il ne veut pas se prévaloir de moyens rigoureux, soit parce que le défaut d'élection ne cause aucun retard ou aucun frais (ce qui peut facilement arriver lorsque le domicile réel est au lieu même de la situation de l'immeuble), je dis qu'alors l'omission sera couverte, et que, toutes les sommations, notifications et significations étant faites, la connaissance d'un domicile élu est superflue désormais, et que ce serait une critique puérile que de venir à l'ordre réveiller sans utilité ce moyen posthume. Voilà, si je ne me trompe, les conséquences logiques auxquelles nous

(1) Pour abréger, je renvoie au n° 679, tom. 3, de mon comment. *des Hypothèques*.

Ce qu'il y a de vraiment substantiel ici, c'est la

amène forcément la règle de l'intérêt blessé dont la cour suprême nous a fait concession. Cette règle établira toujours une discordance impossible à sauver entre les prémisses et le dispositif de son arrêt. Ou il ne fallait pas nous l'accorder, ou bien il faut conclure comme nous. Car il n'y a pas de milieu tenable entre elle et les résultats que nous en avons déduits.

L'arrêt du 6 janvier 1835 cherche à tirer un grand parti de l'art. 2152, qui permet à l'inscrivant de changer son élection de domicile, *à charge d'en choisir et indiquer un autre*. Mais je n'aperçois pas ce qu'il y a d'assez énergique dans cette disposition pour faire réagir sur l'art. 2148 une peine de nullité qu'il ne contient pas. L'art. 1263 du Code hollandais contient une prescription absolement semblable à celle de l'art. 2152, et cependant l'on sait que le système de ce Code exclut la peine de nullité. L'art. 170 de notre Code civil contient une formule analogue à la phrase de l'art. 2152, et la Cour de cassation a toujours jugé qu'elle ne contient rien d'irritant! Sans doute, l'art. 2152 ne doit pas rester une disposition sans valeur; nous le reconnaissons hautement. Mais il n'est pas nécessaire de lui donner pour sanction une nullité qu'aucun intérêt raisonnable ne saurait réclamer, et qu'aucune loi ne prononce; les dangers que court l'inscrivant en ne faisant pas d'élection de domicile, seront une garantie suffisante de son observation.

Je l'avouerai franchement, plus j'étudie dans un désir sincère de m'éclaircir la jurisprudence de la Cour de cassation en matière de nullité d'inscription, moins je parviens à saisir le sens qu'elle attribue à l'art. 2148. Faisant un choix parmi les formalités qu'il prescrit, elle permet de s'écarter des unes, et force à observer scrupuleusement les autres. Mais quelle est la règle qui la dirige dans ce choix? voilà où est pour moi le problème. Quelquefois, je suis tenté de croire que son *critérium* est l'intérêt blessé par une omission; mais je ne tarde pas à me voir enlever cette illusion par des arrêts qui annulent des inscriptions qui n'avaient porté atteinte à aucun droit. D'autres fois, je suis enclin à penser qu'elle veut en revenir à sa pre-

désignation du débiteur ; elle est indispensable, rien ne peut en exempter ; mais peu importent les moyens employés pour parvenir à cette désignation, il suffit que le débiteur soit désigné de manière à ce qu'il ne puisse y avoir ni méprise ni erreur.

Je dis que cette désignation précise du débiteur

mière jurisprudence, retirant ainsi les concessions qu'elle a faites à l'opinion publique ; mais bientôt je me détrompe par la lecture de celles de ses décisions qui recherchent l'intérêt lésé, pour s'affranchir de certaines solennités oiseuses et importunes.

Ce qu'il y a de plus exact, à mon avis, c'est que la cour suprême flotte encore entre des systèmes divers, et qu'elle n'a pas entièrement secoué le joug des précédens inexorables qui ont marqué les premiers pas de sa jurisprudence ; c'est que son arrêt du 6 janvier 1835 est le débris d'un système fameux par ses échecs, et qui est destiné, si je ne me trompe, à en recevoir bien d'autres. La cour suprême, liée par cet ancien souvenir de sa vie judiciaire, si noble d'ailleurs et si glorieuse, représente sur cette question le *summum jus* des Romains, et cette superstition de la lettre qui faisait dire aux organes des douze tables : *qui virgulâ cadit, causâ cadit.* Nous tous, au contraire, qui luttons, soit dans les livres, soit dans les tribunaux, pour la cause du crédit, nous représentons l'équité civile défendue par les préteurs et victorieuse enfin sous Justinien. Pour moi, j'ai la confiance que notre triomphe ne se fera pas si long-temps attendre, et pour cela j'en appelle à la cour de cassation elle-même, source de toutes les lumières et point d'appui de tous les progrès raisonnables en jurisprudence.

Nota. Je dois avouer cependant que ce vœu n'a pas encore été exaucé, et que depuis que j'ai écrit cette dissertation la Cour de cassation a par de nouveaux arrêts persisté dans sa jurisprudence. Sirey, 35, 1, 5. Id., 36, 1, 556. Dalloz, 35, 1, 556. 49, 36, 1, 419.

est une formalité substantielle de l'inscription (1). En effet, c'est lui que l'inscription dénonce au public comme ayant ses biens grevés d'hypothèques; il faut donc que la désignation soit si claire que ni le conservateur ni les tiers ne puissent équivoquer.

681. Lorsque le débiteur est décédé, les créanciers du défunt qui veulent prendre inscription ne sont pas obligés de désigner individuellement (2) chacun des héritiers : ils peuvent, d'après l'article 2149, prendre leur inscription sous la désignation du défunt. Mais il faut bien remarquer que cette désignation doit toujours être parfaitement précise pour prévenir les erreurs.

681 *bis*. Quoique la désignation du débiteur soit bien plus importante que la désignation du créancier, néanmoins la loi ne paraît pas aussi minutieuse dans les énonciations relatives au débiteur que dans celles qui touchent le créancier. Ne disons cependant pas que c'est là une inconséquence. Le créancier inscrivant connaît toujours toutes les désignations qui sont relatives à sa personne; il peut, au contraire, ignorer celles qui servent à identifier son débiteur (3); il était donc

(1) V. arrêt de Grenoble du 13 janvier 1825. Dal., 25, 2, 170.

(2) V. cass., 2 mars 1812. Dal., Hyp., p. 261, note. Dans l'espèce, l'inscription prise sur les héritiers *Duplessis-Richelieu* fut déclarée valable, quoique les prénoms du défunt ne fussent pas indiqués.

(3) M. Grenier, t. 1, p. 152.

juste que la loi vînt à son secours et mît à sa disposition la ressource des *équipollens* (1).

681 *ter*. Lorsque l'immeuble a changé de main, ce n'est pas sur le propriétaire actuel que l'inscription doit être prise, mais sur le débiteur direct (2). Cependant ce point a fait des difficultés (3). Mais on s'étonne de ces divergences, qui, au reste, ont donné lieu à plusieurs arrêts conformes à l'opinion que je viens d'émettre (4)

682. La troisième formalité que le conservateur doit trouver dans le bordereau, afin d'en investir l'inscription, c'est la désignation de la date et de la nature du titre.

La nature du titre a pour objet de faire connaître si le créancier inscrit jouit d'un privilége ou d'une hypothèque, et quelle est la nature de cette hypothèque. Ainsi, lorsque l'inscription fera connaître qu'elle est prise en vertu d'un acte de vente ou de partage, on verra de suite qu'il s'agit d'un privilége; si l'inscription est prise en vertu d'un jugement, on saura que l'hypothèque est judiciaire et par conséquent générale.

La date complète ces indications.

Néanmoins on ne peut pas dire que l'omission de la date et de la nature du titre fasse nullité dans

(1) Cass., 17 décembre 1812 (Dal., Hyp., p. 254, 255). Idem, 17 mars 1813 (id., p. 261). Idem, 3 juin 1811 (id., p. 261).

(2) Grenier, t. 1, n° 87. Dalloz, Hyp., p. 251.

(3) Répert., Hyp., sect. 2, § 2, art. 14.

(4) Liége, 3 août 1809. Bruxelles, 27 janvier 1812. Cassat., 27 mai 1816 (Dal., Hyp., p. 255).

l'inscription; car si ces énonciations sont *utiles*, elles ne sont jamais *nécessaires*, et l'on ne voit pas en quoi le subséquent créancier pourrait se plaindre de ne pas les avoir trouvées.

Que lui importe en effet que ce soit par l'effet d'un privilége ou par l'effet d'une hypothèque conventionnelle ou judiciaire, que les biens du débiteur se trouvent grevés? il n'y a pas moins sur ces mêmes biens une charge dont la connaissance lui est donnée; s'il prête son argent, après s'être contenté de cette notion, de quoi a-t-il à se plaindre? que lui importe, de plus, que l'acte qui contient stipulation de l'hypothèque soit de telle date ou de telle autre? car ce n'est pas la date du titre qui influe sur le rang hypothécaire, mais bien l'inscription. Que lui importe enfin la date du titre d'où résulte le privilége? Le privilége ne prend rang ni de l'inscription ni de la date du titre (1). Il prime les hypothèques antérieures même à sa naissance.

Dira-t-il que les indications de l'inscription l'auraient mis à même de vérifier la légitimité du titre inscrit? Mais, comme je l'ai dit ci-dessus (2), la loi du 25 ventose an 11 apporte des obstacles à cette vérification. C'est d'ailleurs spéculer sur la chance d'un procès. Enfin le titre se montrera tôt ou tard, et on pourra en discuter la validité en temps toujours utile.

Ce motif répond d'une manière suffisante aux

(1) *Suprà*, t. 1, n° 266.
(2) N° 668.

raisons proposées par M. Dalloz (1) pour combattre l'opinion que nous adoptons. Cet auteur veut que la date soit toujours dans l'inscription, pour faire connaître aux créanciers si celui qui les précède n'est pas porteur d'une hypothèque générale qui serait postérieure à la loi de l'an 7, ou bien si ce même créancier n'aurait pas obtenu son hypothèque du débiteur encore mineur. Mais d'après l'art. 754 du Code de P. c., les titres doivent être produits par celui qui veut avoir place à l'ordre. Il sera donc temps d'apprécier le mérite de l'hypothèque prise en elle-même. D'ailleurs il ne faut pas se faire illusion. La date seule de l'acte serait un mauvais régulateur pour le créancier qui cherche à étudier la position du débiteur, avant de lui prêter ses fonds. La date ne fait pas savoir si le mineur a été ou non autorisé, conformément à la loi. Elle ne dit pas si l'hypothèque, consentie sur les biens à venir, était ou non dans le cas prévu par l'art. 2130 du Code civil.

Au surplus, voici quel est l'état de la jurisprudence sur cette formalité de l'inscription.

La cour de cassation considère l'énonciation de la date comme *substantielle*. C'est ce qui résulte d'un arrêt du 22 avril 1807, rendu sur les conclusions *contraires* de M. Daniels (2), d'un arrêt du 11 mars 1816, portant que la date est substantielle, parce qu'il importe au public de vérifier

(1) Hyp., 269.
(2) Dal., Hyp., p. 270.

si l'hypothèque a une cause légitime (1), d'un arrêt du 3 février 1819 (2), et d'un arrêt du 12 décembre 1821 (3).

Un arrêt de la cour de Paris du 22 frimaire an 13 s'est prononcé dans un sens opposé (4).

Ce qui prouve cependant que la cour de cassation n'est dirigée par aucun principe fixe et rationnel, c'est qu'elle a jugé par arrêt du 17 août 1813, que l'erreur dans la date du titre n'entraîne pas nullité, *s'il n'y a pas de préjudice* (5); c'est que par arrêt du 2 août 1820 elle a jugé qu'une inscription, *quoique ne portant pas la date du titre*, était valable, parce qu'elle se référait à un titre contenant la date du titre servant de base à l'inscription (6).

Quant à l'énonciation de la *nature* du titre, la cour de cassation ne la considère pas comme *substantielle*. C'est ce qu'elle déclare positivement dans un arrêt du 11 mars 1816 (7), que M. Merlin critique (8) sans fondement, à notre avis, mais qui est évidemment en contradiction avec le principe

(1) Idem., p. 274.

(2) Idem., p. 276.

(3) Idem., p. 273.

(4) Idem., p. 271, note 1.

(5) Dal., p. 273. De même, Metz, 11 juillet 1811, et Liége, 17 août 1810. Dal., *loc. cit.*

(6) V. la critique que M. Merlin fait de cet arrêt, t. 17, Hyp., sect., 2, § 2, art. x, n° 4; et il a sans doute raison, si l'on adopte la règle posée par la cour de cassation dans les arrêts cités en premier lieu.

(7) Dal., Hyp., p. 274.

(8) T. 16, p. 431.

qui a déterminé l'arrêt de 1807 et ceux que j'ai rapportés tout à l'heure (1).

Toutes ces bigarrures, toutes ces hésitations démontrent combien il est important de se rallier à un système bien assis et à des règles fixes sur l'interprétation de l'art. 2148. Pour nous, nous croyons marcher d'accord avec le texte de cet article, qui ne prononce pas de peine de nullité.

683. La 4e formalité des bordereaux et par conséquent de l'inscription, c'est la désignation du montant du capital des créances exprimées dans le titre ou évaluées par l'inscrivant, pour les rentes et prestations, ou droits éventuels, conditionnels, ou indéterminés; du montant des accessoires de ces capitaux et de l'époque de l'exigibilité.

La déclaration des charges qui pèsent sur l'immeuble est vraiment substantielle. C'est précisément ce que l'on a intérêt à rechercher dans l'inscription. Combien doit déjà le débiteur? Cette question est la première que l'on adresse à l'inscription.

Pour que l'inscription réponde, il faut qu'elle fasse connaître 1° le montant des capitaux; 2° celui de leurs accessoires.

1° Lorsque le montant des capitaux n'est pas

(1) La cour de Bordeaux, par arrêt du 14 juillet 1836 (Sirey, 37, 2, 22. Dalloz, 37, 2, 175) a jugé que la formalité relative à *la date et à la nature* du titre n'est pas une formalité *substantielle*. Et les motifs par lesquels elle justifie cette doctrine nous paraissent s'appliquer parfaitement à la question d'élection de domicile que nous avons traitée *suprà*.

précisé dans l'acte, parce qu'il dépend de circonstances éventuelles, l'inscrivant doit en faire l'évaluation. — Il en est de même dans tous les cas où la créance est indéterminée, ou lorsqu'elle a lieu pour rentes et prestations.

Dans ce dernier cas, lorsqu'il s'agit d'une rente en grains, on prend pour base les mercuriales du temps où se fait l'inscription, et non pas celles du temps où l'ordre vient à s'ouvrir. Arrêt de la cour de Liége du 24 août 1809 (1).

Le créancier doit mettre de la prudence dans cette évaluation. Car si elle est moindre que la valeur réelle, il se préjudicie à l'égard des tiers d'une manière irréparable. Il se lie envers eux, comme je l'ai dit ci-dessus n° 550 (2).

Que si l'évaluation est plus forte qu'il ne faut, elle doit être réduite à sa juste valeur. Mais l'inscription ne sera pas nulle. Seulement le débiteur et les tiers intéressés feront prononcer la réduction (3).

2° Il faut spécifier aussi dans l'inscription les accessoires de la créance : car ils en augmentent l'importance, et ils diminuent d'autant le crédit du débiteur : s'ils n'étaient pas inscrits, l'hypothèque n'aurait pas acquis sa perfection en ce qui les concerne. On ne pourrait les réclamer par les moyens hypothécaires.

Mais qu'entend notre article par les *accessoires*

(1) Répert., t. 16, p. 425, col. 2.

(2) V. aussi M. Tarrible, Répert., Inscrip., p. 257.

(3) Idem.

de la créance? Ce sont les intérêts et les dépens faits en justice pour la liquidation de la créance(1). Du reste, on tomberait dans l'erreur si on comprenait dans l'étendue de cette expression *accessoire*, les frais de justice dont j'ai parlé n° 123 et suivans. Car les frais de justice jouissent d'un privilége qui n'a pas besoin d'inscription (2).

Mais quand je dis que l'inscription doit contenir la mention des intérêts, je distingue les intérêts échus des intérêts à échoir.

Quant aux intérêts échus, nul doute que le créancier inscrivant ne doive en faire mention dans l'inscription, s'il prétend les conserver. Mais il est certain que si l'inscription n'en parlait pas, elle ne serait pas nulle pour le tout. Seulement le créancier en serait privé. Ce serait là la sanction pénale de la loi.

A l'égard des intérêts à échoir, il n'est pas nécessaire d'en parler dans l'inscription. L'art. 2151 règle ce qui concerne ces intérêts. L'inscription seule d'un capital produisant intérêt, conserve deux années d'intérêt, et l'année courante. Je développerai *infrà* cette disposition (3).

684. Mais on demande si l'on doit appliquer aux hypothèques judiciaires l'obligation imposée par notre article de porter dans l'inscription l'évaluatidn du capital indéterminé.

Cette question est diversement résolue.

(1) *Infrà*, n° 602.
(2) M. Tarrible, *loc. cit.*, p. 257, col. 2.
(3) *Junge* M. Dalloz, p. 283.

Le doute vient de ce que notre article porte que l'évaluation des créances indéterminées ou éventuelles doit avoir lieu *dans les cas où cette évaluation est ordonnée.*

Or, dit M. Tarrible (1), l'art. 2153, n° 3, ne dispense de cette évaluation que les créances indéterminées ou éventuelles, accompagnées d'hypothèque légale au profit de l'état, des communes, établissemens publics, des mineurs, des interdits et des femmes mariées. Donc les droits éventuels résultant de jugemens, n'étant pas exceptés, doivent être nécessairement évalués.

Je crois que M. Tarrible raisonne ici très-mal, contre son ordinaire. Il dit : *dans tous les cas où il n'y a pas exemption formelle d'évaluer, il faudra le faire* à peine de nullité de l'inscription. La loi dit au contraire : *il ne faudra évaluer que dans les cas où cette évaluation est ordonnée.* L'une de ces propositions est le contre-pied de l'autre.

Attachons-nous donc à la volonté de la loi, *il faudra évaluer dans les cas où cela est ordonné!* Mais quand cela est-il ordonné? Dans un cas seulement, c'est-à-dire celui de créances résultant d'une convention (art. 2132 du Code civil *suprà*). Pour tous les autres cas, de deux choses l'une : ou la loi prononce une exemption formelle, comme pour les hypothèques légales, ou elle garde le silence, comme pour l'hypothèque judiciaire. Eh bien! puisque l'hypothèque judiciaire n'est pas un des cas *où cette évaluation est ordonnée*, il faut en

(1) Inscript., p. 257, col. 2.

conclure que cette évaluation n'est pas nécessaire.

C'est sur ces raisons décisives qu'est fondé un arrêt de la cour de cassation, du 4 août 1825, qui juge qu'un créancier qui avait pris inscription en vertu d'un jugement portant reddition de compte, et qui avait déclaré dans l'inscription *qu'il ne pouvait évaluer sa créance quant à présent*, *mais qu'il jugeait qu'elle devait être considérable*, n'avait fait que se conformer au vœu de l'art. 2148, n° 4, du Code civil (1). C'est aussi ce qu'avait jugé précédemment un arrêt de la cour de Paris du 16 mars 1822 (2), et ce qu'a jugé depuis un arrêt de la cour de Rouen du 19 février 1828 (3).

Il faut donc rejeter l'opinion de M. Tarrible, qui est aussi celle de M. Grenier (4).

685. Le § 4 de l'art. 2148 place la mention de *l'époque de* l'exigibilité de la créance à la suite de toutes les indications relatives à ce qui en constitue le montant. En effet, une créance s'apprécie non seulement *ex quantitate*, mais encore *ex die solutionis*. Mais il faut convenir que cette mention de l'exigibilité n'est d'aucune utilité pour ceux qui consultent le registre des hypothèques, afin de savoir s'il doivent prêter ou acheter.

En effet, s'ils veulent acheter, ils ne jouissent pas, comme sous la loi de brumaire an 7 (5), des mêmes délais que le débiteur, pour acquitter les

(1) Dal., 25, 1, 388.
(2) Dal., Hyp., p. 284 et 285.
(3) Dal., 29, 2, 32.
(4) T. 1, p. 425.
(5) Art. 30.

dettes inscrites; d'après l'art. 2184, l'acquéreur qui veut purger est obligé de payer, sans distinction *des dettes exigibles ou non exigibles* (1).

S'ils veulent prêter, on ne voit pas non plus en quoi la mention de l'exigibilité peut être utile.

En effet, il est bien vrai de dire, avec l'orateur du gouvernement qui exposait les motifs de la loi du 4 septembre 1807, *qu'il y a une extrême différence entre une somme de* 100,000 *francs exigible dans le moment même, et pareille somme exigible dans dix ans*, et que celui qui paie plus tard paie moins, *minùs solvit, qui tardiùs solvit.* Mais si l'inscription garde le silence sur l'exigibilité, ceux qui la consultent pour connaître la position du débiteur doivent croire que cette somme est actuellement exigible. *Quoties in obligationibus dies non ponitur, præsenti die pecunia debetur*, dit la loi 41, § 1, D. *De verbor. obligat.* Dès-lors, ils ont dû considérer les charges du débiteur comme plus onéreuses. Si cependant, malgré cette perspective, ils n'ont pas hésité à confier leur argent au débiteur, de quoi donc pourraient-ils se plaindre, lorsqu'ils apprennent plus tard que la créance, loin d'être actuellement exigible, ne l'était que pour une époque plus reculée! Ils trouvent que la condition de leur débiteur est meilleure qu'ils ne l'avaient espéré.

La mention de l'exigibilité est donc beaucoup trop indifférente, elle rentre trop peu dans le but

(1) M. Tarrible, Répert., Inscrip., p. 238, col. 1. M. Grenier, t. 1, p. 161.

que se propose la loi, pour être considérée comme substantielle.

Je dois convenir néanmoins que cette opinion ne trouve dans la jurisprudence que très-peu d'appui. Voici le tableau succinct des arrêts rendus sur cette matière. On y remarquera combien le principe sur lequel roulent ces arrêts est embarrassant pour ceux-là même qui s'en font les défenseurs.

D'abord la nullité de l'inscription pour omission de l'époque de l'exigibilité de la créance, est prononcée par un arrêt de la cour de Rouen, du 1er août 1809 (1); et veut-on savoir sur quel motif? « Parce que, dit la cour, la loi a voulu que *l'acquéreur*, sur le vu des inscriptions, connût parfaitement et avec certitude les sommes *exigibles et l'époque de leur exigibilité !!* » Mais qui ne sait que la connaissance de l'exigibilité est tout-à-fait indifférente à l'acheteur, d'après l'art. 2184?

La cour de cassation, par arrêt du 15 janvier 1817, a décidé qu'un arrêt de Rennes, qui avait annulé une inscription pour défaut de mention d'exigibilité, *n'avait contrevenu à aucune loi* (2). On est frappé de la timidité d'un pareil motif. Mais la cour suprême a tranché plus vivement la question dans un arrêt de rejet du 9 août 1832 (3), qui déclare substantielle la mention de l'époque de l'exigibilité.

La nullité a été également prononcée par deux

(1) Répert., t. 16, p. 436, col. 2. Dal., Hyp., p. 293, note n° 2.

(2) Dal., Hyp., p. 291.

(3) Dal., 32, 1, 352.

arrêts de la cour de Liége, des 24 août 1809 et 1er juin 1821 (1).

Mais à côté de cette rigueur, viennent se placer les arrêts qui, sans contester la nullité en droit, s'appliquent à l'éluder.

On doit placer au premier rang un arrêt de la cour de cassation, du 3 janvier 1814 (2), qui décide qu'une erreur dans la mention de l'exigibilité de la créance n'ayant causé aucun préjudice à personne, ne suffit par pour annuler l'inscription. Mais quelle différence y a-t-il entre l'omission de l'exigibilité et l'erreur dans l'exigibilité (3)? Et si l'arrêt du 3 janvier 1814 est bien rendu, comme je le crois, que deviennent les arrêts de 1817 et de 1832? Evidemment la cour de cassation n'est pas d'accord avec elle-même : il n'est pas possible de concilier le système qui fait dépendre la validité de l'inscription du préjudice causé par l'omission de l'exigibilité, avec celui qui considère la mention de cette exigibilité comme substantielle. La cour de cassation ne peut être à la fois pour nous et pour M. Merlin; pour nous dans l'arrêt de 1814 (4), pour M. Merlin dans les arrêts de 1817 et de 1832. On regrette de voir

(1) Idem, p. 291.

(2) Dal., Hyp., p. 293.

(3) En effet, la cour de cassation a jugé, par arrêt du 9 avril 1811, que l'erreur dans l'exigibilité annulait l'inscription (Répert., t. 16, p. 440, et Dal., Hyp., p. 287); et cependant, comme le remarque M. Merlin, il n'y avait pas eu de préjudice causé.

(4) Aussi M. Merlin a-t-il critiqué l'arrêt de 1814. Rép., t. 16, p. 440.

ces incertitudes affaiblir l'autorité d'ailleurs si grave de sa jurisprudence.

686. Puis viennent les arrêts qui admettent les équipollens, arrêts qui jouent un si grand rôle dans l'interprétation de l'art. 2148, et qui consistent à scruter péniblement le sens de chaque mot pour y trouver une indication virtuelle ou implicite de l'époque de l'exigibilité.

Par exemple, une inscription porte que la somme est *exigible* sans dire depuis quelle époque : sera-t-elle valable ? sera-t-elle nulle ?

La cour de Nîmes, entrant franchement dans le système des nullités substantielles, a décidé, par arrêt du 13 juillet 1808 (1), qu'une telle inscription était nulle ; car, en supposant que le mot *exigible* fût synonyme d'*échu*, il faudrait faire savoir encore *depuis quelle époque* elle était échue ; que cela est important pour les tiers qui veulent s'assurer si la créance a été payée, ou si elle n'a pas été prescrite depuis son échéance (2) ; qu'au surplus, l'art. 2148 exige *l'époque* de l'exigibilité ; que la loi du 4 septembre 1807 fait entendre que cette mention est prescrite à peine de nullité ; qu'ainsi il n'y a pas moyen d'échapper à cette peine.

Voilà un véritable puritanisme en jurisprudence. Mais d'autres arrêts n'ont pas osé aller si loin, et ont décidé qu'il y avait, *par équipollence*, mention de l'exigibilité. Tels sont trois arrêts de

(1) Dal., Hyp., p. 289, 290.

(2) Comme si la date de l'exigibilité faisait connaître tout cela !!

la cour de cassation des 9 juillet 1811 (1), 1er février 1825 (2), 26 juillet 1825 (3), et plusieurs autres de cours royales rapportés par M. Merlin (4), et indiqués par M. Dalloz (5). La raison sur laquelle on s'est fondé, c'est qu'en disant qu'une dette est *exigible* ou *échue*, on fait entendre qu'elle est échue *actuellement*, ce qui emporte nécessairement en soi la désignation d'une époque d'échéance.

M. Merlin approuve cette jurisprudence (6). J'avoue que j'en suis surpris. Car de deux choses l'une : ou la créance était échue *avant l'inscription*, et alors l'inscription, en laissant croire que l'échéance n'a eu lieu qu'*actuellement*, renferme une erreur, et M. Merlin a prouvé ailleurs que l'erreur en cette matière est une cause de nullité (7); ou bien l'échéance concorde de fait avec l'inscription. Mais l'inscription ne le dit pas positivement, et pour le savoir il faut se livrer à des investigations que la loi (entendue comme elle l'est par M. Merlin) a voulu prévenir.

« Mais, dit M. Merlin, qu'importe aux tiers que » la créance qui est actuellement exigible le soit » depuis plus ou moins de temps? » Voilà donc M. Merlin qui, pour éluder la stricte application de

(1) Dal., Hyp., p. 289, 290.
(2) Dal., 25, 1, 93.
(3) Idem, 25, 1, 380.
(4) Répert., t. 16, p. 438.
(5) Hyp., p. 289.
(6) T. 16, p. 436.
(7) T. 16, p. 440.

la loi, se rallie à notre système, et consulte l'intérêt des tiers!! Tant il est vrai qu'il est impossible d'échapper à cette nécessité! Mais ce que M. Merlin fait pour l'époque de l'exigibilité qui précède l'inscription, pourquoi nous serait-il défendu de le faire pour tous les autres cas où nous trouvons que l'intérêt des tiers n'est pas compromis? Pourquoi le non-préjudice des tiers fait-il passer M. Merlin sur une erreur dans la mention de l'époque d'exigibilité *antérieure* à l'inscription, et pourquoi le trouvons-nous si sévère pour les erreurs ou omissions dans la mention de l'époque d'exigibilité *postérieure* à l'inscription, lorsque les tiers n'en éprouvent pas plus de préjudice?

D'autres arrêts ont jugé d'autres questions d'équipollence. Par décision du 3 août 1827 (1), la cour de Riom a déclaré valable une inscription prise à *défaut de paiement pour* capital et *intérêts échus.* Il a paru à cette cour que de ce qu'il était question d'un paiement qui se faisait attendre, et d'intérêts échus, il en résultait *textuellement* que la créance était *exigible.* Mais encore une fois, où était l'indication de l'*époque* depuis laquelle il y avait exigibilité.

Par arrêt de la cour de cassation du 23 juillet 1812 (2), il a été jugé qu'une inscription prise en vertu d'un jugement de condamnation pour *effets protestés*, contenait une mention suffisante de l'exigibilité. Mais j'y cherche en vain l'indication

(1) Dal., 29, 2, 257.
(2) Dal., Hyp., p. 290.

de l'*époque* de cette exigibilité; et si l'on me répond qu'elle est inutile ici, je demanderai à quoi bon alors tant d'efforts d'esprit pour échapper à la dure nécessité de prononcer des nullités rigoureuses, lorsqu'il est clair que la mention de l'exigibilité elle-même n'a rien d'utile pour les tiers (1).

Au surplus, ce système des équipollens aboutit d'une manière indirecte à faire triompher notre opinion. Nous demandons seulement qu'on l'applique sans restriction. Ainsi, par exemple, quel sera le sort d'une inscription prise pour une somme de 10,000 fr., mais sans mention de l'époque de l'exigibilité? si l'on veut recourir aux sous-entendus, aux énonciations virtuelles et implicites, point de doute qu'on ne doive la maintenir. D'après la loi 41, § 1, Dig., *De verb. oblig.* (2), la somme est due purement et simplement; elle est due actuellement et sans terme. Donc, il y a tout ce qu'il faut pour exiger l'exigibilité de la créance à l'époque actuelle, et le vœu de la loi est rempli. Peut-être ne sera-t-il pas vrai que l'exigibilité soit

(1) Un arrêt inédit de la cour de Nancy, en date du 10 août 1830, décide qu'une inscription prise sur une *succession abandonnée* contient mention virtuelle de l'exigibilité de la créance.

D'autres arrêts ont encore adopté ce système des équipollens, tout en considérant, pour l'honneur de prétendus principes auxquels on n'est pas fâché de pouvoir échapper, la mention de l'exigibilité comme formalité substantielle. Poitiers, 19 mars 1835 (D. 35, 2, 96. Sirey, 35, 2, 239) Liége, 15 avril 1833 (Dalloz, 37, 2, 24).

(2) *Junge* loi 14, Dig., *De reg. juris.*

actuelle ; mais qu'importe ! ce ne sera jamais là qu'une erreur, et la cour de cassation a décidé que les erreurs non préjudiciables ne sont pas suffisantes pour annuler l'inscription.

Si l'on veut y faire attention, on se convaincra que la cour de cassation, en consacrant le système des *équipollens* et des erreurs non préjudiciables, a détruit d'une main le système qu'elle a élevé de l'autre dans ses arrêts de 1817 et de 1832.

687. Dans tout ce qui précède, je n'ai pas voulu dire que la loi eût prescrit une formalité tout à-fait inutile, en exigeant la mention de l'exigibilité de la créance : j'ai voulu seulement établir que cette indication n'était pas substantielle pour les tiers, c'est-à-dire pour ceux-là seuls qui ont action à l'effet de faire annuler l'inscription. Du reste, on conçoit que cette indication est dans l'intérêt du débiteur, à qui il importe qu'on ne diminue pas son crédit, en le représentant comme devant payer actuellement une somme qui n'est exigible que dans six mois, par exemple.

Cependant il peut se présenter un cas où une mention erronée de l'exigibilité est de nature à porter aux tiers quelque préjudice : c'est lorsque l'inscription recule l'époque de l'exigibilité, et qu'elle déclare exigible dans six ans une créance qui l'est dans six jours. Alors l'inscription a représenté le débiteur moins chargé qu'il ne l'était réellement (1), et cela a pu être la cause prédominante du prêt fait par le subséquent créancier.

(1) Plùs solvit qui citiùs solvit.

Mais qu'arrivera-t-il lorsque le créancier aura été trompé par l'indication erronée d'une exigibilité plus reculée que celle portée par le titre ?

Je crois que dans ce cas les tiers créanciers ne seront cependant pas fondés à demander la nullité de l'inscription, mais qu'ils pourront exiger que l'inscrivant s'en tienne à l'époque d'exigibilité énoncée dans l'inscription, et non pas à celle du titre (1). En effet, c'est la peine de tout créancier qui commet une erreur, dans l'énonciation de sa créance, de ne pouvoir prétendre à rien de plus que ce qu'il a déclaré (2). Telle est la doctrine de M. Tarrible à l'égard du créancier qui doit faire dans l'inscription l'évaluation d'une créance indéterminée. Or, la mention de l'exigibilité fait partie du *quantum* de la créance : *Minùs solvit qui tardiùs solvit*. En reculant l'époque de l'exigibilité, le créancier s'est déclaré créancier d'une moindre somme que celle qui lui est réellement due. Donc, par identité de raison, il doit s'en tenir à l'époque d'exigibilité qu'il a exprimée.

Quant à la nullité, je ne saurais la comprendre. Pourquoi en effet l'erreur sur l'exigibilité produirait-elle une nullité, puisque c'est une des formalités énonciatives du *quantum* de la créance, et qu'il est reconnu que l'erreur dans le *chiffre* de la créance n'annule pas, mais réduit la créance au chiffre déclaré ?

(1) C'est ce qu'a jugé la cour de Caen, par arrêt du 17 juin 1825 (Dal., 26, 2, 197), dans une espèce où l'inscrivant avait déclaré *non exigible* une rente exigible par le fait.

(2) *Suprà*, n° 683.

Maintenant quelle sera la conséquence pour l'inscrivant de l'obligation de s'en tenir à l'époque d'exigibilité qu'il a mentionnée dans son inscription? Ce sera de renoncer à tous les intérêts qui courront depuis la véritable époque d'exigibilité énoncée dans le titre.

Par exemple, Pierre est créancier d'une somme de 50,000 fr. qu'il déclare exigible dans deux ans; elle doit échoir dans six mois. Après avoir consulté cette inscription, Paul consent à prêter une somme d'argent. Il forcera Pierre à ne pas exiger d'intérêts depuis le sixième mois; car, ayant trouvé dans l'inscription l'échéance à deux ans, il n'a pas dû compter sur les intérêts dont pourrait se grossir la créance de son prédécesseur depuis le sixième mois. Ces intérêts doivent donc être retranchés; car il est de règle qu'entre les tiers, la quotité d'une créance se trouve fixée par la déclaration de l'inscription (1).

688. M. Merlin, toujours ferme dans le principe que l'inscription est nulle sans la mention de l'exigibilité, veut même qu'on aille jusqu'à énoncer l'époque de l'exigibilité des intérêts et arrérages à échoir d'un capital produisant intérêt. — Il se fonde sur une circulaire du ministre de la justice du 21 juin 1808, et sur une autre du ministre des finances du 5 juillet 1808 (2).

Mais cette extension ne peut pas se soutenir. En effet, il suffit que l'inscription fasse connaître que

(1) M. Merlin est contraire à cette opinion, t. 16, p. 441.
(2) T. 16, p. 437, 438.

le capital inscrit produit intérêt, pour qu'aux termes de l'art. 2151, le créancier soit de plein droit admis à se faire colloquer non seulement pour les intérêts échus et déclarés, mais encore pour deux années d'intérêts à échoir et l'année courante, sans faire aucune déclaration à cet égard. Or, puisque la loi n'ordonne pas de déclarer les deux années d'intérêts à échoir, et qu'elle en dispense même formellement, comment serait-il possible qu'elle fît un devoir de parler de leur exigibilité? C'est ce qu'a très-bien jugé la cour de cassation par un arrêt du 2 avril 1811 (1).

689. La cinquième et dernière formalité que le conservateur doit trouver dans les bordereaux afin d'en revêtir l'inscription, c'est la mention de l'espèce et de la situation des biens soumis à l'hypothèque.

Cette formalité est substantielle : si l'inscription ne faisait pas connaître les biens hypothéqués, elle manquerait son premier et principal objet.

Pour remplir rigoureusement l'objet de notre article, il faudrait que l'espèce de l'immeuble fût indiquée par sa superficie et son assolement, c'est-à-dire par la désignation de *bâtimens*, *terres labourables*, *prés*, *champs*, *bois taillis* ou *de haute futaie*, *jardins*, *terres incultes*, *etc.* Il faudrait, de plus, que la situation fût indiquée par le nom de l'arrondissement du bureau, du canton de justice de paix, de la commune, et si c'est une maison située dans une ville, par la rue et le numéro.

(1) Dalloz, Hyp., p. 286, 287, et note. Persil, sur l'article 2148.

Mais l'on conçoit que ce qui est scrupuleusement exact n'est pas toujours absolument nécessaire, et que, pour porter à la connaissance des tiers l'immeuble hypothéqué, il n'est pas indispensable de suivre ces indications minutieuses, *nimiam et miseram diligentiam*, comme il est dit dans la loi 88, § 17, D. *de legat.* 2°.

L'on trouve cependant d'anciens arrêts de la cour de cassation qui ont impitoyablement considéré comme nulles des inscriptions dans lesquelles on ne s'était pas conformé d'une manière stricte et littérale à l'art. 2148, § 5 (1). M. Grenier en parle avec improbation (2), et je suis tout-à-fait de son avis.

Mais la cour de cassation a reconnu plus tard qu'elle se laissait entraîner dans des voies de rigueur fâcheuses pour les intérêts des familles, et elle est revenue à des doctrines plus équitables.

Ainsi, par un arrêt du 6 mars 1820 (3), elle a rejeté le pourvoi formé contre un arrêt de la cour de Grenoble, qui avait déclaré valable une inscription prise sur *tous les biens appartenant au sieur Allard*, et *situés dans la commune de la Côte-St-André*.

De même, par un arrêt du 28 août 1821, elle a rejeté le pourvoi formé contre un arrêt de la cour de Paris, qui avait déclaré valable une inscription

(1) Répert., v° Hyp., sect. 2, § 3, n° 6. Inscript., Hyp., § 5, *ad notam*, et t. 16, p. 441, n° 12. V. *suprà*, n° 536 *bis*.

(2) T. 1, p. 149.

(3) Sirey, 20, 1, 173. Dal., Hyp., p. 298.

prise sur *tous les biens situés dans la commune de Soigneules* et AUTRES ENVIRONNANTES, *canton de Brie* (1).

On voit que dans ces deux inscriptions on avait omis l'*espèce de biens*, et que dans la seconde la situation ne se trouvait pas indiquée avec une précision aussi rigoureuse que possible. Mais la cour de cassation considéra qu'*il n'y avait pas eu erreur*, qu'*aucun préjudice n'avait été souffert*, et que par conséquent le vœu de la loi se trouvait rempli (2).

C'est encore sur cette raison qu'elle insiste dans un arrêt du 24 janvier 1825 (3), et nous tenons d'autant plus à le faire remarquer, que c'est là le fondement de la théorie que nous avons développée sur l'intelligence de l'art. 2148.

M. Merlin trouve cependant que ces décisions offrent quelque *chose d'étonnant* (4).

Mais une seule réflexion suffira sans doute pour lever tous les doutes. Cette réflexion n'a pas échappé à la sagacité des magistrats qui ont rendu l'arrêt de la cour de Grenoble, confirmé par la cour de cassation le 6 mars 1820 (5).

(1) Dal., Hyp., p. 298, note.

(2) Arrêts semblables, Riom, 15 avril 1826 (Dal., 28, 2, 55). Poitiers, 6 avril 1827 (idem, 29, 1, 155). Cassat., 15 août 1815 (Dal., Hyp., 297). Grenoble, 27 juillet 1829 (idem, 30, 2, 120). En sens contraire, cassat., 19 février 1828 (idem, 28, 1, 138).

(3) Dal., 1825, 1, 166.

(4) T. 16, p. 443, col. 1.

(5) V. aussi M. Grenier, t. 1, p. 148.

S'il s'agit de constituer une hypothèque spéciale sur une partie des immeubles appartenant au débiteur dans telle commune, alors il faudrait plus de précision dans les indications, et il serait nécessaire d'individualiser toutes les parcelles hypothéquées, afin qu'on ne pût les confondre avec celles qui restent libres (1). C'est alors qu'on pourrait annuler l'inscription, et qu'on le devrait même, si l'omission de l'indication de l'espèce des biens pouvait jeter de la confusion.

Mais si l'hypothèque, quoique spéciale, embrasse une masse totale de biens situés dans telle commune, alors on a beaucoup plus de latitude; la confusion et l'erreur qui en est la suite ne sont pas à craindre, et ce serait montrer une rigueur injuste, *nimiam et miseram diligentiam*, que de prononcer la nullité d'une inscription qui ne parlerait pas de l'espèce des biens. Comme le dit M. Grenier, « l'indication des dépendances territoriales dans lesquelles les objets hypothéqués » sont situés, devient seule un régulateur suffisant » pour ce qui est soumis à l'hypothèque, abstraction faite de tout ce qui peut tenir à la nature, » à l'espèce, et aux confins. »

En général, la jurisprudence favorise cette manière équitable d'interpréter l'art. 2148. C'est ainsi que la cour de Liége a décidé, par arrêt du 26 mai 1818, que l'erreur dans le numéro de la maison ne vicie pas l'hypothèque, si d'ailleurs la chose hypothéquée se trouve suffisamment indivi-

(1) Bruxelles, 28 janvier 1819. Dal., Hyp., p. 297.

dualisée (1). C'est ainsi encore que, par arrêt du 6 février 1821, la cour de cassation a décidé que l'erreur dans l'indication de la commune ne pouvait à elle seule faire annuler une inscription (2). Cette même cour a été plus loin : par arrêt du 25 novembre 1813 (3), elle a décidé que le défaut d'indication de la commune ne devait pas faire annuler l'inscription, s'il y avait d'autres désignations suffisantes. C'est aussi ce qui a été jugé par arrêt de la cour de Nancy, du 28 avril 1826, rendu sur mes conclusions conformes (4).

Dans l'espèce de cet arrêt, un créancier avait omis de désigner la commune de la situation des biens; mais il avait indiqué l'arrondissement du bureau et du canton et le nom du territoire. La cour pensa que la désignation de la commune n'était pas prescrite par la loi, qui se contente de demander la *situation* des biens, laissant à la sagesse des parties le choix des moyens pour parvenir à une indication non équivoque de l'immeuble hypothéqué. Or, la situation d'un immeuble peut être indiquée d'une manière suffisante sans l'indication de la commune. Par exemple, si j'hypothèque ma maison située place Vendôme, n° 18, vis-à-vis le ministère de la justice, il est clair qu'il n'y aura pas d'équivoque, quoique je ne dise pas que cette maison est située à Paris.

(1) Dal., Hyp., p. 297.
(2) Idem.
(3) Idem.
(4) Dal., 1827, 2, 45.

De plus (et c'est ici que les considérations de la cour royale sont dignes de fixer les méditations des jurisconsultes), elle considéra que l'un des créanciers critiquant l'inscription se prévalait d'une hypothèque spéciale, qui grevait précisément les mêmes biens que ceux désignés dans l'inscription attaquée, que par conséquent il n'avait pu ignorer la situation des biens, et qu'il n'avait éprouvé aucun préjudice; que les autres créanciers étaient porteurs d'hypothèques judiciaires qui affectaient généralement tous les biens situés dans la circonscription du bureau, et qu'ainsi il leur avait suffi de savoir que les biens désignés dans l'inscription attaquée étaient situés dans l'arrondissement de ce bureau, pour avoir été sûrs qu'ils seraient primés par le créancier porteur de cette inscription, et pour n'avoir éprouvé aucun préjudice résultant d'une erreur.

Mais, s'il se présentait quelque cas dans lequel il y eût doute sur la situation ou sur l'espèce de l'immeuble hypothéqué, il ne faudrait pas hésiter à annuler l'inscription. C'est ce qu'a fait avec raison la cour de Paris, dans une espèce où l'inscription ne parlait que des biens composant *les fermes de la Gadelière*. La cour décida, par arrêt du 6 mars 1815 (1), que ces expressions comprenaient sans doute les *maisons*, *prés*, *vignes*, *terres*, etc., mais que l'hypothèque ne pouvait s'étendre sur les *bois*, qui or-

(1) Dal., Hyp., p. 298. Et le pourvoi contre cette décision fut rejeté par arrêt de la cour de cassation du 1er avril 1817. Dal., Hyp., p. 298.

dinairement ne sont pas compris dans la ferme.

Mais il nous semble que la cour de Bourges s'est montrée trop sévère dans l'espèce suivante. Un créancier prend inscription sur la *terre du Terrage*, qui comprend dans son enceinte un four à cuire de la poterie. Plus tard, un second créancier prend inscription spéciale sur ce four, et il soutient que le premier créancier n'a pas droit au prix provenant de cet objet, parce que son inscription n'en fait pas mention. Par arrêt du 14 mai 1825, la cour de Bourges (1) adopta son système, qui, à mon avis, n'était qu'une mauvaise difficulté. Car le four en question, étant une dépendance de la terre du Terrage, était par conséquent frappé de l'inscription prise sur cette terre. Qu'aurait fait la cour de Bourges, si le four n'eût été construit qu'après l'inscription du premier créancier? Cette construction eût été une amélioration (2), à laquelle l'hypothèque se serait étendue de plein droit (3), et sans inscription supplétive : car il n'y a pas de loi qui oblige de prendre inscription pour chacune des améliorations qui augmentent la valeur de l'immeuble. Le premier créancier aurait donc été fondé à repousser les prétentions du second. Pourquoi dès-lors serait-il moins heureux parce que la construction du four aurait précédé son inscription? Est-ce que l'inscription prise sur le principal ne s'étend pas à l'accessoire (4).

(1) Dal., 26, 2, 25.

(2) *Suprà*, n°s 551, 552.

(3) Art. 2133.

(4) Voir d'autres espèces *suprà*, n° 536 *bis*.

690. L'obligation de spécifier les immeubles soumis à l'hypothèque n'a pas lieu pour les inscriptions prises en vertu de titres conférant hypothèque générale. La raison en est que, l'hypothèque générale comprenant les biens présens et à venir, il répugne à sa nature qu'on la spécialise par des désignations de circonscription.

Notre article fait clairement entendre que cette exception n'a lieu qu'autant que l'hypothèque reste générale. Mais si on la restreint par une convention, et si on la fait porter sur tels et tels immeubles désignés, alors il faut appliquer les règles tracées au numéro précédent, et qui sont faites pour l'hypothèque spéciale. Car, au moyen de la restriction conventionnelle, l'hypothèque a cessé d'être générale, elle est devenue spéciale (1).

Il suit de ce que j'ai dit (que dans le cas d'inscription d'une hypothèque générale, on ne doit pas préciser l'espèce et la situation des biens) qu'une seule inscription frappe virtuellement tous les biens situés dans l'étendue du bureau. Et c'est aussi ce que porte la dernière disposition de l'article 2148.

691. Mais on demande si l'inscription originaire suffit pour frapper les biens à venir, ou bien si au fur et à mesure des acquisitions, le créancier muni d'une hypothèque générale doit prendre des inscriptions successives.

M. Tarrible pense qu'une seule inscription ne suffit pas pour atteindre les immeubles qui ne

(1) Persil, t. 2, p. 54. Grenier, t. 1, p. 83.

sont pas encore acquis par le débiteur, et que le rang de l'hypothèque générale sur ces biens à venir sera gradué selon la date des inscriptions (1).

Mais cette opinion est solidement réfutée par M. Merlin (2). Elle résiste d'ailleurs au texte de notre article, qui veut qu'une seule inscription frappe *tous les immeubles* situés dans l'arrondissement du bureau, ce qui ne peut s'entendre que des immeubles acquis et à acquérir. D'ailleurs, de nouvelles inscriptions successives n'apprendraient rien aux tiers intéressés, puisque l'inscription primitive, en leur annonçant que l'hypothèque était générale, leur a déjà dit suffisamment que tous les biens à venir en étaient frappés. Pourquoi donc tenir le créancier aux aguets de toutes les acquisitions que pourra faire son débiteur? pourquoi lui imposer une surveillance aussi pénible? ne serait-ce pas en quelque sorte rendre illusoire le bénéfice de l'hypothèque générale, et la convertir en hypothèque spéciale?

Au surplus, la question a été jugée contrairement à l'opinion de M. Tarrible, par un arrêt de la cour de Rouen du 22 mai 1816 (3), et par un arrêt de la cour de cassation du 3 août 1819, portant cassation d'un arrêt de la cour de Rennes (4). Cet arrêt, motivé de manière à faire la plus vive impression, a fait penser à M. Grenier qu'on ne

(1) Rép., Inscript., p. 240.
(2) T. 16, p. 445, n° 12. V. *suprà*, n° 436.
(3) Sirey, 18, 2, 230. Dal., Hyp., p. 180.
(4) Répert., t. 16, p. 447. Dal., Hyp., p. 181.

serait plus tenté d'élever la question (1). Mais c'était prendre trop bonne opinion de l'esprit de controverse. Elle a été soulevée avec de nouveaux efforts devant la cour de Lyon (2), qui l'a résolue dans le sens des vrais principes (3).

692. Je termine ce que j'avais à dire sur l'article 2148, en faisant remarquer qu'il ne s'applique nullement aux hypothèques légales; car la forme des inscriptions de cette espéce d'hypothèque est déterminée par l'art. 2153 ci-après. L'art. 2148 doit donc être limité aux priviléges, aux hypothèques *conventionnelles* et *judiciaires*, et à l'hypothèque du légataire, qui, quoique légale, ne se trouve pas comprise dans la nomenclature de celles pour lesquelles l'art. 2153 forme une législation spéciale (4).

ARTICLE 2149.

Les inscriptions à faire sur les biens d'une personne décédée pourront être faites sous la simple désignation du défunt, ainsi qu'il est dit au n° 2 de l'article précédent.

SOMMAIRE.

693. Renvoi.

(1) T. 1, n° 193.

(2) Lyon, 18 février 1829. D., 1829, 2, 109.

On peut consulter aussi un arrêt de Paris du 23 février 1835 (Sirey, 35, 2, 209. Dalloz, 35, 2, 163).

(3) V. *suprà*, n° 540, un argument tiré de l'ancienne jurisprudence.

(4) Dal., Hyp., p. 294, n° 3.

COMMENTAIRE.

693. Je n'ai rien à ajouter sur cet article à ce que j'ai dit nos 680 et 681.

ARTICLE 2150.

Le conservateur fait mention, sur son registre, du contenu aux bordereaux, et remet au réquérant, tant le titre ou l'expédition du titre, que l'un des bordereaux, au pied duquel il certifie avoir fait l'inscription.

SOMMAIRE.

694. Opérations à la charge du conservateur après la remise des bordereaux.

695. Responsabilité de cet agent en cas d'omission. La nullité de l'inscription ne peut être suppléée par la régularité du bordereau.

695 *bis*. En cas d'irrégularité, il n'y a d'autre ressource que de prendre une nouvelle inscription.

COMMENTAIRE.

694. On a vu, dans le commentaire sur l'article précédent, ce qui doit être contenu dans les bordereaux destinés à servir de type à l'inscription.

Lorsque ces deux bordereaux ont été remis au conservateur, celui-ci porte sur son registre les énonciations qu'ils contiennent; puis il remet à l'inscrivant le titre en vertu duquel est prise l'inscription, et l'un des bordereaux, au pied duquel il certifie avoir fait l'inscription. Cette obligation

imposée à l'inscrivant, de présenter *deux bordereaux*, s'explique, d'une part, par la nécessité de remettre au créancier intéressé la preuve que le conservateur a accompli les devoirs que la loi lui impose, ou qu'il devient responsable de leur omission ; d'autre part, par la nécessité non moins impérieuse, que l'un des bordereaux reste entre les mains du conservateur, afin que, dans le cas où des difficultés s'éleveraient sur l'inscription, il fût à même de prouver que les erreurs intervenues ne sont pas de son fait, et que l'inscription est conforme au bordereau.

On voit, par cet exposé du procédé à suivre pour opérer l'inscription, que le conservateur n'a qu'un rôle passif à remplir. Tout son ministère se borne à reproduire fidèlement, sur les registres, les énonciations contenues dans le bordereau. Aussi, les décisions ministérielles défendent-elles aux conservateurs de rédiger eux-mêmes les inscriptions (1).

695. Si le conservateur omettait de faire l'inscription après avoir donné le certificat dont parle notre article, il serait soumis à la responsabilité dont je parlerai à l'art. 2198. De même, si l'inscription n'était pas conforme au bordereau, et qu'elle contînt des omissions de nature à en procurer l'annulation, le conservateur encourrait l'obligation de dédommager le créancier lésé par sa négligence (2).

(1) Dal., Hyp., p. 248, n° 6, note 2.

(2) M. Grenier, t. 2, p. 475. Avis du conseil d'état cité à la note suivante.

Du reste, il est certain que la nullité de l'inscription ne pourrait être suppléée par les bordereaux. Ce ne sont pas les bordereaux que consultent les tiers, c'est le registre du conservateur sur lequel est porté, d'après notre article, le contenu aux bordereaux, et qui est ouvert au public (1). Les bordereaux (2) sont établis pour faciliter l'inscription et servir de pièces probantes à l'inscrivant et au conservateur ; il sont dans l'intérêt de l'un et de l'autre. Mais les tiers n'ont aucun document à y puiser, et on ne peut les leur opposer, de même que les tiers ne pourraient se plaindre que le conservateur eût fait l'inscription, sans exiger la représentation des bordere ux. Je n'ignore pas que M. Tarrible a prétendu que la formalité de la représentation des bordereaux est substantielle (3). Mais je crois que ceux qui se feront des idées justes de l'utilité de cette formalité, penseront que sans doute le conservateur peut se refuser à l'inscription, tant que les bordereaux ne lui sont pas représentés, mais que les tiers ne peuvent être admis à critiquer ce qui se passe entre l'inscrivant et le conservateur pour parvenir à l'inscription (4).

695 *bis*. Lorsque l'inscription a été opérée, si elle a été entachée de nullité, le conservateur ne peut plus corriger de son chef les irrégularités :

(1) M. Grenier, n° 530. Dalloz, Hyp., p. 249, n° 8. Cassat., arrêt du 22 avril 1807. Idem, p. 270. Avis du conseil d'état du 22 avril 1807. Idem, p. 249, note.

(2) V. le numéro précédent et le n° 678.

(3) Répert., Inscript., p. 225.

(4) *Suprà*, n° 678.

elles sont acquises aux tiers. Il n'y a d'autre moyen que de prendre une nouvelle inscription (1).

ARTICLE 2151.

Le créancier inscrit pour un capital produisant intérêt ou arrérages, a droit d'être colloqué pour deux années seulement, et pour l'année courante, au même rang d'hypothèque que pour son capital, sans préjudice des inscriptions particulières à prendre, portant hypothèque à compter de leur date pour les arrérages autres que ceux conservés par la première inscription.

SOMMAIRE.

(1) Avis du conseil d'état précité.

699 *bis.* Lorsque la chose hypothéquée est vendue, et que l'adjudicataire doit les intérêts du prix, doit-on appliquer à ces intérêts la limitation de notre article?

700. Renvoi pour les intérêts du prix de vente, de soulte de partage; etc. Notre article s'applique aux arrérages de rente viagère.

700 *bis.* L'art. 2151 s'applique-t-il au cas où la convention défend au créancier de percevoir les intérêts avant le remboursement du capital? Récit du fait et position de la question.

700 *ter.* Argumens pour la négative empruntés au crédit particulier et au développement de combinaisons nouvelles imaginées par des compagnies de placemens de fonds.

700 *quat.* Argumens pour l'affirmative puisés dans l'art. 2151. Réponse aux objections. L'art. 2151 contient une règle générale contre laquelle l'espèce particulière ne saurait prévaloir.

701. L'art. 2151 ne s'applique pas aux hypothèques légales non sujettes à l'inscription.

701 *bis.* Mais il s'applique aux hypothèques légales soumises à l'inscription. Critique d'un arrêt de la cour de cassation.

702. Renvoi pour la question de savoir si l'art. 2151 du Code civil peut être invoqué par le tiers détenteur.

702 *bis.* Rang des dépens.

703. Rang des dommages et intérêts adjugés par jugement ou stipulés par convention.

COMMENTAIRE.

696. Cet article règle le sort des intérêts que produit la créance hypothécaire (1).

Dans l'ancien droit, les intérêts, étant l'accessoire du principal, étaient de droit commun col-

(1) V. t. 1, n° 219.

loqués au même rang d'hypothèque que la créance (1). Basnage (2) atteste que c'était la jurisprudence du parlement de Paris, et c'est aussi ce que nous apprennent Brodeau sur Louet (4) et Bougier (4). Mais au parlement de Normandie, on suivait une jurisprudence contraire. On pensait que les intérêts, étant la peine de la contumace du débiteur, ne pouvaient avoir une hypothèque antérieure à leur existence, et que, par conséquent, l'hypothèque ne devait prendre date que du jour de la demande dirigée contre le débiteur retardataire.

A l'égard des arrérages de rente, on décidait uniformément qu'ils avaient le même rang d'hypothèque que le capital (5).

697. Le Code civil a établi, sur la matière des intérêts, des règles nouvelles.

D'abord, il est bien certain que les intérêts échus participent au même rang d'hypothèque que la créance. C'est ce qui résulte de l'art. 2148, § 4.

Quant aux intérêts à échoir (6), notre article accorde le rang d'hypothèque dont jouit la créance à deux années d'intérêts et à l'année courante; l'inscription primitive suffit pour conserver ce rang de

(1) L. 18 et 12, § *Sciendum*, Dig., *Qui potior*. L. 11, § *Si sortem*, Dig., *De pign. act.*

(2) Hyp., ch. 5, p. 16, col. 2.

(3) L. N., § 7.

(4) L. H., n° 6.

(5) Répert., Hyp., p. 801.

(6) Origine, loi du 11 brumaire an 7, art. 19. Elle ne parlait pas de l'année courante.

faveur à ces années d'intérêts. Mais pour les autres années d'intérêts, le créancier est dans l'obligation de prendre des inscriptions successives, et l'hypothèque de ces intérêts ne prend rang que du jour de l'inscription. Ainsi l'art. 2151 confirme en partie la règle générale, suivie dans l'ancienne jurisprudence; mais il la modifie aussi en partie : il la limite à un certain nombre d'années d'intérêts.

Le motif de la loi pour établir cette classification des divers années d'intérêts, a été de se conformer au système de publicité, qui est la base du régime hypothécaire actuel. Si l'on eût permis à un créancier de se faire colloquer pour tous les intérêts à échoir au même rang d'hypothèque qu la créance, il y aurait eu une grande incertitude sur l'accroissement du capital par l'agglomération des intérêts, et les tiers eussent ignoré le montant exact des charges inscrites. On n'a pas voulu d'ailleurs que l'accroissement d'intérêts considérables privât les créanciers postérieurs du paiement de leurs capitaux. De plus, un débiteur aurait pu colluder avec un de ses créanciers pour simuler des intérêts non payés.

698. Ces deux années d'intérêts dont parle notre article sont-elles limitativement les deux années qui suivent l'inscription?

La cour royale de Riom avait jugé l'affirmative par arrêt du 16 décembre 1813. Mais cet arrêt a été cassé dans l'intérêt de la loi par arrêt de la cour régulatrice du 27 mai 1816 (1).

(1) Dal., Hyp., p. 409, 410.

Il est important de rappeler les principes sur lesquels se fondait M. Mourre pour requérir l'annulation.

D'abord, le Code civil, en disant que l'inscription conserve deux années d'intérêts et l'année courante, ne désigne point quelles sont ces deux années. Dès-lors, il suffit qu'il soit dû deux années pour qu'on puisse requérir la collocation au même rang d'hypothèque que pour la créance. Peu importe que ces deux années suivent immédiatement l'inscription, ou qu'elles en soient séparées par un grand nombre d'années d'intérêts payés. Si elles sont dues au moment de la distribution, elles jouissent de l'hypothèque.

Quelle a été l'intention de la loi? C'est de fixer la dette, autant que possible, à l'égard des tiers, d'empêcher les accumulations d'intérêts. Elle a donc voulu que toutes les années d'intérêts fussent réduites à deux et la courante.

Mais il lui importait peu de désigner ces deux années. Cela n'importait pas davantage aux autres créanciers hypothécaires. Car, l'inscription les avertissant qu'elle conservait deux années à échoir et l'année courante, il est assez indifférent que ces trois années soient précisément les trois premières années, ou bien des années subséquentes.

Si les trois premières années sont payées, le droit se reporte sur les suivantes. Ce déplacement est de droit; il se renouvelle si le paiement se renouvelle.

Sans doute, au-delà de ces trois années, il n'y aura que la ressource des inscriptions spéciales;

c'est ce qui résulte de la disposition finale de l'art. 2151. Mais cela ne déroge en rien à la règle que les trois années dont parle cet article ne sont pas limitativement les trois premières années postérieures à l'inscription, mais bien les trois années qui suivent le dernier paiement des intérêts. En un mot, il y a toujours trois années attachées au capital. Peu importe aux tiers que ce soient les premières ou les dernières ; mais il importe beaucoup aux créanciers inscrivans que ce ne soient pas limitativement les premières.

Cette doctrine, fondée sur une simple interprétation de l'art. 2151, est celle de MM. Merlin (1) et Grenier (2). Elle se fortifie surtout de cette considération, c'est que, l'année courante ne pouvant être que celle qui a cours au moment où s'arrêtent les intérêts, comme on va le voir au n° suivant, il est clair que, puisque l'inscription conserve deux années et la courante, les années conservées, loin d'être les premières, sont les dernières, savoir celle où les intérêts s'arrêtent, et les deux autres immédiatement. C'est ce que disait le tribunal de Cusset, dont la décision fut annulée par la cour de Riom. La logique qui règne dans ce jugement me rappelle cette observation d'Ulpien, que quelquefois l'appel fait réformer en pis les sentences bien rendues, « licèt benè latas sententias nonnunquàm in pejus reformet », L. 1. D. *de appel.*

(1) Quest. de droit, v° Inscript., p. 601.

(2) T. 1, n° 100, p. 200. *Junge* Dalloz, Hyp., p. 403, n° 30.

698 *bis*. Expliquons maintenant, avec plus de détail, quelle est l'année courante dont parle l'article 2151.

Est-ce l'année où se fait l'inscription ? Non. Car si l'inscription primitive est prise le jour même du contrat, il n'y a pas encore d'année courante. Si elle est prise quelques jours après, alors il y a bien une année courante, mais cette année courante précéderait les deux autres années conservées, tandis que, d'après l'ordre de rédaction de l'art. 2151, ces deux années doivent précéder la courante.

Est-ce l'année de la collocation, comme le veulent MM. Grenier (1) et Tarrible (2)? je ne le pense pas.

De deux choses l'une : ou il y a aliénation de l'immeuble par expropriation forcée, ou bien aliénation par vente volontaire suivie de purgement.

S'il y a eu vente de l'immeuble par expropriation, il est clair que lors de la collocation, il n'y a plus d'intérêts courans dans le sens de l'article 2151. Sans doute il est toujours dû des intérêts jusqu'à parfait paiement, mais ce ne sont plus ceux que cet article a voulu restreindre pour forcer les créanciers à être diligens; un fait nouveau est venu modifier la position des parties; entre les créanciers et leur débiteur dont l'insolvabilité est suffisamment prouvée par l'expropriation, et contre lequel toute poursuite en paiement d'intérêts serait vaine, est venu s'interposer l'adjudi-

(1) Inscript. hyp., p. 243, col. 1.
(2) T. 1, n° 100.

cataire qui est devenu débiteur personnel et utile des intérêts; alors, du chef de cet adjudicataire, commence une nouvelle période d'intérêts, à laquelle nous verrons plus tard (1), que l'art. 2151 est inapplicable. Ainsi donc la période biennale à laquelle l'article 2151 attache l'année courante se trouve rejetée en arrière, et séparée de la collocation par des combinaisons tellement graves, que l'hypothèque a atteint ses principaux effets et demeure convertie en aucun droit sur le prix.

Un fait analogue se manifeste, lorsqu'au lieu d'y avoir expropriation il y a seulement ordre ouvert par suite des formalités du purgement remplies par le tiers acquéreur; la combinaison qui établit la solution de continuité entre la période biennale et la collocation, c'est l'intervention de l'acquéreur qui est devenu débiteur de la somme principale et des intérêts, depuis les offres qu'il a faites en vertu de l'art. 2183 du Code civil, intervention qui a fait produire à l'hypothèque ses effets et qui a métamorphosé le droit de suite en un droit sur une chose mobilière.

Il y a donc une autre époque dont l'art. 2151 a voulu parler. Reste à la déterminer avec précision. Les aperçus que nous avons présentés pour réfuter MM. Tarrible et Grenier, mettent sur la voie de la solution.

S'il y a un acquéreur qui procède au purgement de l'immeuble grevé, l'année courante est, dans ce cas, celle qui avait cours lors de la noti-

(1) N° 699 *bis*, *infrà*.

fication; la raison de cette solution est que dès ce moment l'hypothèque s'est mise en exercice et qu'alors a commencé cette métamorphose dont nous parlions tout à l'heure.

C'est ce qu'a jugé la cour de Nancy, par arrêt du 12 juin 1832, rendu sur les conclusions contraires de M. Poirel, avocat-général, qui pensa que l'année courante était celle de la demande en collocation formée par le créancier (1).

Mais que devrait-on décider s'il y avait surenchère?

Ce cas se présentait dans l'espèce jugée par la cour de Nancy; la cour ne vit, dans l'existence de cette surenchère, « qu'un accident de procédure » de nature seulement à produire une augmentation de deniers en faveur des créanciers, mais » n'affectant en rien les conséquences qui découlent » pour chacun d'eux des notifications et dénonciations ».

Je ne saurais adopter cet avis.

Comme on le verra plus tard (2), la surenchère résout le titre de l'acquéreur et fait crouler ses offres. Les choses sont remises, en ce qui le concerne, au même état que s'il n'avait pas contracté. La surenchère change donc complétement l'état des choses, et il me paraît évident que l'année

(1) Il n'y a pas lieu d'examiner la difficulté à l'égard des hypothèques légales qui seraient purgées en vertu des articles 2193 et suiv.; car l'art. 2151 ne les concerne pas.

(2) Nos 720, 726.

courante n'est plus alors que celle de l'adjudication (1).

Venons au cas où l'immeuble est vendu par expropriation forcée. Dans cette hypothèse il semble, au premier coup d'œil, que l'année courante est celle qui a cours à l'époque de l'adjudication définitive, parce que l'adjudication opère novation dans l'hypothèque et substitue l'adjudicataire au débiteur originaire.

Mais en combinant l'art. 2151 avec l'art. 689 du Code de procédure civile, on acquiert la conviction que l'année courante est celle qui a cours au moment de la dénonciation faite au saisi, en vertu de l'art. 689 du Code de procédure civile. En effet, l'art. 2151 a été fait pour empêcher les accumulations *volontaires* d'intérêts. Mais il a été suivi de l'art. 689 du Code de procédure civile, qui, dérogeant à l'art. 8 de la loi 2e du 11 brumaire an 7, en est revenu à l'ancienne jurisprudence (2), et a ordonné que les fruits seraient *immobilisés* depuis la dénonciation faite au saisi. Les conséquences de cette immobilisation sont que les fruits sont soustraits à l'action individuelle des créanciers, qu'ils sont placés sous la main de la justice, et que les créanciers n'ont plus aucun moyen de se faire payer leurs intérêts sur les fruits. Dès-lors, l'accumulation des intérêts, depuis cette époque, est *forcée*, et ne peut être imputée aux créanciers.

(1) V. préface, p. xiij, la disposition de l'édit piémontais sur les renouvellemens d'inscription : la réquisition de surenchère y est considérée comme un fait très-grave.

(2) *Suprà*, n° 404.

L'art. 689 du Code de procédure a donc donné naissance à un cas nouveau, qui sort de la pensée de l'art. 2151. C'est ce qu'a jugé la cour de cassation par arrêt du 3 juillet 1827 (1), dans une espèce où un créancier avait été colloqué pour deux années d'intérêts et la courante, plus les intérêts échus depuis la dénonciation faite au saisi jusqu'à l'adjudication.

698 *ter*. L'année courante doit-elle être allouée en entier, quand il est dû trois ans ou plus d'intérêts?

L'affirmative ne me paraît pas douteuse. Je l'ai toujours vue prévaloir dans la pratique. L'année courante est une année pleine (2). C'est dans ce sens que le législateur parle de l'année courante dans l'art. 2102 (3); quand le législateur dit que l'année courante sera allouée, il n'y a pas à équivoquer, et, malgré les scrupules de M. Dalloz (4), on doit dire que c'est l'année tout entière qui est accordée, et non pas une partie de l'année.

699. Quant aux autres années d'intérêt, il faut que des inscriptions particulières et successives les aient conservées. Elles ne prennent rang qu'à compter de la date de ces inscriptions.

699 *bis*. J'ai dit, au n° 698 *bis*, que l'adjudication définitive met à la charge de l'acquéreur les intérêts du prix. On demande si l'on doit appli-

(1) Dal., 27, 1, 296. Sirey, 28, 1, 105.
(2) Persil, art. 2151, n° 3.
(3) *Suprà*, t. 1, n° 155.
(4) Hyp., p. 403, n° 31.

quer à ces intérêts la restriction portée par l'article 2151.

Cette question a été examinée par M. Merlin (1). Cet auteur prouve, d'une manière fort claire, que l'art. 2151 doit être limité aux intérêts échus avant l'adjudication définitive (2).

En effet, il est de principe général que les intérêts ont les mêmes prérogatives que le principal. Le Code a cru à la vérité devoir modifier ce principe par l'art. 2151, afin de favoriser le système de la publicité. Mais on ne peut plus parler de publicité ni d'inscription après l'adjudication, c'est-à-dire lorsque le gage hypothécaire, seul susceptible d'inscription, a été converti en prix, en chose mobilière (3). C'est alors l'adjudicataire qui est un débiteur nouveau de ce prix, lequel doit produire des intérêts moratoires, puisque la chose produit des fruits que recueille l'acquéreur. On rentre donc dans le droit commun, et chaque créancier a droit de réclamer tous les intérêts courus pendant l'instance d'ordre suivant le rang du principal. C'est ce qui résulte bien clairement des art. 757, 767 et 770 du Code de procédure civile, et ce qui a été jugé *in terminis* par un arrêt de la cour de Paris du 21 novembre 1807, par un arrêt de la cour de cassation du 21 novembre 1809, et enfin par un

(1) Quest. de droit, v° Inscript., p. 593.

(2) Nous avons même vu, n° 698, qu'il fallait arrêter son effet à la dénonciation au saisi. Mais M. Merlin n'avait pas à traiter cette question.

(3) Voyez, sur l'art. 2154, les époques auxquelles les inscriptions sont censées avoir réalisé leur effet.

arrêt de la cour de Rouen du 26 juin 1810. Toutes ces décisions sont rapportées aux *Questions de droit* de M. Merlin (1) On y voit aussi les conclusions données par M. Fouquet, procureur-général à Rouen, dans l'arrêt que je viens de citer (2).

On sent que ce que je viens de dire pour le cas d'expropriation forcée, a lieu également pour le cas de vente volontaire suivie de transcription (3), et c'est ce que j'ai démontré au n° 698 *bis*.

700. L'article 2151 s'applique-t-il aux intérêts du prix de la vente réclamés par le vendeur, en vertu de son privilége? J'ai examiné cette question *suprà*, t. 1, n° 219 et suiv.

En ce qui touche 1° les intérêts pour soulte de partage, voyez *suprà*, t. 1, n° 240; 2° les intérêts réclamés par les architectes, voyez n° 246.

L'art. 2151 doit-il être appliqué aux arrérages de rentes viagères? Cette question importante a été décidée pour la négative par arrêt de la cour de Bordeaux du 23 août 1826 (4).

La cour a considéré « que par la nature du con» trat de rente viagère, le capital aliéné n'existe » plus, qu'ainsi il ne peut produire ni intérêts ni » arrérages; que le rentier n'a qu'une créance qui » se renouvelle à chaque échéance de la rente con» venue; que c'est pour la sûreté de ses créances

(1) *Loc. cit.* V. aussi Dalloz, Hyp., p. 411, 412, note n° 3, et M. Grenier, t. 1, n° 102.

(2) En ce sens, arrêt du 14 novembre 1827. Dal., 28, 1, 21.

(3) M. Grenier, *loc. cit.*

(4) Dal., 27, 2, 25.

» successives, qu'il a hypothéqué à la date de son » titre : que les créanciers postérieurs en sont » suffisamment avertis par l'inscription qui fait » connaître la nature de la créance, que si, après » les trois années, il était réduit à prendre des » inscriptions particulières portant hypothèque à » compter de leur date, il se trouvait primé le » plus souvent par des créanciers intermédiaires; » mais que, n'ayant pas de *capital produisant intérêt ou arrérages*, l'art. 2151 ne lui est pas ap» plicable. »

Mais la question, s'étant présentée devant la cour de cassation, y a été jugée dans un sens contraire par arrêt du 13 août 1828 (1), et la cour de Bordeaux a renoncé à sa première jurisprudence par arrêt du 3 février 1829 (2).

C'est à ces dernières décisions qu'il faut s'en tenir. L'art. 14 de la loi du 9 messidor an 3 limitant expressément le rang des intérêts *de rentes viagères* et autres capitaux et rentes, à un an et au terme courant. L'art. 19 de la loi de brumaire an 7 n'entra pas, comme la loi de l'an 3, dans l'énumération des diverses espèces de rentes et capitaux : elle se servit de ces mots génériques, « le créancier inscrit » pour *un capital produisant intérêt* a droit de venir » pour deux années d'arrérages, etc. » Mais il est évident que son but était de faire, en moins de mots, ce que la loi de l'an 3 avait dit avec plus de développement. L'art. 2151 du Code civil n'a fait

(1) Dal., 28, 1, 381.
(2) Dal., 29, 2, 285.

que marcher sur les traces de l'art. 19 de la loi de l'an 7; il est animé du même esprit. Le mot *arrérage* dont il se sert à côté du mot *intérêt*, prouve bien haut qu'il a entendu comprendre, dans sa disposition, les arrérages de rentes, et par conséquent de rentes viagères (1). Il est inexact de dire que la rente viagère n'a pas de capital; car l'article 1977 prévoit le cas où il y a lieu à faire rentrer le capital de cette rente. Dans la rente viagère, il y a une créance prescriptible par trente ans et essentiellement distincte des arrérages qui se prescrivent par cinq ans, d'après l'art. 2277 du Code civil. Les arrérages ne sont que *des fruits* (2), et par cela même ils supposent un capital qui les produit. Il y a donc là un *capital* produisant *arrérages*, c'est-à-dire les deux conditions de l'art. 2151.

700 *bis*. La question suivante a été agitée devant le tribunal de Nancy. Comme elle n'est traitée par aucun auteur, on m'a engagé à lui donner place dans mon ouvrage.

En 1813, Joseph Guillaume emprunte par contrat authentique, près du sieur Soyer, une somme de 1,300 francs. Le contrat porte cette clause remarquable, que le capital ne sera remboursable qu'après le décès de la dame Guillaume, mère de l'emprunteur, et que les intérêts, stipulés à 5 %, ne pourront être exigés avant cette époque.

En vertu de ce contrat, Soyer prend inscription en 1813.

(1) V. les art. 1978, 1979, 2277 du Code civil.

(2) Art. 588 et 1401, n° 2, C. C.

1° Pour sûreté de son capital de 1,300 francs;

2° Pour dix années d'intérêts à échoir.

Guillaume meurt en 1817. Sa succession est acceptée sous bénéfice d'inventaire par sa mère, ses frères et ses sœurs.

En 1823, Soyer renouvelle son inscription de 1813. Il prend en outre une nouvelle inscription 1° pour les dix années d'intérêts échus, 2° pour les dix années d'intérêts à échoir.

En 1832, la veuve Guillaume décède. On procède à la vente des immeubles dépendant de la succession de son fils, et dont elle avait l'usufruit. La vente produit 7,000 francs.

Distribution du prix. Soyer demande collocation, suivant son rang d'hypothèque (il est premier inscrit), non seulement pour son capital, mais encore pour les intérêts échus depuis 1813. Un grand nombre de créanciers chirographaires contestent cette prétention; invoquant l'art. 2151 du Code civil, ils soutiennent que Soyer, n'ayant pas pris d'inscription particulière pour les intérêts, au fur et à mesure de leur échéance, ne peut exiger de collocation que pour deux années d'intérêts et la courante.

Suivant Soyer, l'inscription prise en 1813 pour dix années d'intérêts à échoir est valable; car l'art. 2151 n'est pas applicable au cas où la convention elle-même met obstacle à la perception des intérêts. Qu'a voulu cet article? Son but a été d'abord de prévenir toute incertitude sur la situation du débiteur (1). Mais ici où est la possibilité

(1) *Suprà*, n° 697.

du doute? Tous ceux qui ont traité avec Guillaume ont su nettement qu'il était débiteur d'intérêts devant forcément s'accumuler jusqu'au remboursement du capital. L'art. 2151 a voulu, de plus, que le créancier veillât avec exactitude au recouvrement des intérêts annuels, afin que le débiteur ne succombât pas plus tard sous le poids d'intérêts agglomérés. Mais, dans l'espèce, comment Soyer aurait-il pu se faire payer au fur et à mesure des échéances, puisque la loi que les parties s'étaient créée lui liait les mains?

Soyer faisait valoir d'autres moyens. Il insistait particulièrement sur son inscription de 1823, qui, du moins, avait dû conserver les dix années d'intérêts alors échus (1). Mais toute cette partie de la cause se trouvait dominée par l'art. 2146, qui déclare sans effet les inscriptions prises sur une succession bénéficiaire (2), et j'ai dit que l'inscription de 1823 avait été formalisée après le décès de l'emprunteur et lorsque ses héritiers avaient déjà accepté sa succession sous bénéfice d'inventaire. Ainsi, tout ce qu'il y avait de sérieux dans le débat venait se concentrer sur la portée de l'inscription de 1813 et sur l'interprétation de l'article 2151.

700 *ter*. Cette question peut faire naître quelque hésitation, si l'on prend son point de vue exclusif dans certaines considérations empruntées au crédit particulier. Un fils de famille a des immeu-

(1) *Suprà*, n° 697.
(2) *Suprà*, n° 657 *ter*.

bles qui sont grevés d'usufruit au profit de ses parens. Il a besoin d'emprunter des fonds. Mais évidemment les capitaux ne viendront pas à son secours, si l'on repousse, comme contraire à notre système hypothécaire, la convention dont il vient d'être question. Manquant de ressources actuelles, n'ayant de ressources à offrir que lorsqu'il prendra, au décès de ses père et mère, la jouissance de ses biens immeubles, il ne sera pas écouté des prêteurs, si, en même temps qu'il ajourne le paiement des intérêts jusqu'à l'époque de sa solvabilité, il lui est défendu de les garantir par une hypothèque qui les protége également tous. Voyez les compagnies qui se sont formées pour le placement des capitaux. Afin de favoriser les emprunteurs, elles déterminent en général des époques fixes, mais éloignées, pour le remboursement partiel des sommes prêtées et pour la rentrée simultanée des intérêts ; si on leur enlève la certitude de recouvrer les intérêts au même rang que le capital, il faudra qu'elles renoncent à ce système de délais gradués, qui leur permet de soulager le débiteur pressé par le besoin. Les mesures acerbes se multiplieront; ou bien les risques seront plus menaçans, et les prêts seront environnés de difficultés et d'entraves qui, paralysant les opérations de ces compagnies, enleveront ce moyen de crédit à la petite propriété. Et cependant quel inconvénient y a-t-il à permettre le mode de placement dont nous parlons ? Le montant des charges inscrites pourra toujours être connu des tiers ; on n'aura pas à craindre la simulation d'intérêts fic-

tifs. Le contrat originaire sera là pour éclairer tous les prêteurs subséquens et pour dessiner avec précision les droits de chacun. C'est par suite de ces considérations que, depuis quelque temps, on a vu les contrats de prêts, revêtus des mêmes clauses que celui du sieur Soyer, devenir assez fréquens (1), et tirer d'embarras les emprunteurs qui n'ont que des ressources éventuelles. Il est d'autant plus équitable de ne pas s'opposer à ce genre de transaction, que, l'article 2151 se trouvant écarté comme inapplicable, on peut se placer sous la protection de l'art. 2132 du Code civil, qui permet de constituer une hypothèque actuelle pour sûreté d'une créance conditionnelle (2); ici les intérêts forment une créance éventuelle; les parties, par leurs stipulations, les ont transformées en un véritable capital exigible à des conditions autres que les intérêts proprement dits. Voilà quel est le langage qu'on peut tenir quand on se préoccupe avant tout de certaines exigences du crédit particulier.

700 *quat*. Mais si l'on veut placer la base de son argumentation dans le texte de la loi, ces scrupules s'évanouissent, et la question prend un caractère clair et simple.

Comme je l'ai dit ailleurs (3), l'art. 2151 n'a pas seulement travaillé dans l'intérêt de la publicité et de la sincérité des convictions relatives à des

(1) Il y en a à Nancy plus d'un exemple.

(2) *Suprà*, t. 2, n° 546.

(3) N°s 697 et 701 *bis*.

placemens de fonds sur hypothèque ; il a voulu encore que l'accumulation des intérêts ne privât pas les créanciers postérieurs de leurs capitaux. Car, quelque précieux que soient les intérêts, les capitaux ont quelque chose de plus favorable encore. Il ne suffit donc pas que la publicité soit satisfaite, et que la convention soit exempte de fraude ; il faut de plus que les capitaux prêtés par les créanciers subséquens ne soient pas sacrifiés à des intérêts arrérages pendant un grand nombre d'années. Sans cela, l'art. 2151 restera toujours avec sa portée exempte d'exceptions et avec son texte inflexible et décisif. Tant qu'il s'agit d'intérêts à échoir, la loi est claire, l'inscription ne peut conserver que deux années et la courante. Tout le reste tombe dans la masse chirographaire, à moins qu'il n'y ait des inscriptions successives, assurant hypothèque à compter de leur date. Qu'a fait cependant le sieur Soyer ? il a pris une inscription unique pour dix années d'intérêt à échoir. Il a évidemment dépassé la faculté circonscrite que la loi lui donnait.

L'on croit échapper à l'article 2151 en argumentant de la convention, qui sort des termes des stipulations ordinaires, et qui empêche le créancier de se faire payer des intérêts au fur et à mesure des échéances (1). Mais la volonté des parties ne

(1) L'accumulation FORCÉE des intérêts est sans doute d'une grande influence sur la question de savoir si l'art. 2151 est applicable (*suprà*, n° 698 *bis*, p. 146). Mais c'est seulement quand cette accumulation provient de la puissance de la loi ou d'une cause supérieure à la volonté de l'homme. Que si

saurait nuire aux droits que l'art. 2151 crée en faveur des tiers, et le prêteur ne peut, aux dépens de ces derniers, se faire une position meilleure que celle que la loi lui donne. Ne serait-ce pas réduire l'art. 2151 à une vaine illusion que de permettre au créancier d'éluder, par une clause facile à obtenir, le système consacré par le Code en matière d'intérêts? D'ailleurs, quand le prêteur insiste sur ce qu'il ne pouvait se faire payer, puisque le contrat et l'insolvabilité du débiteur s'y opposaient à l'envi, il ne dit rien qui le place nécessairement en dehors de l'art. 2151, qui, dans sa rédaction compréhensive, prévoit précisément le cas où le créancier, ayant à faire recouvrer une série d'intérêts plus ou moins longue, n'est payé d'aucun arrérage à l'échéance, et doit aviser à la conservation de ses droits. Cet article, en effet, étant étudié dans ses détails, contient la réponse la plus directe à tout le système que je combats. Il commence par placer le créancier en face d'un débiteur qui ne doit pas encore d'intérêts parce qu'ils ne sont pas échus, mais qui les devra plus tard. L'inscription du capital conserve de plein droit deux ans à venir et la courante. Mais bientôt on arrive à l'expiration de ces trois ans, et le créancier n'est pas payé. Pourquoi ce paiement n'a-t-il pas lieu? C'est ce dont l'art. 2151 ne s'inquiète pas. Force majeure provenant d'insolvabilité, convention spéciale qui accorde un délai de grâce pour le passé et pour l'avenir, il n'importe! Toutes ces hypothèses trou-

l'obstacle se fonde sur une convention des parties, il n'y a plus rien de FORCÉ : tout émane d'un consentement libre.

vent leur place dans l'art. 2151, et on ne peut se permettre d'en exclure aucune sans créer d'arbitraires distinctions. Nous pouvons donc supposer que le créancier n'a pu se faire payer, par une de ces impossibilités dont nous venons de parler, et cette supposition nous amène tout juste à la difficulté que je discute, sans nous éloigner de l'article 2151. Maintenant que fait le législateur? Frappé des difficultés qui environnent le créancier, ou même, si l'on veut, des obstacles volontaires qu'il a mis au recouvrement par suite de la détresse du débiteur, lui permet-il de protéger par une inscription unique tous les intérêts à venir, afin de couper court à une foule d'intérêts ultérieurs, ou d'empêcher qu'il ne soit victime de sa complaisance? Non sans doute; il laisse le créancier avec ses trois années d'intérêts dus, mais non payés, et il lui dit de prendre des inscriptions successives pour les intérêts à venir. La question proposée se trouve donc tout entière dans l'art. 2151, dont la disposition est l'unique loi de la matière.

Quant à l'art. 2132, qu'on met en jeu pour donner une couleur au système du créancier, un mot suffit pour le repousser. Cet article ne concerne pas les créances d'intérêts; car leur sort hypothécaire est fixé d'une manière complète par l'article 2151. Il ne s'occupe que des créances capitales pour lesquelles le législateur n'a pas créé de principes exceptionnels. Le rapprochement de ces deux articles est la meilleure preuve que, toutes les fois qu'il s'agit d'intérêts à échoir, le droit commun ne saurait être invoqué.

Enfin, on fait parler le crédit particulier, qu'on considère comme blessé, si l'art. 2151 ne reçoit pas une exception, au moins dans l'espèce que nous examinons. Mais, quelque spécieux que soit le langage qu'on lui prête, je crains bien qu'on ne se soit arrêté qu'à une de ses faces. Si en effet on veut reporter sur les tiers une partie de la faveur qu'on concentre trop exclusivement sur le premier prêteur, on verra que le crédit est également intéressé à ce que les créanciers postérieurs soient traités avec ménagement, et à ce que leurs capitaux, qui ont secouru le débiteur commun, ne soient pas sacrifiés à une masse d'intérêts accumulés pendant de longues années et absorbant une portion considérable de la fortune de ce débiteur. Un premier emprunt ne suffit pas toujours pour tirer le débiteur de la crise dans laquelle il se trouve. Souvent il faut qu'il fasse de nouveaux appels au crédit particulier. Mais les capitalistes resteraient sourds à sa voix si, par un sage tempérament, le législateur n'avait favorisé leurs placemens, en limitant avec réserve les prérogatives des intérêts de la créance précédente. En un mot, une règle de conciliation se trouve écrite dans l'article 2151. Dictée pour l'avantage des tiers, il ne faut pas que des conventions auxquelles ils n'ont pas pris part, puissent prévaloir contre ses prévisions.

701. On ne doit pas étendre l'art. 2151 aux intérêts produits par les créances des femmes et des mineurs ayant hypothèque légale. En effet, il n'a été conçu que pour les créances dont l'hypothèque

est soumise à l'inscription. C'est ce qui résulte des expressions « *le créancier inscrit pour un capital* ». On sait d'ailleurs que, de tout temps, les intérêts de la dot ont été colloqués au même rang que le principal. D'Olive (1) nous apprend que c'est ce qui se pratiquait au parlement de Toulouse, qui cependant, dans tous les autres cas, rejetait les intérêts après tous les capitaux (2). Il faudrait donc une disposition de loi, qui n'existe pas dans le Code Civil, pour changer cet état de choses (3).

701 *bis*. Mais l'art. 2151 s'applique-t-il aux hypothèques légales soumises à inscription, comme celles de l'état, des communes, etc., et aux hypothèques judiciaires?

Un arrêt de la cour de cassation, du 12 mai 1829 (4), a décidé que l'art. 2151 ne pouvait pas être étendu à l'hypothèque légale du trésor sur les biens des comptables, parce que, d'après l'article 2153 (5), l'inscription prise par l'état porte sur des sommes indéterminées, dont l'évaluation approximative n'est pas nécessaire; or, si la créance est indéterminée, comment est-il possible de préciser les intérêts (6)? « Attendu, dit la cour de

(1) Liv. 4, ch. 21.

(2) *Suprà*, n° 219.

(3) M. Tarrible, Inscript., p. 244. M. Grenier, t. 1, n° 104. Nancy, 19 mars 1830 (Dal., 30, 2, 189). Bordeaux, 3 février 1819 (idem, 29, 2, 285). Paris, 5 mars 1834 (Dalloz, 34, 2, 218. Sirey, 34, 2, 178).

(4) Dal., 29, 1, 245.

(5) *Infrà*, n° 707.

(6) Dal., Hyp., p. 403, note 1.

» cassation, que les mots *droits et valeurs indéter-* » *minés* (dont se sert l'art. 2153) s'appliquent tout » aussi bien aux *intérêts* du capital du débet pré- » sumé du comptable, *qu'à ce capital même;* que » les comptes des comptables du trésor se com- » posant nécessairement du capital et des intérêts » qui courent de plein droit en sa faveur, l'in- » scription prise pour la conservation des droits » éventuels du trésor comprend conséquemment » la somme *capitale* et *les intérêts.* »

Cette décision me paraît souffrir difficulté. L'art. 2153 doit être interprété par l'art. 2151 qui le précède et qui s'applique à tout capital (*nomen*) qui est inscrit. Vainement on objecte que, ce capital n'étant pas nécessairement évalué dans l'inscription, les tiers qui n'ont pas eu droit d'en connaître le montant, et qui ont par conséquent pu redouter qu'il s'élevât à des sommes exorbitantes n'ont pas à se plaindre de l'accumulation des intérêts. Mais je réponds que ce n'est pas seulement dans un but de publicité que l'art. 2151 a été fait. Il a voulu aussi que l'accroissement des intérêts ne privât pas les créanciers postérieurs de leurs capitaux (1). C'est ainsi qu'au parlement de Toulouse, dans le ressort duquel l'hypothèque n'était pas publique, on décidait que les intérêts n'avaient rang qu'après tous les capitaux (2).

On oppose que les mots *droits et valeurs indéterminés* s'appliquent, dans l'art. 2153, aussi bien

(1) *Suprà*, n° 697.
(2) D'olive, ch. 21, liv. 4.

aux intérêts qu'au capital. Oui, sans doute, si l'on veut ne parler que des hypothèques dispensées d'inscription, parce qu'à leur égard il n'existe pas d'art. 2151. Mais si l'on parle des hypothèques sujettes à inscription, je dis que ces mots doivent être restreints au capital et aux trois années qui y sont attachées de droit (1), parce que l'art. 2151 limite de cette manière tout capital inscrit et produisant intérêts.

Dira-t-on que l'expression *capital* inscrit ne peut s'appliquer aux droits du trésor qui sont indéterminés, car ce n'est pas un capital que le trésor public par l'inscription, mais bien une créance, le mot *capital* devant s'entendre d'une somme déterminée? Je réponds que c'est là une pure équivoque. L'art. 19 de la loi du 11 brumaire an 7 se servait des mêmes termes que l'art. 2151. Cependant on n'a jamais douté qu'il ne s'appliquât aux *créances indéterminées* des femmes, des mineurs, parce qu'alors ces droits étaient sujets à l'inscription. Or, ce que la cour de cassation jugeait (2) sous l'empire de cette loi pour des créances indéterminées, mais sujettes à l'inscription, pourquoi ne le juge-t-elle plus sous le Code civil pour des hypothèques soumises aux mêmes conditions et gouvernés par des textes semblables?

702. J'examinerai plus bas (3) la question de savoir si notre article est aussi bien dans l'intérêt

(1) *Sic* M. Grenier, t. 1, n° 104.

(2) Arrêt de la cour de cassat. du 4 frimaire an 14. Dal., Hyp., p. 411, note 2.

(3) No 788.

du tiers acquéreur que dans celui des créanciers que la loi a voulu préserver de trop grandes accumulations d'intérêts.

702 *bis* Les dépens adjugés au créancier, en vertu d'un jugement pour la liquidation de la dette, forment une créance qui a son hypothèque à compter du jugement, de même que la créance principale dont le paiement est ordonné par le jugement. Ainsi l'hypothèque des dépens est la même que celle de la créance. Il suffit qu'on la conserve par une inscription commune (1).

Mais si un créancier avait déjà une hypothèque inscrite, par exemple le 30 mars 1827, et que par la suite il fût obligé d'exposer des frais en justice pour l'utilité de cette hypothèque, le jugement intervenu, par exemple le 25 janvier 1828, et qui adjugerait ces dépens, ne lui procurerait qu'une hypothèque prenant rang du jour de l'inscription à prendre, et non de la date de l'inscription du 30 mars 1827.

On demande ce qui devrait être décidé dans le cas suivant:

Un créancier prenant inscription hypothécaire pour un capital déterminé de 50,000 fr., déclare en même temps s'inscrire pour les dépens à faire, qu'il évalue à 5,000 fr.—Si par la suite les craintes de ce créancier viennent à se réaliser, et qu'il obtienne condamnation contre son débiteur pour 4,000 fr. de dépens exposés en justice à raison du paiement des 50,000 fr., dans ce cas l'hypothèque

(1) V. *suprà*, t. 2, n°s 418 *ter* et 427, des exemples.

des dépens prendra-t-elle date du jour de l'inscription du jugement de condamnation, ou du jour de l'inscription primitive? Le créancier peut, je crois, soutenir que les dépens sont un accessoire du principal, qu'ils en suivent la condition, et que l'hypothèque de l'un est commune aux autres. A la vérité, ajouterait-il, ces dépens n'étaient pas encore dus, lors de l'inscription primitive : mais on peut prendre inscription pour une créance éventuelle, et c'est ce qui a été fait : lorsqu'on prend inscription pour une créance produisant intérêts, les intérêts à échoir ne sont pas encore dus, et cependant cette inscription conserve au même rang que le capital, deux années d'intérêts et l'année courante.

Dans l'ancienne jurisprudence, l'opinion de beaucoup de personnes (1) était que les dépens devaient être colloqués au même rang d'hypothèque que le principal. C'est ce qui avait lieu au parlement de Paris (2), au parlement de Provence (3), et au parlement de Grenoble (4). A la vérité, on suivait une opinion différente aux parlemens de Toulouse, de Bordeaux et de Normandie (5). On jugeait que les dépens n'étaient dus que du jour de la condamnation.

(1) Lamoignon, t. 2, p. 123. Favre, *suprà*, n° 427.

(2) Papon, liv. 11, t. 3, ch. 13. Louet, lett. D. § 42.

(3) Duperrier, t. 2.

(4) Basset, t. 1, liv. 2, t. 31, chap. 2 et 3, et t. 2, liv. 3, t. 11, ch. 2.

(5) D'Olive, liv. 4, chap. 21. Lapeyrière, lettre H, n° 653. Répert., Hyp., p. 801 et 802.

Mais je pense que cette seconde opinion ne doit pas prédominer sous le Code civil. La raison dit que les dépens doivent être considérés comme l'accessoire du principal. Sans eux, le créancier aurait peut-être été obligé de faire le sacrifice de ses droits. C'est par l'avance des dépens qu'il les a fait respecter. Il est vrai que le débiteur ne doit rien pour dépens tant qu'il n'est pas condamné. Mais on conçoit très-bien qu'une hypothèque conditionnelle puisse remonter à une époque antérieure à l'événement qui fixe la dette dont elle est la garantie. C'est ce qui a été jugé pour dépens relatifs à la demande en séparation de corps (1). Je dois dire cependant que, suivant quelques auteurs, les dépens doivent être considérés comme formant une créance capitale, et c'est l'opinion de M. Tarrible (2); mais M. Persil et M. Grenier sont d'un avis contraire, et mettent les dépens sur la même ligne d'hypothèque que le capital (3). Je crois cet avis préférable. On s'en convaincra si on lit avec attention les réflexions de Louet sur cette matière (4).

703. A l'égard des dommages et intérêts, il faut considérer que le débiteur peut être obligé à les payer au créancier soit par la convention, soit par un jugement. Ces deux cas doivent être distingués.

Par exemple, Pierre s'oblige le 1er juin 1825, sous l'hypothèque de tous ses biens, à livrer à

(1) *Suprà*, n° 418.

(2) Répert., Inscript., p. 257, col. 1.

(3) Rég. hyp., art. 2155, n° 1. Hyp., t. 1, p. 197, 198.

(4) Lettre D, § 42.

Caïus une statue de Canova qu'il achetera en Italie, faute de quoi il lui paiera 50,000 francs de dommages et intérêts. Le même jour Caïus prend inscription sur les biens de Pierre.

Par la suite, Pierre refuse de satisfaire à l'obligation, et après avoir été mis en demeure, Caïus fait procéder contre lui par voie exécutive.

On demande si Caïus devra prendre rang d'hypothèque du jour de l'inscription, c'est-à-dire du 1er juin 1825, ou seulement du jour où Pierre aura résisté à la convention.

Il n'y a pas de doute que l'hypothèque des dommages et intérêts conventionnels prendra rang du jour de l'inscription prise pour sûreté du contrat; car ils sont l'effet d'une stipulation accessoire, qui resserre le lien de droit de l'obligation principale. Quoique l'on en pensât autrement au parlement de Toulouse, suivant d'Olive (1), néanmoins ce sont là les véritables principes. Ils étaient suivis au parlement de Bordeaux, au témoignage de Lapeyrère (2).

A l'égard des dommages et intérêts provenant d'un jugement de condamnation, s'ils sont alloués par la même décision qui condamne le débiteur au paiement du principal, il est certain qu'ils jouiront d'une seule et même hypothèque.

Mais si la créance hypothécaire était déjà inscrite, et que la condamnation aux dommages et intérêts fût postérieure, cette condamnation au-

(1) Liv. 4, chap. 21.
(2) Lettre H, n° 653.

rait une hypothèque à part, à la date du jugement de condamnation (1).

ARTICLE 2152.

Il est loisible à celui qui a requis une inscription, ainsi qu'à ses représentans ou cessionnaires par acte authentique, de changer sur le registre des hypothèques le domicile par *lui élu*, à la charge d'en choisir et indiquer un autre dans le même arrondissement.

SOMMAIRE.

704. Objet de notre article. Raison pour laquelle le cessionnaire qui requiert un changement dans l'indication du domicile élu doit avoir une *cession authentique*.

COMMENTAIRE.

704. Notre article s'occupe du changement de domicile élu que le créancier pourrait avoir intérêt à réclamer. Ce dernier peut exiger que ce domicile soit changé sur les registres du conservateur. Mais il est nécessaire qu'il en choisisse un autre dans l'arrondissement.

Le même changement peut être requis par les successeurs et héritiers du créancier. Notre article ouvre aussi le même droit au cessionnaire du créancier. Mais il exige que ce cessionnaire se présente avec un *acte authentique* de transport.

(1) M. Tarrible, inscript., p. 257, col 1, *in fine*.

La raison en est, si je ne me trompe, que, s'agissant d'opérer un changement sur un registre public, celui qui se présente pour le requérir doit offrir des garanties au conservateur, qu'un acte sous seing privé ne serait pas de nature à le rassurer, et qu'un acte authentique seul peut lui donner la certitude que le cessionnaire a véritablement qualité pour agir.

Article 2153.

Les droits d'hypothèque purement légale de l'état, des communes et des établissemens publics sur les biens des comptables, ceux des mineurs ou interdits sur les tuteurs, des femmes mariées sur leurs époux, seront inscrits sur la représentation de deux bordereaux contenant seulement,

1° Les nom, prénoms, profession et domicile réel du créancier, et le domicile qui sera par lui ou pour lui élu dans l'arrondissement;

2° Les nom, prénoms, profession, domicile, ou désignation précise du débiteur;

3° La nature des droits à conserver, et le montant de leur valeur quant aux objets déterminés, sans être tenu de le fixer quant à ceux qui sont conditionnels, éventuels ou indéterminés.

SOMMAIRE.

705. Formalités d'inscription plus simples pour les hypothèques légales.
706. Pourquoi la représentation du titre n'est pas exigée.
707. Pourquoi on n'exige pas l'évaluation des chances indéterminées.
708. Pourquoi on n'exige pas la mention de l'exigibilité,
709. Ni la situation des biens.
710. Ce que doit faire connaître l'inscription.
711. Quelles personnes peuvent requérir l'inscription des hypothèques, surtout à l'égard du trésor.
712. Que signifient ces expressions, *purement légale*, de notre article ?

COMMENTAIRE.

705. Nous avons vu dans l'art. 2148 les formalités constitutives de l'inscription des hypothèques couventionnelles et judiciaires. — Notre article s'occupe de celles que l'on doit observer pour l'inscription des hypothèques légales de l'état, des établissemens publics, des communes, des femmss et des mineurs (1).

Ici le législateur a simplifié les formes.

706. Il n'exige pas la représentation du titre au conservateur. Car il peut arriver que l'hypothèque légale de la femme ou du mineur ne soit pas fondée sur un titre écrit, par exemple, dans le cas où les époux ne font pas de contrat de mariage, ou lorsqu'il y a tutelle légale du père ou de la mère. Il n'est par conséquent pas néces-

(1) Origine, art. 21, loi du 11 brumaire an 7.

saire non plus d'énoncer la date et la nature du titre (1).

707. Notre article n'exige pas que l'inscrivant fasse l'évaluation des créances indéterminées (2); car cette évaluation approximative serait le plus souvent impossible. Comment fixer d'avance ce dont pourra être redevable envers l'état un comptable dont on n'a pas de raison de suspecter la fidélité? Comment déterminer le reliquat éventuel d'une gestion de tutelle?

On sait d'ailleurs que les inscriptions d'hypothèques légales peuvent être prises ou requises d'office, soit par le conservateur (art. 7 de la loi du 5 septembre 1807), soit par le receveur de l'enregistrement (même article), soit par le procureur du roi (art. 2138), soit par des amis de la femme ou du mineur (art. 2139). Ces différentes personnes manquent tout-à-fait de notions pour évaluer des droits dont l'étendue leur est cachée. Il aurait fallu renoncer à s'aider de leur vigilance, si l'on eût voulu, comme dans le cas d'hypothèque conventionnelle, l'indication de l'évaluation de la créance (3).

Quant aux intérêts à échoir, et à l'influence de l'inscription sur ce qui les concerne, voyez ce que j'ai dit aux nos 701 et 701 *bis*.

708. L'article que j'analyse n'exige pas la mention de l'époque de l'exigibilité de la créance. Car

(1) M. Grenier, no 84.

(2) Art. 21, loi du 11 brumaire an 7.

(3) M. Grenier, t. 1, nos 290 et 84.

cette époque est le plus souvent ignorée : on ne peut savoir quand le mariage sera dissous, quand le comptable sera en debet, etc.

709. On d'exige pas non plus dans l'art. 2153 l'indication de la situation des biens. La raison en est que les hypothèques légales sont générales : elles embrassent tout le patrimoine du débiteur : spécialiser les choses hypothéquées, serait une chose tout à la fois inutile et gênante.

710. Mais l'inscription doit faire connaître le créancier, ainsi que son domicile élu. Si ce n'est pas lui qui inscrit, il faudra, dans son intérêt, faire pour lui une élection de domicile dans l'arrondissement. L'inscription indiquera de plus, d'une maniére précise, le débiteur, la nature des droits à conserver, et le montant de leur valeur, quand elle est déterminée. On trouvera dans le commentaire sur l'article 2148 de nombreuses explications, qui s'appliquent à l'interprétation de l'art. 2153.

711. On a vu dans les articles 2136 et suivans du Code civil, quelles personnes ont qualité pour prendre inscription dans l'intérêt des mineurs et des femmes mariées.

La loi du 5 septembre 1807 appelle d'autres personnes à veiller à la conservation des droits du trésor.

D'abord, d'après l'art. 7, les receveurs généraux, les receveurs particuliers, les payeurs généraux ou divisionnaires, ceux de département, des ports, des armées, sont tenus d'énoncer leurs qualités et leurs titres dans les actes de vente, d'acquisi-

tion, d'échange, de partage, et tous autres translatifs de propriété.

A la vue de ces actes, les receveurs de l'enregistrement et les conservateurs des hypothèques sont tenus, à peine de destitution et de tous dommages et intérêts, de requérir ou de faire l'inscription au nom du trésor public, et d'envoyer tant au procureur du roi du tribunal de première instance de l'arrondissement des biens, qu'à l'agent du trésor public à Paris, le bordereau prescrit par les articles 2148 et suivans du Code civil.

712. Notre article dit qu'il ne s'applique qu'aux hypothèques *purement légales*. Quelle est la signification de ces expressions? Y aurait-il des hypothèques qui ne seraient pas *purement légales* et qui seraient d'un genre mixte?

On sait que les hypothèques légales peuvent être restreintes par des conventions expresses. Alors les modifications qu'elles reçoivent par suite de la convention, font qu'elles cessent d'être purement légales; elles perdent le principal attribut de l'hypothèque de ce genre, qui est la généralité : transformées en hypothèques *spéciales*, elles sont dès-lors subordonnées aux formes de l'hypothèque spéciale, c'est-à-dire conventionnelle (1).

Article 2154.

Les inscriptions conservent l'hypothèque ou le privilége pendant dix années, à comp-

(1) M. Grenier, t. 1, p. 166.

ter du jour de leur date : leur effet cesse si ces inscriptions n'ont été renouvelées avant l'expiration de ce délai.

SOMMAIRE.

713. L'inscription ne conserve le rang aux hypothèques que pendant dix ans. L'effet des inscriptions cesse si elles ne sont pas renouvelées. Motifs de cette disposition.

714. Manière de compter les dix ans. Quand ils commencent. Quand ils expirent.

715. L'inscription nouvelle doit-elle contenir toutes les énonciations de l'ancienne ? Distinction à ce sujet. De la représentation du titre au conservateur.

716. On doit renouveler toutes inscriptions quelconques, soit pour hypothèque légale, judiciaire, ou pour privilége.

716 *bis*. Par qui peut être opposé le défaut de renouvellement. Effet du non-renouvellement en temps utile. Il ne fait perdre que le rang et pas l'hypothèque. Examen d'un cas où il fait perdre le droit de suite.

717. Des cas où il n'est plus nécessaire de renouveler l'inscription. Principes à cet égard.

718. Dans quelle phase de la saisie immobilière l'inscription a-t-elle produit son effet, de manière qu'il soit inutile de la renouveler ? Erreurs réfutées, lorsqu'il y a dénonciation au saisi et transcription de la saisie.

719. Autre erreur lorsqu'il y a notification des placards aux créanciers inscrits.

720. Examen de la question de savoir si l'adjudication définitive dispense du renouvellement. Nécessité d'examiner plusieurs hypothèses. Ces hypothèses embrassent tous les cas où l'adjudicataire paie son prix, soit par consignation, soit par paiement, au fur et à mesure de la délivrance des bordereaux. Conclusion au rejet des opinions de MM. Merlin, Dalloz et Sirey.

721. Autres hypothèques pour le cas où l'adjudicataire n'a pas

payé, et où il faut procéder à la revente sur folle enchère. Caractère de cette revente.

722. Autre hypothèse pour le cas où l'adjudicataire a revendu, et où il faut déposséder les sous-acquéreurs pour obtenir paiement. Dissentiment avec un arrêt de la cour de Toulouse.

722 *bis*. Résumé.

723. Examen de la question du renouvellement, au cas de vente volontaire. Distinctions nécessaires.

724. Dissentiment avec MM. Merlin et Dalloz. Quasi-contrat opéré par la notification.

725. *Quid* si la notification de la vente aux créanciers inscrits n'est pas suivie de paiement ?

726. *Quid* s'il y a réquisition de mise aux enchères ? Arrêt de la cour de Paris rejeté, et dissentiment avec un arrêt de la cour de cassation.

726 *bis*. Le créancier qui prend en paiement la chose sur laquelle il a hypothèque n'est pas dispensé de renouvellement, tant que les hypothèques des autres créanciers ne sont pas purgées.

726 *ter*. Quand l'acquéreur qui avait délaissé déclare reprendre la chose, il n'est plus nécessaire de renouveler.

727. Mais le délaissement ne dispense pas de renouveler.

727 *bis*. Ni la vente suivie de transcription.

727 *ter*. Doit-on renouveler l'inscription en cas de faillite ? Renvoi.

728. Renvoi pour plusieurs autres questions déjà traitées.

COMMENTAIRE.

713. L'inscription ne conserve l'hypothèque ou le privilége que pendant dix ans, à compter du jour de sa date. A l'expiration de ces dix ans, il est nécessaire de la renouveler, sans quoi l'hypothèque *perd son rang*, de même que si elle n'avait jamais été inscrite. Mais si l'inscription est renouvelée

en temps utile, l'hypothèque continue à conserver son rang, à la date de l'inscription primitive.

Le motif pour lequel cette péremption a été établie, est que si on n'eût pas annulé les inscriptions après dix ans, les recherches eussent été hérissées d'un grand nombre de difficultés à raison du laps de temps (1). La section de législation avait proposé de faire durer l'inscription aussi long-temps que l'action personnelle contre le débiteur, ou que l'action hypothécaire contre le tiers détenteur. Mais cette proposition fut rejetée : l'action personnelle peut durer cent ans peut-être, soit par des actes conservatoires, soit par une suite de minorités. Or, comment un conservateur pourrait-il se retrouver dans cette foule de registres qu'il serait forcé de consulter tous les jours, et chaque fois qu'on lui demanderait un certificat d'inscription ? On a donc pensé qu'il était nécessaire de restreindre la durée de l'inscription, et qu'il valait mieux imposer aux intéressés la gêne du renouvellement (2).

714. La première question que fait naître notre article est de savoir de quelle manière doivent être comptées les dix années pendant lesquelles l'inscription conserve son effet.

(1) Confér., t. 7, p. 204, 205. Répert., t. 16, inscript., p. 467, col. 2.

(2) Avis du conseil d'état du 22 janvier 1808. On le trouve dans les éditions du Code civil par Paillet, p. 551, *ad notam*. L'origine de l'article 2154 est dans l'art 23 de la loi de brumaire an 7. Mais l'art. 2154 ne comporte pas d'exceptions, tandis que la loi de brumaire an 7 en avait apporté. Voyez au surplus nos objections contre l'utilité du renouvellement décennal, dans la préface, p. xxiij.

Et d'abord, doit-on comprendre dans le délai le jour où a été prise l'inscription primitive, c'est-à-dire le jour *à quo?* Comme j'ai traité cette question à fond sur l'art. 2109, je renvoie à ce que j'ai dit, notamment sous le n° 303; on y verra les arrêts qui ont décidé que le jour *à quo* n'est pas compris dans le terme, et la réfutation de l'opinion contraire de M. Merlin.

Ensuite, le jour du terme est-il compris dans le terme?

L'affirmative ne fait pas le plus léger doute. Pour qu'il en soit exclu, il faut une disposition expresse. C'est ainsi que l'art. 1033 du Code de procédure civile porte que le jour de l'échéance n'est jamais compté dans le délai général fixé pour les ajournemens, les citations et autres actes faits à personne et domicile; c'est là une disposition spéciale qui déroge au droit commun. Car il est certain que le jour *ad quem* est toujours compris dans le terme. *Dies termini computatur in termino* (1).

La cour de Paris, par arrêt du 21 mai 1814, a cru cependant pouvoir décider que, pour calculer la durée d'une inscription hypothécaire, il ne fallait compter ni le jour *à quo* ni le jour *ad quem*. Mais cette décision n'est pas admissible en ce qui concerne le jour *ad quem* (2).

Que devrait-on décider si le jour *ad quem* était férié?

(1) Répert., v° Appel, sect. 1, § 1, n° 14 du t. 15. Quest. de droit, Enregist., § 15.

(2) Rép., t. 17, p. 488, 449. Dalloz, Hyp., p. 306, n° 3.

Les opinions sont partagées. M. Grenier (1) pense que, le bureau du conservateur étant fermé ce jour-là, l'inscription serait valablement prise le lendemain (2). Mais MM. Vazeilles (3) et Toullier (4) sont d'avis contraire, par la raison que la loi, en fixant le délai, n'a pas dit que les jours fériés en seraient retranchés. S'il était permis de retrancher le dernier jour parce qu'il est férié, pourquoi ne pas en retrancher aussi tous les autres jours du délai qui seraient fériés? Car ils sont donnés pour agir. C'est donc le cas d'appliquer par analogie l'art. 134 du Code de commerce. Tel paraît être l'avis de M. Dalloz (5), et je pense qu'il doit aussi être suivi sans hésiter (6).

715. Maintenant, quelles sont l s formes de l'inscription renouvelée? Le Code civil ne le dit pas. Quelques personnes ont pensé qu'étant destinée à remplacer l'inscription primitive, elle doit contenir tout ce que contenait cette primitive inscription (7). Mais il faut faire une distinction : ou la nouvelle inscription se réfère à l'ancienne, ou elle ne s'y réfère pas. Si elle s'y réfère, dans ce cas la cour de cassation a décidé par deux arrêts, l'un du 3 février 1819 (8), l'autre du 22 février 1825 (9), qu'il

(1) T. 1, n° 107.
(2) Dal., Hyp., p. 305, col. 1, n° 15.
(3) N°s 334, 335.
(4) T. 13, n° 55.
(5) Prescript., p. 281, col. 1, n° 4.
(6) V. mon comment. *de la Prescription*, t. 1, n° 816.
(7) M. Grenier, t. 1, n° 117. M. Merlin, t. 16, p. 477.
(8) Dalloz, Hyp., p. 275.
(9) Dal., 25, 1, 55.

n'était pas nécessaire que le renouvellement d'inscription fût accompagné de toutes les formalités et énonciations exigées par l'art. 2148. Ainsi, est valable l'acte de renouvellement dans lequel le créancier s'est borné à exprimer qu'il entendait renouveler une inscription prise par lui tel jour, sur les biens d'un tel son débiteur, enregistrée dans tel volume et sous tel numéro. L'arrêt du 22 février 1825 casse un arrêt de la cour de Rouen qui avait décidé que le renouvellement devait être accompagné des formalités voulues par l'art. 2148 (1).

Mais si l'inscription nouvelle ne se réfère pas à l'ancienne, alors elle doit contenir toutes les énonciations exigées par l'art. 2148. En effet, c'est cette inscription seule que consultent les tiers. Elle doit donc les éclairer sur tout ce que l'inscription tend à rendre public.

Je dois faire remarquer ici qu'il semblerait résulter d'un arrêt de la cour de cassation du 14 juin 1831, que, l'inscription nouvelle ne faisant qu'un avec l'inscription primitive, il est nécessaire, à peine de nullité, de rappeler la date de cette inscription primitive, afin que l'on puisse s'assurer si elle existe réellement, ou si elle a la date qu'on lui assigne, ou si elle a été régulièrement opérée (2).

Mais cet arrêt de rejet peut s'expliquer par les

(1) Dans le même sens, Grenoble, 9 janvier 1827 (Dal., 28, 1, 99). Bourges, 25 mai 1827 (Dal., 259, 2, 29). La cour de cassation avait décidé le contraire par arrêt du 14 janvier 1818. Dal., Hyp., p. 307.

(2) Dal., 31, 1, 230 et suiv.

observations suivantes. Le sieur Romieu avait pris inscription le 18 janvier 1805; il avait renouvelé cette inscription le 11 mai 1807, sans que l'arrestographe en fasse connaître les motifs. Le renouvellement décennal n'avait eu lieu que le 10 mars 1817. Les adversaires du sieur Romieu, qui s'étaient inscrits dans l'intervalle de 1805 à 1807, prétendaient que l'inscription de 1805 était comme non avenue; et l'arrêt d'Aix, contre lequel le pourvoi avait été formé, avait décidé que Romieu lui-même avait *reconnu la caducité de cette inscription*. Toute la question devant la cour de cassation était donc de savoir s'il y avait eu renonciation à l'inscription de 1805, ou bien si l'inscription de 1807, quoique ne mentionnant pas celle de 1805, devait être considérée comme en ayant prorogé les effets. On sent que cette question était dominée tout entière par le point de fait déclaré constant par la cour d'Aix.

Mais si l'on se place en dehors de toute circonstance spéciale, je ne crois pas qu'il soit indispensabe de déclarer que l'inscription renouvelée est prise pour continuer les effets de l'inscription primitive. L'omission de cette énonciation ne porte préjudice à personne, et d'ailleurs on ne voit pas que la loi exige cette formalité. Je dis qu'elle ne porte préjudice à personne. Par exemple : je prends inscription le 3 mai 1807, et je renouvelle le 4 mai 1817, sans dire que c'est par continuation de la première inscription. Mais tous ceux qui ont pris inscription après 1807, et avant les dix ans, ont su que je les primais. Quant à ceux qui ont pris

inscription après 1817, que leur importe que je les prime par mon inscription de 1817 ou par mon inscription de 1807? La même conclusion aurait lieu si je me trouvais en présence d'un tiers détenteur.

On a demandé si le conservateur des hypothèques peut se refuser à renouveler l'inscription, alors qu'on ne lui présente pas le titre originaire. Il faut répondre que non. Car si la loi exige la représentation du titre, lorsqu'il s'agit de prendre une première inscription, c'est pour que le conservateur soit pleinement assuré que l'individu qui requiert inscription n'est pas sans qualité. Mais lorsque l'hypothèque a déjà été inscrite, le conservateur n'a plus les mêmes craintes à avoir. Il ne peut pas douter que la réquisition à fin de renouvellement ne soit fondée sur un titre (1).

716. L'obligation de renouveler l'inscription est commune à toutes les inscriptions hypothécaires quelconques, même à celles qui sont prises d'office, ou en faveur des femmes mariées, des mineurs, du trésor, etc.

Notre article, en effet, ne distingue pas. La nécessité de faciliter les recherches existes pour les inscription d'office, de même que pour les autres. L'époux et le tuteur doivent renouveler l'inscription de la femme, à peine d'être poursuivis comme stellionataires, conformément à l'art. 2136 du Code civil. A l'égard du trésor, la loi du 11 bru-

(1) Rép., t. 16, p. 482, col. 1, *in fine*. Cass., 14 avril 1817, Dal., Hyp., p. 307.

maire an 7 portait que les inscriptions prises à son profit auraient leur effet jusqu'à l'apurement définitif des comptes et six mois au-delà. Mais cette disposition n'a pas été répétée dans le Code civil. On a voulu soumettre toutes les inscriptions à une règle générale, et l'on a pensé qu'il convenait d'autant moins de faire une exception en faveur du trésor, que l'administration a partout des agens qu'on doit supposer assez vigilans pour s'occuper, avec plus de soin peut-être que les particuliers, des intérêts qui leur sont confiés.

Quant à l'inscription d'office prise pour le vendeur, les mêmes motifs militent pour que le renouvellement en soit indispensable; mais l'on sent que ce n'est pas au conservateur qu'est imposé le soin de ce renouvellement, et qu'il incombe tout entier sur le vendenr, qui seul peut savoir s'il a été ou non payé (1). Tous ces principes sont développés d'une manière lumineuse dans un avis du conseil d'état, du 22 janvier 1808 (2).

716 *bis*. Le non-renouvellement peut être opposé par les créanciers entre eux et par les tiers acquéreurs, en un mot par tous ceux qui, fondant leur sécurité sur la publicité des hypothèques, ont intérêt à soutenir qu'ils ont eu juste sujet de croire que l'inscription non renouvelée était périmée (1).

(1) *Suprà*, n° 286.

(2) *Suprà*, n° 713, note.

(3) Le créancier pourrait-il exciper de force majeure pour excuser le défaut de renouvellement dans les dix ans?

La cour de Bordeaux a décidé en thèse et avec raison, par

Du reste, la péremption de l'inscription ne fait perdre que *le rang*, et nullement *le fond du droit*, à moins qu'il n'y ait purgement.

Voici cependant un cas où le défaut de renouvellement en temps utile éteint le droit de suite.

Le sieur Lecamus constitue une rente au profit de la dame Dumont, avec affectation hypothécaire. La dame Dumont prend inscription le 2 mars 1812. Le 20 août, vente des immeubles hypothéqués à la dame de Bournissien, qui fait transcrire son contrat le 1er septembre. Le 28 janvier 1815, la dame Dumont cède sa créance inscrite au sieur Capron. Ce dernier ne renouvelle l'inscription que plusieurs jours après l'expiration des dix ans, c'est-à-dire le 25 mars 1822. La dame Bournissien prétend que, le renouvellement de l'inscription étant fait après la péremption de l'inscription, l'hypothèque a cessé à son égard de grever les biens. Jugement qui accueille cette prétention. Sur l'appel, arrêt de la cour de Rouen, du 1er février 1825 (1), qui confirme. Cet arrêt, rendu contre les conclusions de M. Bergasse, avocat général, me paraît conforme aux principes, et se justifie par les considérations suivantes :

Pour exercer le droit de suite, il faut être inscrit. C'est ce qui résulte des art. 2166 et 2167, et

arrêt du 24 juin 1836 (Sirey, 37, 2, 38. Dal., 37, 2, 109) qu'en matière hypothécaire on ne peut exciper la force majeure pour se faire relever des déchéances encourues, que ce serait ébranler les bases sur lesquelles repose notre régime hypothécaire.

(1) Dalloz, 25, 2, 122.

ce qu'on ne saurait contester sérieusement. Or, d'après les articles 834 et 835 du Code de procédure civile, toutes les fois qu'on ne s'inscrit pas dans la quinzaine de la transcription, l'immeuble est purgé. Mais si une inscription existe au moment de la transcription et que le créancier la laisse périmer, c'est comme si elle n'avait jamais existé. Dès l'instant où elle a cessé d'être, l'immeuble s'en trouve virtuellement purgé, comme il l'est de toutes les hypothèques qui n'ont jamais été inscrites. L'inscription prise après la péremption de la première ne peut se greffer sur celle-ci. C'est donc une manifestation naissante et un acte nouveau, qui ne peut militer contre le tiers acquéreur qui a transcrit, et au profit duquel le délai de quinzaine est écoulé.

On peut objecter que la dame Bournissien avait reçu l'immeuble à la charge d'une hypothèque inscrite lors de la transcription; que, cette hypothèque ayant été imprimée sur l'immeuble, et le droit de suite ayant été conservé lors de la transcription, la péremption de l'inscription n'avait pu faire perdre que le rang, mais n'avait pas atteint le droit de suite. Mais on répond, ce me semble, avec avantage, que le droit de suite était subordonné à l'inscription, que c'était elle qui le conservait, et qu'en devenant caduque elle a entraîné nécessairement le droit de suite qui était lié à son sort et à son existence (1). La question a été jugée une seconde fois en ce sens, par arrêt de la

(1) V. t. 1, n° 286 *ter*.

cour de cassation, du 15 décembre 1829, dans une espèce où le sieur Wischer, inscrit lors de la quinzaine de la transcription, n'avait renouvelé son inscription qu'après qu'elle était déjà périmée (1).

717. Après avoir fait connaître l'objet et les formes de l'inscription renouvelée, je dois examiner quels sont les cas où ce renouvellement n'est plus nécessaire, parce que l'inscription a produit son effet.

Lorsque l'immeuble se trouve converti en argent, et que le droit des créanciers n'est plus qu'un droit sur le prix, on conçoit aisément que l'inscription a produit tout son effet, et qu'il n'est plus nécessaire de la renouveler, il n'y a plus de chose soumise à l'hypothèque : *pignus luitur*.

Mais cette vérité, si claire lorsqu'elle est exposée d'une manière abstraite, rencontre cependant des difficultés sérieuses, quand on en fait l'application aux cas que fait naître la pratique. Je vais essayer de parcourir le cercle de ces difficultés (2).

718. *Des différens cas en matière de saisie immobilière.* — La saisie immobilière est le moyen principal de faire produire à l'hypothèque les effets qu'elle a pour but d'atteindre. Mais quel est le point fixe où il faut s'arrêter pour considérer comme définitifs les droits de tous les créanciers inscrits?

(1) Dal., 30, 1, 6 et 7.

(2) Voyez, dans la préface, p. xiij, ce que nous disons des dispositions du Code piémontais sur ce point.

On a d'abord pensé que lorsque la saisie immobilière était dénoncée au saisi, et qu'elle était transcrite au greffe et au bureau du conservateur, conformément aux art. 677, 680 et 681 du Code de procédure civile, il n'était plus nécessaire de renouveler les inscriptions périmées. La dénonciation et la transcription produisent plus d'effet, disait-on (1), et remplissent mieux le but du législateur qu'un simple renouvellement qui devient dès-lors inutile. C'est ce qu'avait jugé la cour de Paris par arrêt du 23 avril 1818; mais sur le pourvoi cet arrêt fut cassé par arrêt du 31 janvier 1821 (2). En effet, ni la saisie immobilière, ni la dénonciation au saisi, ni la transcription sur les registres du greffe ne donnent aux inscriptions une publicité capable de remplir le but du renouvellement. J'ai montré ailleurs (3) que le saisi peut, même après la dénonciation de la saisie, hypothéquer l'immeuble dont on poursuit l'expropriation. Or, les créanciers qui contracteraient avec le saisi, sous la foi de la péremption des inscriptions, seraient induits en erreur, et pourraient devenir victimes de leur confiance.

719. *Quid juris*, si l'on a fait aux créanciers inscrits la notification du placard conformément à l'art. 695 du Code civil?

Un arrêt de la cour de Bruxelles, du 20 février 1811 (4), et un arrêt de la cour de Rouen,

(1) M. Persil, art. 2154, n° 6.
(2) Dal., Hyp., p. 310, note n° 1. Sirey, 21, 1, 180.
(3) T. 2, n° 413 *bis*.
(4) Rép., t. 16, p. 463. Dal., Hyp., p. 310, note n° 2.

du 20 mars 1817 (1), ont décidé que la notification du placard fixe les rangs des créanciers inscrits, et que par conséquent le renouvellement de l'inscription n'est plus nécessaire. En effet, disait-on, par la notification du placard les créanciers inscrits deviennent partie dans la poursuite. La saisie ne peut plus être rayée que de leur consentement : ils ont donc un droit acquis qu'ils ne peuvent plus perdre. Objectera-t-on que des tiers peuvent contracter avec le saisi, postérieurement à la dénonciation, et recevoir de lui une hypothèque? Cela est vrai. Mais ils trouvent dans la publicité de la saisie, dans la dénonciation qui en a été faite au débiteur, dans l'enregistrement de cette dénonciation en marge de la saisie même, et dans la notification des placards aux créanciers inscrits, tous les renseignemens qu'ils peuvent désirer.

Ces raisonnemens viennent se briser contre des principes plus forts et plus puissans.

La notification des placards ne peut fixer l'état des inscriptions d'une manière invariable entre les créanciers alors inscrits. Car cette notification ne présuppose que l'existence d'inscriptions matérielles dont il n'est pas encore temps de discuter le mérite, et qui ne seront examinées que dans le jugement d'ordre. Ni la saisie immobilière, ni la dénonciation au saisi, ni les autres formalités dont on parle n'empêchent la propriété de l'im-

(1) Sirey, 17, 2, 239. M. Dalloz ne fait que donner la date de cet arrêt. Hyp., p. 310, note n° 2.

meuble de résider sur la tête du saisi; ce dernier peut hypothéquer, il peut même aliéner valablement, si avant l'adjudication l'acquéreur consigne, conformément à l'art. 693 du Code de procédure civile, une somme suffisante pour payer les créanciers inscrits. Les inscriptions n'ont donc pas encore produit leur effet légal, puisque l'immeuble n'est pas purgé.

Les tiers créanciers étrangers à la saisie ne sont obligés de consulter que l'état des inscriptions sur le registre des hypothèques; rien ne peut remplacer pour eux le défaut de ces inscriptions. Ce n'est pas dans des actes de procédure, auxquels ils n'ont pas pris part, qu'ils peuvent aller chercher la connaissance des inscriptions; sans quoi, la loi qui leur dit de puiser dans les registres des inscriptions les notions relatives à la position du débiteur, serait pour eux une déception; et, se fiant sur la péremption d'inscriptions non renouvelée, ils seraient victimes de fausses promesses.

C'est ce dernier système qui a prévalu dans un arrêt de la cour de Bruxelles, du 26 juin 1813 (1), et dans un arrêt de la cour de cassation du 9 août 1821 (2). C'est aussi celui de Merlin (3) et de M. Grenier (4), et il a été confirmé par arrêt de la cour de Rouen, du 14 février 1826 (5), par arrêt

(1) Dalloz, Hyp., p. 309, cite seulement la date de cet arrêt.

(2) Dal., Hyp., p. 309.

(3) T. 16, p. 464.

(4) T. 1, n° 108.

(5) Dal., 26, 2, 142.

de la cour de Toulouse, du 20 mai 1828 (1), et par arrêt de la cour de cassation du 18 août 1830 (2); en sorte qu'on peut désormais considérer cette jurisprudence comme irréfragable.

720. Mais du moins l'adjudication fixe-t-elle le rang des inscriptions, et dispense-t-elle de renouveler les inscriptions qui périment après qu'elle a eu lieu définitivement (3).

M. Merlin pense que l'obligation de renouveler les inscriptions ne cesse qu'après que l'ordre est ouvert, et au moment où les créanciers produisent leurs titres. Car, dit-il, le créancier ne fait usage de son inscription qu'au moment de l'ouverture de l'ordre. Or, comment pourrait-il s'en prévaloir, si alors elle était périmée? Que lui servirait-il de la produire, si dans l'intervalle de l'adjudication à l'ouverture de l'ordre, elle avait atteint son terme fatal (4)?

Il semble que cette opinion se trouve d'accord avec quelques principes énoncés dans l'arrêt de la cour de cassation du 9 août 1821, que je viens

(1) Dal., 28, 2, 203.

(2) D., 30, 1, 377.

(3) M. Dalloz cite comme contraire à mon opinion un arrêt de la cour de cassation du 17 février 1834 (Sirey lui donne la date du 18). Mais c'est une erreur : cet arrêt ne concerne pas une adjudication sur saisie; il est relatif à une adjudication sur licitation, qui n'avait pas même été transcrite. Il est vrai qu'un considérant de l'arrêt (le deuxième) semble aller plus loin, mais il faut le prendre *secundùm subjectam materiam* (Dalloz, 34, 1, 106. Sirey, 34, 1, 76).

(4) T. 16, p. 468, n° 5.

de citer. Mais on a vu que la cour régulatrice n'avait pas à juger cette question en thèse.

D'un autre côté, M. Grenier (1) pense que l'adjudication dispense du renouvellement, et cette opinion se fortifie de considérations déduites par la cour de Bruxelles, dans l'arrêt du 26 juin 1813, susrelaté.

M. Dalloz a proposé une troisième opinion; c'est que la dispense de renouveler l'inscription n'a lieu qu'après la clôture de l'ordre et après la délivrance des bordereaux de collocation (2).

D'autres ont encore été plus loin, et ont soutenu que l'inscription ne pouvait être censée avoir produit son effet qu'autant que le créancier avait obtenu son paiement; parce que, d'après les articles 773 et 774 du Code de procédure civile, ce n'est qu'à ce moment que s'effectuent les radiations d'inscriptions.

Toutes ces opinions ont leur côté vraisemblable; aussi notre question est-elle une des plus ardues qui puissent se présenter dans notre régime hypothécaire. Pour la résoudre, il faut considérer que l'inscription est destinée à réaliser deux effets capitaux, savoir: le droit de suite sur l'immeuble, et le droit de préférence sur le prix. C'est donc sous ces deux rapports qu'on doit envisager la difficulté.

Le droit de suite est-il réalisé par l'adjudication définitive? Cette adjudication procure-t-elle aux

(1) T. 1, p. 215.
(2) Hyp., p. 302, n° 9.

inscriptions existantes le droit de préférence au paiement? Ceci dépend beaucoup des circonstances, et je serai moins hardi que les auteurs qui, ayant écrit jusqu'à ce jour sur cette importante question, l'ont fait dépendre d'*une manière absolue* de telle ou telle phase de l'adjudication ou de l'ordre. Je dis, après avoir médité sur les différens cas que l'expérience a fait connaître, que les faits font varier la solution, que ce qui est vrai dans une espèce cesse quelquefois de l'être dans l'autre, et qu'il faut s'aider de distinctions sans lesquelles on est exposé à tomber dans l'erreur.

Je vais donc examiner pas à pas une série d'hypothèses, où je tâcherai d'épuiser les combinaisons les plus difficiles.

Je passerai d'abord en revue ce qui doit avoir lieu dans le cas où l'adjudication définitive est suivie de paiement, soit avant l'ordre, soit après l'ordre.

Puis, j'examinerai les différentes questions qui peuvent se présenter lorsque l'adjudicataire ne paie pas son prix, et qu'il faut recourir à la revente sur folle-enchère. Ici, je ferai une distinction très-importante entre le cas où le fol-enchérisseur a gardé l'immeuble, et celui où il l'a aliéné avant la revente à sa folle-enchère.

Ces détails paraîtront peut-être fastidieux. Mais la matière est singulièrement compliquée; ce n'est qu'avec beaucoup de patience et de soin qu'on parviendra à la débrouiller.

Deux principes doivent servir de prélude à cet examen.

Le premier, que la vente forcée de l'immeuble est la vraie fin de l'hypothèque (1). « Jus pignoris, » dit Pothier (2), in eo consistit, ut creditor rem » sibi pignoratam distrahere possit, ad consequen» dum ex pretio hoc quod sibi debetur. »

Le second, que la vente forcée n'est censée accomplie que par le paiement du prix. « L'adjudi» cataire, dit Bourjon (3), doit consigner son prix : » c'est son principal engagement, dont *l'accomplis» sement remplit la fin du décret.* »

1re *Hypothèse.* Adjudication définitive suivie de consignation du prix (4), et inscription qui n'a été périmée qu'entre la consignation et l'ouverture de l'ordre.

Dans ce cas, il me paraît clair qne les inscriptions ont produit leur effet soit à l'égard de l'acquéreur, soit sous le rapport de la préférence entre créanciers. A l'égard de l'acquéreur ! car le droit de suite s'arrête à lui. L'immeuble est dégagé, l'hypothèque en a été détachée (5), et elle s'est convertie en un prix à distribuer. A l'égard

(1) Tarrible, Rép., Inscript., p. 215, col. 2.

(2) T. 1, Pand., *De dist. pignor.*

(3) T. 2, p. 728, n° 120.

(4) On sait que l'acquéreur peut consigner sans attendre le réglement des difficultés qui s'élèvent sur l'ordre. Arrêt de Riom du 19 janvier 1820. Dal., Ordre, p. 853. Pigeau, t. 2, p. 138. Arrêt de Bordeaux du 22 juin 1836 (Sirey, 37, 2, 12).

(5) Pothier, Pand., t. 1, p. 174, titre des *Dist. pignor.* : « Hæc autem venditio quæ fit jure pignoris, omnia pignora » quibus res nexa erat, dissolvit, *liberumque rei dominium* » in emptorem traditione transfert. »

du droit de préférence! car la conversion de l'hypothèque en argent a eu pour effet nécessaire de reporter immédiatement sur le prix les rangs qui existaient sur la chose, et qui, au moment de cette conversion, avaient été conservés par des inscriptions alors entières. C'est une règle constante en droit, que, toutes les fois que l'hypothèque passe de l'état de droit réel à celui de droit sur le prix, tous les rangs de préférence sont, sur-le-champ et par la force des choses, reversés sur ce même prix (1).

Dès-lors, on ne conçoit pas facilement à quoi servirait le renouvellement postérieur de l'inscription. Car l'inscription est désormais inutile soit à l'égard de l'adjudicataire, puisqu'elle a obtenu de lui tout ce que le droit de suite a pour but de produire, soit entre créanciers, puisque, de plein droit, les rangs ont été transportés sur le prix dans l'état où ils étaient lors de la conversion de l'hypothèque en une somme d'argent. On voudrait que les inscriptions fussent renouvelées!!! Mais ignore-t-on que l'adjudicataire qui a consigné son prix n'a pas besoin d'attendre l'ouverture de l'ordre pour obtenir la radiation des inscriptions qui grevaient l'immeuble qu'il a acquis (2)? Ainsi, tandis qu'il ferait disparaître d'une

(1) *Suprà*, nos 279 et 282.

(2) M. Tarrible, Saisie immobil., p. 314, col. 2, alinéa 2. Les art. 773 et 774 du Code de procédure civile ne sont applicables qu'au cas où l'adjudicataire a conservé le prix pour le remettre aux créanciers au fur et à mesure des collocations.

part les inscriptions, on exigerait que de l'autre les créanciers en prissent de nouvelles!!

Il résulte de là que, dans notre hypothèse, on ne doit avoir aucun égard ni à l'ouverture de l'ordre, ni à la délivrance des bordereaux de collocation, ni au paiement individuellement effectué entre les mains de chaque créancier. La consignation est un paiement fait en masse à tous les créanciers. Or, quel est le but de l'inscription? d'attirer à elle le paiement. Le but est donc atteint. Peu importe que le partage du prix ne se fasse qu'au moyen d'opérations ultérieures. L'ordre n'est que déclaratif des rangs de préférence existant lors de la conversion de l'hypothèque en somme mobilière. Cette solution a été érigée en loi par le législateur piémontais (1).

Au surplus, on trouvera dans l'examen de l'hypothèse suivante la réponse à quelques objections, et notamment à l'argument tiré de l'art. 752 du Code de procédure civile.

2e *Hypothèse.* Nous supposerons encore une adjudication suivie de consignation, mais avec cette circonstance que l'inscription est tombée en péremption *après* l'adjudication, mais *avant* la consignation.

Pour soutenir que l'inscription n'a pas encore produit son effet, on peut dire que l'hypothèque ne se détache de l'immeuble adjugé, qu'autant que l'adjudicataire satisfait aux clauses de son cahier des charges (715 Pr. c.), et qu'il paie le

(1) V. préface, p. xiij.

prix (1). Car ce n'est qu'à cette condition que les art. 773-774 du Code de procédure civile autorisent la radiation des inscriptions. Donc, l'inscription qui périme avant la consignation s'éteint avant d'avoir réalisé ses effets.

Mais cette opinion me paraît fausse.

Qu'est-ce que l'adjudication? C'est un contrat passé par justice entre les créanciers inscrits et l'acquéreur, et portant que celui-ci ne paiera qu'à ceux-là le prix du contrat, tandis qu'en retour ces derniers s'obligent à lui donner main-levée de leurs inscriptions, et à décharger l'immeuble de leurs hypothèques. En prenant les choses à ce point, on voit quel résultat immense a produit l'inscription au moment de l'adjudication. Elle a lié l'adjudicataire aux créanciers inscrits, elle a rendu cet adjudicataire débiteur envers eux (2), elle a attiré à elle la promesse d'un paiement à faire, suivant le rang de préférence. De plus, tous les créanciers inscrits sont censés avoir été partie à ce contrat, et avoir promis que, moyennant le paiement effectué suivant le rang des inscriptions existantes à l'époqua de l'adjudication, l'immeuble serait déchargé. Ce qui est fondé sur cette vérité, que l'ordre n'est pas attributif, mais déclaratif des droits existans lors de l'adjudication (3), et qu'il est l'exécution du jugement d'adjudication, lors

(1) V. ci-dessus le passage de Bourjon.

(2) Tellement que, s'il ne payait pas, on pourrait le poursuivre sur ses biens personnels. Art. 715 du Code de procédure civile, et M. Carré, sur cet art. et sur l'art. 737.

(3) M. Grenier, t. 2, p. 435, n° 494.

duquel les rangs établis sur l'immeuble se sont reversés sur le prix, comme nous le verrons tout à l'heure en donnant le sens de l'art. 752 du Code de procédure civile. Il a été dans la pensée du législateur que l'ordre se référât aux droits fixés lors de l'adjudication, et l'art. 163 de la loi du 9 messidor an 3 le décidait même expressément. Ainsi l'adjudication est un contrat qui lie tous les créanciers à l'acquéreur, et qui lie tous les créanciers entre eux. Elle lie, disons-nous, tous les créanciers entre eux : car ils sont censés s'être promis de se maintenir réciproquement dans les rangs conservés au jour où ce contrat intervient, et c'est pour l'accomplissement de cette promesse que l'ordre s'effectue ensuite (1). Elle lie, disons-nous encore, les créanciers et l'adjudicataire! Voilà pourquoi les inscriptions sont radiées lorsque le prix est payé (art. 773, 774).

Je conviens cependant que l'adjudication ne produit ces différens effets qu'à la condition que le prix sera payé, et que sans ce paiement il n'y a ni conversion de l'hypothèque en somme mobilière, ni par conséquent report des rangs qui affectaient l'immeuble, sur le prix qui représente la chose. J'irai plus loin, et j'avouerai même que le paiement est la condition *suspensive* du purgement de l'hypothèque (art. 773 et 774 du Code de procédure civile). Mais il n'en est pas moins vrai que, lorsque ce paiement s'effectue, la condition produit en se

(1) Arg. de l'art. 163, loi du 9 messidor an 3, rapporté p. 192, *infrà*.

réalisant un effet rétroactif (1), et est censée avoir été accomplie du jour de l'adjudication définitive. Peu importe donc que l'inscription ait atteint sa révolution décennale entre l'adjudication et la consignation. *Media non nocent;* c'est le moment de l'adjudication qu'il faut considérer. C'est à ce moment que les rangs sont censés fixés entre créanciers, c'est à ce moment que les inscriptions ont appelé à elles le paiement, c'est à ce moment enfin que la conversion de l'immeuble en argent est censée avoir été faite.

M. Sirey objecte qu'il est faux de soutenir que le sort des créanciers soit *fixé* par l'adjudication ainsi accompagnée de paiement, par la raison que, d'après les art. 754 et 759 du Code de procédure civile, ils courent la chance d'être déclarés *forclos* ou *déchus;* d'où il suit, ajoute M. Sirey, qu'on ne peut appeler droit *acquis* un droit qu'on ne peut conserver qu'à certaines conditions (2).

Je ne suis nullement frappé de cette objection. A mesure que des droits s'acquièrent, il faut veiller à leur conservation. J'achète un immeuble et je le paie : c'est certainement pour moi un droit acquis; cependant je suis exposé à le perdre par la prescription. C'est ainsi que marchent les choses dans le mouvement de la société. Il ne suffit pas d'avoir acquis, il faut encore conserver. De là la maxime, *vigilantibus jura scripta sunt*. Il n'y a rien d'étonnant, par conséquent, à ce que les

(1) *Suprà*, n° 471.

(2) Consultation, 30, 2, 25.

droits fixés au moment de l'adjudication (sauf leur discussion ultérieure) viennent à périmer par des circonstances nées *ex post facto*, et lorsque, par exemple, un des créanciers néglige de se conformer aux mesures sagement prescrites par la loi pour accélérer la marche de l'ordre, et hâter le réglement de tous les intérêts.

Mais, continue M. Sirey, si les créanciers inscrits peuvent être déclarés déchus ou forclos en vertu des articles 756 et 759 du Code de procédure civile, pourquoi seraient-ils à l'abri de la déchéance prononcée par l'art. 2154, s'ils ne prennent pas la mesure conservatoire ordonnée par cet article?

L'explication de cette difficulté me paraît fort simple. La déchéance résultant des art. 756 et 759 se rattache a des motifs différens de celle que prononce l'art. 2154, et il n'y a pas à argumenter d'un cas à l'autre. Les art. 756 et 759 du Code de procédure civile ont eu pour but, je le répète, de ne pas tenir trop long-temps en suspens la discussion des rangs et le paiement du prix à chaque créancier individuellement : il fallait donc des peines pour forcer les ayant-droit à *contredire* avec célérité et à *produire* en temps utile; mais l'art. 2154 est tout-à-fait étranger ici, et il a été conçu dans un tout autre ordre d'idées. Quelle raison y a-t-il dès-lors d'insister sur des déchéances funestes pour le crédit, lorsqu'il est clair que l'inscription a produit son effet soit à l'égard du tiers acquéreur qui a promis de payer aux créanciers inscrits, soit entre créanciers qui sont censés avoir consenti à recevoir leur paiement suivant l'ordre

des inscriptions existantes lors de l'adjudication, et qu'en un mot, le résultat se trouvant obtenu, l'inscription est désormais sans objet?

Une objection d'une nature différente est empruntée à l'art. 752 du Code de procédude civile. Cet article porte : « Le poursuivant prendra l'or-» donnance du juge commissaire, qui ouvrira » le procès-verbal d'ordre auquel sera annexé un » extrait délivré par le conservateur de toutes les » inscriptions existantes. » Donc, ajoute-t-on, il faut que lors de l'ouverture de ce procès-verbal les inscriptions soient existantes.

Je réponds qu'en matière d'expropriation forcée, le certificat des inscriptions est celui des inscriptions existantes *lors de l'adjudication*. En effet, ce certificat a pour but de faire connaître au juge commissaire tous ceux qui ont droit de venir à l'ordre avec des droits de préférence. Or, nous avons vu que par l'adjudication il y a eu contrat pour que le prix soit payé à tous les cranciers alors inscrits, et si ce paiement individuel n'a pas été effectué sur-le-champ, c'est parce qu'il a fallu du temps pour scruter les droits existans et apprécier leur mérite respectif. Sans ce délai nécessaire, les inscriptions auraient attiré à elles le prix à l'instant même, et la révolution décennale ne serait arrivée qu'après le paiement. C'est donc à ce moment de l'adjudication qu'il faut se reporter. Les délais courus depuis ne changent rien aux stipulations et aux promesses alors convenues ou sous-entendues.

Veut-on un preuve bien saillante que l'art. 752

n'a entendu parler que des inscriptions existantes *à l'époque de l'adjudication?*

J'ai dit dans ma première hypothèse que le prix pouvait être consigné par l'adjudicataire avant l'ouverture de l'ordre. Eh bien! supposons que l'inscription n'ait atteint le délai de péremption qu'après la consignation, mais avant l'ouverture de l'ordre. Je demande si, dans cette espèce, on soutiendra qu'il ne faut pas admettre à l'ordre celui qui est porteur de cette inscription périmée. Quoi donc! le prix est payé, l'immeuble est définitivement affranchi, et l'on voudrait cependant que le créancier eût renouvelé son inscription! Mais sur quoi et contre qui la renouvellerait-il? Ce n'est pas sur l'immeuble exproprié, puisqu'il est désormais affranchi. Ce n'est pas contre l'adjudicataire, puisque le prix est payé. Ce n'est pas contre le débiteur originaire, puisqu'il est censé avoir payé par les mains de l'acheteur, et qu'il est libéré. Ainsi la matière hypothécaire manque tout-à-fait. Or, que serait-ce qu'une inscription prise sans un immeuble et sans un débiteur? L'art. 752 n'a donc pu exiger une chose dénuée de sens. Il n'a donc entendu parler que des inscriptions existantes lors de l'adjudication.

Ce n'est pas encore tout.

J'ai dit que l'adjudicataire qui a consigné a le droit de faire rayer les inscriptions. Ainsi, il pourra arriver que les inscriptions soient radiées avant l'ouverture de l'ordre. Donc, l'art. 752 n'entend pas parler des inscriptions existantes lors de l'ouverture de l'ordre; car celles-là mêmes qui ne sont

pas périmées peuvent être effacées à ce moment. Donc, il n'entend parler que des inscriptions existantes lors de l'adjudication.

Cette vérité, clairement démontrée par ces observations tirées de l'esprit de la loi et empruntées à la force des choses, se fortifie encore d'un texte fort important que nous fournit l'art. 163 de la loi du 9 messidor an 3. Cette loi, comme on sait, soumettait l'hypothèque à l'inscription. Eh bien! par son art. 163, placé sous la rubrique *de l'ordre* et correspondant à l'art. 752 du Code de procédure civile, elle décide que le certificat des inscriptions délivrées par le conservateur ne doit contenir que les inscriptions existantes *jusqu'au jour de l'adjudication définitive.* « De son côté le » conservateur des hypothèques délivrera, 1° l'ex» trait certifié véritable, sous sa responsabilité, » du livre de raison des hypothèques *comprenant » toutes celles existantes jusqu'au jour de l'adjudi» cation.* » Donc, dans le système de cette loi, l'ordre n'était que le réglement des droits existans lors de l'adjudication; donc il ne faisait que *déclarer* ce que l'adjudication avait fixé par sa vertu intrinsèque.

La loi du 11 brumaire an 7, sur les expropriations, ne s'exprima pas avec la même précision (1), et l'on a vu que l'art. 752 du Code de procédure civile n'a pas reproduit les expressions de la loi du 9 messidor an 3. Mais on peut dire avec certitude qu'elles y sont sous-entendues (2). Cela est si vrai

(1) Art. 31.

(2) Op. Conf., Tarrible, Inscript., p. 216.

que le tribunat avait proposé d'y ajouter les mots *au moment de l'adjudication*. Si cette proposition ne fut pas adoptée (dit M. Tarrible) (1), c'est parce que l'addition suggérée par le tribunat se trouvait confondue avec une chaîne d'amendemens qui dénaturaient le projet et ne purent être accueillis (2).

M. Dalloz a fait d'autres raisonnemens pour prouver que l'inscription ne produit son effet que lorsque le bordereau de collocation est délivré. Il me sera facile de les réfuter.

Cet auteur dépasse le but qu'il se propose, ou bien il ne l'atteint pas.

Il le dépasse, en effet, en voulant que le créancier soit dans l'obligation de renouveler l'inscription jusqu'à la délivrance des bordereaux de collocation; il exige l'impossible. D'après l'article 754 du Code de procédure civile, ce créancier a dû produire ses titres, et les remettre au juge commissaire (3). Mais, dès lors, comment celui qui est dépouillé de ses titres, qui n'a plus en main son bordereau d'inscription, pourra-t-il la renouveler? Faudra-t-il lui imputer d'avoir oublié l'époque précise à laquelle elle tombe en péremption, lui qui est privé du bordereau qui indique la date de l'inscription, etc.? C'est ce qu'a fort bien jugé la cour de Nancy, par un arrêt inédit du 10 août 1830, dans l'espèce duquel on lui proposait d'adopter

(1) *Loc. cit.*

(2) Ces argumens n'ont été abordés par aucun de ceux qui ont adopté une opinion contraire.

(3) Pigeau, t. 2, p. 264.

l'opinion de M. Dalloz (1). « Considérant que les » héritiers Vatronville ont produit leurs titres en » 1822, qu'ils ont déposé entre les mains du juge-» commissaire ces titres et leurs inscriptions; qu'ils » ont été par conséquent dépouillés des actes les » plus nécessaires à la conservation de leurs droits, » et qu'il leur eût été impossible de renouveler » leurs inscriptions, *en supposant le renouvellement » nécessaire;* qu'il faut en conclure que, sans at-» tendre la délivrance du bordereau de collocation, » les héritiers Vatronville ont, par le seul fait de » leur production, parfaitement rempli le vœu de » la loi. »

J'ajoute que l'opinion de M. Dalloz n'atteint pas le but qu'il se propose. Car les dangers qu'il redoute ne sont pas évités par son système. « L'ordre, » dit-il, peut traîner en longueur pendant plu-» sieurs années. L'adjudicataire peut revendre l'im-» meuble : le tiers acquéreur qui ne trouve que » des inscriptions périmées paie son vendeur di-» rect, et se croit en sûreté. Mais vain espoir ! on » vient le tourmenter malgré sa bonne foi, et le » dépouiller peut-être, au mépris des dispositions » de la loi qui le garantissent du droit de suite. »

Or, je demande quel remède il y aura à ces inconvéniens par la nouvelle opinion que propose

(1) Dans un de ses considérans, qu'il est inutile de citer, la cour dit, par forme d'énonciation, que l'*adjudication* ne fait pas produire à l'inscription tout son effet. Mais elle n'avait pas cette question à juger, et c'est là une erreur qui lui est échappée. L'inscription n'était tombée en péremption que depuis le dépôt des titres.

M. Dalloz? Après la délivrance des bordereaux de collocation, le créancier pourra fort bien n'avoir affaire qu'à un adjudicataire insolvable, ou qui a déjà revendu l'immeuble adjugé. Supposons que son inscription périme après cette collocation inutile; M. Dalloz, qui consent à ce qu'il y ait alors dispense de renouvellement, en passera donc par tous les inconvéniens qu'il désapprouve, alors que l'inscription a atteint sa révolution décennale après l'adjudication, mais avant la délivrance des bordereaux de collocation!!! Il est évident que, pour être conséquent avec lui-même, M. Dalloz devrait soutenir que l'inscription n'a produit son effet que par le paiement (1).

Reste à dire un mot de l'opinion de ceux qui professent ce dernier sentiment. Mais après ce que nous venons de rappeler des systèmes divers proposés sur la question, cette opinion, qui les exagère tous, est d'une facile réfutation. Je lui réponds par l'arrêt de la cour de Nancy; car, avant d'arriver au paiement, il faut passer par le dépôt des titres; je lui oppose l'interprétation que j'ai donnée de l'art. 752, et l'effet rétroactif opéré par le paiement.

3e *Hypothèse.* Adjudication définitive sans con-

(1) D'ailleurs, pour combattre une hypothèse donnée, il ne faudrait pas se jeter dans des suppositions qui s'en éloignent. Nous avons raisonné pour le cas où il y aurait paiement. Il ne serait pas logique de nous opposer les inconvéniens tirés du cas où le prix ne serait pas payé. Au surplus, nous examinerons aussi cette dernière hypothèse, et nous montrerons que notre opinion n'a, même sous ce rapport, rien qui blesse les principes.

signation, mais avec stipulation de paiement au fur et à mesure des collocations (art. 771, 772, 773 Code de procédure civile). Ici le paiement n'a lieu qu'après le jugement d'ordre, et l'on propose le cas où l'inscription aurait atteint sa péremption depuis l'adjudication, c'est-à-dire ou avant l'ouverture de l'ordre, ou avant la délivrance des bordereaux de collocation, ou avant le paiement.

La solution est la même que celle que nous avons donnée dans l'hypothèse précédente. Le paiement fait après le jugement d'ordre a un effet rétroactif, qui fait que tous les résultats des inscriptions sont fixés à l'état où ils étaient lors de l'adjudication.

Quand on procède à l'ordre pour fixer les rangs sur le prix dont l'adjudicataire reste dépositaire, on suppose que ce prix sera effectivement payé et que l'acquéreur réalisera ses promesses. D'ailleurs, il y a des moyens coërcitifs pour que le prix soit versé. Par la même raison, on ne doit pas supposer la non-exécution de la condition, lorsqu'on veut décider la question de savoir si les inscriptions ont produit leur effet. Il faut raisonner comme si le prix était payé, parce qu'effectivement il le sera le plus souvent par un moyen ou par l'autre, et qu'une fois réalisé, toutes les promesses faites, toutes les clauses exprimées ou sous-entendues à l'époque de l'adjudication seront consolidées.

C'est ainsi, au surplus, que la question a été jugée par des arrêts nombreux et imposans, et la

cour de cassation paraît avoir fermement adopté l'opinion que l'adjudication consomme tous les effets de l'inscription, pourvu que le paiement soit réalisé par l'adjudicataire (1).

4e *Hypothèse.* Cas où il y a appel du jugement d'adjudication, et où l'inscription périme entre le jugement de première instance et l'arrêt qui le confirme.

L'arrêt qui confirme ne fait que lever l'obstacle qui paralysait l'exécution du jugement de première instance. Ce jugement reprend donc toute la force qui lui appartenait, et c'est sa date qu'il faut prendre pour point de départ (2).

5e *Hypothèse.* Cas où il y a surenchère du quart, (art. 710 Code de procédure civile).

Dans ce cas, l'adjudication se trouve résolue, la vente est censée n'avoir pas eu lieu (3), et l'enchérisseur devient adjudicataire définitif. Cela est si vrai qu'il a été décidé par arrêt de la cour de cassation du 23 février 1820 (4), que la régie ne pouvait exiger de droits de mutation pour l'adju-

(1) Riom, 4 mars 1822 (Dal., Hyp., p. 310, note 3). Grenier, t. 1, p. 221. Cet arrêt a été cassé, mais sur d'autres chefs (Dal., 26, 1, 294); il ne fut pas attaqué en cette partie. Cassat., 7 juillet 1829 (Dal., 29, 1, 290). Idem, 14 juin 1831 (Dal., 31, 1, 230). Idem, 20 décembre 1831 (Dal., 32, 1, 6). Ce dernier casse un arrêt de Rennes.

(2) M. Carré, t. 2, p. 669. M. Grenier, t. 1, n° 108.

(3) M. Pigeau, t. 2, p. 215, n° 10. Art. 1183 du Code civil.

(4) Sirey, 22, 1, 195.

dication surenchérie. Ecoutons M. Carré (1) : « Les » art. 710 et 711, en admettant toute personne à » surenchérir, soumettent les adjudications à *une* » *clause résolutoire*, inhérente à ces adjudications » et qui co-existe avec elles. Cette condition s'ac- » complit par la surenchère faite dans le délai et » dans la forme prescrite par la loi : dès-lors, les » choses *sont remises au même état que si l'adjudi-* » *cation surenchérie n'avait pas existé*, conformé- » ment à l'art. 1683 du Code civil (2). »

Il suit de là que la véritable adjudication étant celle qui est faite au surenchérisseur, c'est elle qu'il faut prendre pour point de départ à l'effet de savoir si les inscriptions ont atteint leur but.

Il en est autrement, cependant, si c'est le premier adjudicataire qui reste second adjudicataire par suite de la surenchère. Car la condition résolutoire qui grevait son premier contrat d'adjudication se trouve évacuée, ce contrat est purifié, et il est censé avoir été propriétaire pur et simple du jour de cette première adjudication (3).

721. Nous allons maintenant passer à une autre série d'idées. Nous supposerons que l'adjudicataire ne paie pas le prix de l'adjudication, et que, pendant qu'il possède encore la chose, l'on procède sur lui à la revente à sa folle-enchère. Le point important sera de se faire des notions exactes sur la revente à folle-enchère.

6e *Hypothèse.* Dans le cas que je vais examiner,

(1) M. Carré, t. 2, p. 609.

(2) V. aussi M. Grenier, t. 2, p. 422, et *suprà*, n° 698.

(3) M. Pigeau, t. 2, p. 251.

il faudra supposer que l'adjudicataire définitif, chargé de garder les fonds par devers lui jusqu'après les contestations sur l'ordre, ne paie pas le prix de l'adjudication, et que les inscriptions sont tombées en péremption après la clôture de l'ordre et la délivrance des bordereaux de collocation.

Dans ce cas, on peut forcer l'adjudicataire à payer, par saisie de ses meubles, de ses récoltes, en un mot par toutes les voies de droit, et s'il paie, n'importe par quel moyen, l'on rentre dans les hypothèses que j'ai résolues ci-dessus.

Mais qu'arrivera-t-il si, pendant qu'il possède encore la chose, les créanciers sont obligés de poursuivre l'adjudication à sa folle-enchère (art. 710, 737 et suiv. Code procédure civile)? Voici ce qu'on peut alléguer pour l'opinion de l'inefficacité des inscriptions. Le paiement est la condition de l'adjudication; il suit de là que, comme le dit très-bien Pothier (1), *l'adjudication n'a pas fait l'adjudicataire propriétaire, s'il ne paie pas.* Son enchère n'a été qu'une entreprise *folle* et téméraire, et tout ce qui s'en est suivi *est rescindé* (2) : il faut procéder à l'apposition de nouveaux placards, à une adjudication préparatoire et à une adjudication définitive (739 et suiv. Code procédure civile), en un mot, rétrograder dans la poursuite de la saisie jusqu'aux art. 684 et suiv. du Code de procédure civile, et recommencer ce qui a été fait

(1) Procédure civile, p. 257, édit. Dupin.

(2) Pothier, *loc. cit.* V. aussi Merlin, t. 15, v° Folle-enchère.

depuis l'apposition des placards, parce que, de tous ces incidens, il ne reste qu'une sorte de déception de la part de cet adjudicataire, et une base à dommages et intérêts contre lui (1).

La véritable adjudication est donc celle qui a lieu sur folle-enchère. C'est celle-là qui assure l'effet des inscriptions, et détache l'hypothèque de l'immeuble pour la convertir en prix. Il semble donc que les inscriptions périmées depuis la clôture de l'ordre, mais avant la réadjudication, doivent être considérées comme éteintes avant d'avoir atteint leur but. L'ordre qui a réglé leur rang manquait de cause, il a porté sur un prix qui n'a pas été payé : un nouvel ordre doit donc être recommencé, et l'on n'y admettra que les inscriptions encore entières lors de la réadjudication.

Quelque logique que paraisse cette argumentation, elle pèche cependant par des bases essentielles. Examinons-la d'abord en ce qui concerne l'effet de l'inscription, quant au droit de préférence.

Sans aucun doute, la revente sur folle-enchère dépouille l'adjudicataire et efface les traces du droit que l'adjudication définitive lui avait conféré. Mais, pensons-y bien, elle ne fait que reporter sur le nouvel adjudicataire les clauses imposées, soit expressément, soit tacitement, au fol-enchérisseur. Elle substitue le nouvel adjudicataire à l'ancien, et le soumet aux mêmes conditions. L'ancien adjudicataire était tenu à payer les bordereaux de

(1) Art. 744 du Code de procédure civile.

collocation délivrés sur lui. Le nouvel adjudicataire sera soumis à la même obligation; car ce n'est que pour arriver au paiement de ces bordereaux que la revente a lieu. C'est ce qui résultait de l'art. 24 de la deuxième loi du 11 brumaire an 7. « Faute par l'adjudicataire de satisfaire aux conditions de l'adjudication et de payer les créanciers » aux termes et *de la manière qu'ils y ont droit*, il » sera procédé contre lui à la revente et adjudication sur folle-enchère, *en vertu de l'extrait du* » *jugement d'ordre, contenant la collocation utile du* » *créancier.* »

Ainsi, la revente sur sa folle-enchère est la peine contre l'adjudicataire qui ne satisfait pas à ses obligations. Loin de changer les droits des créanciers, elle a pour but de les maintenir et de les faire sortir à effet : loin de nécessiter un nouveau réglement d'ordre, elle ne fait que prêter main forte à celui qui a été arrêté.

Il suit de là qu'il est faux que la revente sur folle-enchère fasse évanouir l'ordre qui a été effectué dans la perspective que le prix serait payé par le premier adjudicataire. Lorsque l'ordre a été réglé provisoirement, puis débattu, et enfin clos définitivement, il n'y a plus à y revenir. Les droits ont été fixés; la folle-enchère, qui est indépendante de leur volonté, n'a pu les changer.

C'est ce que la cour de cassation a décidé, par arrêt du 12 novembre 1821 (1), portant cassation d'un arrêt de la cour de Rouen, qui avait jugé

(1) Sirey, 22, 1, 73 et 74.

que l'ordre fait sur le prix de la première adjudication s'évanouissait, puisque ce prix n'était pas payé.

« Attendu, dit la cour de cassation, qu'un » ordre régulièrement fait sur le prix de la pre- » mière adjudication, et qui, par l'acquiescement » des créanciers colloqués, a acquis contre eux » l'autorité de la chose jugée ou consentie, n'est » pas subordonné à l'exécution de l'adjudication » par l'adjudicataire.

» D'où résulte que, si cette adjudication est sui- » vie de folle-enchère, faute par l'adjudicataire » d'avoir satisfait au paiement de son prix, l'ordre » jugé et consenti pour la distribution de ce prix » doit recevoir son effet sur le prix de la nouvelle » adjudication, et que telle est la conséquence des » dispositions contenues dans les art. 755, 756, » 760 du Code de procédure civile (1). »

Il résulte clairement de ces principes que l'ordre a fait produire aux inscriptions tout leur effet, et qu'elles assurent un droit acquis, qui ne peut être perdu *ex post facto* par la revente sur folle-enchère. Peu importe donc qu'on ne les ait pas renouvelées après la clôture de l'ordre.

Quant au droit de suite, il est également consommé. Une fois le prix acquis et le paiement assuré, le droit de suite n'a plus d'objet. Tant que l'adjudicataire est resté en possession de l'immeuble à lui adjugé, la revente à sa folle-enchère n'est pas l'exercice d'un droit hypothécaire. Elle peut

(1) Arrêt analogue de Bordeaux, 4 juin 1835 (Dalloz, 35, 2, 134).

être provoquée par un créancier chirographaire, pourvu qu'il soit utilement colloqué (1). Il n'est donc pas nécessaire de renouveler une inscription désormais inutile.

7e *Hypothèse.* Supposons maintenant que l'inscription soit périmée depuis le dépôt des titres entre les mains du juge-commissaire, et que l'ordre se poursuivant et l'insolvabilité de l'acquéreur ne se manifestant qu'après sa clôture, la revente sur folle-enchère n'ait lieu qu'à cette époque.

La solution sera la même que dans l'hypothèse précédente; la raison en est évidente, d'après ce que j'ai dit en examinant la 2e hypothèse; le dépôt des titres a empêché de renouveler l'inscription, et celle-ci a été comptée à l'ordre comme ayant produit son effet. Le réglement de l'ordre lui assure un rang que des circonstances indépendantes de la volonté du créancier qui s'en prévaut, ne peuvent changer; pour pouvoir revenir contre elle, il faudrait changer l'ordre, et une fois l'ordre terminé, il y a une fin de non-recevoir insurmontable pour l'attaquer.

8e *Hypothèse.* Cas où l'inscription est périmée avant l'ouverture de l'ordre, et où l'insolvabilité de l'adjudicataire apparaît après sa clôture, de manière que ce n'est qu'après le réglement de l'ordre qu'on procède à la revente sur folle-enchère.

Cette espèce se résout par la règle que, l'ordre

(1) Arg. de l'art. 24 de la loi du 11 brumaire an 7, sur les expropriations, et *infrà*, p. 225.

une fois arrêté, il n'est plus permis de le changer, et que la revente sur folle-enchère n'a pour but que d'assurer les paiemens ordonnés par ce réglement.

On fera sans doute ici l'objection suivante :

L'inscription périmée avant l'ordre n'a été admise à y prendre part que sous la condition que le paiement serait effectué par l'adjudicataire. Or, l'adjudicataire a manqué à sa promesse, et l'on ne peut dire que l'inscription eût accompli son effet lorsqu'elle a été admise, sous une condition tacite, à prendre rang.

Cette objection s'évanouit par la considération qu'ici le paiement est réellement effectué par l'effet de la revente sur folle-enchère, et que, par conséquent, la condition s'est accomplie. Il ne faut pas perdre de vue que la réadjudication a pour but de réaliser l'accomplissement des conditions promises par le premier adjudicataire. Le paiement aura donc lieu. Peu importe qu'il soit effectué par l'adjudicataire ou par celui que la revente sur folle-enchère lui substitue.

9e *Hypothèse.* Mais qu'arriverait-il si l'inscription ayant atteint sans renouvellement sa dixième année avant l'ouverture de l'ordre, on procédait, aussi avant l'ouverture de l'ordre, à la revente sur folle-enchère?

Nous avons vu que la revente sur folle-enchère était le moyen d'obtenir la réalisation des droits reconnus à l'ordre. Mais l'ordre n'est lui-même que l'exécution des promesses censées faites entre

les créanciers lors de l'adjudication (1). Il est la conséquence du quasi-contrat qui s'est formé à cette époque, il est la déclaration des droits existans à ce moment, il se rapporte à ce qui a été fixé par l'adjudication. Donc la revente sur folle-enchère a aussi pour but de consolider les droits existans lors de l'adjudication. Donc, par cela même qu'elle doit assurer les droits déclarés à l'ordre, elle doit aussi assurer les droits existans avant l'ordre, mais que l'ordre est chargé de déclarer. Donc, loin de changer ces droits, elle n'a pour but que de procurer leur complément, qui est le paiement de tous les créanciers suivant les rangs existans au moment de l'adjudication.

En examinant la 2e hypothèse, nous avons dit que l'inscription, périmée depuis l'adjudication, mais avant l'ouverture de l'ordre, devait être admise à prendre rang, parce que le paiement ultérieur fait par l'adjudicataire avait un effet rétroactif, et était censé avoir désintéressé les créanciers du jour de l'adjudication. Eh bien (nous l'avons fait remarquer dans l'hypothèse précédente), le paiement s'effectue ici et consolide les droits existans lors de l'adjudication. Seulement, au lieu d'être fait par le fol-enchérisseur, il est fait par un adjudicataire qui a pris sa place aux mêmes conditions que lui, *pour faire ce qu'il aurait dû faire, pour exécuter toutes les promesses qu'il n'a pas tenues.*

(1) Voy. au numéro précédent la 2e hypothèse, et notre interprétation de l'art. 752 du Code de procédure cicile. Voy. aussi l'art. 163 de la loi du 9 messidor an 3.

Quant au droit de suite, il n'y a pas à s'en occuper. Toutes les fois que le paiement est assuré, le droit de suite est sans objet. Il y a eu conversion de l'immeuble en prix par l'adjudication définitive.

A la vérité, pour obtenir le paiement de ce prix, il est nécessaire d'ajouter aux mesures déjà prises celle de la revente sur folle-enchère. Mais la poursuite de cette revente n'est pas un privilége réservé aux créanciers hypothécaires, ce n'est pas (comme dans le cas de l'art. 2185) un apanage de l'inscription. Tout créancier a droit à requérir la revente sur folle-enchère (1), s'il y a intérêt.

722. Mais l'hypothèse suivante va nous présenter un cas où l'exercice du droit de suite en cas de surenchère présente des difficultés sérieuses.

Nous avons supposé jusqu'à présent que l'immeuble revendu sur folle-enchère était resté entre les mains de l'adjudicataire. Il n'y avait donc pas de droit de suite à exercer, et les choses restaient renfermées dans le cercle où les avait laissées l'adjudication définitive.

Mais il peut arriver que l'adjudicataire revende avant que la réadjudication soit poursuivie.

Quelle sera alors la condition des créanciers qui auront laissé périmer leurs inscriptions depuis l'adjudication?

Ceci nous conduit à une nouvelle et dernière hypothèse.

(1) M. Pigeau, t. 2, p. 151, n° 4. M. Carré, t. 2, art. 738, n° 2518.

10° *Hypothèse.* L'adjudication a lieu. Postérieurement, l'inscription du seul créancier inscrit atteint sa révolution décennale.

L'adjudicataire ne paie pas, et aucun ordre n'est ouvert. Bien plus, l'adjudicataire revend les immeubles à des acquéreurs qui les revendent à leur tour.

Cette espèce s'est présentée devant la cour de Toulouse. Malgré mon désir d'abréger, je ne peux m'empêcher de retracer les faits.

En 1815, Ruffié, créancier hypothécaire inscrit, exproprie Gaujac. Madelaine se rend adjudicataire. Point de paiement effectué par ce dernier. L'inscription de Ruffié tombe en péremption.

En 1821, Carrière, créancier de Madelaine, fait saisir l'immeuble dont il s'était rendu adjudicataire. Méda se rend adjudicataire définitif, puis il revend à Buc et Ortet.

Ruffié, qui, comme je l'ai dit, n'avait pas été payé, poursuit la revente sur folle-enchère de l'immeuble acquis par Madelaine, mais déjà aliéné par suite de deux ventes successives. Il se rend adjudicataire, fait signifier son jugement à Buc et Ortet, tiers détenteurs, avec commandement de délaisser.

Ces derniers soutinrent que, son inscription étant périmée, il n'avait pas de droit de suite à exercer contre eux.

Le 18 juin 1830, arrêt de la cour royale de Toulouse (1) qui décide que Ruffié a été bien

(1) Dal., 31, 2, 28.

fondé, « attendu que l'inscription hypothécaire » produit tout son effet par l'adjudication, et n'est » point susceptible d'un renouvellement ultérieur; » que tout créancier ayant inscription au moment » de l'adjudication a le droit de faire revendre » l'immeuble exproprié par la voie de la folle-en- » chère si l'adjudicataire n'a satisfait, quant à lui, » aux charges de l'adjudication.

» Attendu que, l'adjudicataire (Madelaine) étant » exproprié lui-même par la voie de la saisie im- » mobilière des immeubles à lui adjugés, le nou- » vel adjudicataire ni ses ayant-cause n'acquièrent » que les droits qu'avait l'adjudicataire premier, » et qu'ils sont soumis aux mêmes charges, et con- » séquemment aux poursuites par la voie de folle- » enchère. »

Cet arrêt me paraît contenir des erreurs capitales. Ruffié était sans droit pour inquiéter des tiers détenteurs, lui dont l'inscription était périmée depuis long-temps (1). Puisqu'en effet l'immeuble avait changé de mains, et que le prix n'en avait pas été soldé par Madelaine au créancier hypothécaire, il est certain que Ruffié ne pouvait obtenir son paiement qu'en dépouillant les tiers détenteurs, et en exerçant le droit de suite. Or, ce droit de suite n'avait pas été épuisé du vivant de son inscription, puisque, l'aliénation n'ayant eu lieu que postérieurement aux dix ans, il n'y avait pas même eu lieu à en poursuivre l'exercice.

(1) M. Persil, sur l'art. 2154, n° 5; et *infrà*, n° 725, Arg. d'un arrêt de la cour de cassation du 29 juillet 1828.

Il restait donc quelque chose à faire, déposséder les tiers détenteurs, et cela ne pouvait s'opérer qu'au moyen d'une inscription. Mais celle de Ruffié était tombée en péremption.

Il suit de là que l'expropriation à la suite de laquelle Méda s'était rendu adjudicataire avait mis dans les mains de ce dernier un immeuble purgé de tous droits hypothécaires. L'expropriation purge les hypothèques inscrites, à plus forte raison celles qui ne le sont pas.

Pour échapper à ces principes, que dit la cour de Toulouse? Que l'inscription produit tout son effet par l'adjudication et n'est point susceptible d'un renouvellement ultérieur.

C'est à la fois, ce me semble, mal comprendre un principe vrai en lui-même, et le dénaturer par une grande erreur.

Il y a erreur, disons-nous, quand la cour de Toulouse prétend que l'inscription n'est pas susceptible d'un renouvellement postérieur à l'adjudication définitive. Car, tant que le prix n'est pas payé par l'adjudicataire, et qu'il y a à craindre qu'il n'aliène la chose, il est indispensable de renouveler l'inscription afin de pouvoir conserver le droit de suite contre les tiers détenteurs. Et pourquoi donc l'inscription ne serait-elle pas susceptible de renouvellement? N'y a-t-il pas là un immeuble pour lui servir d'assiette, puisque le défaut de paiement tient le purgement en suspens? N'y a-t-il pas un débiteur qu'elle puisse indiquer, puisque le prix n'est pas soldé? La proposition de la cour de Toulouse n'est exacte

qu'autant que le prix a été payé. C'est alors seulement que l'inscription n'est plus susceptible de renouvellement, puisqu'il n'y a ni débiteur ni immeuble grevé, comme je l'énonçais en examinant la 2e hypothèse.

J'ai dit que la cour de Toulouse me paraissait mal comprendre la maxime que l'inscription produit tout son effet par l'adjudication. En quel sens cette maxime est-elle exacte, et que signifie-t-elle? Est-ce à dire que parce que l'inscription atteint le but que l'expropriation doit réaliser, on doive dire qu'elle a atteint d'autres effets étrangers à l'expropriation? La cour de Toulouse voudrait-elle par hasard que, par cela seul qu'il y a eu adjudication, l'inscription fût prorogée indéfiniment et affranchie de toute péremption ultérieure, malgré le laps de temps et le défaut de renouvellement? Tout cela serait bien loin de la vérité. Quand on dit que l'inscription a atteint son but lors de l'adjudication, et qu'il n'est pas besoin de la renouveler, cela n'est vrai qu'en ce sens qu'on a en vue les effets que l'adjudication est destinée à produire, mais non pas si l'on entend parler d'effets étrangers à l'adjudication. En examinant les effets de l'inscription *par rapport à l'adjudication* et à ses suites, on a raison de dire que lorsqu'elle subsistait au moment de l'adjudication, elle a procuré toute l'utilité qu'on s'en promettait *à cet égard;* car le droit de suite est épuisé en ce qui concerne l'adjudicataire, et il y a promesse que le prix ne sera payé que suivant les rangs de préférence existans au moment de l'adjudication. Renouveler

tant que les choses restent en cet état, est une opération inutile, puisque l'inscription ne sera plus appréciée désormais que par l'état où elle se trouvait au moment de l'adjudication. On peut donc laisser périmer l'inscription, par la raison qu'on peut s'en passer, l'adjudication une fois accomplie. Mais il n'en est pas moins vrai que cette inscription sera éteinte : seulement son extinction sera arrivée après qu'elle avait porté tous les fruits qu'on en espérait, *en l'état des choses*.

Mais si cet état vient à changer, si l'adjudicataire aliène, et qu'il faille retirer l'immeuble des mains des tiers détenteurs, dira-t-on que l'inscription a produit ses effets? Ce serait une grave erreur. Elle n'a pas produit tous ses effets; car elle n'a épuisé le droit de suite qu'à l'égard de l'adjudicataire, et il faut poursuivre maintenant ce droit contre des tiers détenteurs qui possèdent avec des titres respectables. Elle n'a pas produit tous ses effets; car, avant le changement des choses, il ne s'agissait plus que de faire déclarer par l'ordre des droits qui allaient se réaliser; mais aujourd'hui le fond du droit lui-même est compromis, et l'on ne peut plus le retenir que par l'inscription. Elle n'a pas produit tous ses effets : car, sûre alors du paiement, elle n'avait plus qu'à se reposer et à attendre, tandis qu'aujourd'hui le paiement échappe, et, pour le retrouver, il faut ressaisir la chose, ce qui ne peut se faire qu'à l'aide d'une inscription vivante. Elle n'a pas produit tous ses effets; car alors on pouvait rester indifférent sur son existence et négliger en toute sécurité

de la renouveler, tandis qu'aujourd'hui il faut rechercher avec sollicitude si elle subsiste, pour savoir si elle peut rentrer en action.

Eh bien! elle est périmée: car il ne faut pas s'imaginer, avec la cour de Toulouse, que l'adjudication l'avait rendue impérissable. Comme toutes les autres inscriptions, elle était, nonobstant l'adjudication, susceptible de péremption. Seulement cette péremption arrivait après que le profit était retiré: ici, au contraire, il faut agir, il faut poursuivre, chercher d'autres adversaires en place de celui qui a manqué à ses engagemens.

Je crois que j'ai fait connaître suffisamment ma pensée sur cette partie de l'argumentation de la cour de Toulouse.

Elle insiste cependant en disant que Madelaine, exproprié par Méda, n'a pu lui transmettre que les mêmes droits qu'il avait lui-même, c'est-à-dire l'obligation de payer à Ruffié, ou la chance d'une revente sur folle-enchère.

Il est vrai que la vente ne transmet à l'acquéreur que les droits qu'avait le vendeur (art. 2182 Code civil et 731 Code de procédure civile). Mais quand ces droits sont des hypothèques, ils peuvent être purgés (1).

(1) Un arrêt de la cour de cassation, du 21 juillet 1830 (Dal., 30, 1, 324) a cassé un arrêt de Rouen qui avait décidé que l'acquéreur d'un immeuble adjugé au vendeur par expropriation forcée, n'était pas un tiers détenteur dans le sens de la loi, et pouvait être poursuivi en paiement du prix par des créanciers non inscrits, de même que son auteur aurait pu l'être.

Supposons que Madelaine, au lieu de subir une expropriation forcée, eût vendu l'immeuble par contrat à Méda. Celui-ci aurait fait transcrire, et si, dans la quinzaine de la transcription, Ruffié n'eût pas fait reparaître son inscription périmée, il eût été déchu du droit de suite (art. 834 Code de procédure civile). L'immeuble eût été purgé définit vement.

Au lieu d'une vente volontaire, il y a eu une expropriation forcée : mais l'expropriation forcée a bien plus de puissance, puisque, de plein droit, elle purge tous les droits hypothécaires inscrits. Eh bien ! que fait la cour de Toulouse ? Elle permet à un créancier hypothécaire non inscrit d'attaquer une expropriation forcée pendant laquelle il a gardé le silence !

Ruffié n'avait qu'un moyen à prendre. C'était de demander la résolution de la vente au nom de Gaujac, son débiteur, dont l'immeuble était passé de mains en mains, sans que ni lui ni son créancier en aient (à ce qu'il paraît) touché le prix. Mais Ruffié ne faisait pas valoir ce moyen.

A la vérité, la revente sur folle-enchère est une espèce de résolution de l'adjudication définitive. Mais c'est en même temps et surtout la continuation de la poursuite sur laquelle la première adjudication a eu lieu (1). C'est l'expropriation du saisi poussée jusque dans ses dernières limites. Il est si vrai que c'est le saisi qu'on continue toujours à dépouiller, que les nouveaux placards doivent lui

(1) M. Carré, t. 2, p. 691, note 1.

être signifiés, d'après l'art. 740 du Code de procédure civile; ce n'est donc qu'un nouveau moyen de parvenir à la vente forcée de son bien; en quoi l'on voit la grande différence qui existe entre la revente sur folle-enchère et la clause résolutoire sous-entendue dans tous les contrats; car celle-ci fait rentrer le propriétaire dans la chose vendue, tandis que celle-là n'aboutit de plus fort qu'à son expropriation. Or, l'expropriation ne peut se poursuivre, quand on n'a pas d'inscription, que sur le débiteur direct. On ne peut, avec des inscriptions périmées, venir troubler des sous-acquéreurs de bonne foi. Ici, que faisait Ruffié? Il prétendait exproprier celui qui n'était plus propriétaire, ou (ce qui n'est pas moins extraordinaire!!) il expropriait des tiers détenteurs, sans se trouver dans les conditions prévues par les art. 2166 et suivans du Code civil. Il poursuivait la revente sur folle-enchère, pour déposséder un adjudicataire qui ne possédait plus. Il voulait exercer cette revente par voie *de suite*. Mais de deux chose l'une : ou la revente sur folle-enchère est l'exercice du droit hypothécaire, ou elle ne l'est pas. Si elle l'est, on ne peut la poursuivre *sur le tiers détenteur* qu'à l'aide d'une inscription encore subsistante, et ici elle est périmée; ou elle ne l'est pas, et alors on ne peut la suivre que tant que l'adjudicataire reste propriétaire de la chose et ne l'a pas aliénée. Le sentiment contraire détruit toutes les garanties et renverse toutes les bases du régime hypothécaire (1).

(1) Ce principe est consacré par un arrêt de Bourges du 21

722 *bis*. Il ne nous reste plus qu'à résumer tous les détails que nous venons de présenter.

L'inscription, qui était encore entière au moment de l'adjudication définitive, n'a plus besoin d'être renouvelée pour avoir place à l'ordre. Cette décision doit être suivie, soit que l'adjudicataire consigne son prix ou le paie au fur et à mesure des délivrances, soit que, ne payant pas, il faille se procurer le prix par la revente sur folle-enchère.

Mais si l'adjudicataire avait revendu sans avoir payé, les inscriptions périmées depuis l'adjudication définitive non soldée seraient sans effet à l'égard des tiers détenteurs.

723. Je passe maintenant à l'examen de la question du renouvellement des inscriptions, lorsqu'il s'agit non plus d'adjudication sur expropriation forcée, mais *de vente volontaire* (1).

Quand le débiteur vend l'immeuble hypothéqué, tous les droits hypothécaires poursuivent l'acquéreur, et subsistent comme si cet immeuble n'avait pas changé de mains. Ainsi les créanciers doivent renouveler leurs inscriptions, de même qu'ils seraient tenus de le faire si leur débiteur détenait encore la chose.

février 1837 (Sirey, 38, 2, 63). A la vérité, dans l'espèce, il n'y avait pas eu d'expropriation forcée, mais comme l'ordre avait été clos sur le prix de la première vente et les bordereaux délivrés, l'arrêt de Bourges qui déclare le sous-acquéreur affranchi, s'applique par analogie à la question que nous traitons.

Analogue, Paris, 12 novembre 1836 (Sirey, 37, 2, 148).

(1) Voyez, sur ce point, les dispositions du Code piémontais, dans la préface, p. xiij.

Mais il peut arriver, et il arrive ordinairement que l'acquéreur veut purger. Alors il doit faire transcrire son contrat, et notifier aux créanciers inscrits un extrait de son titre, accompagné des énonciations voulues par l'art. 2183 du Code civil. Il doit de plus déclarer par le même acte qu'il est prêt d'acquitter sur-le-champ les charges et dettes hypothécaires.

Plusieurs jurisconsultes ont conclu de cet état de choses que, l'inscription ayant atteint ce résultat important, que les créanciers reçoivent l'offre de toucher ce qui leur est dû, tout son effet est produit dès l'instant de la notification; qu'il est donc inutile de le renouveler ultérieurement : car rien ne peut changer le quasi-contrat intervenu entre l'acquéreur et tous les créanciers inscrits lors de la notification, et modifier l'obligation acceptée par celui-là d'acquitter le prix entre leurs mains.

Il y a certainement du vrai dans ce système. Mais il n'est pas exact dans tous les cas, et l'on pourrait être induit en erreur, si on ne faisait quelques distinctions nécessaires.

J'adopte le principe que la notification dispense de renouveler les inscriptions; mais avec deux conditions : la première, qu'il s'écoulera un délai de quarante jours sans réquisition de surenchère (art. 2185), et que l'inscription ne périmera qu'après ce délai (1); car ce n'est que par l'expiration

(1) C'est ce qu'a très-bien décidé l'édit piémontais, qui doit servir de raison écrite dans ce cas. V. préface, p. xiij. Arrêt

de ce délai que se forme le quasi-contrat d'acceptation. La seconde, que l'acquéreur réalisera le paiement du prix, et qu'il ne faudra pas le déposséder. Si, au contraire, il arrive que les créanciers requièrent l'enchère, ou que l'acquéreur n'effectue pas le paiement offert, je crois que la notification ne dispense pas du renouvellement des inscriptions.

Comme ces distinctions n'ont pas encore été enseignées assez positivement par les auteurs, et que la jurisprudence n'en a pas toujours tenu compte, je dois expliquer ma pensée par quelques observations.

724. Le nouvel acquéreur a vainement rempli toutes les formalités nécessaires pour purger, s'il ne fait pas suivre ces formalilés du paiement du prix aux créanciers. Tant que le paiement n'est pas effectué, les priviléges et hypothèques inscrits subsistent toujours sur l'immeuble. Le gage n'est libéré que par la numération du prix. C'est la condition *sine quâ non* du purgement. L'art. 2186 du Code civil est positif à cet égard.

Il suit de là que c'est par le paiement seul ou la consignation du prix, que les inscriptions des créanciers qui ne demandent pas de surenchère, deviennent désormais inutiles (1). Supposons que l'acquéreur, ne voulant pas attendre les lenteurs de l'ordre, consigne le prix : l'immeuble est dé-

conforme de Toulouse du 30 juillet 1835 (Dalloz, 36, 2, 79. Sirey, 36, 2, 156).

(1) Même décision dans l'édit piémontais (*loc. cit.*).

gagé, et l'on ne conçoit pas facilement sur quoi l'inscription serait renouvelée. Ainsi, je ne puis partager l'opinion de M. Merlin, qui veut que l'on s'inscrive jusqu'à l'ordre (1), ni celle de M. Dalloz, qui veut qu'on s'inscrive jusqu'à la délivrance des bordereaux de collocation (2). Lorsque les inscriptions ont attiré à elles l'offre du prix, suivie de consignation, il est clair qu'elles ont accompli leur but, et que la matière manque pour un renouvellement d'inscription.

D'après l'art. 2160 du Code civil, le tiers acquéreur qui a purgé et consigné peut obtenir radiation des inscriptions existantes. Comment donc serait-il possible d'exiger des renouvellemens d'inscription, alors que les inscriptions elles-mêmes sont ou vont être radiées?

Je dirai même que l'opinion de MM. Merlin et Dalloz ne me paraît pas meilleure, alors que le paiement ne serait fait par l'acquéreur qu'après l'ordre et suivant les bordereaux de collocation. La raison en est que, lorsque la notification a été suivie du paiement du prix, l'effet de l'inscription est censé accompli à l'échéance des quarante jours qui suivent la notification. En effet, la notification contient l'offre de payer, à chacun des créanciers inscrits, le montant des charges hypothécaires, et l'expiration des quarante jours sans demande de surenchère équivaut à une acceptation formelle de cette proposition. Alors il s'établit un contrat

(1) Répert., t. 16, Inscript. hyp., p. 468.
(2) Hyp., p. 303, n° 11.

entre l'acquéreur et les créanciers inscrits. L'acquéreur s'oblige à payer, les créanciers consentent à recevoir leur dû, en donnant décharge des hypothèques qui grèvent le fonds. Ce quasi-contrat, qui est précisément le résultat que l'inscription est destinée à produire, est à la vérité soumis à la condition que le paiement s'effectuera. Mais lorsque cette condition se vérifie, elle produit un effet rétroactif du jour où les offres sont devenues définitives (1). Les péremptions d'inscriptions survenues dans l'intervalle ne peuvent nuire, *media non nocent*, et le renouvellement de l'inscription s'est trouvé inutile sous un triple rapport : d'abord il était inutile *à l'égard de l'acquéreur*, puisqu'il avait contracté l'obligation de payer, et qu'en présence de cet engagement il eût été surabondant de raviver un titre reconnu par lui. Le renouvellement n'était pas moins inutile *à l'égard des créanciers entre eux*. La notification, avec offre de payer, a été acceptée par eux. Or, cette offre était subordonnée à l'obligation de n'effectuer les paiemens que suivant l'état et l'ordre des inscriptions existantes lors de la notification, et dont le tableau était joint à cette notification (art. 2183 Code civil, § 3°). Chacun est censé y avoir consenti. Les rangs ont donc été tacitement fixés par un mutuel accord à ce qu'ils étaient à cette époque, sauf les moyens de nullité existans lors du quasi-contrat. Cet accord ne peut être modifié *ex post facto*. *Enfin*, *à l'égard des autres créanciers du débiteur* commun

(1) *Suprà*, n°s 471 et 720, 2e hypothèse.

non muni d'inscription, le renouvellement était également inutile. Car la notification se fait après la quinzaine de la transcription (articles 2181 et 2183 du Code civil), et l'on sait que, passé cette époque, il n'est plus permis de s'inscrire.

On voit que j'insiste toujours sur l'addition des quarante jours à la notification pour opérer le quasi-contrat qui lie toutes les parties. Cette opinion, je le sais, est nouvelle en France, et personne, à ma connaissance, ne l'a encore soulevée. Mais je ne la crois pas moins certaine : pour qu'il y ait engagement respectif, il faut qu'il y ait concours de toutes les volontés ; et ce serait manquer à cette règle fondamentale que de s'arrêter exclusivement à l'offre du tiers détenteur, sans attendre l'événement qui doit manifester l'acceptation de tous les créanciers en masse. Le contrat manquerait d'un de ses termes, ou, pour mieux dire, il n'y aurait pas de contrat. Ce sont ces considérations qui ont déterminé l'édit piémontais, dont la disposition n'est nullement une création arbitraire du législateur. Je le répète donc, lorsque les quarante jours de la notification sont suivis de paiement, l'inscription qui vient à s'éteindre dans l'intervalle n'occasione pas d'effet nuisible, le paiement produit un effet rétroactif et fait remonter la fixation des rangs à l'expiration de ces quarante jours.

C'est donc avec cette modification des quarante jours ajoutés à la notification, qu'il faut accepter un arrêt de Paris, du 29 août 1815 (1); un arrêt de

(1) Den., 16, 2, 38. Merlin, t. 16, p. 468, 469. Il est à

Colmar, du 16 juin 1821 (1), et un arrêt de Lyon, de 1830 (2). Au surplus, la cour de cassation a repoussé l'opinion de MM. Dalloz et Merlin, par arrêt du 30 mars 1831 (3). Mais nous verrons au n° 726 que cet arrêt n'est pas pour cela à l'abri de la critique (4).

725. Mais si la notification n'est pas suivie de paiement, alors manque tout-à-fait la condition du purgement de la chose. L'hypothèque continue toujours à l'affecter, et s'il fallait procéder à des voies de rigueur et faire saisir le gage, les créanciers ne pourraient conserver un rang utile qu'autant qu'ils auraient fait renouveler leurs inscriptions, de manière qu'elles fussent encore vivantes lors de l'adjudication définitive par expropriation forcée. La raison en est que, tant que l'immeuble n'est pas purgé, il demeure soumis à l'hypothèque; et qu'il faut, par conséquent, que cette hypothèque remplisse toutes les conditions qui la font subsister avec efficacité, c'est-à-dire qu'elle soit inscrite, sans quoi elle s'éteint sans avoir rempli le but de son établissement.

Il pourrait même arriver que l'acquéreur, après

regretter que M. Dalloz se soit contenté de donner la date de cet arrêt. Hyp., p. 311, note 1.

(1) Merlin, *loc. cit.* Dalloz, v° Caution, p. 416.

(2) M. Dalloz n'en donne pas la date. 31, 2, 11. Il paraît, du reste, que telle est la jurisprudence de cette cour.

(3) Dal., 31, 1, 178.

(4) Je ferai remarquer que M. Dalloz cite, comme étant intervenus sur notre question, différens arrêts qui contiennent des nuances importantes, et dont, contre son ordinaire, il ne me paraît pas avoir bien saisi la portée (Hyp., p. 311, note 1).

avoir notifié, revendît l'immeuble, et que le sous-acquérenr y constituât des hypothèques. Croit-on que les nouveaux créanciers fussent liés par des hypothèques existant du chef du vendeur originaire, et qu'ils auraient trouvés périmées sur le registre du conservateur?

Par exemple : Titius vend à Pierre le fonds Cornélien, sur lequel Primus a une hypothèque inscrite. Pierre fait transcrire et notifie son contrat avec offre à Primus d'acquitter entre ses mains les charges hypothécaires. Après cette notification, l'inscription de Primus périme par la révolution de dix ans. Sur ces entrefaites, Pierre revend le fonds Cornélien à Caïus et à Sempronius, et ce dernier constitue des hypothèques à Secundus et Tertius. Ceux-ci vont consulter le registre du conservateur, et voient une inscription périmée au profit de Primus. Ils se croient premiers en rang, et reçoivent de bonne foi le gage qui leur est offert. Mais il arrive que Pierre, au lieu de tenir sa promesse de verser le prix entre les mains de Primus, le paie à Titius. Il paraît bien certain que, si Primus veut exercer son recours sur l'immeuble, il sera écarté par Secundus et Tertius, qui lui opposeront la péremption de son inscription, et lui diront qu'il a cessé d'avoir l'immeuble pour obligé(1).

En effet, par la notification, Pierre sera bien devenu le débiteur personnel de Primus. Mais l'immeuble aura échappé à ce dernier par sa négligence à conserver ses droits.

(1) Grenier, t. 1, n° 113. Persil, art. 2154, n°s 4 et 5.

Cette hypothèse, que je m'étais créée en l'absence de tout arrêt sur la matière, s'est réalisée depuis, dans une espèce jugée par la cour de cassation, le 29 juillet 1828 (1).

Dans le cours de l'an 7, Dubouchet prend inscription sur le domaine de *Boissonie*. Le 12 avril 1804, le propriétaire du domaine de Boissonie le vend à Fénerolles. Transcription par ce dernier, et notification, en date du 31 décembre 1806, à Dubouchet.

Fénerolles donne hypothèque sur Boissonie à Decroix, qui s'inscrit, le 12 janvier 1807, puis il revend cet immeuble à Touzet et Decroix. Un ordre s'ouvre, en 1817, sur le prix payé par ces derniers. Dubouchet prétend être colloqué en vertu de son inscription de l'an 7, par la raison que, quoique périmée aujourd'hui, elle était encore subsistante en 1806, époque à laquelle Fénerolles avait notifié son contrat, et qu'ainsi elle avait été dispensée de renouvellement. Arrêt de la cour de Riom qui adopte ce système. Mais, sur le pourvoi, arrêt de la cour de cassation qui *casse*.

Rien n'est plus juste que cette décision de la chambre civile. Fénerolles n'avait pas payé; aucun ordre n'avait été ouvert pour la distribution de son prix. L'inscription de Dubouchet n'avait donc pas produit tous ses effets. L'immeuble Boissonie n'avait pas été affranchi de l'hypothèque; il fallait par conséquent que cette hypothèque se manifestât aux tiers par une inscription valablement

(1) Dal., 28, 1, 357.

renouvelée. A la vérité, l'inscription avait produit cette conséquence, que Fénerolles était devenu obligé personnel de Dubouchet. En ce sens elle avait atteint, à l'égard de Fénerolles, l'un de ses résultats. Mais il y en avait un autre beaucoup plus important qui n'était pas rempli : c'était le droit de suite dans les mains des tiers détenteurs. Or, l'inscription de Dubouchet n'avait pas atteint ce but avant sa péremption (1).

Je crois maintenant avoir justifié l'une de mes limitations, savoir, que la notification ne dispense pas du renouvellement de l'inscription lorsqu'elle n'est pas suivie du paiement effectif.

726. L'autre limitation me semble non moins évidente. En effet, lorsqu'après l'offre faite par l'acquéreur de payer les charges hypothécaires jusqu'à concurrence des sommes portées dans son contrat, il arrive que l'un des créanciers requiert la mise de l'immeuble aux enchères, alors il devient certain que l'offre de l'acquéreur n'est pas acceptée, que le quasi-contrat dont je parlais tout à l'heure, et que je représentais comme l'accomplissement de l'effet de l'inscription, est rompu, en ce qui concerne le prix dont les créanciers ne veulent pas se contenter, et qu'il faut arriver à une nouvelle position. C'est pour y parvenir qu'on procède à une seconde vente de la chose, d'après les formalités établies pour les expropriations forcées. De nouveaux acquéreurs se présentent; c'est à eux qu'on fait un appel pour porter l'im-

(1) V. *suprà*, n° 722, plusieurs raisons applicables ici.

meuble à sa véritable valeur. On ne consent à dégager cet immeuble des charges qui le grèvent, qu'autant qu'une somme plus forte que celle qui est offerte en sera le prix. Alors le nouvel adjudicataire ne peut pas être considéré comme étant lié par la notification faite par le premier acquéreur, dont les créanciers eux-mêmes ont repoussé les offres : cet adjudicataire n'est censé contracter l'obligation de payer qu'avec ceux qui sont inscrits au moment de son adjudication. S'il payait partie du prix au propriétaire, les seuls créanciers valablement inscrits seraient admis à s'en plaindre.

Pourrait-on dire, en effet, que la notification et les offres exigées pour le purgement ont détaché les hypothèques du fonds et mobilisé les droits de tous les créanciers inscrits? Nullement. Les hypothèques subsistent si bien encore, et les droits sont si peu mobilisés, que les acquéreurs suivent l'immeuble entre les mains de l'acquéreur, et l'en dépossèdent par la voie de la mise aux enchères. Comment ce droit de suite pourrait-il être exercé, si l'inscription, qui est le nerf de l'hypothèque, se trouvait paralysée et impuissante?

L'art. 2185 me paraît formel à cet égard : car il exige que le créancier qui requiert la mise aux enchères ait *un titre inscrit ;* ce qui ne peut s'entendre que d'un titre valablement inscrit lors de la réquisition d'enchères. Ainsi, c'est à la requête d'un créancier inscrit que se poursuit l'adjudication. A la vérité, ce créancier n'agit pas dans son seul intérêt, il est le *negotiorum gestor* de la masse : mais il paraît

raisonnable d'exiger que cette masse soit inscrite comme lui, et qu'elle n'ait pas une condition meilleure que la sienne. De là il suit que ceux qui se portent adjudicataires ne contractent qu'avec une masse inscrite; que ceux qui ont laissé périmer leurs inscriptions sont en dehors de ces engagemens et quasi-contrats, et qu'ils ne peuvent en tirer avantage.

On m'opposera peut-être que, si tous les créanciers ont laissé périmer leurs inscriptions depuis la notification, ou que s'il n'y a qu'un seul créancier inscrit, qui depuis la notification n'a pas renouvelé son inscription, tout ce qui résultera de là, c'est qu'il n'y aura pas d'enchères et que le prix demeurera fixé au prix stipulé dans le contrat, mais qu'il n'y aura pas déchéance de se présenter à l'ordre en rang utile pour en toucher le montant.

Je conviens qu'il doit en être ainsi s'il n'y a qu'un seul créancier, ou si, y ayant plusieurs créanciers, tous ont omis de renouveler leurs inscriptions depuis la notification.

Mais ce n'est pas là que se trouve la difficulté qui m'occupe. Je suppose dans mon hypothèse qu'il y a plusieurs inscriptions, dont quelques unes seulement sont périmées sans renouvellement depuis la notification, tandis que d'autres, étant encore dans toute leur force, ont servi de base à une réquisition d'enchères. Quelle sera la position des créanciers porteurs d'inscriptions périmées, en présence de ceux dont les inscriptions seront entières? N'est-il pas clair qu'ils ne pourront pas

profiter du bénéfice de la mise aux enchères? Et en effet, qu'est-ce que la réquisition d'enchères, sinon une des plus importantes garanties que l'inscription assure à l'hypothèque? Et comment pouvoir associer dès-lors à ce droit de suite des créanciers dont les hypothèques sont paralysées par le non-renouvellement de l'inscription? Quoi donc! c'est le droit de suite qui a fait porter l'immeuble à la véritable valeur qui doit servir à indemniser les créanciers hypothécaires, et l'on pourrait admettre au partage de ce prix des créanciers entre les mains desquels le droit de suite aurait été antérieurement éteint! Ma raison se refuse à cette conséquence.

Elle a été admise néanmoins par un arrêt de la cour de Paris, du 11 février 1825 (1). Dans l'espèce de cet arrêt, l'acquéreur avait notifié son contrat à la *veuve Petit*, créancière conventionnelle du vendeur, le dernier jour de l'existence légale de l'inscription. La veuve Petit n'avait pas renouvelé son inscription. Postérieurement une surenchère avait eu lieu (2), et l'immeuble avait été adjugé à un tiers. Il semblait que la veuve Petit fût sans droit hypothécaire sur le prix. Cependant la cour de Paris pensa qu'elle n'avait pas été dans l'obligation de renouveler son inscription, et ordonna qu'elle serait colloquée en rang utile. Ainsi la veuve Petit fut admise à profiter du droit de suite

(1) Dal., 26, 2, 15.

(2) Ainsi, cette espèce diffère beaucoup de l'espèce des arrêts que j'ai cités n° 724. Cependant M. Dalloz semble les placer dans la même catégorie. Hyp., p. 311, note 1.

exercé par ses co-créanciers, quoique ce droit de suite n'eût pu être exercé par elle, et qu'il fût éteint en sa personne. Comment la cour de Paris a-t-elle pu penser que, par la notification, l'inscription de la dame Petit avait produit tout son effet? Mais n'y avait-il pas encore un autre effet ultérieur à éteindre? C'était d'anéantir un contrat de vente qui ne portait pas le prix à sa juste valeur, de poursuivre l'immeuble entre les mains de l'acquéreur et de l'en déposséder. Voilà quelles étaient encore les dernières extrémités du droit de suite que l'inscription devait atteindre. Or, la dame Petit ne pouvait pas arriver jusque-là avec son inscription périmée. L'art. 2185 du Code civil est formel. Et dès-lors, comment aurait-elle pu y atteindre par le ministère du créancier inscrit qui avait requis la surenchère? Le requérant dans ce cas n'est que le mandataire, ou si l'on veut le *negotiorum gestor* de la masse des créanciers inscrits. Peut-on supposer que lorsque la loi fait à ce créancier requérant une obligation d'avoir une hypothèque valablement inscrite, elle l'admette à représenter des créanciers qui auraient laissé mourir entre leurs mains leurs inscriptions, et par conséquent le droit de suite?

Ceci étant admis, il en résultera cette conséquence, qui me paraît irréfragable, savoir, que l'inscription devra être renouvelée jusqu'au moment de l'adjudication, parce que c'est seulement alors que les droits hypothécaires seront mobilisés, et que l'hypothèque se détachera de l'immeuble. Il ne suffirait pas d'être inscrit au moment de

la réquisition de surenchère. Cette réquisition n'a fait que repousser la proposition de mobilisation faite par l'acquéreur, mais elle n'a pas converti le droit hypothécaire en droit sur le prix. Pour que cette conversion s'opère, il faut aller jusqu'à l'adjudication.

Cette nécessité de renouvellement jusqu'à cet instant me paraît claire, soit en ce qui concerne les tiers détenteurs, soit en ce qui concerne les créanciers entre eux.

En ce qui concerne le tiers détenteur, on conçoit son intérêt à opposer la péremption de l'inscription lorsqu'on veut le dessaisir. Comme d'ailleurs il peut s'écouler un temps assez long entre la réquisition de surenchère et l'adjudication, ce tiers peut avoir vendu dans cet intervalle, et les sous-acquéreurs ne doivent pas souffrir d'inscriptions périmées, si elles n'ont pas été renouvelées dans la quinzaine de la transcription faite par eux.

Ce premier point a été jugé en ce sens par arrêt de la cour de Bordeaux du 17 mars 1828, dans une espèce où le sieur Guillemot avait laissé périmer son inscription depuis sa réquisition de surenchère. Cette cour pensa avec raison que son droit de suite était éteint, et qu'il ne pouvait plus le reprendre depuis que la révolution décennale était opérée (1).

(1) Dal., 28, 2, 104. La cour de Bordeaux alla même plus loin, et pensa que l'inscription devait exister jusqu'à l'ordre. Mais cette exagération a été réfutée ci-dessus. D'ailleurs, la question ne se présentait pas à juger. Un arrêt de Grenoble,

En ce qui concerne les créanciers entre eux, on ne conçoit pas comment l'on pourrait admettre à l'ordre celui dont l'inscription, quoique valable lors de la surenchère, serait périmée à l'adjudication. Le contraire a cependant été jugé par la cour de cassation dans l'espèce suivante :

Fraissinet prend inscription le 22 août 1799. Il renouvelle le 27 janvier 1809.

Le 1er mai 1820, le débiteur vend à la femme Dejean l'immeuble hypothéqué. Celle-ci transcrit et notifie son contrat à tous les créanciers inscrits, le 4 septembre 1820. Mais, le 19 octobre 1820, il y a surenchère de la part de l'un deux, et l'adjudication n'a lieu que le 11 février 1822, au profit de Guibert. Le 3 janvier 1827, arrêt de la cour de Montpellier (1) qui admet Fraissinet à l'ordre, sous prétexte que la notification avait fixé les rangs et réalisé tous les droits de l'inscription, et qu'il y avait eu entre l'acquéreur et les créanciers un contrat par lequel ceux-ci avaient pleinement atteint sur celui-là le but de leurs inscriptions. Mais la cour de Montpellier ne faisait pas attention que la surenchère avait dissous ce contrat, et qu'il avait fallu par suite arriver à de nouvelles conséquence qu'on ne pouvait atteindre qu'à l'aide d'inscriptions valables. Pourvoi en cassation : mais, par arrêt du 30 mars 1831 (2), la chambre ci-

du 12 mai 1824, décide aussi que la reprise de surenchère ne peut avoir lieu si l'inscription est périmée. Dal., Hyp., p. 312, note n° 4.

(1) Dal., 27, 2, 197.

(2) Dal., 31, 1, 178.

vile, attendu « qu'en matière de vente volontaire, » la transcription, l'expiration postérieure du délai » de quinzaine, sa notification aux créanciers in- » scrits, et la soumission faite par l'acquéreur de » payer à qui serait dit par justice, font produire » à l'inscription son effet légal, ce qui dispense de » la renouveler; *que la surenchère ne fait que sub-* » *stituer un nouvel acquéreur au premier, ce qui as-* » *sure de plus en plus les droits des créanciers, en* » *augmentant le montant des sommes à distribuer,* » REJETTE. »

Cette doctrine me semble absolument inadmissible. La surenchère n'a pas seulement pour résultat de substituer un acquéreur à un autre; elle a encore pour effet de rejeter les propositions faites par le premier acquéreur, et d'élever un obstacle contre la réalisation du quasi-contrat offert par l'acquéreur qui notifie (1) Les choses restent donc dans l'état où elles étaient avant la notification, et il est palpable que les inscriptions n'ont pas atteint leur effet légal. En effet, qu'est-ce que la réquisition de mise aux enchères? Ce n'est pas autre chose que l'exercice de l'action hypothécaire (2). Mais il est évident que tant qu'une action est pendante, elle n'est pas arrivée à son terme, et que le droit qu'elle poursuit n'est pas encore acquis. Peut-on raisonnablement soutenir qu'il y a conversion du droit réel qui affecte l'im-

(1) *Suprà*, nos 698, 720, 726. L'édit piémontais ne s'y est pas trompé ! ! ! (V. préface, p. xiij.)

(2) Remarque de la cour de Bordeaux.

meuble, en un droit sur le prix de cet immeuble, lorsque le prix est en suspens, et qu'il dépend des chances d'une enchère? Ainsi les droits ne sont fixés ni à l'égard de l'acquéreur, puisqu'on ne sait encore qui il sera, ni entre créanciers, puisqu'il n'y a pas de prix certain qui ait pu servir de matière à un quasi-contrat. L'hypothèque subsiste toujours sur l'immeuble; elle est sans doute en action pour arriver au but, mais le but est encore loin d'être atteint. L'inscription qui conserve cette hypothèque doit être renouvelée.

Devant la cour de Bordeaux, on soutenait que, la réquisition de surenchère n'étant que l'exercice de l'action hypothécaire, il n'avait pas été nécessaire de renouveler l'inscription, qui ne pouvait périmer tant que l'instance demeurait ouverte.

Mais la cour de Bordeaux répondit à cette objection, en disant, avec vérité, que l'exercice de l'action hypothécaire ne conserve pas l'inscription, et ne l'empêche pas de périmer; qu'une action subordonnée à la conservation d'un droit tombe quand le droit cesse d'exister, et que, par conséquent, il n'est plus possible de donner suite à la réquisition d'enchères, quand l'inscription, qui est le fondement de l'hypothèque, est périmée.

D'ailleurs, entre créanciers, la réquisition de surenchère ne forme pas litiscontestation (1). Ce n'est que lorsque l'on est devant le juge pour faire régler les rangs que commence le débat. On ne

(1) L. 1, C. *De litiscont.*

peut donc appliquer à la réquisition de surenchère la maxime : *Actiones semel inclusæ judicio non pereant* (1).

726 *bis*. Lorsque le créancier hypothécaire achète l'immeuble qui lui sert de gage, et qu'il est à la fois créancier et débiteur du prix, s'il ne purge pas et qu'il veuille conserver son rang hypothécaire, est-il dispensé de renouveler son inscription?

En est-il dispensé alors même qu'il veut purger, de telle sorte que, s'il fait notification aux créanciers à une époque où son inscription était périmée, on ne puisse lui opposer le défaut de renouvellement?

La cour de cassation s'est toujours prononcée sur cette question pour l'obligation de renouveler et la déchéance de l'acquéreur (2). On peut consulter ses deux arrêts des 5 février 1828 et 1 mars de la même année (3). C'est aussi ce qui a été jugé par arrêt de la cour de Caen, du 30 janvier

(1) Au surplus, il a été jugé avec raison par la cour de Bourges, le 21 février 1837 (Sirey, 28, 2, 62) que le créancier hypothécaire qui, après avoir obtenu un bordereau de collocation dans un ordre ouvert sur un premier acquéreur a laissé périmer son inscription, ne peut agir en délaissement de l'immeuble contre le sous-acquéreur qui a accompli les formalités de la purge

Les raisons que nous avons développées *suprà*, nos 722 et suivans s'appliquent ici. Voir aussi arrêt de Paris du 12 novembre 1836 (Sirey, 47, 2, 148).

(2) V. un arrêt de Grenoble du 25 mai 1822, qui décide la question en sens contraire (Dal., Hyp., p. 313, note 1).

(3) Dal., 28, 1, 120, 28, 1, 236.

1826 (1), et par un arrêt de la cour de Bourges, du 28 mai 1827 (2).

Dans l'ancienne jurisprudence on agitait une question à peu près semblable.

Ecoutons Pothier : « C'est pourquoi, lorsque » quelqu'un, pour purger les hypothèques de son » vendeur, fait décréter sur lui un héritage dont » il se rend adjudicataire par le décret volontaire » qu'il en fait faire, il doit s'opposer au décret » qu'il fait faire sur lui *pour les créances hypothécai- » res qu'il avait lui-même contre son vendeur et en paiement desquelles l'héritage lui a été vendu....*; » autrement le décret purgera les hypothèques, et » les créanciers qui étaient postérieurs en hypo- » thèques, et qui se seront opposés au décret, » l'obligeront de consigner le prix entier de son ac- » quisition, et seront payés sur ce prix en princi- » pal et frais, sans qu'il puisse en rien retenir en » déduction des siennes, etc. (3). »

Néanmoins il existe trois arrêts du parlement de Paris, des 22 avril 1673, 24 mars 1676 et 20 août 1782 (4), qui décident que l'acquéreur qui a acheté un immeuble en paiement d'une créance hypothécaire qu'il avait sur le vendeur, est préféré sur le montant de cette créance, ainsi que sur les surenchères, aux créanciers postérieurs en hypothèque, *quoique d'ailleurs* il n'ait *pas formé*

(1) Dal., 26, 2, 155.
(3) Dal., 29, 2, 240.
(3) Procéd. civile, p. 262.
(4) Journal du Palais. V. ces arrêts à leur date.

d'opposition pour la conservation de ses droits (1).

Mais il paraît difficile d'argumenter de ces arrêts, sous un système fondé sur la publicité de l'hypothèque et sa manifestation par l'inscription. Plaçons-nous, pour examiner cette importante question, dans trois hypothèses qui peuvent la faire naître.

1° Le créancier acquéreur veut purger. Mais avant la notification qu'il fait aux créanciers inscrits, son inscription a atteint sans renouvellement sa révolution décennale.

2° Le créancier acquéreur ne purge pas, il revend. Et, quoique son inscription soit périmée, il prétend avoir droit sur le prix au préjudice des créanciers valablement inscrits.

3° Le créancier acquéreur est poursuivi en délaissement; mais, forcé d'abandonner l'immeuble, il prétend faire revivre son inscription périmée depuis qu'il avait fait acquisition de l'immeuble, et avoir droit à son ancien rang au prix qui est produit par l'immeuble exproprié.

La première hypothèse s'est présentée dans l'espèce jugée par la cour de Bourges.

Rotinat, créancier acquéreur, soutenait que, quoique son inscription fût périmée avant la notification qu'il avait faite aux créanciers inscrits, il devait néanmoins conserver par devers lui l'équivalent de la collocation qu'il aurait pu retirer de l'ordre à un rang utile.

(1) M. Merlin cite ces arrêts. Voyez *Lettre de ratification*, p. 424, Répert., col. 1.

Mais la cour de Bourges rejeta sa prétention. Elle décida que, quoique créancier premier inscrit originairement, il devait venir après tous les créanciers hypothécaires, parce qu'il avait laissé tomber son inscription en péremption.

Cette décision paraît tout-à-fait juste. On va voir quelle atteinte porterait à la publicité du système hypothécaire une solution contraire.

En effet, lorsque le créancier acquéreur, dont l'inscription est éteinte, veut purger, il notifie son contrat aux créanciers inscrits. Mais dans l'état des inscriptions ne se trouve pas la sienne, puisqu'elle est périmée; que font alors les créanciers touchés de la notification? Ils examinent si le prix est suffisant pour acquitter les créances inscrites, et comme la créance du créancier acquéreur n'y est pas portée, ils ne peuvent en tenir compte dans leur calcul. Voilà donc une base importante qui leur manque, et par conséquent une source d'erreur. Il pourra arriver dès-lors que les créances notifiées étant au dessous du prix offert par l'acquéreur, les créanciers ne surenchériront pas, puisqu'ils seront sûrs d'être payés intégralement. Mais si l'on permet au créancier acquéreur, dont l'inscription n'a pu être portée sur l'état notifié, d'être payé à son rang, les prévoyances des créanciers inscrits auront été trompées, ils se verront enlever un gage sur lequel ils avaient compté, et ils auront été privés du droit si important de surenchère, droit qui leur aurait peut-être donné les moyens de toucher leur paiement en faisant porter la somme offerte à un plus haut prix. Cet in-

convénient est capital, et suffit pour trancher la question. Il faut donc assimiler le créancier acquéreur à tout autre acquéreur, et suivre les règles que nous avons tracées ci-dessus.

On objecte contre cette solution que le créancier acquéreur n'a fait que recevoir son paiement par la vente qui est une véritable *dation en paiement;* que, l'hypothèque s'étant trouvée éteinte (1), il n'y avait pas lieu à la conserver par l'inscription, que d'ailleurs on ne peut prendre inscription sur soi-même; *res sua nemini servit.*

On répond que la dation en paiement n'opère extinction de la créance que lorsqu'il y a translation irrévocable du domaine. « Cùm res est irre- » vocabiliter et incommutabiliter acquisita (2), » disent les docteurs. Or, le débiteur qui donne en paiement des biens grevés d'hypothèques, ne peut les donner irrévocablement; car de deux choses l'une : ou l'acquéreur veut les purger, et il est soumis à l'action en surenchère; ou il ne veut pas les purger, et il est soumis à l'action en délaissement, laquelle se résout en expropriation forcée. Il n'y a donc pas extinction complète de la créance; cette créance subsiste tant que l'immeuble n'est pas dégrevé des hypothèques, qui sont pour l'acquéreur une menace perpétuelle d'éviction; et puisqu'elle subsiste, il faut dire qu'elle subsiste aussi avec l'hypothèque qui lui sert d'accessoire et de garantie. Or, point d'hypothèque sans inscription. Le renouvellement de l'inscription est

(1) *Infrà*, n° 847.
(2) *Infrà*, n° 861.

donc un devoir indispensable, si l'on veut que l'hypothèque conserve son rang, et tienne en échec (si je peux parler ainsi) les autres hypothèques qu'elle primait.

C'est par l'inscription soigneusement entretenue que l'acquéreur créancier reprendra, en cas d'éviction, son ancienne place. C'est elle qui sera le correctif de cette éviction, puisque, si elle n'est pas toujours un moyen de conserver la chose, elle assure du moins un rang utile sur le prix qui la représente.

Et puisque le débiteur n'était libéré que conditionnellement, il s'ensuit qu'on pouvait renouveler l'inscription sur lui. Ce n'est donc pas le cas de dire qu'on force le créancier acquéreur à s'inscrire lui-même.

On ne le force pas davantage à s'inscrire sur un immeuble qui lui appartient (ce qui répugnerait), car, encore une fois, l'immeuble ne lui appartient pas *irrevocabiliter et incommutabiliter;* il ne sera définitivement sien que lorsque les hypothèques des autres créanciers auront disparu.

Ces raisons servent à décider la 2e hypothèse; on peut y ajouter avec la cour de cassation, dans son arrêt du 5 février 1828, et avec la cour de Caen, dans son arrêt du 30 janvier 1826, qu'entre créanciers hypothécaires, l'effet d'une inscription ne peut être censé consommé que par un acte commun avec eux, et non pas par une dation en paiement qui leur est étrangère, qui est pour eux *res inter alios acta*, et qui par conséquent ne peut changer leur position respective.

La 3e hypothèse a paru à quelques personnes

offrir quelques difficultés de plus (1), parce que l'on rentre dans les dispositions de l'art. 2177 du Code civil, portant « que les droits réels que le » tiers détenteur avait sur l'immeuble avant sa » possession renaissent après le délaissement ou » après l'adjudication faite sur lui. »

De là l'on a voulu conclure que, si l'inscription du tiers détenteur était tombée en péremption depuis sa possession, elle devait revivre, quoique non renouvelée.

Cette opinion ne me paraît pas admissible.

L'art. 2177, en statuant sur le fond du droit, le suppose légalement conservé (2) par des inscriptions requises et renouvelées en temps opportun. Pour décider que l'on ne doit pas compter dans le calcul des dix ans tout le temps qui s'est écoulé depuis la possession jusqu'à l'éviction, il faudrait qu'on pût appliquer la maxime *contrà non valentem agere non currit præscriptio;* mais ce n'est pas ici sa vraie place. Le créancier acquéreur pouvait renouveler son inscription sous un double rapport; d'abord parce que, la créance n'étant pas *irrévocablement* éteinte, il y avait un débiteur sur la tête duquel l'inscription pouvait être assise; de plus, parce que l'immeuble, n'étant que conditionnellement dégagé, était susceptible d'inscription pour la conservation d'un droit conditionnel. Je reviendrai aux numéros 841 et 842 sur cette vérité, qui du reste me paraît solidement établie par ces réflexions.

(1) Dalloz, Hyp., p. 304, n° 12.

(2) Arrêt de Caen et de Bourges précités.

726 *ter*. Lorsque l'acquéreur, qui d'abord a jugé convenable de délaisser, vient à changer d'avis et déclare, en vertu de l'art. 2173 du Code civil, qu'il veut reprendre la chose *en payant toute la dette et les frais*, la péremption de l'inscription survenue depuis n'empêche pas l'inscription d'avoir produit son effet à l'égard de cet acquéreur. Car l'acquéreur est devenu obligé personnel par ses offres, et il s'est subrogé au lieu et place du débiteur.

C'est ce qui a été jugé par arrêt de la cour de cassation en date du 24 février 1830 (1), dans une espèce où le sieur Froidefond, pour éviter les poursuites des créanciers inscrits, avait fait le délaissement de deux immeubles acquis par lui du sieur de Rastignac. Mais plus tard il avait déclaré vouloir reprendre la chose, en vertu de l'art. 2173 du Code civil. A l'époque où il fit cette offre, l'inscription du sieur Laferté-Papillon était encore valable. Froidefond, ne se hâtant pas de tenir ses promesses, fut assigné en paiement par Laferté. Mais à ce moment l'inscription de ce dernier était tombée en péremption. Froidefond soutint que le défaut de renouvellement de son inscription le rendait non recevable à inquiéter un tiers détenteur. Ce moyen fut tour à tour proscrit par la cour de Bordeaux et par la cour de cassation. Il est clair que Froidefond, obligé personnel des créanciers légalement inscrits au moment de la reprise, était sans droit pour critiquer ce qui avait pu altérer *ex post facto* l'exis-

(1) Dal., 30, 1, 139. *Infrà*, n° 826 *bis*.

tence de leurs inscriptions. Ce n'est pas sur une inscription qu'un créancier *personnel* a besoin de s'appuyer. Ce n'est pas d'une inscription que dépend l'obligation d'un débiteur *personnel.*

Mais si l'inscription produit tout son effet à l'égard du tiers détenteur, l'a-t-elle produit aussi sur le prix promis entre créanciers ?

L'affirmative me paraît certaine. Les rangs assis sur l'immeuble ont été reportés sur la somme offerte, et l'hypothèque a été mobilisée. Y ayant une promesse de paiement faite à la masse des créanciers sous la condition implicite que chaque paiement irait trouver les inscriptions suivant les rangs existans lors des offres, il n'a plus été nécessaire de renouveler ces inscriptions.

Mais si le paiement n'était pas effectué, et s'il fallait recommencer des poursuites hypothécaires et donner à l'hypothèque un nouvel essor, soit pour aller chercher l'immeuble en mains tierces, soit pour en dessaisir celui qui aurait manqué à sa parole, je ne crois pas qu'on pût dire que, sous ce rapport, l'inscription a produit son effet.

727. Le délaissement fait par l'acquéreur est-il une cause qui dispense du renouvellement des inscriptions ?

La négative me paraît incontestable.

Le délaissement, comme nous le verrons plus bas (1), ne dépouille pas l'acquéreur de la propriété, il ne lui fait perdre que la possession. Par lui-même il n'opère pas la mobilisation de l'hypo-

(1) Nos 785, 786, 825.

thèque ou la conversion en prix. Pour obtenir ce dénouement des charges hypothécaires, il faut ou faire vendre la chose dans la forme des expropriations forcées (art. 2174), ou bien obtenir du tiers détenteur qu'il reprenne la chose en offrant de payer le prix.

Il est donc indispensable de renouveler les inscriptions, soit jusqu'à l'adjudication définitive, soit jusqu'à l'offre autorisée par l'art. 2173 du Code civil.

727 *bis*. On a agité la question de savoir si, en cas de vente volontaire, la transcription suivie du délai de quinzaine, dispense du renouvellement des inscriptions. Mais je m'étonne qu'on ait saisi la cour de cassation d'un pareil doute. Il est bien manifeste qu'il n'y a rien dans la transcription suivie de quinzaine qui fasse produire aux inscriptions le moindre de leurs effets (1).

727 *ter*. J'ai dit ci-dessus (2) que ni la faillite ni l'ouverture de la succession, qui devient bénéficiaire ou vacante, ne dispensent du renouvellement de l'inscription.

728. On demande si l'inscription prise d'*office* par le conservateur dans l'intérêt du vendeur, dispense celui de ses créanciers à qui il a délégué le prix de renouveler son inscription hypothécaire. J'ai traité cette question avec ses distinctions et ses limitations au t. 1, n° 286 *ter*.

Je renvoie aussi à ce que j'ai dit au n° 364 sur la

(1) Arrêt du 15 décembre 1829. Dal., 30, 1, 7 et 8.
(2) N° 660.

question de savoir si le cessionnaire en vertu d'un acte sous seing privé, peut renouveler en son nom l'inscription hypothécaire de son cédant.

Article 2155.

Les frais des inscriptions sont à la charge du débiteur, *s'il n'y a stipulation contraire*; l'avance en est faite par l'inscrivant, si ce n'est quant aux hypothèques légales, pour l'inscription desquelles le conservateur a son recours contre le débiteur. Les frais de la transcription, qui peut être requise par le vendeur, sont à la charge de l'acquéreur.

SOMMAIRE.

729. Des frais d'inscription. A la charge de qui? Par qui avancés?

730. Les frais d'inscription ont le même rang que le capital inscrit, lorsqu'on les mentionne dans l'inscription.

730 *bis*. Le tuteur n'a pas de recours contre le mineur pour les frais de l'inscription qu'il prend sur lui-même.

730 *ter*. Tarif des frais d'inscription.

COMMENTAIRE.

729. Notre article décide quel est celui du débiteur ou des créanciers qui doit les frais d'inscription. La justice veut que ce soit sur le débiteur qu'ils retombent, à moins de stipulations contraires. C'est toujours lui qui est la cause que le créancier se trouve dans la nécessité de prendre

inscription. En droit, il est de principe que les frais sont à la charge de ceux qui les occasionent (1).

Quant aux frais de transcription, ils sont à la charge de l'acquéreur, d'après notre article; car l'acquéreur est le débiteur du vendeur. D'ailleurs, la transcription a un avantage direct pour l'acquéreur, puisque c'est d'elle qu'il se sert pour faire appel aux inscriptions, et parvenir au purgement de son immeuble.

Mais le conservateur n'est pas obligé d'exercer une action contre le débiteur pour recouvrer des frais d'inscription qui lui sont dus. Il faut que ce soit le créancier qui en fasse l'avance entre ses mains. Seulement celui-ci a son recours contre le débiteur. Dans cette dégradation, la loi a suivi l'échelle des intérêts. Le débiteur, cause première de l'inscription, doit les frais au créancier inscrivant. Mais le créancier inscrivant a plus d'intérêt à l'inscription que le conservateur, qui agit, non pas dans un intérêt privé, mais pour l'accomplissement des devoirs de sa charge. Ainsi l'inscrivant lui doit l'avance des frais.

Néanmoins cette gradation se trouve renversée quand il s'agit d'hypothèques légales. C'est bien sur le débiteur que retombent toujours les frais en définitive. Mais celui qui requiert l'inscription de l'hypothèque légale n'est pas obligé d'en faire l'avance au conservateur; car il agit souvent d'une manière désintéressée, et dans la seule vue de la

(1) Origine de notre article, loi du 11 brum. an 7, art. 24.

publicité. Ce sont tantôt des parens ou des amis, tantôt le procureur du roi ou le receveur de l'enregistrement, qui requièrent l'inscription. Il n'eût pas été juste de les forcer à faire les avances des frais (1).

730. Lorsque l'inscrivant prend le soin de faire porter dans l'inscription le montant des frais d'inscription, il me paraît certain que, comme accessoire nécessaire, ils jouissent de la même hypothèque que le capital inscrit.

M. Persil va même jusqu'à décider que la mention de ces frais n'est pas nécessaire dans l'inscription pour qu'ils obtiennent le même rang que le capital (2). Mais cette opinion est détruite par l'art. 2148, qui exige que l'inscription énonce le montant des accessoires (3).

730 *bis*. L'art. 24 de la loi du 11 brumaire an 7 autorisait les tuteurs des mineurs, des interdits, etc., à porter en dépense dans leur compte de gestion les frais des inscriptions prises sur eux au profit de ceux dont ils administrent les intérêts.

M. Persil pense que cette disposition doit continuer à être appliquée sous le Code civil (4).

Nous sommes au contraire d'avis qu'elle a été abrogée par notre article, qui, en ne répétant pas cette partie de l'art. 24 de la loi du 11 brumaire an 7, a laissé le tuteur sous l'empire de la règle

(1) Orig., loi du 21 ventose an 7, art. 23.
(2) Art. 2155, n° 1.
(3) M. Dalloz, hyp., 404, n° 32.
(4) Art. 2155, n° 4.

que les frais d'inscription sont dus par le *débiteur* (1). Mais cette innovation ne nous semble pas heureuse.

730 *ter*. Quant au tarif des droits d'inscription et transcription, on peut consulter l'excellent article *Enregistrement* du Répert. de M. Dalloz (2).

ARTICLE 2156.

Les actions auxquelles les inscriptions peuvent donner lieu contre les créanciers seront intentées devant le tribunal compétent, par exploits faits à leur personne, ou au dernier des domiciles élus sur le registre, et ce nonobstant le décès soit des créanciers, soit de ceux chez lesquels ils auront fait élection de domicile.

SOMMAIRE.

731. Des actions contre les créanciers à raison de l'inscription. Elles ont pour objet la radiation de l'inscription ou sa réduction.

732. Du tribunal compétent. Caractère de l'action en radiation. Conciliation de deux opinions qui semblent contraires.

733. Compétence lorsqu'il y a contestation près d'un autre tribunal pour l'exécution ou liquidation d'une condamnation indéterminée.

734. Compétence pour l'action en réduction.

735. Forme de la demande en réduction ou radiation.

(1) M. Dalloz, Hyp., p. 249.

(2) P. 484 et suiv.

COMMENTAIRE.

731. Notre article s'occupe des actions à intenter contre les créanciers pour raison de leurs inscriptions (1). Pour en développer l'esprit, je dois faire connaître quel est le but de ces actions, le tribunal compétent pour en connaître, et la forme dans laquelle elles sont intentées.

Les actions dont parle ici notre article sont celles qui ont pour objet d'obtenir la main-levée ou la radiation des inscriptions hypothécaires. Elles peuvent être fondées sur plusieurs causes différentes. L'inscription peut contenir des vices radicaux de forme, et l'action tend à prouver seulement la nullité, et à obtenir, par voie de conséquence, la radiation. L'inscription peut avoir été prise sans titre et hors les cas prévus par la loi; ou bien le titre qui a servi de base à l'inscription est nul ou irrégulier, alors l'objet principal est de démontrer cette nullité; ou bien le titre est éteint et soldé, et la main-levée est la conséquence de la libération; ou bien enfin l'hypothèque se trouve effacée par les voies légales, comme par jugement, prescription ou purgement (2).

L'inscription peut encore donner lieu à une demande en réduction, lorsqu'elle est excessive. Par exemple, si la créance est indéterminée, et que l'inscrivant fasse une évaluation démesurée, le dé-

(1) Par qui peuvent-elles être intentées? *Infrà*, n° 745.

(2) Disp. de l'art. 2160 du Code civil.

biteur peut demander la réduction, car son crédit y est intéressé.

732. Mais quel est le tribunal compétent pour connaître de ces contestations?

Notre article ne s'explique pas à cet égard. Il élude la difficulté, en disant que les actions dont il s'agit seront portées devant le tribunal compétent. Il laisse à décider, suivant les circonstances, quel peut être le tribunal à qui il faut recourir. Cette réserve est prudente; en effet, il arrive très-souvent que la demande en main-levée n'est que l'accessoire d'une contestation préjudicielle relative à l'appréciation du titre, et rentrant dans la classe des actions personnelles. Elle peut aussi dépendre du résultat d'une contestation pendante à un autre tribunal sur la validité du titre (1). L'art. 2156 ne pouvait descendre dans le détail de tous ces cas. Il laisse les choses sous l'empire des principes généraux; d'ailleurs on verra que dans plusieurs articles de la section suivante, relative à la radiation des inscriptions, le législateur pose des règles de compétence qui ne pouvaient trouver place ici. Mais, comme la marche du commentateur n'est pas toujours celle de la loi, je dois m'arrêter ici plus long-temps que ne l'a fait notre article, et entrer dans des développemens qui mettent sa pensée dans son jour.

En elle-même, l'action en main-levée d'inscription est *réelle*. Son but principal est de libérer

(1) V. *infrà*, n° 743 *bis*, et l'arrêt de la cour de cassation qui y est cité.

l'immeuble; l'inscription s'imprime sur la chose et la suit, en quelque main qu'elle passe : elle est donc réelle sans aucun mélange de personnalité. Il est dès lors évident que l'action qui tend à la faire disparaître doit avoir les mêmes caractères.

Or, c'est un principe certain que, dans les matières réelles, le tribunal compétent est celui de la situation des biens (art. 59 du Code de procédure civile). Aussi verrons-nous, par l'art. 2159, que la connaissance des actions en radiation est attribuée au tribunal dans le ressort duquel l'inscription a été faite (1).

Lorsque la question de validité de l'inscription pour vice de forme est la seule de laquelle dépende la demande en main-levée, il ne peut s'élever aucune incertitude sur le caractère de réalité attaché à l'action. Nul doute qu'alors il ne faille saisir le tribunal de la situation des biens.

Mais la question peut présenter plus de difficultés lorsque la radiation dépend de l'appréciation du titre qui sert de fondement à l'hypothèque. Le débiteur peut demander la radiation en soutenant que le titre est entaché du vice de fraude, de dol ou d'erreur; qu'il y a défaut de capacité, soit parce qu'il a été passé par une femme non autorisée ou par un mineur non assisté de son tuteur. Or, la question de savoir si une obligation est valable, est personnelle. Ne peut-on pas dire que la demande en radiation lui est ici purement accessoire,

(1) M. Persil, art. 2156. M. Grenier, t. 1, n° 94. M. Dalloz, Hyp., p. 449.

et que la réalité de l'action en radiation doit céder à la personnalité de la demande en nullité de l'acte ?

Cette opinion est celle de M. Grenier. Il enseigne que « la demande en radiation prend toujours son fondement dans une nullité d'engagement, qu'on ne peut venir à la main-levée de l'inscription sans faire prononcer la nullité de l'engagement, qu'il n'y a rien dans tout cela que de personnel, ou du moins que ce qu'il y a de réel est entièrement subordonné à ce qui est personnel (1). »

M. Tarrible semble décider au contraire que l'action en main-levée doit être portée devant le tribunal de la situation des biens, et qu'il n'y a d'exception à ce principe que 1° dans le cas de condamnation éventuelle ou indéterminée, sur l'exécution de laquelle il y a litispendance devant un autre tribunal : c'est ce qui résulte de l'art. 2159 du Code civil ; 2° dans le cas où, d'après le même article, il y aurait eu convention de porter la contestation devant un tribunal désigné (2). C'est aussi ce que pense M. Pigeau (3), qui, sans distinguer, dit qu'il faut saisir le tribunal de la situation des immeubles. L'opinion de M. Grenier a encore contre elle un arrêt de la cour de Paris du

(1) T. 1, p. 188, 189. *Junge* Dalloz, Hyp., p. 449, n° 2: Carré (*de la Compét.*, t. 1, p. 482), et un arrêt de la cour de cassation du 1er prairial an 12. Dalloz, *Act. person.*, p. 225, et *Hypoth.*, p. 451.

(2) Répert., v° Radiation, n° 10, p. 590.

(3) T. 2, p. 425, n° 2.

9 mars 1813, dont cet auteur ne parle pas (1).

Dans l'espèce, les héritiers Picard avaient assigné Vaignon et Costé devant le tribunal de Versailles, pour voir ordonner que des contrats constitutifs de rente, dont ces derniers étaient porteurs, seraient supprimés comme entachés de féodalité, que les inscriptions auxquelles elles avaient donné lieu seraient rayées de tous les registres où elles auraient pu avoir été faites.

Les défendeurs, qui n'habitaient pas l'arrondissement de Versailles, proposèrent un déclinatoire. Jugement du 28 août qui le rejette. « Attendu que la demande principale est celle en » main-levée d'inscription; que les autres demandes » connexes ne sont qu'accessoires. » Appel. — Les sieurs Vaignon et Costé soutiennent que l'action est purement personnelle, quelle a pour but principal l'extinction de l'obligation, et que la main-levée des inscriptious ne se présente que par voie de conséquence. Arrêt du 9 mars 1813, qui confirme, par le motif que la demande a été formée en matière réelle.

Cet arrêt peut s'appuyer de la disposition de l'art. 2159, et s'expliquer de la manière suivante. Le législateur a certainement prévu qu'il arriverait souvent que lors d'une demande en radiation, le titre serait attaqué pour irrégularité. C'est lui-même qui le dit dans l'art. 2160, et cependant il n'attribue pas moins au tribunal de la situation des biens le jugement de l'action (art. 2159). C'est

(1) Dal., v° Action personnelle, p. 225, *ad notam.*

qu'il considère les discussions relatives au titre comme des incidens connexes servant à éclaircir le mérite de la demande en radiation. C'est que ces discussions ne sont qu'accessoires à la demande principale, qui est ici la radiation. L'on sait qu'il n'est pas nouveau en droit de voir des questions très-importantes agitées incidemment à une demande de moindre considérat on. Une question d'état peut s'élever incidemment à une question de propriété, et n'être en réalité que l'accessoire. Les lois 3, au C. *De judiciis*, et 1, C. *De ordine judiciorum*, ont formellement prévu ce cas.

Quelque graves que soient les deux opinions que je viens de rappeler, je crois néanmoins devoir en proposer une troisième moins exclusive, mais plus conforme aux principes généraux. L'article 59 du Code de procédure civile a consacré l'existence de certaines actions qu'il appelle *mixtes*, parce qu'elles réunissent en elles le mélange d'un caractère de personnalité et d'un caractère de réalité. Or, cette réunion des deux natures se rencontre précisément dans l'action en radiation, lorsque, pour réussir, le demandeur attaque en même temps le titre qui a servi de base à l'inscription. Il y a personnalité, en tant que l'effort de la demande tend à faire détruire le lien de droit formé par l'obligation. Il y a réalité, en tant que le demandeur, se posant comme propriétaire, demande, contre tout possesseur, l'affranchissement de son immeuble et s'appuie sur le *jus in re*. Dès-lors, l'art. 59 du Code de procédure civile devient la règle de l'action, et l'on peut saisir ou le juge du

lieu du domicile ou celui de la situation des biens.

L'art. 2159 ne contrarie pas ce système; il ne dispose que pour le cas où l'action en radiation est purement réelle, et où aucun mélange de personnalité ne vient modifier sa nature. Il ne prévoit que l'hypothèse où la conclusion de l'action est limitée à la radiation, sans que d'autres questions, également importantes, viennent compliquer le débat. Il suppose que, soit par jugement antérieur, soit par transaction ou autrement, il y a eu décision sur le titre, et qu'il ne s'agit plus que de statuer isolément sur l'inscription. Voilà, ce me semble, comment l'art. 2159 doit être entendu pour le concilier avec l'art. 59 du Code de procédure civile; sinon, il poserait une règle trop absolue, et il donnerait à la partie réelle de la demande une préférence sur la partie personnelle qui répugne au système de conciliation et d'égalité que le Code de procédure a fait prévaloir (1).

733. Lorsque l'inscription a eu lieu pour sûreté d'une condamnation éventuelle ou indéterminée sur l'exécution ou liquidation de laquelle le débiteur et le créancier prétendu sont en instance ou doivent être jugés dans un autre tribunal, alors la demande en radiation doit y être renvoyée. C'est la disposition de l'art. 2159; je reviendrai là-dessus en commentant cet article.

(1) On trouvera de plus amples détails sur l'action mixte dans mon commentaire sur *la Vente*, n°s 624 et suiv., et 805 et suiv. J'y examine les diverses opinions que les auteurs anciens et modernes ont soutenus à l'égard de cette action. Voyez, sur la radiation des inscript., *infrà*, n°s 742 et suiv.

Si le créancier et le débiteur ont fait convention de porter la demande à un tribunal désigné, cette clause doit recevoir son exécution, et la compétence ordinaire cède à celle qu'ont choisie les parties (art. 2159).

734. A l'égard de la demande en réduction, elle est portée au tribunal de la situation des biens (art. 2161).

735. En ce qui touche la forme de la demande en radiation ou réduction, il faut distinguer si elle est principale ou incidente.

Lorsqu'elle est principale, elle s'intente par exploit. Cet exploit a lieu dans la forme ordinaire. Il est fait à personne, ou bien au *domicile élu dans* l'inscription. Ce domicile étant celui que le créancier a choisi, il ne peut se plaindre d'y recevoir plutôt qu'à son domicile réel des assignations qui lui sont données. Il y a quasi-contrat à cet égard entre lui et les tiers, et ce quasi-contrat subsiste, quand même il y aurait décès du créancier ou de celui chez qui est faite l'élection de domicile. Cette circonstance peut être ignorée du demandeur : celui-ci n'est tenu de s'en rapporter qu'à ce qui lui est indiqué dans l'inscription.

Si l'inscription ne contenait pas d'élection de domicile, alors le demandeur devrait chercher le défendeur à son domicile réel ; mais on devrait faire retomber sur le créancier défendeur, coupable d'omission, les frais auxquels aurait donné lieu soit la recherche du domicile réel, soit la né-

cessité de faire parvenir les actes de procédure à ce même domicile (1).

Si la demande n'était qu'incidente, elle devrait se former par acte d'avoué à avoué, comme toutes les demandes incidentes (2).

(1) *Suprà*, n° 679.
(2) Pigeau, t. 2, p. 426 et 429.

CHAPITRE V.

DE LA RADIATION ET RÉDUCTION DES HYPOTHÈQUES.

ARTICLE 2157.

Les inscriptions sont rayées du consentement des parties intéressées et ayant la capacité à cet effet, ou en vertu d'un jugement en dernier ressort ou passé en force de chose jugée.

SOMMAIRE.

736. La radiation est volontaire ou forcée.

737. Objet et effet de la radiation. Une inscription peut être radiée sans que le droit hypothécaire en soit atteint.

738. Formes du contrat *volontaire* de main-levée. Il est unilatéral. Conséquences de ceci.

738 *bis*. Quelles personnes ont capacité pour consentir à une main-levée d'inscription. Position de la femme commune et du mineur quand il s'agit d'accorder main-levée d'une inscription sur un immeuble appartenant à un tiers. Position de la femme commune quand il s'agit de consentir à une main-levée sur les immeubles de son mari. Distinction entre le cas où cette main-levée est consentie dans l'intérêt du mari ou dans l'intérêt d'un tiers. Capacité de la femme *séparée* de biens. Capacité du tuteur. Capacité du mineur émancipé. *Quid* à l'égard des communes, établissemens publics, trésor royal, etc. ?

739. De la radiation *forcée* ou ordonnée par jugement. Caractères du jugement qui l'ordonne. Comment doit être préalablement signifié? Est-ce au domicile élu ou au domicile réel? Dissentiment avec plusieurs auteurs et plusieurs arrêts.

739 *bis*. De l'appel du jugement de radiation. S'il peut être signifié au domicile *élu?*

740. De la radiation ordonnée dans certains cas par le juge-commissaire.

COMMENTAIRE.

736. Notre article ouvre la matière de la radiation des inscriptions hypothécaires, il dit que la radiation peut être volontaire ou forcée.

La radiation forcée est celle qui est ordonnée par jugement. La radiation volontaire est celle qui s'opère par le consentement des parties ayant capacité à cet effet. Le conservateur ne pourrait radier hors ces deux cas.

Arrêtons-nous un instant sur ce qui les concerne; mais avant tout fixons-nous bien sur l'utilité de la radiation.

737. La radiation est la conséquence soit d'un vice qui affecte l'inscription elle-même, soit de la nullité ou de l'extinction de l'hypothèque, dont elle est la manifestation (art. 2160 Code civil). Elle fait disparaître les traces de la publicité. C'est le moyen dont se sert le débiteur pour rétablir son crédit et annoncer au public qu'il est désormais libéré (1).

(1) M. Tarrible, Répert., v° Radiation, p. 585, col. 1, n° 5.

Un créancier qui consent à la radiation de son inscription n'est pas toujours (1) censé pour cela avoir nécessairement renoncé à son droit d'hypothèque. Car, comme le dit M. Tarrible (2), l'extinction de l'hypothèque et la radiation sont deux choses très-différentes (arg. de l'art. 2164). Un créancier peut, pour ménager le crédit de son débiteur, consentir à lever momentanément l'inscription qui grève sa propriété. Il fait déjà un très-grand sacrifice, puisqu'il consent par là à se laisser primer par tous ceux qui s'inscriront utilement pendant l'absence de son inscription. Mais il ne faudrait pas conclure de là qu'il ne pourrait pas faire reparaître ensuite son inscription. Tant qu'il n'a pas renoncé à son hypothèque, celle-ci subsiste et ne peut être altérée par des concessions faites pour en suspendre la publicité (3).

Voici un second exemple d'une application plus fréquente : l'on sait que, d'après la loi du 3 septembre 1807, lorsqu'il a été rendu un jugement sur une demande en reconnaissance d'obligation sous sein privé, formé avant l'échéance, il ne peut être pris d'inscription hypothécaire qu'à défaut de paiement de l'obligation. Supposons qu'un créancier prenne inscription contrairement à la loi du 3 septembre 1807. Évidemment le dé-

(1) Voyez cependant, au n° 738 *bis*, un cas d'exception où la radiation partielle de l'inscription fait supposer *nécessairement* la réduction du droit d'hypothèque.

(2) *Loc. cit.*

(3) Voy. un exemple de ceci dans un arrêt de cassation du 4 janvier 1831 (Dal., 31, 1, 62, 63).

biteur pourra exiger la radiation d'une inscription qui nuit à son crédit (1). Mais évidemment aussi cette radiation n'altérera en rien le germe de l'hypothèque contenu dans le jugement de reconnaissance (2).

738. Maintenant voyons ce qui concerne la radiation par consentement mutuel.

Ce consentement doit être contenu dans un acte authentique, conformément à l'art. 2158 du Code civil. On doit en remettre l'expédition au conservateur, et ici nous ferons remarquer que ce consentement, n'étant autre chose qu'une renonciation *extinctive* (3) de l'inscription, est un acte unilatéral qui n'a pas besoin de l'acceptation du débiteur. C'est une répudiation parfaite par la seule volonté du renonçant, ou, comme le dit très-bien Onuphrius Donadeus dans son traité de la renonciation (4), *pendens ab unius voluntate tantùm*; par cela seul que le consentement est donné, le créancier disparaît, et il est censé ne pas exister comme ayant rang sur l'immeuble; *de medio se tollit*, dit Deluca (5), *ità se faciendo vel habendo mortuum.*

Il suit de là que, le consentement à la main levée

(1) *Suprà*, n° 443.

(2) On trouvera, *infrà* n°s 773 et 858, deux exemples où la radiation de l'inscription n'empêche pas l'hypothèque de subsister. Voir aussi n° 958. Ainsi jugé au reste par arrêt de la cour de cassation du 2 mars 1830 (Dal., 30, 1, 149).

(3) *Suprà*, n° 600 *bis*, t. 2.

(4) Cap. 1, n° 5.

(5) *De renuntiat.*, t. 2, n°s 5 et 6.

étant donné par acte sérieux et authentique, le créancier ne pourrait le rétracter que pour dol et pour fraude. En règle générale, on ne peut reprendre un droit que l'on a éteint par sa volonté.

Ces considérations sont importantes pour le cas où le débiteur aurait omis de faire radier l'inscription, et où, après le consentement à une main-levée, il aurait hypothéqué à d'autres créanciers son immeuble. Il paraît certain que ces nouveaux créanciers auraient pris de plein droit la place laissée vacante par le renonçant, et qu'ils pourraient faire radier l'inscription abandonnée par lui, encore bien qu'il voulût se rétracter. C'est ce qu'a jugé la cour de cassation par arrêt du 4 janvier 1831 (1).

738 *bis*. Il n'y a que les personnes capables de consentir qui puissent former une pareille convention. Ainsi la femme commune non autorisée, le mineur sans son tuteur donneraient vainement main-levée de leurs inscriptions.

Mais si la femme est autorisée de son mari, si le mineur est assisté de son tuteur, tous les empêchemens sont levés.

Néanmoins ceci ne doit s'entendre que dans le cas où il s'agit de donner main-levée d'une inscription hypothécaire qui grève un immeuble appartenant à un tiers, ou bien lorsqu'il s'agit de dégager un immeuble appartenant au mari, mais

(1) Dal., 31, 1, 82. *Infrà*, n° 868. Arrêt conforme de la cour d'Agen du 19 mai 1836 (Sirey, 36, 2, 404. Dalloz, 36, 2, 114).

dans l'intérêt d'un tiers. Dans ce cas, la seule autorisation du mari ou du tuteur suffit pour rendre la radiation valable.

Cependant un arrêt de la cour de Poitiers du 10 août 1810, faisant une fausse application des art. 2144 et 2145 du Code civil, avait décidé qu'une femme mariée n'avait pu, quoique autorisée par son mari, donner main-levée de son inscription hypothécaire sur un bien que son mari vendait *à un tiers* conjointement et solidairement avec elle. Cette cour avait pensé que cette restriction d'hypothèque n'avait pu être consentie par la femme que d'après l'avis de quatre de ses plus proches parens. Mais cet arrêt fut cassé dans l'intérêt de la loi, par arrêt de la cour de cassation du 12 février 1811 (1).

En effet, le consentement des quatre parens n'est requis que lorsque la femme veut donner main-levée de quelques unes de ses inscriptions, dans l'intérêt unique de son mari; mais lorsque la femme contracte avec des tiers, il est bien certain qu'elle peut renoncer en faveur de ces tiers à son hypothèque légale, et par conséquent leur donner main-levée de son inscription (2).

Dans l'espèce de l'arrêt rendu par la cour de cassation, la dame Morisset avait figuré au contrat par lequel son mari avait vendu l'immeuble d'*Ecoulandie*, sur lequel elle avait inscription; par

(1) Répert., v° Transcription, *ad notam*, p. 118. Dalloz, Hyp., p. 443.

(2) *Suprà*, t. 2, nos 635 *bis* et 643 *bis*.

cela seul, elle avait renoncé à son hypothèque en faveur de l'acquéreur (1), et l'avait subrogé dans tous ses droits. Plus tard, elle avait consenti, avec l'autorisation de son mari, à la main-levée de son inscription, et c'est ce consentement que la cour de Poitiers trouvait insuffisant; mais il était facile de voir que l'acquéreur, étant subrogé aux droits de la femme, n'avait pas besoin de son consentement pour faire radier une inscription dont il était propriétaire.

Lorsqu'il s'agit d'une radiation qui a pour objet unique l'intérêt du mari, il ne suffit pas de présenter au conservateur le consentement de la femme et des quatre parens, il faut encore un jugement conformément aux art. 2144, 2145 du Code civil. De même que la sanction de la justice est nécessaire à la femme pour *restreindre* en faveur de son mari son hypothèque légale, de même il est raisonnable d'exiger l'intervention du juge pour la *radiation partielle* de ses inscriptions. Le motif de ceci est que, par la force des choses, la femme ne peut renoncer à ces mêmes inscriptions sans renoncer en même temps à son hypothèque; on ne peut pas dire d'elle ce que je disais dans le numéro précédent, savoir, qu'elle n'a fait que le sacrifice de son rang; car son rang ne dépend pas de l'inscription, c'est la loi qui le lui assigne. On ne saurait concevoir à quoi servirait la renonciation de la femme à l'inscription, si elle ne renonçait par là à partie de son droit d'hypothèque.

(1) *Suprà*, t. 2, n° 603.

Ce que je viens de dire a lieu également lorsque le tuteur demande la radiation d'inscriptions partielles prises sur ses biens au profit du mineur. La justice a dû nécessairement intervenir pour autoriser cette radiation, qui ne peut pas être volontaire (art. 2143 et 2145 Code civil). Le conservateur doit donc exiger le dépôt de l'expédition du jugement.

J'ai parlé d'une femme commune. Mais une femme séparée de biens peut-elle donner main-levée de son hypothèque sans l'autorisation de son mari? Cette question partage les auteurs. MM. Tarrible, Grenier et Persil sont d'avis que la femme a besoin de l'autorisation de son mari. M. Delvincourt (1) et M. Dalloz (2) adoptent une opinion contraire sur le fondement de l'art. 1449 du Code civil, et M. Dalloz cite (sans en donner ni le texte ni l'espèce) un arrêt de la cour de Turin, du 19 janvier 1811 (3), qui paraît l'avoir jugé ainsi.

Je crois devoir préférer ce dernier sentiment; l'art. 1449 permet à la femme séparée de disposer de son mobilier et de l'aliéner. Elle peut donc donner main-levée des inscriptions qui lui servent de garantie. A la vérité, l'art. 1449 défend à la femme séparée d'aliéner ses immeubles; mais une inscription n'est pas un immeuble dans le sens de l'art. 526 du Code civil; car le droit de poursuivre

(1) T. 3, p. 182, n° 6.

(2) Hyp., p. 441.

(3) Idem, p. 442, note 1.

l'immeuble hypothéqué peut survivre à l'inscription et n'être pas compromis par la radiation. D'ailleurs l'art. 1449 n'a entendu parler, à mon avis, que des droits immobiliers qui subsistent par eux-mêmes, et non de ceux qui sont subordonnés à un droit mobilier aliénable par la femme.

Le tuteur peut-il consentir à la radiation, sans une autorisation du conseil de famille? M. Tarrible, qui examine cette question, décide que le tuteur peut à lui seul donner la main-levée (1). En effet, dit-il avec raison, le tuteur a qualité pour recevoir un paiement dans l'intérêt de son pupille : il doit donc aussi donner quittance, et par conséquent libérer l'immeuble affecté à la sûreté d'une créance éteinte par le paiement.

M. Tarrible pense même que le tuteur pourrait donner main-levée de l'hypothèque, *sans recevoir le montant de la dette*. Car il peut recevoir les sommes mobilières dues au mineur et les dissiper. A plus forte raison peut-il donner décharge d'une sûreté accessoire; sa responsabilité reste seule engagée.

Je crois pouvoir élever des doutes sur cette doctrine, qui du reste a été condamnée par la cour de cassation (2).

L'acquiescement gratuit du tuteur à la radiation des inscriptions que le mineur a sur des tiers, peut compromettre les droits de préférence de ce dernier. Cela dépasse donc les pouvoirs du tuteur, dont l'administration est toute de protection

(1) Rép., Radiat., p. 83.

(2) 21 juin 1818, Rejet. Dal., Hyp., p. 447.

(art. 450). Le tuteur ne peut transiger qu'avec l'autorisation du conseil de famille (art. 467). Il ne peut acquiescer qu'avec la même autorisation à toute demande qui exposerait les droits immobiliers du mineur (art. 464). Or, le droit de préférence du mineur est menacé tant que l'inscription n'est pas là pour le conserver. Ses droits immobiliers éprouveraient donc un préjudice, contre le vœu de la loi, si le tuteur seul consentait gratuitement à la radiation.

On voit que le système de M. Tarrible peut être fatal au mineur. Il conduit jusqu'à mettre entre les mains du tuteur le pouvoir de rendre illusoire tous les droits hypothécaires du mineur. L'administration du tuteur ne peut avoir une si grande latitude. Si la loi lui a donné du pouvoir, c'est pour protéger les intérêts du mineur; elle veut qu'il soit enchaîné tant que ces intérêts peuvent être compromis. Cette opinion est au reste conforme à deux circulaires du ministre de la justice et du ministre des finances, des 29 frimaire et 14 nivose an 13, et à l'opinion de M. Grenier (1) et de M. Dalloz (2).

Le mineur émancipé, ne pouvant donner décharge d'un capital mobilier sans l'assistance de son curateur, ne peut non plus, sans ce dernier, donner main-levée de l'inscription qui protége ce capital (3).

(1) Hyp., t. 2, n° 521.

(2) Hyp., p. 441, n° 6.

(3) Arg. de l'art. 482 du Code civil. M. Grenier, t. 2, n° 522.

Mais comme le mineur émancipé peut toucher ses revenus et en donner décharge (1), il doit pouvoir consentir à la radiation de l'inscription prise pour sûreté de l'exécution du bail, quand ce bail est exécuté pleinement par le fermier; le consentement à la radiation n'est qu'une conséquence de l'acquittement entier de l'obligation contractée avec lui par le fermier et dont il a pu donner quittance (2).

D'après un décret du 11 thermidor an 12, les receveurs des établissemens de charité ne peuvent consentir volontairement aucune radiation, changement, ni limitation d'inscription hypothécaire, sans une décision spéciale du conseil de préfecture, prise sur une proposition formelle de l'administration, et sur l'avis du comité consultatif établi dans chaque arrondissement communal.

Lorsqu'il s'agit d'inscription prise au profit du trésor, le conservateur des hypothèques opère la radiation sur un certificat du trésor public constatant que le comptable n'est pas débiteur envers lui (loi du 5 septembre 1807, art. 9).

Dans le cas de notification pour purger conformément à l'art. 2183 du Code civil, si le trésor ne dépose pas dans trois mois à compter de cette notification, et au greffe du tribunal de la situation des biens vendus, un certificat constatant la situation du comptable, la main-levée a lieu de

(1) Art. 481 du Code civil.

(2) M. Dalloz, Hyp., p. 441, note.

droit et sans qu'il soit besoin de jugement (même loi, même art.).

On sait que toutes les dispositions de la loi du 5 septembre 1807 s'appliquent au trésor de la couronne (1).

739. La radiation, ai-je dit plus haut, peut être forcée : c'est quand elle est ordonnée par jugement.

Pour que la radiation puisse s'opérer en vertu d'un jugement, il faut que ce jugement soit rendu en dernier ressort ou passé en force de chose jugée.

Un jugement passe en force de chose jugée lorsqu'il n'est plus susceptible d'opposition ou d'appel (2).

Ainsi, s'il s'agit d'un jugement rendu par défaut contre une partie qui n'a pas d'avoué, le conservateur devra exiger qu'on lui justifie que, conformément à l'art. 159 Code de procédure civile, le jugement a été mis à exécution, de telle sorte que la partie a pu en avoir connaissance, et que cependant elle ne s'est pas opposée sur les actes d'exécution. On sait que ces sortes de jugemens sont susceptibles d'opposition jusqu'à l'exécution.

C'est pour cela que, par arrêt du 14 mai 1808,

(1) Jugé le 29 novembre 1834 par la cour de Douai (Sirey, 35, 2, 51), que le maire d'une commune n'a pas capacité pour donner, seul, radiation d'une inscription.

(2) Delvincourt, t. 3, p. 183, note 2. Grenier, t. 2, n° 526. Dal., Hyp., p. 442, note 2. Art. 548 du Code de procédure civile. Art. 5, t. 27, Ord. de 1667.

la cour de Paris a décidé que le conservateur des hypothèques n'était pas obligé de radier une inscription hypothécaire, lorsque le jugement qui ordonnait cette radiation avait été rendu par défaut contre une partie n'ayant pas avoué, et que le requérant ne justifiait pas avoir mis le perdant en demeure de faire opposition, par les actes d'exécution dont parle l'art. 159 du Code de procédure civile, et notamment par les poursuites pour se procurer le paiement des dépens du procès (1).

Lorsque le jugement est passé en force de chose jugée, le conservateur doit-il exiger en outre qu'il ait été signifié?

D'après l'article 147 du Code de procédure civile, les jugemens ne peuvent être exécutés qu'après avoir été signifiés à avoué, à peine de nullité; et les jugemens provisoires et définitifs, qui prononcent des condamnations, doivent être signifiés à la partie, à personne ou domicile, avec mention de la signification à avoué.

Cet article s'applique sans difficulté aux jugemens qui ordonnent une radiation.

Au reste, cette vérité est mise dans tout son jour par l'art. 548 du Code de procédure civile, portant ce qui suit :

« Les jugemens qui prononceront une main-
» levée, une radiation d'inscription hypothécaire,
» ou quelque autre chose à faire par un tiers, ne
» seront exécutoires par les tiers ou contre eux,

(1) Sirey, 8, 2, 227. Dal., Hyp., p. 446, note 2, n° 2.

» même après les délais de l'opposition ou de l'ap-
» pel, que sur le certificat de l'avoué de la partie
» poursuivante, contenant la date de la *significa-*
» *tion* du jugement faite au domicile de la partie
» condamnée, et sur l'attestation du greffier, con-
» statant qu'il n'existe contre le jugement ni oppo-
» sition ni appel. »

Mais cette signification, dont parle l'art. 548 du Code de procédure civile, doit-elle être faite au domicile élu par la partie condamnée, ou bien au domicile réel?

Cette question partage les tribunaux et les auteurs.

La cour de Turin, par arrêt du 29 novembre 1809, la cour d'Agen, par arrêt du 6 février 1810, celle de Colmar, par arrêt des 20 mars 1810 (1) et 17 mai 1828 (2), et enfin la cour de cassation, par arrêt du 29 août 1815, rendu spécialement sur la matière (3), ont décidé que la signification du jugement doit être faite au domicile réel, et non au domicile élu (4).

La cour de Bruxelles s'est rangée au contraire à l'opinion que la signification au domicile élu est suffisante (5).

Le premier avis est enseigné par MM. Mer-

(1) Dal., Exploit, p. 804.

(2) Dal., 28, 2, 223.

(3) Sirey, 15, 1, 430. Dal., Hyp., p. 446. Mais il s'agissait d'un jugement *par défaut*.

(4) Dans le même sens, arrêt de Paris, 21 janvier 1834 (Sirey, 34, 2, 553).

(5) Dal., Exploit, p. 801, col. 1 et 2.

lin (1) et Grenier (2), et par deux circulaires du ministre des finances, en date des 21 juin et 5 juillet (3).

Quant à M. Dalloz, on trouve le pour et le contre sur cette difficulté, dans sa collection alphabétique. Au mot *Hypothèque* (4) on lit « qu'aujourd'hui il n'est plus douteux que la signification ne » doive se faire au domicile réel. » Mais, au mot *Exploit* (5), on trouve une série de raisons pour donner la préférence au domicile élu.

Ce dernier avis est le seul véritable, quoique la majorité des arrêts et des auteurs tende à le repousser.

L'art. 111 du Code civil tranche la question. Cet article embrasse toutes les demandes, *significations* et poursuites relatives à l'acte qui contient l'élection de domicile. Or, il ne me paraît pas sérieux de soutenir que la signification du jugement portant radiation est étrangère à l'inscription. On a beau dire que le jugement termine les poursuites, qu'il donne naissance à une nouvelle procédure, qu'il substitue un nouveau titre à l'ancien !! cela n'est vrai qu'autant que le jugement est signifié, parce que c'est la signification qui clôt l'instance d'une manière complète.

On fait une objection qui a fait fortune, et qui a été répétée et par le ministre des finances, et

(1) Rép., t. 16, Domicile élu, p. 201.

(2) T. 2, p. 469.

(3) Voir dans Dal., Hyp., p. 442, note 4.

(4) *Loc. cit.*

(5) P. 796, n° 8.

par les auteurs, et par les arrêts, savoir, que l'art. 147 du Code de procédure civile, en décidant que la signification à avoué n'est pas suffisante, quoiqu'il y ait chez l'avoué *domicile d'élection* pour le procès, et en exigeant en outre la signification à personne ou domicile, a donné à entendre bien formellement qu'il fallait de toute nécessité une signification à domicile réel.

Mais, malgré le crédit dont elle jouit, cette objection me paraît sans force. D'abord, l'art. 147 ne dit pas que le jugement ne pourra être signifié *à la partie, au domicile* de son avoué; il dit seulement que la signification faite *à l'avoué* ne dispense pas de la signification à la partie; il laisse *sub judice* la question de savoir si cette signification *à partie* doit être faite au domicile réel ou au domicile élu.

De plus, supposons que l'art. 147 décide que la signification faite à la partie au domicile de son avoué soit insuffisante; s'ensuivra-t-il que cette décision doive s'étendre à tous les cas d'élection de domicile? Non sans doute; il ne faut pas confondre le domicile judiciaire, qui est de droit chez l'avoué, avec le domicile choisi par une volonté libre et résultant d'un contrat ou d'un quasi-contrat. Ce dernier dessaisit les juges naturels et transporte à d'autres juges la connaissance du débat; il porte sur un nouveau théâtre demandes, significations, poursuites. Au contraire, le domicile judiciaire, établi de droit chez l'avoué par l'art. 61 du Code de procédure civile, loin de dessaisir les juges naturels, suppose une de-

mande concomitante formée devant les juges ordinaires et compétens. Il suit la demande et l'accompagne chez l'avoué constitué, tandis que l'élection de domicile volontaire la détourne d'un ressort pour la porter dans un autre. Il n'y a donc aucune parité à établir entre ces deux domiciles. L'élection de droit est limitée aux simples actes de procédure, et comme elle n'est pas une substitution complète du domicile fictif au domicile réel, il faut que tous les actes qui ne sont pas de simple procédure aillent au véritable domicile. Mais l'élection de domicile volontaire, qu'elle soit faite par contrat, ou bien qu'elle résulte d'un acte unilatéral, est une substitution du domicile fictif au domicile réel, et tous les actes qui se rattachent à l'opération prévue peuvent donc être signifiés au domicile élu. L'art. 147 ne dit rien de contraire, et quand il parle de signification à partie ou à domicile, il entend aussi bien le domicile élu volontairement que le domicile réel. Car le premier équivaut au second. L'article 111 du Code civil reste donc avec tous ses effets.

Les mêmes raisons répondent aux objections qu'on pourrait tirer de l'art. 155 du Code de procédure civile.

On dit que ce système favorise les surprises; mais si le jugement est contradictoire, le défendeur étant averti a pu prendre ses précautions. Si la condamnation est par défaut, l'opposition est recevable jusqu'à l'exécution.

739 *bis*. L'appel du jugement de radiation peut

être signifié au domicile élu; l'art. 456 du Code de procédure civile ne s'y oppose pas, puisque le domicile élu est aussi un véritable domicile. L'appel est une demande, et à ce titre il tombe sous l'empire de l'art. 111 du Code civil, qui domine tout le procès pour y introduire sa fiction. C'est ce qui me paraît résulter d'une manière positive d'un arrêt de la cour de cassation du 23 avril 1818 (1). L'opinion contraire a été adoptée par arrêt de la cour de Paris du 8 janvier 1831 (2), sur le faux prétexte que l'art. 548 du Code de procédure civile exige que les significations soient faites au domicile réel; mais l'art. 548 ne dit rien de semblable; il exige une signification au *domicile de la partie condamnée;* mais il ne dit pas si c'est le domicile *réel* ou le domicile *élu*, et dès-lors il me semble que la cour de Paris devait tenir un peu plus de compte de l'art 111 du Code civil.

740. D'après l'art. 759 du Code de procédure civile, le juge-commissaire doit prononcer la déchéance des créanciers non produisans. D'après l'art. 776, il doit aussi prononcer la radiation des créanciers non utilement colloqués. Dans ces deux cas, l'ordonnance du juge-commissaire ne peut être attaquée ni par voie d'opposition ni par voie d'appel (3). Ainsi, sur le vu de ces ordonnances, l'adjudicataire peut requérir du conservateur la

(1) Dal., Exploit, p. 817.

(2) Dal., 31, 2, 55.

(3) Tarrible, v° Saisie immobilière, § 8, n° 4. Carré, art. 759. Grenier, t. 2, n° 528.

radiation, sans que cet agent soit fondé à exiger l'accomplissement des formalités dont parle l'article 548 du Code de procédure civile (1); car cet article ne s'applique évidemment qu'aux jugemens.

ARTICLE 2158.

Dans l'un et l'autre cas, ceux qui requièrent la radiation déposent l'expédition de l'acte authentique portant consentement, ou celle du jugement.

SOMMAIRE.

741. Des pièces qui doivent être remises au conservateur pour qu'il opère la radiation. L'acte de consentement à la radiation doit être *authentique*.

COMMENTAIRE.

741. Le conservateur n'est pas juge de la question de savoir si l'on requiert avec raison ou non la radiation; c'est un agent passif, chargé de l'exécution des ordres de la justice ou de la volonté des parties. Il faut donc placer sous ses yeux des preuves matérielles de l'obligation où il se trouve de consommer la radiation. C'est pour mettre sa responsabilité à couvert à cet égard, que la loi exige qu'on dépose entre ses mains une expédi-

(1) Voir *infrà*, n° 958, plusieurs exemples où la radiation de l'inscription, par suite de ces ordonnances, n'empêche pas l'hypothèque de subsister.

tion de l'acte *authentique* portant consentement à la radiation, ou du jugement qui l'ordonne. Notre article veut que l'acte de convention soit authentique. On a vu par l'art. 2152 que le cessionnaire qui veut faire opérer un changement de domicile sur l'inscription, doit justifier au conservateur d'une cession par acte authentique. Combien à plus forte raison l'authenticité de l'acte doit-elle venir tranquilliser le conservateur, lorsqu'il s'agit de faire disparaître et de radier l'inscription (1)?

(1) La cour de cassation a jugé, le 21 juillet 1830 (Sirey, 36, 1, 921), que le conservateur est fondé à exiger que le mandat, en vertu duquel la radiation est consentie, soit en forme authentique. Cette décision n'est pas contraire à ce que nous avons dit, en nous fondant sur un arrêt de la même cour, *suprà*, t. 2, nº 510, relativement à l'hypothèque consentie en vertu d'un mandat sous signature privée.

La cour suprême a pu voir dans les dispositions de l'art. 2157, une exception à la règle générale, qui veut que tout mandat, quel qu'en soit l'objet, donné par acte sous signature privée, ait la même force que s'il était en la forme authentique.

Remarquons, au surplus, que la cour suprême ne décide pas que la radiation opérée en vertu d'un acte authentique consenti par un mandataire sous signature privée ne serait pas valable, mais seulement que le conservateur pouvait se refuser à l'opérer. La radiation d'une inscription peut avoir des conséquences bien autrement graves que l'inscription elle-même, et l'art. 2158 semble, par ses termes, avoir eu pour but de mettre le conservateur à l'abri d'une surprise dont il serait responsable.

ARTICLE 2159.

La radiation non consentie est demandée au tribunal dans le ressort duquel l'inscription a été faite, si ce n'est lorsque cette inscription a eu lieu pour sûreté d'une condamnation éventuelle ou indéterminée, sur l'exécution ou liquidation de laquelle le débiteur et le créancier prétendu sont en instance ou doivent être jugés devant un autre tribunal, auquel cas la demande en radiation doit y être portée ou renvoyée.

Cependant la convention faite par le créancier et le débiteur de porter, en cas de contestation, la demande à un tribunal qu'ils auraient désigné, recevra son exécution *entre eux*.

SOMMAIRE.

742. Du tribunal compétent pour connaître de la demande en radiation. Renvoi. *Quid* du cas où il y a instance liée ou prête à l'être sur l'exécution de la sentence éventuelle ou indéterminée, en vertu de laquelle l'inscription a été prise?

743. Du cas où il y a entre les parties une convention spéciale sur la compétence.

743 *bis*. Du cas de litispendance.

744. Mais, de droit commun, le tribunal compétent pour connaître de la radiation est le tribunal de la situation des biens.

744 *bis*. La demande en radiation est susceptible des deux de-

grés de juridiction. Elle est dispensée du préliminaire de conciliation.

745. Par qui peut être intentée la demande en radiation.

745 *bis*. Privilége des frais de radiation à la suite d'un ordre.

COMMENTAIRE.

742. J'ai devancé les explications qui se rattachent à notre article par quelques détails, dans lesquels je suis entré sous l'art. 2156, relativement à la compétence du tribunal qui doit connaître des contestations élevées sur l'inscription. Les principes restant donc posés ainsi que je les ai déduits à l'endroit cité, il ne me reste plus qu'à entrer dans quelques observations qui tiennent de plus près à l'interprétation de l'art. 2159.

J'ai dit que le tribunal compétent pour juger les actions en radiation est le tribunal de la situation des immeubles (1). Mais j'ai parlé aussi, n° 733, d'une exception formellement établie par notre article. C'est lorsqu'après condamnation pour somme indéterminée, ou condamnation éventuelle, il y a des difficultés sur l'exécution ou la liquidation, et que ces difficultés sont pendantes ou doivent être jugées à un autre tribunal. Alors c'est ce tribunal qui est le juge de la radiation, quoiqu'il ne soit pas le tribunal de la situation des immeubles.

Par exemple, j'ai obtenu par jugement, que Pierre me paierait 10,000 francs, si son charge-

(1) Mais voyez les tempéramens avec lesquels cette règle doit être prise, n° 733.

ment de sucre et d'indigo n'arrivait pas le 10 octobre 1831, et j'ai pris inscription pour sûreté de cette condamnation sur les biens que Pierre possède à Orléans. Mais il s'élève une contestation entre Pierre et moi devant le tribunal de Bordeaux, pour savoir si la condition a été accomplie. Il est évident que, tant que cette instance sera pendante, je ne pourrai pas saisir le tribunal d'Orléans d'une demande à fin de radiation. Cette demande devra être portée au tribunal de Bordeaux. La raison en est qu'étant accessoire à la demande principale formée devant le tribunal de Bordeaux, sur la question de savoir si la somme de 10,000 francs est due, elle doit suivre le for où cette question, pour ainsi dire préjudicielle, est agitée. Cela rentre dans les dispositions de l'art. 171 du Code de procédure civile.

Cet exemple porte sur le cas où la question principale est pendante à un autre tribunal que celui de la situation des biens. Mais notre article va plus loin, il veut que le tribunal de la situation soit incompétent alors même que la question n'est pas encore pendante, pourvu qu'elle doive l'être ultérieurement devant un autre tribunal, d'après les règles de compétence ordinaire.

Par exemple, j'ai été condamné par jugement à vous garantir d'une éviction. Vous avez pris inscription sur mes biens à Nancy, jusqu'à concurrence de 10,000 francs. Si je veux demander radiation de cette inscription, et que je vous actionne à Nancy, vous aurez droit de demander votre renvoi devant le tribunal de la Seine, dans

le ressort duquel vous êtes domicilié, si vous prétendez que le cas d'éviction s'est vérifié (1).

743. Ce premier cas, où nous voyons le tribunal de la situation dessaisi, n'est pas le seul.

Notre article parle d'un second cas, qui a lieu lorsqu'il y a convention entre les parties pour que l'action en radiation soit portée à un tribunal déterminé. Mais cette stipulation est renfermée entre les parties contractantes, et ne change pas l'ordre des juridictions à l'égard des tiers (2).

743 *bis*. D'autres cas peuvent encore se présenter, quoiqu'ils ne soient pas mentionnés dans notre article. Par exemple, la radiation peut dépendre d'une instance *pendante* près le tribunal du *domicile* du défendeur, et relative à la validité du titre.

Ce cas diffère de celui dont j'ai parlé au n° 742, parce que je n'avais alors en vue que des difficultés nées ou à naître sur l'exécution d'un *jugement de condamnation*, tandis qu'ici j'ai en vue des difficultés élevées sur un titre *conventionnel*. Or, quoique l'art. 2159 ne parle que des difficultés survenues sur des jugemens de condamnation, il me paraît certain que la raison de décider est la même, et que la demande en radiation n'est pas tellement de la compétence du tribunal de la situation des biens, qu'il ne faille renvoyer la demande aux juges premiers saisis de la question de validité de la convention ; c'est ce qui s'induit

(1) M. Tarrible, Répert., Radiation, p. 590.

(2) MM. Jolivet et Treilhard, Conf., t. 7, p. 210, 211.

d'un arrêt de la cour de cassation du 5 mai 1812 portant réglement de juges (1). On peut se reporter au surplus à ce que j'ai dit *suprà*, n° 733, sur certains principes de la matière.

744. Mais lorsque des motifs pareils ou de connexité ou de litispendance n'existent pas, et qu'il n'y a pas de question préjudicielle, il ne faut pas hésiter à dire que le tribunal compétent est celui de la situation des biens.

Cette vérité est prouvée de plus en plus par un arrêt de la cour royale de Paris, du 23 mai 1817 (2), dans une espèce dont voici le sommaire.

Un arrêt avait annulé un jugement arbitral en vertu duquel une inscription hypothécaire avait été prise. On avait pensé que la demande en radiation devait être portée *de plano* devant la cour, comme appelée à juger des difficultés relatives à l'exécution de ses arrêts. Mais ce système ne fut pas accueilli. D'après l'art. 472 du Code de procédure civile, il fut jugé qu'y ayant attribution de juridiction au juge de la situation des biens, c'était par devant lui qu'il fallait intenter l'action (3).

744 *bis*. La demande en radiation est une demande ordinaire et susceptible des deux degrés de juridiction. C'est ce qu'a jugé l'arrêt précité de la cour de Paris.

(1) Sirey, 13, 1, 251. Dal., Hyp., p. 451 et 449, n° 3. Grenier, t. 1, p. 190, n° 94. Persil, art. 2159. *Contrà*, M. Tarrible, Répert., Radiation, p. 590.

(2) Sirey, 18, 2, 20. Dalloz, Hyp., p. 449, n° 4.

(3) Opinion, Conf. M. Tarrible, Répert., Radiation, p. 590.

Ce même arrêt décide que pareille demande n'est pas dispensée du préliminaire de conciliation. M. Grenier est d'un avis contraire (1), et je le crois préférable, parce que, dans une telle matière, il est rare qu'il n'y ait pas urgence.

745. Voyons maintenant qui peut demander la radiation. La demande en radiation émane ordinairement du débiteur, qui a intérêt à faire disparaître l'inscription pour que son crédit ne s'en trouve pas plus long-temps altéré. Elle peut être aussi intentée par l'acquéreur ou l'adjudicataire, qui n'est pas moins intéressé à effacer les traces de l'hypothèque sur l'immeuble qui passe dans ses mains. Enfin, elle peut être dirigée dans un ordre par un créancier, contre le créancier porteur d'une inscription nulle ou irrégulière qui le primerait (2).

745 *bis*. On a vu, t. 1, n° 127, que les frais de radiation à la suite d'ordre sont privilégiés et doivent être prélevés par l'adjudicataire sur le prix.

Article 2160.

La radiation doit être ordonnée par les tribunaux lorsque l'inscription a été faite sans être fondée ni sur la loi ni sur un titre, ou lorsqu'elle l'a été en vertu d'un titre soit irrégulier, soit éteint ou soldé, ou lorsque les droits de privilége ou d'hypothèque sont effacés par les voies légales.

(1) T. 1, n° 95.

(2) Répert., Radiation, p. 591, n° 11.

SOMMAIRE.

COMMENTAIRE.

746. Toutes les causes qui donnent lieu à l'extinction de l'hypothèque peuvent former le sujet d'une demande en radiation. Je ne veux pas en ce moment approfondir ces causes d'extinction de l'hypothèque; je m'en occuperai sous l'art. 2180, on peut y recourir.

Mais l'extinction de l'hypothèque suppose que l'hypothèque a été valable pendant un certain temps. Il serait cependant possible que le droit hypothécaire n'eût jamais été constitué d'une manière valable. Ce serait encore un autre motif pour que le tribunal ordonnât la radiation.

Enfin il pourrait arriver que, l'hypothèque étant valablement constituée, l'inscription fût cependant nulle dans la forme; il y aurait alors également lieu à la radiation; seulement, le créancier pourrait prendre une nouvelle et plus régulière inscription, s'il en était encore temps. Mais cette inscription ne procurerait de rang que du jour où elle aurait été prise (1).

Il s'est élevé plusieurs questions pour savoir quand il y avait lieu à radiation de l'inscription prise par l'acquéreur sur les biens du vendeur, pour sûreté de promesse d'éviction.

(1) V. *infrà*, n° 767.

Ces questions sont plutôt de fait que de droit. Tout ce qu'on peut dire, c'est que l'inscription ne peut être levée que lorsque le danger d'éviction est passé sans retour. Mais l'appréciation de ceci dépend évidemment des circonstances (1).

746 *bis.* Lorsque la radiation a été opérée, encore bien qu'elle l'ait été sans motif légal, l'inscription radiée ne peut jamais être opposée au créancier qui a contracté postérieurement, sur la foi d'un certificat négatif du conservateur des hypothèques. C'est ce qu'ont jugé des arrêts positifs (2), qu'on doit approuver (3).

Ainsi une inscription est radiée en vertu d'un arrêt que la cour de cassation casse de ce chef : le rétablissement de l'inscription ne pourra nuire à ceux qui ont contracté avec la certitude de sa radiation et dans le moment de son absence légale (4). Mais à l'égard des créanciers antérieurs, elle sera censée n'avoir jamais cessé d'exister, ainsi qu'il a été jugé par arrêts de la cour de Paris du 12 juin 1815, et de la cour de Douai du 10 janvier 1812 (5).

(1) V. les arrêts rapportés par Dal., Hyp., p. 226, 227 et 448.

(2) Cassat., 26 janvier 1814 (Dal., Hyp., p. 444). Paris, 15 avril 1811 (idem).

(3) *Suprà*, t. 2, n° 644 *ter*.

(4) Dal., Hyp., p. 442, n° 3.

(5) Dal., *loc. cit.*, p. 444, 445, note n° 2.

ARTICLE 2161.

Toutes les fois que les inscriptions prises par un créancier qui, d'après la loi, aurait droit d'en prendre sur les biens présens ou sur les biens à venir d'un débiteur, sans limitation convenue, seront portées sur plus de domaines différens qu'il n'est nécessaire à la sûreté des créanciers, l'action en réduction des inscriptions, ou en radiation d'une partie en ce qui excède la proportion convenable, est ouverte au débiteur. On y suit les règles de compétence établies par l'article 2159.

La disposition du présent article ne s'applique pas aux hypothèques conventionnelles.

SOMMAIRE.

747. Liaison. De l'action *en réduction* des inscriptions. Cas où elle est ouverte. Sommaire de notre article. En quoi il diffère des art. 2143 et 2144.

748. Motifs qui ont fait établir l'action en réduction. C'est la faveur pour la spécialité.

749. L'action en réduction n'est pas ouverte pour les hypothèques conventionnelles. Elle n'a lieu que pour les hypothèques générales. Motifs. Erreur de M. Grenier.

750. A qui est ouverte l'action en réduction. Elle n'appartient qu'au débiteur, et non aux créanciers entre eux. Du concours de l'hypothèque générale avec la spéciale. L'hypothèque générale doit toujours conserver sa plénitude. On ne peut la forcer à se replier sur d'autres biens qu'elle affecte.

768. Peut-on demander la réduction pour hypothèque antérieure au Code civil. Dissentiment avec M. Dalloz et avec quelques arrêts.

COMMENTAIRE.

847. Après avoir parlé des cas où l'inscription doit être radiée pour cause de nullité, ou pour absence d'hypothèque, le Code s'occupe du cas où la manifestation de l'hypothèque est restreinte dans sa généralité, et où par conséquent il y a lieu à radiation partielle.

D'après notre article, l'action en réduction du nombre des inscriptions est ouverte dans tous les cas où il y a hypothèque générale et où l'inscription frappe sur plus de domaines différens qu'il n'est nécessaire à la sûreté de la créance. Le tribunal compétent est celui déterminé dans l'art. 2159. L'action en réduction ne peut avoir lieu que pour les hypothèques légales ou judiciaires. Elle n'a pas lieu pour les hypothèques conventionnelles.

Tel est le sommaire de notre article. Il est introductif d'un droit nouveau. Il diffère des cas prévus dans les articles 2143 et 2144 du Code civil, en ce que, dans les deux articles, le législateur a en vue la réduction de l'hypothèque elle-même, la restriction du fond du droit, au lieu que, dans notre article, il ne prévoit que la réduction du nombre des inscriptions, de telle sorte qu'en certains cas l'inscription peut se reproduire si cela est nécessaire (arg. de l'art. 2164). Ainsi, dans le cas de l'art. 2161, l'hypothèque subsiste toujours; seulement elle sommeille, elle ne peut

se manifester au dehors, sauf à reparaître ultérieurement s'il y avait nécessité absolue (1). Au contraire, dans le cas des art. 2143 et 2144, l'hypothèque est éteinte et les immeubles sont complétement affranchis.

748. Si l'on recherche les motifs qui ont donné lieu aux dispositions de l'art. 2161, on les trouve aisément dans l'affection du législateur pour la spécialité. Partout il cherche, autant que possible, à restreindre les hypothèques dans des limites plus favorables au crédit du débiteur, et à ramener les créanciers qui ont une hypothèque générale à une affectation spéciale, plus en harmonie avec la publicité qu'une affectation générale. Les créanciers dont les inscriptions sont diminuées ne peuvent s'en plaindre. On ne les force à lever leur main-mise sur une portion des biens du débiteur, qu'autant qu'il lui en reste suffisamment pour garantir leurs droits.

749. Mais la faculté de faire réduire le nombre des inscriptions ne s'applique qu'aux hypothèques légales et judiciaires; elle ne s'applique pas aux hypothèques conventionnelles.

La raison en est que, lorsque le débiteur s'est engagé par la convention à hypothéquer ses biens présens, et, en cas d'insuffisance, ses biens à venir au fur et à mesure des acquisitions, il ne s'est soumis à cette obligation que pour rassurer son créancier, et parce que ce dernier en faisait la condition de son prêt. Le débiteur ne peut donc exiger une

(1) Art. 2164, et Arg. de l'art. 2131.

modification à un contrat qui est son ouvrage.

Au contraire, cette raison disparaît lorsqu'il s'agit d'hypothèques dont la cause est étrangère à une convention. La loi qui les donne n'a pas statué pour des cas particuliers; elle a parlé en général, et il serait possible que ses dispositions pussent froisser quelques intérêts. Alors elle vient elle-même à leur secours, et fait fléchir, par un motif d'utilité, ce que l'utilité lui avait fait établir (1).

Toutefois, comme il n'y a rien de plus naturel que de défaire par une convention ce qu'une convention a formé, le créancier et le débiteur peuvent faire un traité pour restreindre l'hypothèque conventionnelle. Ce que la loi défend, c'est que la réduction d'une hypothèque de ce genre soit demandée et obtenue par *voie d'action* (2).

M. Grenier pense cependant que, lorsque l'hypothèque conventionnelle embrasse les biens présens et à venir, le débiteur peut demander la réduction du nombre des inscriptions, si le créancier lui donnait une étendue excessive comparativement au montant de la dette (3). Mais je ne puis concilier cette opinion avec le texte si formel de notre article. Vainement M. Grenier oppose-t-il qu'on ne doit pas livrer le débiteur à la fantaisie, à la dureté ou à une crainte chimérique du créancier. La loi s'oppose à cette commisération d'au-

(1) *Infrà*, n° 772.

(2) V. *infrà*, n° 959 *ter*.

(3) T. 1, p. 135, n° 63.

tant plus déplacée, que le débiteur a à s'imputer d'avoir souscrit un engagement sans limites.

750. La réduction du nombre des inscriptions de l'hypothèque légale ou judiciaire ne peut être demandée que par le débiteur. C'est ce qui résulte de ces expressions *l'action en réduction est ouverte au débiteur*. Les autres créanciers n'ont pas qualité pour la demander (1), à moins qu'ils n'exercent les droits de leur débiteur (2).

Je dois examiner cependant si, dans le cas de concours d'une hypothèque générale avec une hypothèque spéciale, le créancier qui a une hypothèque spéciale ne peut pas exiger que le créancier à hypothèque générale soit renvoyé à faire valoir ses droits sur les biens existans et suffisans pour acquitter l'obligation.

Cette grave question, qui se lie au principe de l'indivisibilité de l'hypothèque, et à celui de la réduction des hypothèques excessives, est susceptible de nombreuses difficultés d'application.

Cependant elle paraît simple en point de droit. Il semble qu'on puisse dire sans hésiter que, l'hypothèque générale étant indivisible, il appartient au créancier de choisir celui des immeubles grevés sur lequel il préfère exercer son droit.

C'est ce que portaient les lois 2, D. *qui potior*, et 6 C. *eod. tit.*

« Qui generaliter bona debitoris pignori accepit, eo potior est, cui posteà prædium ex his

(1) M. Tarrible, vº Radiation, p. 492, col. 1.

(2) Dalloz, Hyp., p. 436, nº 20.

» bonis datur, *quamvis ex cœteris pecuniam suam* » *redigere* possit », dit la première de ces lois.

La seconde ajoute : « Si generaliter bona sint » obligata et posteà res alii specialiter pignori den- » tur, quoniam ex generali obligatione potior ha- » betur creditor qui anteà contraxit, si ab illo » priore tempore tu comparasti, non oportet te » ab eo qui posteà credidit, inquietari (1). »

Sur quoi Voët dit, d'après Carpzovius (definit. forens., part. 2, const. 23, def. 29) et Brunemann, sur la loi 2, au D. *qui potior*,... « Solâ generali » munitus anteriore... potior est eo cui specialiter » posteà res quædam ex generaliter devinctis obli- » gatæ fuerunt, idque in ipsis illis rebus specialiter » posteriori obligatis, *etiamsi creditori anteriori fa-* » *cilè fuerit ex rebus aliis generaliter obligatis suum* » *consequi*, cùm non debuerit ei per supervenien- » tem hypothecam specialem adimi jus suum eli- » gendi ex generaliter obligatis eam rem, cujus » persecutionem sibi faciliorem, aut commodio- » rem, aut tutiorem arbitratur (2). »

Ces règles sont fondées sur le principe que l'hypothèque est indivisible, qu'elle affecte toutes les portions de la chose grevée, *est tota in toto et in quâlibet parte.*

Supposez que Primus ait une hypothèque judiciaire sur tous les biens de Paul. On vend par expropriation forcée le fonds Cornélien grevé d'une hypothèque postérieure spéciale au profit de

(1) Pothier, Pand., t. 1, p. 571, no 15.
(2) Voët, lib. 20, t. 1, no 15.

Secundus. Secundus pourra-t-il opposer à Primus qu'il peut se faire payer sur les autres biens de Paul, qui sont suffisans et qu'il doit préalablement discuter? Primus ne pourra-t-il pas répondre victorieusement que son hypothèque porte sur le fonds Cornélien comme sur tous les domaines appartenant à Paul; que le renvoyer à discuter ces autres domaines serait apporter à son hypothèque une restriction qui n'est pas dans la loi, et que le créancier ne peut pas obtenir; car si le législateur ouvre une action en réduction, ce n'est pas pour les créanciers, c'est pour le débiteur seul?

En principe et en droit, il n'y a rien à répondre à ces raisons de Primus.

651. Néanmoins on conçoit que l'équité puisse élever la voix en faveur du créancier à hypothèque spéciale, qui par une combinaison malheureuse est exposé à se trouver privé de sa garantie hypothécaire. En effet, le créancier à hypothèque générale peut absorber le gage commun sur lequel il a priorité. Que reste-t-il à Secundus? rien absolument qui puisse servir d'aliment à son hypothèque. Et cependant si Primus, au lieu de porter son action sur le fonds Cornélien, l'eût dirigée sur les autres immeubles du débiteur, chacun eût été payé intégralement : Primus eût été rempli du montant de son hypothèque générale. Secundus aurait touché la totalité de la somme pour laquelle une hypothèque spéciale lui avait été consentie.

La conciliation de l'intérêt du créancier à hypo-

thèque spéciale avec celui du créancier à hypothèque générale a excité la sollicitude des auteurs qui ont écrit sur le nouveau système hypothécaire. Mais ils ont rencontré dans leur route de grandes difficultés; l'on peut dire de cette matière ce que Cujas disait d'un passage d'une loi romaine « *qui » versus crux est juris studiosorum* (1). »

Essayons de pénétrer dans ce labyrinthe; nous ne pourrons tenir une route sûre qu'en distinguant les cas.

752. En premier lieu, lorsqu'un seul des immeubles soumis à l'hypothèque générale est vendu ou saisi, quoique cet immeuble soit grevé d'une hypothèque spéciale postérieure, seul et unique gage du second créancier, ce second créancier ne peut exiger que le créancier à hypothèque générale qui le prime aille se faire payer sur d'autres biens. Les principes sur l'indivisibilité de l'hypothèque résistent à cette prétention. Le créancier muni d'une hypothèque générale antérieure ne peut être contraint à se livrer à une discussion longue, embarrassée, et qui retarderait son paiement. Sans quoi, l'hypothèque générale serait pour lui un fardeau, au lieu de lui procurer des avantages; mieux vaudrait pour lui une hypothèque spéciale qui ne l'exposât pas à ces exceptions dilatoires. Faudrait-il donc que ce créancier procédât à grands frais, et non sans d'interminables délais, à ces expropriations forcées, tandis qu'un créancier postérieur en date serait payé

(1) Quæst. Papin, lib. 13, *ad leg. ult. de cond. inst.*

avant lui sur des sommes déjà liquides? Telle n'a pas pu être l'intention du législateur. On a vu tout à l'heure ce que disaient les lois romaines à cet égard. J'ajoute à leur autorité celle de Cujas. « Et respondet Papinianus privilegio temporis » in eo prædio potiorem esse, eum cui generaliter omnia bona obligata sunt, *etiam si*, » *omisso illo prædio, possit ex aliis bonis redigere* » *suam pecuniam; mavult enim redigere ex hoc* » *prædio*, repulso posteriore creditore, cui tantùm id prædium specialiter et nominatim obligatum erat... est autem in arbitrio creditoris » ex rebus sibi obligatis, quibus velit electis, ad » suum commodum pervenire. L. *Cred.* D. *de* » *dist. pignor.* (1). »

Pour joindre l'exemple au précepte afin de me faire mieux comprendre, je prie le lecteur de se reporter à l'espèce que je posais tout à l'heure. Il fera bien attention que dans mon hypothèse on ne saisit ou on ne met en vente que le fonds Cornélien, et que les autres biens du débiteur ne sont pas l'objet d'un ordre, et qu'ils sont même libres d'hypothèques spéciales.

Je m'attends bien à ce qu'on va plaindre Secundus, qui se trouve ainsi privé de son gage, tandis qu'il eût été possible à Primus de trouver son paiement sur d'autres biens.

Mais d'abord Secundus doit s'imputer à lui-même de n'avoir pas exigé lors de la stipulation une hypothèque plus étendue. Il devait prévoir le

(1) Quæst. Papin., lib. 3, sur la loi 2, D. *Qui potior.*

concours désavantageux qui se réalise, et prendre ses mesures pour n'en être pas victime. Pour réparer sa négligence, il ne peut forcer Primus à restreindre son hypothèque.

Ensuite Secundus a un moyen très-simple de se mettre à couvert de la perte dont il est menacé. Au lieu de renvoyer Primus à se faire payer sur d'autres biens, il n'a qu'à payer lui-même Primus, et se faire subroger dans ses droits (art. 1251, n° 1, Code civil). Alors il saisira les autres biens; il est beaucoup plus juste que Secundus fasse ces diligences, qui sont toutes dans son intérêt, que Primus, dont la préférence ne peut souffrir d'atteinte (1).

Ce premier cas ne peut comporter beaucoup de difficultés. Mais c'est maintenant qu'on va les voir successivement naître de la complication de nouveaux intérêts qui se mêlent à la contestation.

753. Primus a une hypothèque générale sur le domaine A et le domaine B, pour une condamnation à une somme de 100,000 francs portée dans un jugement inscrit le   décembre 1825.

Caïus, son débiteur, donne ensuite une hypothèque spéciale à Secundus sur le domaine A pour

(1) Jugé par arrêt de la cour de Rouen du 26 novembre 1818, que celui qui a payé le créancier à hypothèque générale de ses deniers, lui est subrogé, et peut exercer ses droits sur les autres immeubles grevés de son hypothèque générale. Dal., Hyp., p. 416, n° 4. Quant aux principes de la subrogation légale, voyez *suprà*, n° 355, t. 1. Arrêts analogues, cassation 21 décembre 1836 (Sirey, 37, 1, 54) Paris (Sirey, 36, 2, 159. Dalloz, 36, 2, 79).

une somme de 50,000 francs ; cette hypothèque est inscrite le 4 janvier 1826.

Puis, le même Caïus consent à une hypothèque de 100,000 francs sur le domaine B, au profit de Tertius, qui s'inscrit le 1er janvier 1827.

Le domaine A est saisi et adjugé pour une somme de 110,000 francs. Primus se présente à l'ordre avec son hypothèque générale, et demande à être colloqué en ordre utile pour la somme de 100,000 francs. Si sa demande est écoutée, il ne restera sur le prix que 10,000 francs pour Secundus, qui par cet arrangement perd 40,000 francs ; au contraire Tertius, favorisé par le hasard heureux qui a voulu que le domaine B ne fût pas saisi le premier, verra ce domaine dégrevé de l'hypothèque de Primus, et recouvrera la totalité de son dû, quoique postérieur en hypothèque à Secundus. Ainsi, voilà un caprice du sort, un accident, qui dérange tous les calculs de la prudence et conserve intacts les droits du créancier le plus nouveau, tandis que celui qui a contracté avec le débiteur à une époque où sa fortune était moins grevée, et sa solvabilité plus grande, éprouve une perte presque totale.

Pour parer à ce résultat si peu tolérable, Secundus forcera-t-il Primus à diviser son hypothèque, et à en porter partie sur le domaine A, partie sur le domaine B ? C'est la première difficulté.

754. Je ne crois pas que cela soit possible. J'en ai dit la raison. M. Tarrible est aussi de cet avis (1).

(1) Répert., Transcript., p. 128, col. 1, alin. *On ne peut forcer.*

Cependant le contraire a été jugé par un arrêt de la cour de Paris, du 5 avril 1811, dont voici l'espèce.

Boucot vendit une terre dans le département de Seine-et-Marne pour payer ses créanciers. — Il possédait aussi à Paris une maison.

Un ordre s'ouvrit au tribunal de Melun, sur le prix de la terre dont j'ai parlé. La dame Boucot fut colloquée en 1er ordre pour son hypothèque légale. Elle absorba la totalité du prix. — Alors une dame Langlé, qui avait hypothèque spéciale sur cette terre, demanda que la dame Boucot fût tenue de diviser son hypothèque, et d'en porter une partie sur la maison située à Paris, laquelle était spécialement hypothéquée en second ordre à un sieur Boisselin. Car, sans cette division, l'hypothèque de la dame Langé fût devenue illusoire. — Le tribunal de Melun rendit, le 28 juin 1810, un jugement qui rejeta cette prétention. Mais, par arrêt du 5 avril 1811, la cour de Paris infirma la décision des premiers juges. « Elle considéra que » si les créanciers ayant une hypothèque générale » pouvaient épuiser la totalité du prix de l'un des » biens dont *l'ordre serait ouvert le premier*, il en » résulterait que les hypothèques spéciales données » sur le même bien deviendraient illusoires et sans » effet, tandis que les biens situés dans d'autres » départemens se trouveraient libérés des hypo- » thèques légales, ce qui serait contraire à l'é- » quité. » En conséquence, la cour ne maintint la collocation de la dame Boucot que pour ses re-

prises, elle la renvoya à se faire colloquer pour son douaire sur la maison située à Paris (1).

Je ne crois pas que cet arrêt puisse faire autorité : la dame Boucot, ayant une hypothèque générale indivisible, ne pouvait être forcée par un créancier postérieur à elle, à la réduire et à la diviser. C'était suspendre arbitrairement un droit qui ne pouvait éprouver de retards.

Aussi la cour de Paris paraît-elle en être revenue aux véritables principes dans un incident de cette même affaire. En effet, la dame Boucot, étant venue se faire colloquer sur la maison située à Paris, le sieur Boisselin, voyant que les fonds manquaient sur lui, fit tierce opposition à l'arrêt du 5 avril 1811, et demanda que la dame Boucot fût colloquée sur chacun des immeubles proportionnellement au marc le franc de la créance. Ainsi, l'on voit que chacun repoussait la dame Boucot par un système de division différent, et que, créancière antérieure en date, elle ne pouvait se faire colloquer nulle part. Ce résultat était bien la meilleure preuve du vice des doctrines consacrées par le premier arrêt de la cour de Paris. Aussi, par arrêt du 14 novembre 1814, le système du sieur Boisselin fut-il rejeté par ces motifs extrêmement remarquables : « Attendu que le créan» cier ayant hypothèque sur plusieurs immeubles » peut *à son gré* exercer la totalité de son droit *sur » un seul d'entre eux*, ou diviser son action de la » manière qui lui conviendra davantage, sans que

(1) Sirey, 14, 2, 343.

» le créancier postérieur puisse le contraindre à » agir autrement (1). »

Il faut donc tenir pour constant que Secundus ne pourra dans mon exemple obliger Primus à diviser son hypothèque (2).

755. Quel moyen lui sera donc ouvert pour faire en sorte que la perte ne retombe pas sur lui seul? Deuxième difficulté.

Je parlais tout à l'heure de la voie du paiement avec subrogation. M. Grenier pense que ce moyen est très-efficace (3), et cette opinion est incontestable. Voici ce qui en résulterait. Secundus, payant à Primus les 100,000 francs qui lui sont dus, serait subrogé à son hypothèque générale : alors, faisant ce que Primus n'aurait pas voulu faire parce qu'il n'y avait pas d'intérêt, mais ce que lui, Secundus, aura un grand avantage à pratiquer, il divisera l'hypothèque générale dont il est devenu le maître, et en fera la répartition de la manière suivante : 60,000 francs seraient portés sur l'immeuble A; il resterait de libre 50,000 francs que Secundus prendrait pour sa créance personnelle; puis il ferait porter les 40,000 francs restans de la créance de Primus, sur l'immeuble B. De là il résulterait que Tertius perdrait 40,000 francs; mais il ne pourrait s'en plaindre. Il est le dernier en hypothèque. En prêtant ses fonds, il a dû savoir

(1) Sirey, 14, 2, 343. Dal., Hyp., p. 415.

(2) Arrêt de cass. du 4 mars 1833 (Dalloz, 33, 1, 125) Bordeaux, 26 février 1834 (Dalloz, 36, 2, 101). Voir toutefois ce que nous disons sous le n° 760.

(3) T. 1, p. 369. *Junge* Dalloz, Hyp., p. 399 et 400.

que la fortune de son débiteur était hypothécairement grevée d'une dette de 150,000 francs ; il n'a pu s'attendre à ce que son hypothèque lui procurât quelque chose de plus que le paiement effectif de 60,000 francs (1).

756. Cependant M. Tarrible, qui a adopté sur cette matière un système à lui, assure que le paiement fait à Primus, avec la subrogation légale, serait pour Secundus *vain et illusoire.* Voici comment il raisonne.

Secundus, muni de la subrogation, a deux droits distincts : son droit originaire, et celui de Primus. Mais lorsqu'on fera la distribution du prix de l'immeuble A, il ne pourra s'empêcher de prendre en 1er ordre 100,000 francs comme représentant Primus, son subrogeant ; que lui resterait-il donc pour son droit originaire ? 10,000 francs, de même que s'il n'y avait pas eu de subrogation à son profit ; car il ne pourra pas agir sur l'immeuble B, comme représentant Primus, puisqu'au moyen de la collocation de 100,000 francs à lui accordée en cette qualité, l'hypothèque de Primus a été éteinte. Ainsi, tout l'effet de la subrogation se bornera à recouvrer d'une main les 100,000 francs qu'il aura payés de l'autre pour acquérir la subrogation (2).

On voit que M. Tarrible raisonne comme si Secundus était assez mal avisé pour ne pas diviser

(1) Voir les arrêts de la cour de cassation et de Bordeaux, cités au numéro précédent.

(2) Rép., Transcript., p. 128, col. 2.

l'hypothèque qu'il tient de Primus, et n'en pas reporter une portion sur l'immeuble B. Mais, comme c'est précisément pour pouvoir opérer cette division que Secundus s'est fait accorder une subrogation, nul doute qu'il ne fasse une opération qui seule peut le mettre à couvert, et dont Tertius n'a pas à se plaindre.

757. Mais il faut prendre garde que le moyen de la subrogation ne soit mis habilement en œuvre pour placer en tête de la collocation un créancier postérieur en rang. La fraude est industrieuse; on l'a vue mettre à profit une combinaison fondée sur la justice pour faire triompher des droits inférieurs en rang et éconduire des créanciers plus favorables.

Voici comment cela peut arriver. Je raisonne dans l'hypothèse que je m'étais proposée tout à l'heure, et je prends les domaines A et B, hypothéqués à Primus, Tertius et Secundus, dans l'ordre dont j'ai parlé.

Supposons donc qu'au lieu de faire saisir le domaine A, Primus, en vertu de son hypothèque générale, fasse saisir le domaine B, qui est adjugé pour une somme de 100,000 francs; Tertius, qui voit que cette somme va être absorbée par Primus, paie à Primus ce qui lui est dû, et se fait subroger dans son hypothèque générale. Alors il reporte l'hypothèque de Primus sur le domaine A; puis, après avoir pris en extinction de son droit originaire les 100,000 francs provenant du prix de l'immeuble B, il demande à être colloqué sur l'immeuble A pour les 100,000 francs montant

de la somme pour laquelle Primus a eu hyppthèque générale. Il résulte de là que Secundus ne touche que les 10,000 francs restans, et que Tertius, prêteur qui lui est postérieur, a reçu l'intégralité de sa créance de 100,000 francs.

Si la doctrine que je défendais tout à l'heure amenait à ce résultat, elle serait vicieuse, il faudrait la rejeter. Mais il n'en est pas ainsi, et Tertius se trompe ou veut tromper la justice par un calcul astucieux.

Quels que soient les arrangemens de Tertius avec Primus, il ne peut améliorer son droit aux dépens de Secundus, et toucher la totalité de la créance dernière en rang, au préjudice d'un créancier qui lui est antérieur en hypothèque. Quand Tertius a contracté avec le débiteur commun, il n'a pu compter, déduction faite des charges hypothécaires, que sur 60,000 francs de biens libres. Vainement essaie-t-il d'arriver à un résultat différent en déplaçant à son gré l'hypothèque générale dont il s'est rendu maître. Le juge devra exiger que l'hypothèque générale soit répartie de manière que les hypothèques spéciales conservent leur effet suivant l'ordre des inscriptions, et que les fonds ne viennent à manquer que sur les hypothèques dernières inscrites (1).

Ainsi Secundus, qui a prêté 50,000 francs à une époque où le débiteur, propriétaire d'une for-

(1) Ainsi jugé par arrêt de la cour de Paris du 28 août 1816, dans une espèce qui mérite d'être consultée si l'on veut voir un exemple des subtilités que suggère l'intérêt privé. Dal., Hyp., p. 415, 416.

tune de 210,000 francs, ne devait que 100,000 fr., a eu la certitude qu'il serait payé de son dû. Il faut donc diviser cette hypothèque générale que Tertius a acquise, de manière que Secundus touche ses 50,000 francs. Le bénéfice de la subrogation ne produira à Tertius que l'avantage d'être payé de 60,000 francs, qu'il aurait perdus sans elle. On voit donc que, si elle n'est pas aussi efficace que le voudrait Tertius, elle produit, même dans ce cas, une utilité réelle.

758. Lorsque les créanciers postérieurs en hypothèque spéciale n'ont pas pris la précaution de se faire subroger par le paiement effectué entre les mains du créancier antérieur muni d'une hypothèque générale, il faut décider sans hésiter que si cette hypothèque générale absorbe le prix, et que les fonds viennent à manquer sur eux, ils sont tout-à-fait sans droits à faire valoir sur les autres biens du débiteur.

Ainsi, si l'hypothèque générale est portée sur l'immeuble A, et que Secundus omette de prendre la voie de la subrogation pour succéder à Primus et attaquer l'immeuble B, il se plaindra vainement que les fonds viennent à manquer sur lui.

M. Tarrible pense cependant que la subrogation doit avoir lieu de plein droit (1).

Mais il est fort bien réfuté par M. Grenier (2). M. Tarrible crée en effet ici une sorte de subro-

(1) Rép., Transcript., p. 128 et 129.

(2) T. 1, p. 365, n° 179. V. aussi Delvincourt, t. 3, n° 9, p. 163, et Dal., Hyp., p. 399.

gation légale dont il n'est pas question dans la loi. On ne conçoit donc pas comment elle pourrait avoir lieu ; car les subrogations ne doivent pas être étendues d'un cas à un autre. Le créancier à hypothèque générale qui a été payé doit donner main-levée de son inscription. Son hypothèque n'existe plus. Comment pourrait-on être subrogé à ce qui n'existe pas? dit M. Grenier.

Je dois avouer néanmoins que le système de M. Tarrible a été adopté par un arrêt de la cour de Rouen du 14 mars 1826 (1); la cour convient que la subrogation qu'elle admet n'est pas précisément dans les termes du § 1er de l'art. 2151 du Code civil; mais elle ajoute qu'elle est éminemment dans son esprit. Car le créancier à hypothèque générale se remplissant de sa créance intégrale sur le prix d'une portion des immeubles affectés à une hypothèque spéciale (postérieure), il est vrai de dire que, par une fiction de droit, le créancier spécial est réputé avoir payé de ses deniers. En d'autres termes, *il paie en moins prenant*, comme disait M. Lepetit, avocat-général, dans ses conclusions conformes à l'arrêt.

J'avoue qu'il m'est impossible de concevoir que le créancier postérieur puisse payer avec des deniers qui ne lui appartiennent pas, qu'il n'a pas le droit de toucher, qui sont acquis par première hypothèque au créancier antérieur. De bonne foi, est-ce là interpréter franchement la loi?

(1) Dal., 27, 2, 7.

N'est-ce pas lui faire violence par des subtilités frivoles?

La cour de Rouen ajoute que le système contraire ouvrirait la porte à la plus grave des déceptions, en donnant à un créancier par hypothèque générale le moyen de sacrifier l'hypothèque spéciale la plus ancienne, à l'hypothèque la plus récente. Mais il me semble que la cour royale se trompe encore ici. Que le créancier dont l'hypothèque spéciale se trouve menacée par le concours de l'hypothèque générale, paie conformément à l'art. 1251 du Code civil, et l'on verra s'il y a possibilité de sacrifier qui que ce soit. Au reste, l'arrêt de la cour de Rouen que je viens de citer me paraît devoir faire d'autant moins d'impression, qu'il a été rendu dans une espèce où la personne qui contestait la subrogation était sans intérêt, comme la cour le remarque elle-même.

On doit préférer, à mon avis, un arrêt de la cour de Poitiers du 22 avril 1825, qui a jugé que la subrogation légale ne pouvait avoir lieu au profit du créancier, qui, primé par une hypothèque générale de nature à absorber la totalité du prix, ne se plaçait pas dans le cas prévu par l'article 1251, n° 1, du Code civil Quelle que soit la répugnance qu'on puisse avoir à prononcer une déchéance sévère, il faut s'y résigner pour sauver les principes, dont il n'est pas permis de s'écarter en droit, sans ouvrir la porte au plus violent arbitraire. Pourquoi d'ailleurs le créancier a-t-il été

assez négligent pour ne pas user des ressources que la loi mettait à sa disposition (1)?

Il existe, dans le sens de ce dernier arrêt de la cour de Poitiers, un arrêt de la cour de Riom du 2 décembre 1819 (2), et un arrêt de la cour de Toulouse du 15 juin 1827 (3). Enfin c'est cette opinion que la cour de cassation a fait triompher par arrêt du 17 avril 1830 (4), en rejetant un pourvoi formé contre un arrêt de la cour de Lyon du 27 avril 1828.

759. Jusqu'à présent j'ai raisonné dans le cas où une portion seulement des biens hypothéqués était vendue, et où les autres n'étaient pas attaqués. J'ai montré que le créancier ayant hypothèque générale ne pouvait être contraint par des créanciers postérieurs à la morceler et à la diviser; que ces derniers devaient veiller à leurs intérêts par le paiement avec subrogation, afin de faire par eux-mêmes des diligences et discussions qui eussent lésé les intérêts d'un créancier premier en rang et dont les droits ne doivent souffrir ni division ni retard.

Je viens maintenant au cas où tous les biens du débiteur sont mis en vente, mais où l'on procède à des ordres dans des tribunaux différens. Les principes sont les mêmes à cet égard que pour le cas précédent; car le créancier à hypothèque

(1) Dal., 25, 2, 169.
(2) Dal., Hyp., p. 417, n° 5.
(3) Dal., 28, 2, 23.
(4) Idem, 30, 1, 306. Voyez sur tout ceci préface, p. lxxix.

générale, premier en date, souffrirait d'un renvoi à un ordre dont l'issue peut être longue, et qui se fait dans un tribunal éloigné de son domicile.

760. Mais lorsque tous les biens grevés de l'hypothèque générale ne donnent lieu qu'à un ordre unique, alors il est plus facile de concilier tous les droits, par une division de l'hypothèque générale qui ne nuit pas à celui à qui elle appartient. On peut même dire que ce n'est pas une division de l'hypothèque, mais une division de collocation, qui n'altère pas le grand principe de l'indivisibilité de l'hypothèque.

La seule difficulté qu'on puisse agiter serait de savoir si l'hypothèque générale doit être répartie sur tous les immeubles vendus au marc le franc de leur valeur, ou si, au contraire, la division doit se faire en ayant égard à l'antériorité des droits acquis, et en cherchant à les conserver intacts autant que possible.

M. Tarrible veut que la division se fasse au marc le franc (1); suivant M. Grenier, au contraire, on doit faire la collocation de manière à ce que les créanciers les plus anciens dans leurs hypothèques spéciales soient payés par préférence (2). Tel est aussi le sentiment que j'émettais tout à l'heure (3). Il a été consacré par arrêt de la cour de cassation, du 16 juillet 1821 (4).

(1) Rép., Transcript., p. 129, col. 2.

(2) T. 1, p. 383.

(3) N° 577.

(4) Sirey, 21, 1, 360. Dal., Hyp., p. 413.

Je vais en retracer l'espèce, en évitant les longueurs et les circonstances inutiles dans mon objet actuel.

En 1816, vente des biens appartenant au sieur Solignac et situés dans l'arrondissement de Mende. Ils sont divisés en quatre lots formés ainsi qu'il suit :

1er *lot.* Maison d'habitation et pré de Ville-Rousset, 45,000 francs.

2e *lot.* Domaine de Ramades, 50,000 francs.

3e *lot.* Maison et enclos des Cordeliers, 10,200 f.

4e *lot.* Pré à la Champ, 1,050 francs.

Voici le nombre et le rang des créanciers du sieur Solignac.

1° La dame Solignac pour sa dot, montant à 37,525 francs.

2° Broussous, créancier de 28,000 francs, et inscrit à la date du 9 décembre 1814, *sur la maison et le pré de Ville-Rousset.*

3° Divers autres créanciers ayant hypothèque spéciale sur chacun des biens de Solignac, excepté néanmoins ceux hypothéqués à Broussous.

4° Ignon, créancier de 13,253 francs ayant hypothèque spéciale sur tous les biens situés dans l'arrondissement de Mende.

Un ordre s'ouvre pour le prix total de ces immeubles vendus 106,750 francs.

Le juge-commissaire colloqua en premier ordre la dame Solignac pour le montant de sa dot. Il décida que la somme serait prise, savoir, 8,260 fr. sur le premier lot, 19,549 francs sur le second

lot, 1,042 francs sur le quatrième lot. Le surplus sur le troisième.

Ensuite il colloqua Broussous sur le prix du premier lot pour la totalité de sa créance.

En troisième lieu, différens autres créanciers furent colloqués à leur tour sur les autres biens.

Enfin, le sieur Ignon fut colloqué pour ses 13,253 francs. Mais les fonds manquèrent sur lui. Il réclama contre la collocation, soutenant que la créance de la dame Solignac devait être répartie sur tous les lots au marc le franc de leur valeur; que, la créance de cette femme formant à peu près le tiers du prix total des biens vendus, elle aurait dû prendre dans le premier lot le tiers, c'est-à-dire 15,000 francs au lieu de 8,000 francs.

Par cet arrangement, les autres lots se seraient trouvés dégrévés d'une somme de 7,000 francs, et Ignon aurait profité de ce dégrèvement, tandis que Broussous aurait vu sa créance amoindrie d'autant. Cette prétention du sieur Ignon fut tour à tour rejetée par le tribunal de première instance de Mende et par la Cour de Nîmes.

Sur le pourvoi en cassation, le sieur Ignon développa le système de M. Tarrible. Mais la cour régulatrice maintint l'arrêt attaqué, par décision du 16 juillet 1821, au rapport de M. Trinquelague, et sur les conclusions conformes de M. Jourde.

« Attendu qu'il résulte de l'arrêt attaqué, que » l'inscription hypothécaire du sieur Ignon est » postérieure à toutes celles qui ont été colloquées » avant lui dans la distribution du prix; attendu » qu'aucune loi, dans le concours de l'hypothèque

» générale avec les hypothèques spéciales, n'im» pose aux juges de faire sur les biens spécialement hypothéqués la répartition de l'hypothèque générale, au marc le franc de leur valeur; » attendu d'ailleurs qu'une pareille répartition, si » elle était admise en principe, pourrait devenir, » pour un débiteur de mauvaise foi qui aurait des » créanciers à hypothèque spéciale, un moyen de » frustrer ceux-ci d'une partie de leurs légitimes » créances, en contractant postérieurement des » dettes simulées, et y affectant les biens qui leur » étaient déjà spécialement hypothéqués;

» Que, s'il est de la nature de l'hypothèque » spéciale de restreindre son effet à l'immeuble » qui en est l'objet, il est aussi dans l'esprit général » du système hypothécaire d'avoir égard à l'antériorité des droits acquis, parce que le créancier » qui a prêté le dernier a eu bien moins de raison » que tous les autres de croire à la solvabilité du » débiteur commun (1). »

La dame Solignac était restée étrangère au débat entre Broussous et Ignon : car peu lui importait que son hypothèque fût divisée sur tel et tel lot. Il lui suffisait de toucher l'intégralité de la créance. Comme tous les biens vendus donnaient lieu à un seul et même ordre, elle n'éprouvait aucun des inconvéniens qu'amène la division, lorsqu'il y a lieu à deux ou plusieurs ordres différens.

Maintenant que devait faire le juge pour opérer

(1) Autre arrêt conforme de la cour de Poitiers du 15 décembre 1829 (Dal., 1830, 2, 125) et de la cour de Toulouse du 5 mars 1836 (Dalloz, 36, 2, 153).

une division qui pût concilier tous les droits des créanciers? Il devait considérer, comme il le fit, l'antériorité des droits. Broussous, en prêtant 28,000 fr. à un homme possédant 100,000 fr. de biens grevés seulement de 37,000 fr. de créances hypothécaires, a dû compter sur la certitude d'être intégralement payé de son dû. Les hypothèques postérieurement consenties ne peuvent lui nuire. La division de l'hypothèque générale doit s'effectuer de manière à ce que cette attente légitime soit remplie, et que des hypothèques postérieures n'aient pas sur lui un avantage aussi contraire à l'équité qu'à la commune intention des parties contractantes. On peut voir, dans les recueils d'arrêts, le développement des moyens proposés par Ignon à l'appui de son pourvoi: ces moyens roulent perpétuellement sur de pures équivoques et de véritables paralogismes.

761. On pourrait cependant croire que la répartition de l'hypothèque générale au marc le franc sur tous les biens qui lui sont soumis, a été consacrée par un arrêt de la cour de Paris, du 31 août 1810 (1): mais cet arrêt a été rendu dans des circonstances particulières, et ne me paraît pas devoir tirer à conséquence.

La dame de Larochefoucault exerçait le privilége de vendeur sur tous les biens appartenant à un sieur Goesson. Elle demanda à être colloquée par préférence et pour une somme de 400,000 francs qui lui

(1) Sirey, 17, 2, 397. Dal., Hyp., p. 103, note n° 1. Ce dernier auteur ne fait qu'en donner le sommaire.

était due, sur un immeuble qu'elle désignait et dont elle absorbait le prix. Cet immeuble était en même temps grevé d'hypothèques spéciales qui, par l'effet de cette collocation, se fussent trouvées illusoires. Les créanciers, qui n'avaient pour tout gage que ces hypothèques spéciales, voulaient que la dame de Larochefoucault reportât son privilége sur les autres biens qui avaient été saisis en même temps, et dont le prix se distribuait simultanément. Mais elle résista, disant qu'elle avait intérêt à n'être pas payée sur plusieurs bordereaux de collocation; elle proposait à ses créanciers de faire reporter *fictivement* son privilége sur les autres biens, au marc le franc de leur valeur. Le tribunal de la Seine adopta ce parti, et sa décision fut confirmée par arrêt de la cour de Paris, du 31 août 1810. Il paraît que ce reversement fictif du privilége au marc le franc ne fut contesté par personne, et qu'il ne blessait en aucune manière les intérêts des créanciers. Les débats entre les parties roulaient sur d'autres points étrangers à la question que j'examine. C'est la remarque de M. Grenier (1) et de M. Sirey (2). Ainsi cet arrêt doit être mis dans la classe de ceux où des circonstances particulières changent les principes généraux.

762. Si le créancier ayant hypothèque générale avait en même temps une hypothèque spéciale pour sûreté de la même créance, on demande s'il pourrait être renvoyé à discuter son hypothèque

(1) T. 1, p. 370.
(2) 21, 1, 366.

spéciale, avant de se pourvoir sur les biens soumis à l'hypothèque générale.

D'après la loi 9, C. *De distract. pignorum*, le créancier devait poursuivre les biens spécialement hypothéqués avant d'attaquer les biens soumis à l'hypothèque générale. On supposait que l'hypothèque générale n'avait été obtenue qu'*in subsidium*. Telle était l'opinion universelle. Covarruvias (1), Brunemann (2), Godefroy (3), Favre (4) et Voët (5) sont positifs sur ce point.

Cette règle se suivait aussi en droit français. Le Maistre (6) a noté plusieurs arrêts du parlement de Paris qui l'ont consacrée (7).

Ce sentiment doit-il être adopté sous le Code civil ? L'affirmative a été jugée par arrêt de la cour de Bruxelles du 3 prairial an 12 (8). Il fut décidé qu'un créancier ayant tout à la fois une hypothèque spéciale conventionnelle, et une hypothèque générale résultant d'un jugement qui avait confirmé le titre originaire, ne pouvait saisir les biens soumis à l'hypothèque générale que discussion préalablement faite de son hypothèque spéciale. Cet arrêt est rendu en thèse. La cour de Bruxelles a particulièrement invoqué dans ses considérans la loi 9, C. *De dist. pignor.*

(1) *Variar. resolut.*, lib. 3, c. 18.

(2) *Ad leg.* 2, *qui potior.*

(3) Même loi.

(4) Cod., lib. 8, t. 6, déf. 8.

(5) Lib. 20, t. 1, n° 16.

(6) Criées, liv. 1, C. 32.

(7) *Junge* Basnage, ch. 5, p. 11.

(8) Sirey, 5, 2, 267.

La même chose me paraît avoir été jugée par arrêt de la cour de Paris du 10 mars 1809 (1), et c'est du reste l'opinion de M. Grenier (2). Elle ne saurait trouver des contradicteurs.

Mais s'il pouvait y avoir du doute sur la suffisance de l'hypothèque spéciale, alors il faudrait prendre des mesures conservatoires pour que le créancier ne fût pas frustré. Par exemple, Primus a une hypothèque spéciale sur le fonds A, et de plus, une hypothèque générale judiciaire sur tous les autres biens du débiteur consistant dans les domaines B, C, D, E; tous ces domaines sont également grevés d'hypothèques spéciales au profit de Secundus, Tertius et Quartus, et postérieures aux deux hypothèques de Primus. Secundus fait saisir les biens B, C, D, E; Primus se présente à l'ordre pour être colloqué; mais on lui oppose qu'il doit se payer par préférence sur le fonds A qui lui a été hypothéqué spécialement. Il répond que ce fonds n'est pas suffisant pour le payer intégralement de sa créance. Dans ce cas, le juge ne doit colloquer Secundus, Tertius et Quartus qu'à la charge de rapporter à Primus la somme nécessaire pour le remplir intégralement de son dû, dans le cas où il ne pourrait pas être payé en entier sur le fonds A. Alors, si l'événement justifie les craintes de primus, il reviendra *in subsidium* sur les biens B, C, D, E, et recevra des mains des créanciers colloqués ce qui sera nécessaire pour compléter son paiement intégral.

(1) Sirey, 9, 2, 315. Dal., Hyp., p. 407.
(2) T. 1, n° 185, p. 387.

On voit que, dans le cas dont je m'occupe, on ne force pas le créancier nanti d'une hypothèque générale à la restreindre contrairement aux principes que j'ai jusqu'à ce moment développés. On considère seulement son hypothèque comme subsidiaire et en second ordre, et on ne l'admet à s'en prévaloir qu'autant qu'il y a nécessité absolue de recourir à ce remède (1).

763. Je ne me dissimule pas cependant que l'adoption des principes du droit romain sur cette matière pourrait conduire à des résultats qui paraissent durs dans quelques circonstances, et particulièrement dans l'espèce suivante:

Primus, créancier de Caïus d'une somme de 50,000 francs, a une hypothèque spéciale sur le fonds A estimé 80,000 francs, et une hypothèque générale qui frappe entre autres sur le domaine B, estimé 70,000 francs. Postérieurement, Caïus emprunte à Secundus 50,000 francs, et lui donne en hypothèque le fonds A, que Secundus accepte pour gage, parce qu'il espère qu'en cas de non-paiement, la vente des deux domaines A et B, valant 150,000 fr. mettra le débiteur à même de payer amplement 100,000 francs de dette. Caïus, avant encore besoin d'argent, emprunte à Tertius une somme de 70,000 fr. et lui donne à hypothèque le fonds B. Voilà donc Caïus avec 170,000 francs de dettes et ne possédant cependant que 150,000 francs de biens. Il tombe en déconfiture, et Tertius fait saisir le fonds B pour se faire payer de ses 70,000 francs. Primus se pré-

(1) M. Grenier, t. 1, n° 181. M. Dalloz, Hyp., p. 407.

sente à l'ordre pour ses 50,000 fr.; mais Tertius, qui a su, avant de prêter, qu'il avait en première ligne une hypothèque spéciale sur le fonds A, le renvoie à se faire payer sur cet immeuble, dont la valeur est évidemment suffisante pour l'indemniser pour le tout. Mais qu'arrivera-t-il si cette exception vient à prévaloir? C'est que Secundus se verra enlever la presque totalité de son gage, et que c'est lui qui supportera le vide qu'offre le patrimoine du débiteur, tandis que Tertius sera payé en entier, bien qu'il soit postérieur à Secundus, et qu'à l'époque où Secundus a prêté, le débiteur fût tout-à-fait solvable.

Néanmoins, je crois qu'il faudra s'en tenir aux principes et condamner Secundus, malgré les considérations qu'il pourra opposer pour faire déplorer la dureté de sa position. Il a su que Primus avait hypothèque spéciale en premier ordre sur le fonds A; il lui était facile de prévoir qu'en cas de nouvelles hypothèques consenties par le débiteur sur d'autres biens, on forcerait Primus à concentrer son action sur le fonds A. Il devait donc considérer comme extrêmement fragile l'hypothèque qu'on lui assurait sur ce même fonds. Tertius, au contraire, n'a prêté son argent que parce qu'il prévoyait que, d'après la loi, le fonds B pourrait devenir son gage exclusif. Une convention passée de bonne foi entre lui et le débiteur ne peut lui devenir onéreuse parce que Secundus a agi avec imprudence. C'était à ce dernier à prendre ses mesures.

Cet exemple est un de ceux qui prouvent que

l'hypothèque spéciale affecte quelquefois l'immeuble d'une manière plus étroite que l'hypothèque générale; il est bien clair, en effet, que Secundus s'est trouvé plus menacé par l'hypothèque spéciale de Primus sur le fonds A, que Tertius par l'hypothèque générale du même Primus s'étendant sur le fonds B.

764. Au surplus, il est une remarque faite très-souvent par M. Grenier, et qui doit servir de conseil à tous les prêteurs qui voudront éviter le concours, souvent fort difficile à concilier, de l'hypothèque générale et de l'hypothèque spéciale. C'est de ne prêter aux tuteurs et aux maris dont les biens sont grevés d'hypothèque générale, qu'en obtenant la réduction de ces hypothèques générales, et en faisant libérer l'immeuble qu'on veut prendre à hypothèque spéciale (1).

765. Les points de droit que je viens de traiter m'ont peut-être un peu éloigné du sujet principal de l'art. 2161; je me hâte d'y rentrer d'une manière plus directe.

Je disais au n° 750 que le débiteur est le seul qui puisse demander la réduction de l'hypothèque générale, judiciaire ou légale. Cette réduction est amiable ou judiciaire (2).

(1) M. Grenier, t. 1, p. 385.

(2) Je ne parle pas ici de la réduction de l'hypothèque légale demandée par le mari ou le tuteur. J'en ai traité *suprà*, n° 648, et ce cas est prévu par les art. 2143 et 2144 du Code civil. Comme je l'ai dit *suprà*, il y a cette différence entre notre article et ces deux dispositions, qu'ici il s'agit de la ré-

Néanmoins il y a des cas où elle ne peut être qu'amiable.

C'est ce qui semble devoir être décidé à l'égard des communes. Pour restreindre le nombre des inscriptions qui pèsent sur les biens de leurs receveurs, il faut qu'elles soient munies des autorisations nécessaires pour l'aliénation de leurs biens. Si l'autorité supérieure ne consent pas, il me paraît qu'on ne pourrait se pourvoir en justice pour l'obtenir.

On doit porter une décision semblable à l'égard des établissemens de charité, lesquels ne peuvent consentir à une réduction qu'en vertu d'une décision du conseil de préfecture, et conformément à la marche tracée par le décret du 11 thermidor an 12.

La loi du 5 septembre 1807 indique les règles à suivre pour restreindre l'hypothèque du trésor sur les biens des comptables. C'est l'administration supérieure qui a plein pouvoir pour cela. Elle ne peut jamais y être contrainte par les voies ordinaires (1).

C'est particulièrement dans le cas d'hypothèque judiciaire que la réduction peut être spontanée ou judiciaire.

766. Lorsqu'on se pourvoit devant les tribunaux pour obtenir la réduction des inscriptions pour une hypothèque générale dont on est grevé

duction du *nombre des inscriptions*, tandis que les art. 2143 et 2144 ont en vue la réduction de l'hypothèque.

(1) M. Grenier, t. 1, p. 634.

sur ses biens, on doit suivre les règles de compétence indiquées dans l'art. 2159 (1). Je n'ajouterai rien à ce que j'ai dit en commençant cet article, ainsi que l'art. 2156 (2).

767. Mais dans quel cas l'action en réduction est-elle ouverte ?

C'est dans le cas où les inscriptions sont excessives, où elles couvrent plus de biens qu'il n'en faut pour assurer la créance, et où cet excès peut nuire au crédit du débiteur. Les articles 2162 et 2163 vont préciser les cas où il y a excès. On verra dans les art. 2164 et suivans le mode d'arbitrer l'excès des inscriptions pour les ramener dans des proportions convenables.

Toutefois, avant d'arriver à ces articles, je dois examiner une difficulté qui me paraît rentrer plus particulièrement dans l'interprétation de l'article 2161.

Lorsqu'après des contestations soulevées sur un titre portant hypothèque spéciale, il est intervenu un jugement de condamnation qui le confirme et lui adjoint une hypothèque générale judiciaire, l'hypothèque générale doit-elle être réduite, si le débiteur vient à remplir l'objet de la convention primitive ?

Pour résoudre cette question, il faut distinguer, avec M. Merlin, les cas suivans (3) :

(1) La réduction demandée par les maris et les tuteurs rentre dans les dispositions des art. 2143 et 2144.

(2) V. M. Pigeau, t. 2, p. 425.

(3) T. 17, v° Titre confirmatif ; et *suprà*, t. 2, n° 437 *bis*.

Ou le titre originaire portait simple promesse d'une hypothèque spéciale, ou il contenait une constitution d'hypothèque valable et complète sur des immeubles déterminés.

Dans le 1er cas, si le débiteur n'a pas satisfait à sa promesse d'hypothéquer les immeubles désignés, et qu'un jugement lui ordonne de l'exécuter, on doit dire que, dès le moment que le débiteur aura hypothéqué les immeubles qu'il s'était engagé par la convention de soumettre à l'hypothèque, il n'y aura plus lieu à l'hypothèque judiciaire et générale résultant de la condamnation; cette dernière hypothèque est désormais sans cause. Son objet était d'assurer l'exécution de l'obligation principale. Aussitôt que cette obligation principale est remplie, les effets du jugement sont anéantis, puisqu'il a été complétement satisfait à ce même jugement (1).

Dans le second cas, lorsque le débiteur exposé à des poursuites de la part du créancier lui oppose que le titre constitutif de l'obligation et de l'hypothèque est nul ou éteint, et que le jugement statue non pas seulement sur la validité de l'hypothèque, mais encore sur l'obligation principale, et ordonne qu'elle sera exécutée, alors le jugement produit une hypothèque générale pour l'exécution de toutes les clauses de la convention et pour le paiement de la somme promise; et jusqu'à ce que cette somme soit payée, l'hypothèque générale subsiste conjointement avec l'hypothèque spéciale dans toute sa force. Seulement,

(1) *Suprà*, t. 2, nos 437 *bis* et 439.

si elle est plus considérable qu'il ne faut pour assurer le paiement de l'obligation principale, le débiteur peut, d'après notre art. 2161, obtenir une réduction.

768. Il me reste à examiner si la réduction peut être demandée en justice par le débiteur pour hypothèques antérieures au Code civil.

J'ai dit ailleurs quelque chose à cet égard (1), et j'ai montré, d'après MM. Chabot et Grenier, que la faculté de modifier et de restreindre les hypothèques générales, étant une innovation du Code civil, ne pouvait être appliquée à des hypothèques créées et acceptées sous la foi d'une législation qui ne faisait pas craindre au créancier la possibilité de voir son droit limité.

A la vérité, M. Dalloz (2) incline, en citant l'autorité de M. Tarrible (3), à adopter une opinion contraire. Mais il convient que les vrais principes sont du côté de la doctrine des auteurs dont il se sépare. Après un tel aveu, la discussion se trouve simplifiée, et l'on ne sait que penser des arrêts qui ont fait prévaloir le sentiment purement arbitraire de la rétroactivité (4). Il faut dire au surplus que d'autres arrêts en plus grand nombre ont refusé d'appliquer l'art. 2161 à des hypothèques acquises avant sa promulgation.

(1) T. 2, n° 642.

(2) Hyp., p. 437, n° 23.

(3) Répert., Radiation, n° 12. Mais je n'ai pas vu que M. Tarrible émît un avis direct sur cette question.

(4) Nîmes, 19 mai 1807 (Dal., Hyp., p. 439). Nancy, arrêt rapporté et réfuté *suprà*, t. 2, n°s 641 et 642.

Mais faisons bien attention que toutes les difficultés seraient levées si le créancier consentait lui-même à la réduction. Les conventions sont libres : elles peuvent déroger à des contrats antérieurs.

C'est en partant de cette idée, qu'on peut décider avec M. Grenier (1) que rien ne s'oppose à ce qu'on puisse demander, suivant les formes établies par l'art. 2044 du Code civil, la réduction de l'hypothèque légale de la femme antérieure au Code civil ; car, en droit, pour obtenir cette réduction, il faut nécessairement le *consentement de la femme et des quatre parens ;* or, ce consentement peut valablement déroger à l'état de choses ancien, *volenti non fit injuria.*

Je m'étonne que cette raison décisive ait échappé à la sagacité de M. Dalloz (2), qui trouve qu'il y a contradiction à appliquer la rétroactivité à l'hypothèque de la femme, et à la déclarer inapplicable aux hypothèques judiciaires. Il n'y a ici aucune contradiction. Quand nous disons que la réduction des inscriptions des hypothèques générales ne peut rétroagir, nous entendons parler de la réduction *forcée ;* mais il est bien entendu que cette règle ne s'applique pas aux réductions qu'autorise un consentement amiable (3) ; et l'on sait qu'il ne peut y

(1) T. 1, n° 270.

(2) Hyp., p. 437, n° 23.

(3) J'ai réfuté plus haut, n°s 641 et 642, t. 2, un arrêt de la cour de Nancy, qui a jugé qu'un mari pouvait *forcer* sa femme à réduire son hypothèque légale, quoiqu'*elle n'y consentît pas*, et que les deux époux fussent mariés avant la révolution.

avoir réduction de l'hypothèque de la femme sans son consentement.

Voilà pourquoi, M. Bérenger ayant fait observer sur l'art. 2140 (1), que « cet article n'avait » pourvu qu'aux mariages à venir, mais qu'il ne » s'occupait pas des mariages *déjà contractés*, et » n'offrait aux maris *actuellement engagés* aucun » moyen d'affranchir une partie de leurs immeu- » bles », M. Treilhard répondit à cette réflexion en renvoyant à l'art. 2144 du Code civil.

Concluons donc que l'art. 2144 peut s'appliquer aux hypothèques des femmes antérieures au Code civil, mais par cette raison unique que, d'après ce même Code, l'hypothèque de la femme ne peut être réduite que par son consentement. Il suit de là, par un argument *à contrario* qui est ici irréfragable, que, dans le cas prévu par l'art. 2161, la rétroactivité ne devra jamais avoir lieu, tant qu'on voudra obtenir la réduction par des voies de contrainte. Je remarque au surplus que ces raisons ne sont pas précisément celles de M. Grenier. Mais il me semble qu'elles sont de nature à paraître décisives.

Du reste, il est un point sur lequel je ne puis me ranger sans explication à l'opinion de M. Grenier (2). Il enseigne que le tuteur, entré en fonctions avant le Code civil, peut demander contre le subrogé tuteur la réduction de l'hypothèque générale que le pupille a sur ses biens. Il pense qu'on peut assi-

(1) Conf., t. 7, p. 185.

(2) T. 1, n° 270.

miler le cas de cette réduction à celui de la réduction réclamée par le mari. Je crois que cela n'est vrai qu'autant que le conseil de famille, d'accord avec le subrogé-tuteur, consent à la réduction. Ce serait encore le cas de dire, *volenti non fit injuria*. Les conventions particulières peuvent déroger aux principes généraux. Mais il me semble que s'il y avait refus de la part des personnes appelées par la loi à représenter le mineur, le tuteur devrait être repoussé dans sa demande, quand bien même il prouverait que les inscriptions prises au profit du pupille sont plus considérables qu'il n'est nécessaire. Peut-être cette pensée est-elle aussi celle de M. Grenier? Quoi qu'il en soit, j'ai cru devoir faire cette observation pour mettre plus de précision dans une matière délicate.

Article 2162.

Sont réputées excessives les inscriptions qui frappent sur plusieurs domaines, lorsque la valeur d'un seul ou de quelques uns d'entre eux excède de plus d'un tiers en fonds libres le montant des créances en capital et accessoires légaux.

SOMMAIRE.

769. Conditions pour que les inscriptions soient reputées excessives.

770. Signification du mot *domaines* employé dans notre article.

771. Valeur des terrains couverts par l'inscription pour qu'il y ait lieu à réduction.

COMMENTAIRE.

769. Pour que les inscriptions soient réputées excessives, il faut, 1° qu'elles portent sur plusieurs domaines; 2° que la valeur d'un ou de quelques uns d'entre ces domaines excède de plus d'un tiers en fonds libres le montant des créances en capital et accessoires.

La première condition produit cette conséquence, que, tant que le débiteur n'a donné à hypothèque qu'*un seul domaine*, il ne peut jamais demander la réduction de cette hypothèque, quand même ce domaine aurait une valeur libre, double du montant de la créance en capital et accessoires. L'intention du législateur n'est pas équivoque; sont réputées excessives, dit-il, les inscriptions qui frappent *sur plusieurs domaines*. Dans l'article précédent il a dit que l'action en réduction est ouverte, lorsque les inscriptions sont portées sur plus de *domaines différens* qu'il n'est nécessaire à la sûreté de la créance. Ainsi la première condition pour qu'il y ait excès, c'est de montrer que les inscriptions portent sur plusieurs domaines différens (1).

770. Mais qu'entend la loi par *domaine?* Prendra-t-on cette expression dans l'acception vulgairement admise pour signifier une ferme, une métairie, en un mot une agrégation de propriétés di-

(1) Tarrible, v° Radiation, p. 593. M. Dalloz, Hyp., p. 435, n° 17.

verses soumises à un centre d'exploitation ? Ou bien le mot *domaine* est-il ici synonyme d'immeuble ?

M. Tarrible, qui examine cette question (1), se prononce pour l'opinion que le législateur a voulu désigner, sous le nom de domaine, un bois, ou une maison, ou un jardin, en d'autres termes, un immeuble unique et distingué des immeubles environnans, soit par la superficie, soit par le mode de culture, soit par une délimitation avec des propriétés étrangères.

Cet avis doit être préféré. Dans sa véritable acception, le mot domaine signifie tout objet territorial sur lequel le propriétaire exerce le *jus dominii*.

771. La seconde condition requise par notre article pour qu'on puisse se plaindre de l'excès, c'est que la valeur de l'un des immeubles hypothéqués, ou de quelques uns d'entre eux, excède de plus d'*un tiers* en fonds libres le montant de la créance et de ses accessoires. Tant que les inscriptions ne couvrent que des biens ayant une valeur d'un tiers en plus que la créance principale et ses accessoires, il n'y a pas d'excès. Ainsi, une créance de 60,000 fr. pourra frapper de ses inscriptions des immeubles différens valant ensemble 90,000 francs. Ce n'est qu'autant que les biens hypothéqués vaudraient plus de 90,000 francs, qu'on pourrait demander la réduction.

On verra dans l'article 2165 comment on procède pour l'évaluation.

(1) *Loc. cit. Junge* Dalloz, *loc. cit.*, no 18.

ARTICLE 2163.

Peuvent aussi être réduites comme excessives, les inscriptions prises d'après l'évaluation, faite par le créancier, des créances qui, en ce qui concerne l'hypothèque à établir pour leur sûreté, n'ont pas été réglées par la convention, et qui, par leur nature, sont conditionnelles, éventuelles ou indéterminées.

SOMMAIRE.

772. Réduction des inscriptions pour créances indéterminées, éventuelles ou autres. L'art. 2163 est étranger aux hypothèques conventionnelles spéciales. Erreur dans laquelle M. Grenier paraît être tombé.

COMMENTAIRE.

772. Lorsque le créancier, évaluant le montant d'une créance non déterminée, se livre à des exagérations nuisibles au crédit du débiteur, et multiplie sans nécessité les inscriptions, le débiteur a une action en réduction pour ramener les inscriptions à leur juste proportion avec la créance.

Prenons garde à une chose; c'est que notre article ne parle pas ici de l'exagération à laquelle le créancier aurait pu se livrer en évaluant dans l'inscription la valeur de la créance. Cette exagération

de chiffres ne pourrait donner lieu qu'à une rectification dans l'inscription (1) Mais il s'occupe de l'exagération dans la multiplicité des inscriptions prises pour sûreté d'une créance indéterminée. C'est l'assiette de l'hypothèque qu'il envisage.

Il n'était pas inutile que le législateur déclarât que l'inscription de l'hypothèque générale peut être réduite, alors même qu'elle sert de garantie à une créance indéterminée. Sans cette disposition, on aurait pu soutenir que le vague de la créance ne permet pas d'arriver à une connaissance positive de l'exagération dans les inscriptions, et que par conséquent la réductibilité n'a lieu que pour les créances pures et simples et liquides. Notre article a pour but de faire taire cette objection, et d'étendre la mesure si favorable de la réduction à toutes hypothèques générales quelconques, qu'elle qu'en soit la cause. C'est à la sagesse du juge qu'il appartient d'apprécier, par les circonstances, si, en cas de créance indéterminée, il y a excès dans le nombre des inscriptions (2).

Faisons encore attention à un autre point; c'est que notre article ne s'occupe que du cas où il s'agit d'hypothèques générales, et qu'il ne déroge pas à la règle qu'on ne peut demander la réduction des inscriptions d'une hypothèque spéciale (3). En effet, si l'hypothèque était spéciale, si chacun des biens sur lesquels elle doit venir se superposer

(1) Art. 2132. *Suprà*, n° 548.
(2) V. l'art. 2164.
(3) M. Tarrible, Réduction, p. 593.

était déterminé par la convention, on ne conçoit pas facilement comment le débiteur pourrait forcer le créancier à la limiter.

Ainsi, il est clair que notre article est tout-à-fait étranger aux hypothèques conventionnelles spéciales.

On demande si cependant on ne pourrait pas réclamer la réduction, dans le cas où l'hypothèque, étant conventionnelle, frapperait sur les biens présens, et en cas d'insuffisance, sur les biens à venir. M. Grenier paraît pencher pour l'affirmative (1); mais je crois que l'art. 2161 s'oppose à cette interprétation, ainsi que l'ai dit *suprà* (2).

Article 2164.

L'excès dans ce cas est arbitré par les juges, d'après les circonstances, les probabilités des chances et les présomptions de fait, de manière à concilier les droits vraisemblables du créancier avec l'intérêt du crédit raisonnable à conserver au débiteur; sans préjudice des nouvelles inscriptions à prendre, avec hypothèque du jour de leur date, lorsque l'événement aura porté les créances indéterminées à une somme plus forte.

(1) T. 1, p. 135.

(2) N° 749. *Junge* Dalloz, Hyp., p. 436, n° 21.

SOMMAIRE.

773. Il appartient à la prudence du juge d'arbitrer l'excès dans les inscriptions.

COMMENTAIRE.

773. Dans le cas de l'article précédent, c'est au juge qu'il appartient de décider si le créancier a étendu hors des bornes de la prudence les inscriptions qui manifestent l'hypothèque. Il doit prendre en considération les circonstances, les présomptions, la probabilité des chances, et mettre d'accord les droits vraisemblables du créancier avec ce qu'exige l'intérêt du débiteur et son crédit. C'est là une de ces occasions où la loi est obligée de s'en rapporter à la prudence du juge, et où il n'est pas possible de guider son libre arbitre par des règles constantes et immuables.

Si la créance éventuelle venait à se porter à une somme plus forte que celle qui aurait été raisonnablement arbitrée par le juge, le créancier devrait prendre de nouvelles inscriptions. Mais elle ne lui donnerait rang que du jour de leur date (1).

Article 2165.

La valeur des immeubles dont la comparaison est à faire avec celle des créances et

(1) Conséquence de ce qui a été dit *suprà*, nos 747 et 737.

le tiers en sus, est déterminée par quinze fois la valeur du revenu déclaré par la matrice du rôle de la contribution foncière, ou indiqué par la cote de contribution sur le rôle, selon la proportion qui existe dans les communes de la situation entre cette matrice ou cette cote et le revenu, pour les immeubles non sujets à dépérissement, et dix fois cette valeur pour ceux qui y sont sujets. Pourront néanmoins les juges s'aider, en outre, des éclaircissemens qui peuvent résulter de baux non suspects, des procès-verbaux d'estimation qui ont pu être dressés précédemment à des époques rapprochées, et autres actes semblables, et évaluer le revenu au taux moyen entre les résultats de ces divers renseignemens.

SOMMAIRE.

774. Mode de procéder à l'évaluation des biens. On ne doit pas se servir de la voie de l'expertise. Raison de cela. On établit d'abord le revenu. Moyen d'y parvenir. Par quelle opération on arrive ensuite à la valeur de l'immeuble.

COMMENTAIRE.

774. Pour procéder à l'opération de réduction, on doit d'abord établir la valeur des biens comparativement à la créance et à son tiers en sus. Je dis le tiers en sus; car on sait que, d'après l'ar-

ticle 2162, il n'y a d'excès qu'autant que les inscriptions couvrent des immeubles supérieurs par leur valeur à la créance, au capital et accessoires, et au tiers en sus.

Pour arriver à la valeur des biens, on ne doit pas prendre la voie de l'expertise. Elle serait trop dispendieuse; la loi a donc tracé un mode spécial d'estimation.

D'abord on établit le revenu de l'immeuble, et pour y parvenir on consulte la matrice du rôle de la contribution foncière, qui contient une évaluation de chaque bien. Mais, comme le remarque M. Tarrible (1), cette évaluation du revenu est souvent fautive. On y supplée par les indications contenues sur le rôle de recouvrement qui est plus exact, parce que la répartition des contributions, quoiqu'elle n'ait pas atteint un équilibre parfait, se rapproche bien plus, dit le même M. Tarrible, des forces contributives, que ces évaluations fantastiques et disparates qui sont émanées des communes, lors de la confection des matrices.

Enfin le juge doit s'appuyer des baux, des actes d'estimation, de vente, de partage, et de tous les titres qui peuvent faire connaître le véritable revenu.

Lorsque le revenu est fixé, on considère si l'immeuble est ou non sujet à dépérissement. S'il est sujet à dépérissement, on multiplie le revenu par 15, et le produit donne la valeur de l'immeu-

(1) Rép., vo Radiation, p. 596.

ble dans les bornes déterminées par la loi. Si l'immeuble n'est pas sujet à dépérissement, on multiplie le revenu par 10.

Ce résultat obtenu, si la créance et le tiers en sus sont inférieurs à la valeur des biens, alors il y a lieu à la réduction.

CHAPITRE VI.

DE L'EFFET DES PRIVILÉGES ET DES HYPOTHÈQUES CONTRE LES TIERS DÉTENTEURS.

Article 2166.

Les créanciers ayant privilége ou hypothèque inscrite sur un immeuble, le suivent en quelque main qu'il passe, pour être colloqués et payés suivant l'ordre de leurs créances ou inscriptions.

SOMMAIRE.

775. Liaison. Droit de suite établi par notre article. Son utilité.

776. Il s'exerce sur l'usufruit, l'emphytéose, le droit de superficie démembré du fonds hypothéqué.

777. Mais il ne peut suivre les choses qui se mobilisent par leur séparation d'avec la chose principale. Exemple tiré d'une maison vendue pour être démolie. Dissentiment avec M. Dalloz.

777 *bis*. Les servitudes, droits d'usages et d'habitation échappent au droit de suite. Raison de cela. Dissentiment avec MM. Persil, Delvincourt et Dalloz.

777 *ter*. Il n'y a pas lieu au droit de suite contre un fermier. Cas où le bail ne peut être opposé aux créanciers. Cas où ils sont obligés de le respecter, sauf à suivre les

fermages. 1° Doivent-ils tenir compte d'un bail qui dépasse la durée des baux ordinaires? Dissentiment avec M. Pigeau et M. Dalloz. 2° Doivent-ils tenir compte d'un bail qui donne quittance de fermages payés au bailleur par avance. Dissentiment avec MM. Tarrible, Delvincourt et Dalloz, et avec un arrêt de Nîmes.

778. On ne peut opposer aux créanciers inscrits une cession de fruits faites par antichrèse. Ils ont droit à ces fruits du moment que l'action de l'hypothèque les immobilise, et ils tombent sous le droit de suite.

778 *bis*. Il faut en dire autant des cessions de fruits à échoir. Dissentiment avec la cour de cassation et la cour de Nîmes, qui croient que les inscriptions suffisent pour immobiliser les fruits.

778 *ter*. Pour avoir le droit de suite, il faut être inscrit. Vice de rédaction de l'art. 2166, en ce qui concerne le privilége. Les hypothèques légales des femmes ou des mineurs ont le droit de suite sans inscriptions. Dissentiment avec la cour de cassation.

778 *quat*. Néanmoins, quand la femme ou le mineur veulent agir en délaissement, ils doivent s'inscrire.

779. Actions que produit le droit de suite. De l'action personnelle hypothécaire.

779 *bis*. De l'action hypothécaire pure. De son abolition par le Code civil. Argument vicieux de M. Grenier.

780. Action d'interruption. Son origine et son utilité.

COMMENTAIRE.

775. Nous avons vu dans les chapitres précédens comment s'établit l'hypothèque, et comment elle acquiert par l'inscription le complément qui lui est nécessaire pour produire son effet. On a vu qu'entre créanciers hypothécaires du même débiteur, le rang de chacun se règle par l'époque de l'inscription.

Maintenant nous avons à parler de l'effet des priviléges et hypothèques contre les tiers détenteurs de l'immeuble qui en est grevé.

Le plus important de ces effets est de suivre l'immeuble en quelque main qu'il passe, pour obtenir du débiteur, soit le paiement volontaire de la chose assurée sur cet immeuble, soit le délaissement par hypothèque, ou arriver à la voie de l'expropriation forcée.

Il suit de là que le droit de suite est l'auxiliaire le plus utile de l'hypothèque et du privilége immobilier. Sans lui, le créancier verrait son gage lui échapper avec la même facilité que le meuble le plus fragile. Mais le droit de suite retient ce gage dans les liens de l'hypothèque.

Je dis donc que, soit que le débiteur aliène à titre gratuit ou à titre onéreux la chose hypothéquée, le créancier pourra toujours la poursuivre entre les mains de l'acquéreur ou du donataire, de même que si le domaine n'en eût pas été transféré. Quelque modique que soit l'aliénation, ne portât-elle que sur la portion la plus exiguë de l'objet hypothéqué, le créancier peut poursuivre le total de la créance contre l'acquéreur de cette portion, lequel ne pourra la conserver qu'en payant le tout; je dis qu'il doit payer le tout, encore bien qu'il ne détienne qu'une faible partie de l'immeuble hypothéqué. Car l'un des caractères de l'hypothèque c'est d'être *tota in toto, et tota in quâlibet parte.*

Par la même raison, quoique chaque héritier du débiteur ne soit tenu de la dette par l'action

personnelle que pour sa part et portion, néanmoins, pour peu qu'il succède à quelque portion des biens immeubles hypothéqués à la dette, le créancier peut le poursuivre hypothécairement pour le total de la dette (1).

776. Le droit de suite ne permet donc pas que le débiteur nuise par des actes d'aliénatio naux droits hypothécaires du créancier inscrit.

Ainsi, si l'usufruitier qui m'a donné son usufruit à hypothèque vient à le vendre, j'aurai mon droit de suite contre l'acquéreur (2); de même si celui qui a la pleine propriété aliène l'usufruit, cette distraction d'une partie de la chose ne portera pas préjudice au créancier hypothécaire, qui pourra poursuivre l'usufruit en main tierce; car l'usufruit est une portion de la chose qui, par elle-même, est susceptible d'hypothèque, et qui, en étant affectée alors qu'elle est jointe au principal, en demeure frappée lors même qu'elle s'en sépare pour passer en d'autres mains (3). On doit en dire autant de l'aliénation qui serait faite d'un droit de superficie sur la chose hypothéquée (4), ou bien d'une stipulation par laquelle le débiteur propriétaire de l'immeuble accorderait une emphytéose à un tiers, au préjudice du créancier hypothécaire, qui verrait diminuer par là la valeur de son gage (5). Dans tous ces cas, il y aurait alié-

(1) *Suprà*, t. 2, n° 389. Pothier, sur Orléans, t. 20, n° 28.
(2) Tarrible, v° Tiers détenteur.
(3) *Suprà*, n° 400.
(4) *Suprà*, n° 405.
(5) *Suprà*, n° 405.

nation d'une partie de l'immeuble hypothéqué; et comme l'hypothèque est *tota in toto et tota in quâlibet parte*, le créancier pourrait, par l'exercice du droit de suite, réclamer le total de la dette (1).

777. Mais il est des portions du domaine qui, quoique frappées de l'hypothèque quand elles sont réunies au domaine même, lui échappent quand elles en sont démembrées. On peut citer pour exemple tout ce qui se mobilise par séparation d'avec la chose principale, comme les choses qui ne sont immeubles que par destination (2), et qui retombent dans la classe des meubles lorsqu'elles sont détachées de l'immeuble dont elles étaient l'accessoire. Le droit de suite n'existant pas sur les meubles, le créancier hypothécaire ne peut empêcher, par la voie du droit de suite, les effets de pareils démembremens.

C'est même ce que la cour de cassation a jugé dans une espèce remarquable, par arrêt du 9 août 1825 (3). La femme Laffon, qui avait le sieur Poupard pour créancier hypothécaire, vendit les futaies et bâtimens qui couvraient la chose hypothéquée, à la charge d'abattre et de démolir dans le plus bref délai, ce qui fut exécuté. Poupard, ayant voulu exercer le droit de suite contre l'acquéreur, fut déclaré non recevable par la cour de Douai, et ensuite par la cour de cassation. Car la démolition et l'abattis avaient mobilisé les matériaux et

(1) *Suprà*, n° 775.
(2) *Suprà*, n° 399.
(3) Dalloz, 26, 1, 4.

les arbres, de manière que ces objets avaient échappé à l'hypothèque de Poupard (1). En pareil cas, le créancier n'a que la ressource de l'action Paulienne.

M. Dalloz, qui défendait le sieur Poupard devant la cour de cassation, a reproduit dans son article sur les hypothèques (2) l'opinion qu'il voulait faire adopter, et qui succomba. Mais je la crois condamnée à bon droit par la cour de cassation.

777 *bis.* On peut citer encore comme échappant au droit de suite la constitution d'un droit d'usage, d'habitation ou de servitude. La raison en est que ces choses ne sont pas susceptibles d'expropriation forcée, ce qui est la vraie fin du droit de suite (3); l'acquéreur de semblables droits n'est donc pas tenu de les purger. Je suis étonné de voir une assertion contraire enseignée par MM. Delvincourt (4), Persil (5) et Dalloz (6). A quoi bon purger en effet ce que le droit de suite est impuissant pour atteindre? et comment parvenir d'ailleurs à purger? Que feront les créanciers si on leur notifie l'offre de payer entre leurs mains un prix insignifiant et vil? Auront-ils la ressource de la surenchère pour faire mettre en vente publique des objets qui n'en sont pas susceptibles? A la vérité, les auteurs que j'ai cités proposent de faire fixer par

(1) Voir les principes à cet égard, *suprà*, t. 2, n° 404.

(2) P. 330, n° 3.

(3) *Suprà*, t. 2, 401, 403.

(4) T. 3, p. 172, note 1.

(5) Sur l'art. 2166, n° 5.

(6) Hyp., p. 331.

experts la somme que le tiers acquéreur devrait payer aux créanciers. Mais la nécessité de recourir à ce moyen, qui répugne à tout le système hypothécaire, aurait dû prouver à ces écrivains qu'ils partaient d'une fausse idée.

777 *ter*. Il faut aussi décider que le contrat par lequel le propriétaire donne à bail l'immeuble hypothéqué, ne peut servir de prétexte à l'exercice du droit de suite. Car, comme nous le verrons au n° 784 *bis*, le droit de suite ne s'exerce que contre le tiers détenteur, et un fermier n'est pas un tiers détenteur. D'ailleurs, le droit d'hypothèque n'empêche pas le propriétaire de recueillir les fruits de sa chose, et par conséquent de les céder à d'autres.

Seulement, si le bail était constitué à une époque où, d'après les règles que j'ai exposées ci-dessus (1), les fruits sont acquis aux créanciers inscrits et sont immobilisés, on ne pourrait opposer ce contrat à ces mêmes créanciers (2).

Comme ceci a fait des difficultés sérieuses, je crois nécessaire de m'y arrêter un moment.

Quelle est l'époque à laquelle le bail doit être considéré comme sans effet à l'égard des créanciers?

Faisons bien attention que, dans cette question, c'est le droit du bailliste qu'il s'agit d'apprécier, et que nous mettons le preneur en présence des créanciers hypothécaires, pour voir si sa position

(1) *Suprà*, t. 2, n° 404.

(2) Cassat., 3 novembre 1813. Sirey, 14, 1, 6. Dal., Hyp., p. 337. Tarrible, Tiers détenteur. Art. 2091 du Code civil.

a quelque analogie avec celle d'un véritable tiers détenteur.

Il est un principe certain en cette matière, c'est que le propriétaire débiteur a droit aux fruits de la chose, et qu'il peut la louer sans que ses créanciers puissent s'en plaindre; que seulement, si le bail n'a pas date certaine avant le commandement à fin de saisir, les créanciers hypothécaires peuvent le faire annuler (art. 691 du Code de procédure civile) (1); mais que s'il a date certaine, les créanciers doivent le respecter et l'entretenir, sauf à se partager les fermages par rang d'hypothèque depuis la dénonciation au saisi (art. 2691).

Mais ici se présentent deux difficultés.

Qu'arrivera-t-il si le bail, ayant date certaine avant le commandement, depasse la durée des baux ordinaires et qu'il reste à courir un nombre d'années considérable?

Qu'arrivera-t-il si, dans le même cas, des paiemens avaient été faits par anticipation par le preneur au débiteur?

MM. Delvincourt et Pigeau (2) pensent que les créanciers, ayant hypothèque, peuvent, *sans alléguer de fraude*, demander la nullité d'un bail ayant date certaine, mais consenti à longues années, de manière qu'il reste encore beaucoup de temps à courir. Pour appuyer ce système, ils disent que des baux à de très-longues années sont une *aliénation de partie de la chose* (3) que ces baux di-

(1) *Suprà*, t. 2, n° 404.

(2) T. 2, p. 226. *Junge* Dalloz, Hyp., p. 331, n° 5.

(3) Arg. des art. 481, 595 et 1429 du Code civil.

minuent considérablement la valeur vénale de l'immeuble, lorsque les créanciers hypothécaires veulent en retirer le prix. M. Pigeau veut, en conséquence, que le bail soit réduit à neuf ans sur la demande des créanciers.

Mais, en présence de l'art. 691 du Code de procédure, cette opinion ne paraît pas admissible. Lors de la rédaction de ce Code, la section de législation du tribunat avait proposé deux articles ains conçus :

« Pour quelque terme qu'aient été faits les baux » à terme ou à loyer, ils seront exécutés pour tout » le temps qui aura été convenu, si, à l'époque où » ils avaient été faits, il n'y avait pas d'inscription » hypothécaire sur les immeubles. Dans le cas où il » y aurait une ou plusieurs inscriptions à ladite » époque, leur durée sera toujours restreinte, re- » lativement à l'adjudicataire, au temps de la plus » longue durée des baux, suivant l'usage des lieux, » à partir de l'adjudication, sauf tout recours des » fermiers ou locataires contre le saisi. »

« Dans le cas où, lors des baux à ferme ou à » loyer, il y aurait eu des inscriptions hypothé- » caires sur des immeubles, les paiemens faits par » anticipation par le fermier ou locataire, ne vau- » dront contre les créanciers ou l'adjudicataire » que pour l'année dans laquelle l'adjudication » est faite. »

On voit sans peine quel motifs avaient présidé à ces deux projets d'article. On voulait éviter les baux d'une longueur démesurée qui auraient pu porter préjudice aux créanciers hypothécaires

inscrits. On voulait aussi que l'inscription fût pour le fermier un avertissement de ne pas faire de paiemens anticipés des fermages, et de ne pas diminuer par là le gage des créanciers hypothécaires.

Mais ces deux articles ne furent pas adoptés. On craignit de trop gêner les transactions et l'exercice du droit de propriété; on persista à ne considérer comme suspects que les baux faits depuis le commandement; et quant aux autres, on se borna à autoriser la saisie des fermages (1); on ne porta aucune disposition prohibitive contre les paiemens anticipés de loyers ou de fermages faits par le preneur, parce qu'il y a des cas où de pareils arrangemens sont légitimes, et qu'ils doivent être respectés lorsque la bonne foi y a présidé. Il est donc certain que l'opinion de MM. Delvincourt et Pigeau, quoique fondée en équité, est diamétralement opposée à l'esprit et au texte de la loi. M. Tarrible ne paraît pas cependant éloigné de la suivre (2). Mais, moins hardi que MM. Delvincourt et Pigeau, il s'est borné à présenter sa manière de voir d'une façon dubitative.

Il a cependant cru, à l'égard des paiemens de fermages faits par anticipation (et j'arrive par là à notre 2ᵉ question), qu'on pouvait les assimiler à la vente de l'usufruit, et poursuivre l'hypothèque sur le fermier, de même qu'on la poursuit sur l'acquéreur de l'usufruit. Il met en avant ce moyen comme propre à remédier aux inconvéniens que

(1) Locré, Esprit du Code de procédure, t 3, art. 691.

(2) Répert., vº Tiers détenteur.

laisse le vide de la loi. Mais, outre qu'il est contraire à tous les principes d'assimiler le bail à ferme à l'usufruit, il est vrai de dire que la loi ne contient pas de lacune, et que c'est en connaissance de cause qu'elle a mis les choses dans l'état dont se plaint M. Tarrible. D'après la volonté précise qui a présidé au Code de procédure civile, il a été entendu que les paiemens de fermages faits par anticipation et de bonne foi devaient être ratifiés, et ne pouvaient donner lieu à aucun sujet de plainte de la part des créanciers inscrits. Ces derniers ont sans doute le droit de faire saisir les loyers et fermages, *quand il en est dû;* mais quand il n'en est pas dû, la matière manque pour la saisie, et les créanciers doivent se contenter de la valeur du fonds, et s'interdire d'inquiéter le fermier de bonne foi.

Ainsi le moyen que propose M. Tarrible doit être rejeté, comme amenant par un ingénieux détour à la violation de la loi. C'est aussi l'avis de M. Grenier (1).

Convenons toutefois que la jurisprudence s'en est écartée. Je sais bien qu'en fait les paiemens anticipés de loyers ou fermages faisaient soupçonner la fraude : quoi qu'il en soit, il est utile de connaître l'arrêt que j'ai en vue.

Dans une espèce jugée par la cour de Nîmes, le sieur Deroux avait, par acte notarié de l'an 2, donné un immeuble à bail au sieur Gilly, pour 15 années, et avait déclaré recevoir par anticipa-

(1) T. 1, p. 300.

tion les 15 années de fermage. Vente volontaire de cet immeuble. On insère dans le cahier des charges une clause portant que l'adjudicataire entrera en possession du prix des fermages du jour de l'adjudication. Gilly s'y oppose, par la raison qu'il a payé ces fermages par anticipation à Deroux. Mais les créanciers hypothécaires de ce dernier insistent pour le maintien de la clause. Arrêt du 28 janvier 1810, qui leur donne gain de cause (1). La cour commence par déclarer que la quittance par anticipation de 15 années de fermages n'est qu'un *emprunt simulé fait en fraude des créanciers*. Puis subsidiairement, elle décida qu'abstraction faite de toute idée de fraude, Gilly nétait qu'un simple créancier des fruits à échoir, et que, n'ayant pour cette créance aucune hypothèque inscrite, il devait céder le pas aux créanciers inscrits.

Je n'ai rien à dire sur la disposition de cet arrêt, qui plaçait Gilly dans la position d'un créancier coupable de fraude. Mais quand la cour raisonne en dehors de cette hypothèse, elle me paraît errer. Gilly n'était ni plus ni moins qu'un fermier. Or, le bail est une espèce d'aliénation qui ne donne pas lieu au droit de suite. Les fruits appartiennent au fermier pour toute sa durée, et ils sont soustraits à l'hypothèque. La preuve en est que, d'après l'art. 691 du Code de procédure civile, les créanciers n'ont droit (2) qu'aux *fermages*,

(1) Dal., Hyp., p. 337, note n° 1.

(2) Et encore n'est-ce que dans certains cas.

et nullement aux fruits en nature. Eh bien! si les fermages ont été payés par anticipation et de bonne foi, c'est un fait qui doit être respecté. Le fermier ne peut être responsable de l'exécution qu'il a donnée au contrat; les créanciers hypothécaires sont sans action contre lui.

Au surplus, on peut tirer quelques inductions favorables au sens que je propose, d'un arrêt de la cour de Paris du 3 décembre 1824. Mais je conviens que cet arrêt n'est pas absolument décisif, parce que le créancier hypothécaire n'était inscrit que *postérieurement* au bail notarié en vertu duquel les paiemens anticipés avaient été faits (1).

778. Nous venons de parler des transports de fruits faits par bail en la personne du fermier.

Mais que dirons-nous des cessions de fruits faites par antichrèse?

L'art. 2091 porte ce qui suit : « Tout ce qui est » statué au présent chapitre ne préjudicie pas aux » droits que des tiers pourraient avoir sur le fonds » de l'immeuble remis à antichrèse. Si le créan» cier muni à ce titre a d'ailleurs sur le fonds des » priviléges ou hypothèques légalement établis ou » conservés, il les exerce à son ordre et comme » tout autre créancier. »

On voit que l'antichrèse n'attribue au créancier aucune préférence sur la chose qu'il détient à ce titre; c'est en quoi ce contrat diffère du gage, qui, comme on le sait, est attributif d'un privilége spécial. Ainsi l'antichrèse n'empêche pas l'hypo-

(1) Dal., 25, 2, 97.

thèque de produire tous ses effets : l'antichrésiste n'a pas plus de droit sur le fonds de l'immeuble qu'un simple créancier chirographaire : il n'a de droits que *sur les fruits.*

Mais ces fruits eux-mêmes ne peuvent-ils pas être saisis par les créanciers du débiteur? « Oui » sans doute, répondent M. Delvincourt (1) et, » d'après lui, M. Dalloz (2), pourvu que ces fruits » ne soient ni échus ni perçus. L'antichrèse, disent » ces auteurs, ne confère pas le *jus in re* sur l'im- » meuble. L'antichrésiste n'aura donc d'autre » droit, dans le cas de la saisie des fruits de l'im- » meuble qui lui a été donné en nantissement, que » de venir partager, contributoirement avec les » autres créanciers, le prix qu'aura produit la » vente de ces fruits. »

Cette opinion me paraît extrêmement douteuse. Les créanciers du débiteur ne peuvent faire saisir que les choses qu'il n'a pas aliénées, et qui sont encore sa propriété. Or, l'antichrèse est une aliénation des fruits de l'immeuble : ces fruits n'appartiennent plus au débiteur qui les a cédés valablement à celui de ses créanciers qui s'est ménagé cette garantie. Vainement dirait-on que c'est une aliénation de choses n'existant pas encore. Mais on peut vendre des choses futures. Les principes et les textes sont d'accord à cet égard (3). Je

(1) T. 3. p. 444, note.

(2) Nantissement, p. 401, n° 2.

(3) Art. 1130 du Code civil. Pothier, Oblig., t. 1, 132. Voyez mon commentaire *de la Vente*, n° 203.

suppose que je vende à un marchand tout le vin que je recueillerai l'année prochaine. Cette vente empêchera mes créanciers de saisir ces vins. Il doit en être de même dans le cas d'antichrèse, qui n'est qu'une cession des fruits de plusieurs années à échoir.

On objecte que l'antichrèse ne produit aucun effet à l'égard des tiers (1). Mais c'est là trop étendre la disposition de l'art. 2091. Ce n'est qu'en ce qui concerne *le fonds de l'immeuble* que l'antichrèse ne peut être opposée aux tiers. Mais en ce qui concerne la *cession des fruits*, l'art. 2091 ne contient aucune dérogation aux principes généraux sur les aliénations faites de bonne foi par un débiteur. Cela est d'autant plus juste à l'égard de l'antichrésiste, qu'il est chargé du paiement des contributions, des charges annuelles de l'immeuble, des réparations utiles et nécessaires, et que c'est par la jouissance paisible des fruits qu'il peut satisfaire à ces obligations. Voilà quelle me paraît être la vérité, quand l'antichrésiste est en regard de créanciers ordinaires qui veulent faire saisir les fruits entre ses mains.

Mais que dirons-nous si nous opposons le créancier antichrésiste aux créanciers hypothécaires ? Tant que l'hypothèque ne se met pas en action, les créanciers hypothécaires n'ont aucun droit sur les fruits, qui, à leur égard, sont choses mobilières dont leur débiteur ne leur doit pas compte. Leur inscription elle-même n'est pas un

(1) MM. Delvincourt et Dalloz, *loc. cit.*

titre qui leur donne action sur les fruits par la voie hypothécaire. Ils sont dans la même position que des créanciers chirographaires. L'antichrésiste peut donc jouir des fruits, sans que les créanciers hypothécaires puissent y mettre obstacle.

Mais si l'hypothèque se met en mouvement, on arrive à des résultats différens. L'action hypothécaire immobilise les fruits (1), lorsqu'elle se dirige contre un tiers détenteur. Elle les immobilise également lorsqu'elle saisit entre les mains du débiteur la chose hypothéquée (2). Or, d'après l'art. 2091 du Code civil, l'antichrèse n'empêche pas l'hypothèque de s'exercer sur la chose donnée en nantissement, que l'antichrésiste possède au nom du débiteur. Il suit de là que la saisie, venant retirer des mains de l'antichrésiste l'immeuble hypothéqué, paralyse ou détruit son titre, et lui enlève son gage dès le moment où, d'après les règles ordinaires, les fruits de l'immeuble saisi sont immobilisés (3). On doit donc décider que les fruits échus depuis la dénonciation de la saisie n'appartiennent plus à l'antichrésiste, et qu'ils viennent augmenter le gage hypothécaire. Car, en principe général, c'est dès ce moment que les fruits sont immobilisés; et puisque la saisie peut s'exercer sur le fonds antichrésé, elle doit s'y exercer avec toutes ses conséquences ordinaires. Les fruits font dès-lors partie du fonds, et ils

(1) Art. 2176 du Code civil.

(2) Art. 689 du Code de procédure civile.

(3) Art. 689, *suprà*, t. 2, n° 404.

échappent à l'antichrèse, pour tomber sous le coup de l'hypothèque.

778 *bis*. Ce que nous venons de dire de l'antichrèse sert à résoudre les difficultés qu'on pourrait élever relativement aux cessions de plusieurs années de fruits faites par anticipation. On ne peut les opposer aux créanciers hypothécaires *dès le moment que l'hypothèque a immobilisé les fruits par son action*. Il y a même raison de décider que, pour l'antichrèse; le débiteur n'a pu, par son fait, paralyser un effet légal attaché à l'exercice de l'action hypothécaire. L'art. 2091, relatif à l'antichrèse, contient pour notre cas une analogie parfaite.

C'est ce qu'ont jugé la cour de cassation, par arrêt du 3 novembre 1813 (1), et la cour de Nîmes, par arrêt du 24 août 1819 (2). Seulement ces arrêts, en partant d'une idée juste, en ont outré et forcé l'application; on ne doit les adopter en droit qu'avec précaution.

Dans l'espèce jugée par la cour de cassation, *Binda* cède à la dame *Négri*, par actes notariés des 1 et 9 février 1809, les loyers qui lui seront dus jusqu'en décembre 1810 par les locataires d'une maison qui lui appartenait.

Le 3 novembre 1809, Binda vend cette maison à Merletti. Celui-ci fait transcrire son contrat et le notifie aux créanciers inscrits. Il paie à ces créanciers les prix *et les intérêts du prix* à compter du jour de la vente, avec subrogation.

(1) Dal., Hyp., p. 337. Grenier, t. 1, p. 306.

(2) Idem, p. 338, note 2.

Puis, en vertu du jugement d'ordre, il soutient contre la dame Négri qu'étant subrogé aux créanciers qu'il avait payés de ses deniers, il a droit aux loyers échus depuis la vente. Mais celle-ci lui oppose ses deux cessions par acte authentique.

La cour de Turin, devant qui la cause fut portée par appel, décida, par arrêt du 20 février 1811, que *Merletti* n'avait pu acquérir sur la maison que les droits que *Binda* y possédait lors de la vente; qu'à cette époque les loyers de 1810 n'appartenaient plus au vendeur, puisqu'ils avaient été cédés par acte authentique antérieur à la dame *Négri*.

Mais, sur le pourvoi, arrêt de la cour de cassation du 3 novembre 1813, qui casse : il faut peser les motifs qui ont déterminé cet arrêt.

D'abord remarquons bien que, de son chef, Merletti n'avait rien à réclamer contre la dame Négri, dont le titre était antérieur au sien et authentique. Entre deux ventes de la même chose, émanées de la même personne, la préférence appartient à la plus ancienne. Binda ne pouvait vendre à Merletti ce qu'il avait déjà vendu à la dame Négri. Aussi Merletti entait-il sa prétention sur les droits des créanciers hypothécaires, auxquels il avait été subrogé. Il faisait valoir l'article 2091 du Code civil, duquel il inférait qu'une cession anticipée de loyers ne pouvait nuire aux créanciers hypothécaires.

Ecoutons maintenant les motifs de la cour de cassation.

Elle commence par décider que les créanciers

inscrits ont droit, d'après l'art. 2166, *au prix* tel qu'il a été fixé par la vente, et que ce prix se compose non seulement de la somme *principale* fixée par l'aliénation, mais encore des *intérêts* échus depuis la vente.

Puis, par une transition assez confuse et dont l'expression manque de netteté, elle arrive à mettre sur la même ligne les fruits et les intérêts. Puisque l'acquéreur a dû payer les intérêts, il a dû toucher en compensation les fruits de l'immeuble qui représentent ces intérêts. Si les créanciers ont droit aux intérêts du jour de la vente, c'est parce qu'ils ont droit aux fruits que l'immeuble a produits depuis cette époque. Donc, l'acquéreur subrogé aux créanciers doit toucher ces fruits du jour de la vente. Donc, d'après l'art. 2091, toute cession de ces fruits au préjudice des créanciers inscrits est comme non avenue.

Telle est l'argumentation de la cour de cassation : j'en reproduis le noyau; car les considérans en sont trop développés pour que je les donne ici. On voit, au premier coup d'œil, ce qu'il y a de faux dans cette série d'idées.

D'abord, il n'est pas exact de dire que l'acquéreur doive payer nécessairement à compter du jour de la vente les intérêts du prix aux créanciers inscrits ; il ne doit les payer qu'autant qu'il en est dû au vendeur (1) ; s'il n'en était pas dû, comme par exemple quand la chose ne produit pas de fruits (2), l'acquéreur n'aurait rien à payer que le

(1) *Infrà*, n° 920.

(2) Art. 1652 du Code civil.

prix principal. Il ne serait tenu des intérêts à l'égard des créanciers inscrits que du moment qu'il aurait notifié son contrat avec offre de payer.

De plus, il peut être dû des intérêts par l'acquéreur sans qu'il y ait perception de fruits ; par exemple, s'il a été convenu par le contrat de vente que les intérêts courraient de plein droit à compter de la vente même, bien que la chose ne produisît pas de fruits (1). C'est donc un argument vicieux que de conclure qu'il est dû des fruits parce qu'il est dû des intérêts.

Dans l'espèce jugée par la cour de cassation, il paraît que, par le contrat de vente, il avait été convenu que Merletti paierait les intérêts à compter du jour de la vente (2). Mais cette clause ne pouvait enlever à la dame Négri des droits qu'elle avait acquis antérieurement et par acte authentique.

La cour de cassation invoque en outre l'art. 2091 du Code civil ; mais était-il applicable ? D'après ce que j'ai dit au numéro précédent, il est certain que non, puisque les créanciers hypothécaires n'avaient pas fait usage de leur action hypothécaire, et que le paiement du prix était venu les trouver, sans qu'ils eussent eu besoin de mettre leur hypothèque en mouvement. En vertu de quelle puissance les fruits auraient-ils donc été immobilisés ?

Ils l'auraient été sans doute, si Merletti, tiers détenteur de l'immeuble, avait mis les créanciers inscrits dans la nécessité de lui faire la sommation

(1) Art. 1652 du Code civil.

(2) M. Grenier, t. 1, p. 306.

de délaisser ou de payer, prescrite par l'art. 2176 du Code civil.

Mais, encore une fois, tout s'était passé à l'amiable; le tiers détenteur n'avait pas été inquiété, les créanciers n'avaient pas eu besoin de recourir sur les fruits, ni de les immobiliser, et, n'ayant pas placé leur main-mise sur les mêmes fruits, ils n'avaient par conséquent pas de droit à transmettre à cet égard à celui qui leur succédait par subrogation.

Pour dire le contraire, il faut aller jusqu'à soutenir que les fruits sont immob iisés par le seul effet des inscriptions à compter de la vente. La cour de cassation n'énonce pas *en termes exprès* ce paradoxe; mais son arrêt le suppose à chaque ligne (1). Comment adopter cependant un pareil sentiment en présence de l'art. 2176 du Code civil et de l'art. 689 du Code de procédure civile?

M. Grenier, tout en désapprouvant, sous plusieurs rapports, l'arrêt du 3 novembre 1813, cherche cependant à l'excuser en partie, en disant qu'il y avait dans la cause des circonstances qui constataient, de la part des créanciers, l'exercice de l'hypothèque (2). Mais j'avoue que je n'ai pu découvrir ces circonstances. Au surplus, c'eût été à compter de l'exercice de l'hypothèque que la cour de cassation devait déclarer les fruits immobilisés, et non à compter du jour de la revente.

(1) M. Grenier est aussi d'avis que cela résulte implicitement de l'arrêt cité.

(2) T. 1, p. 307, et t. 2, n° 444.

Quant à l'arrêt de la cour de Nîmes, je me dispense de le discuter : car il est rendu dans les mêmes circonstances que l'arrêt de la cour de cassation du 3 mars 1813, qui lui a servi de type.

778 *ter*. Après avoir détaillé quelques uns des démembremens de la propriété qui peuvent mettre en éveil les intérêts hypothécaires, je me hâte de rentrer dans l'espèce de notre article, qui place l'hypothèque *en face du tiers détenteur*.

Cet article sert de préliminaire aux dispositions relatives à l'action en délaissement. Il pose en principe que les priviléges et hypothèques inscrits suivent l'immeuble, en quelque main qu'il passe ; mais sa rédaction demande quelques explications.

Il semblerait, en s'attachant à l'écorce des mots, qu'il n'y ait que l'hypothèque qui doive être inscrite pour suivre l'immeuble dans les mains du tiers détenteur. Car l'adjectif *inscrite* ne se rapporte qu'au substantif *hypothèque*. Mais c'est une erreur de rédaction. Les priviléges soumis à l'inscription ne peuvent exercer le droit de suite qu'à la condition de l'inscription. C'est ce qu'il est impossible de contester; c'est même ce qui était encore plus évident dans le système primitif du Code civil, qu'aujourd'hui, où ce système a été modifié par les art. 834 et 835 du Code de procédure civile. Car, dans l'esprit qui a présidé à l'art. 2166, il fallait que l'hypothèque ou le privilége fussent inscrits *au moment de l'aliénation :* sans quoi l'immeuble passait franc et quitte (1) entre les mains

(1) *Suprà*, t. 1, n° 280.

de l'acquéreur. Ce n'était donc que sous la condition d'une inscription existante au moment même de l'aliénation, que le privilége pouvait compter sur le droit de suite. Au contraire, il a aujourd'hui faculté de s'inscrire pendant toute la quinzaine de la transcription, afin de se procurer les moyens d'agir contre le tiers détenteur.

L'art. 2166 a voulu exprimer cette vérité, alors fondamentale, que les priviléges et les hypothèques inscrits au moment de l'aliénation suivaient seuls l'immeuble dans les mains d'un tiers détenteur. Mais actuellement l'art. 2166 a beaucoup perdu de son étendue, et on doit le modifier par les art. 834 et 835 du Code de procédure civile.

L'art. 2166 s'appliquait-il dans sa portée primitive aux hypothèques légales? Fallait-il que l'hypothèque du mineur ou de la femme fût inscrite pour accompagner l'immeuble dans les mains du tiers détenteur?

La cour de cassation s'est prononcée pour l'affirmative par arrêt du 12 août 1829 (1); elle pense même qu'il doit en être ainsi depuis la publication des art. 834 et 835 du Code de procédure civile. Elle croit que, si l'hypothèque légale est dispensée d'inscription tant que la chose reste entre les mains du débiteur originaire, il n'en est pas de même quand l'immeuble passe en mains tierces, et qu'alors le droit de suite ne s'exerce qu'à la charge d'une inscription.

Je crois que cette opinion est erronée.

(1) Dal., 29, 1, 331.

L'art. 2166, alors même qu'on le prendrait dans sa rigueur originaire, n'a jamais été appliquable aux hypothèques légales, dispensées d'inscription. Le principe que l'aliénation purgeait toutes les hypothèques non inscrites, proclamé par l'art. 2166, ne s'étendait qu'aux hypothèques conventionnelles et judiciaires, constituées par les articles 2123, 2127 et 2128 du Code civil. C'est ce dont on peut se convaincre par la simple lecture de l'art. 834 du Code de procédure civile. C'est aussi ce que prouve bien évidemment l'art. 2193 du Code civil, qui déclare en toutes lettres que l'acquéreur reçoit les immeubles avec la charge des hypothèques légales non inscrites (1), et qu'il est admis à les purger. L'art. 2167 vient confirmer cette vérité. Il dit que si le tiers détenteur ne purge pas, il demeure, *par le seul effet des inscriptions*, obligé, comme tiers détenteur, à toute la dette hypothécaire. Mais, en combinant cet article avec l'article 2193, on aperçoit qu'il n'est pas fait pour les hypothèques légales, lesquelles, *sans inscription*, obligent le tiers détenteur. Or, comme l'art. 2167 se réfère à l'art. 2166, dont il est un corollaire, on doit en conclure que l'art. 2166 ne concerne pas plus que lui les hypothèques légales affranchies d'inscription.

C'est au reste ce qu'avait très-bien aperçu le tribunat. Il avait proposé, *pour plus de régularité* (ce sont ces mots) (2), de rédiger ainsi l'art. 2166:

(1) *Infrà*, n° 986.

(2) Conf., t. 7, p. 214.

« Les créanciers, *ayant privilége ou hypothèque* » *légale ou inscrite*, *suivent*, etc. » On ignore pourquoi cette rectification n'est pas passée dans le texte définitif. Il est probable que c'est par l'effet d'un oubli. Je suis d'autant plus porté à croire qu'elle rentrait dans les idées du conseil d'état, que M. Treilhard, en rendant compte des observations du tribunat (1), ne l'énumère pas parmi celles qui tendaient à apporter des modifications dignes de remarque au projet présenté.

Tout ceci me paraît incontestable tant que le droit de suite de la femme ou du mineur reste inactif, et qu'il attend le paiement spontané de la part du tiers détenteur.

778 *quat*. Mais en est-il de même quand la femme ou le mineur veulent prendre l'initiative, et agir en délaissement contre le tiers détenteur, conformément à l'art. 2169 du Code civil?

Je pense que la thèse change, et que la solution doit être différente. Ce n'est pas en effet imposer à la femme ou au mineur une obligation trop onéreuse que de leur demander de prendre inscription. Le tiers détenteur a un très-grand intérêt à l'exiger; et, quoique cette obligation du créancier ayant hypothèque légale ne ressorte d'aucune disposition expresse de la loi, elle me paraît résulter implicitement de la combinaison des chap. 8 et 9 avec le chap. 6, que nous analysons.

Il est de droit commun que le tiers détenteur puisse arrêter les poursuites en purgeant. Or, si la

(1) Fenet, t. 15, p. 417.

femme ou le mineur ne prenaient pas inscription, le nouveau propriétaire se trouverait dans le plus grand embarras pour s'exempter par le purgement des poursuites hypothécaires. Car le chapitre 9, qui donne le moyen de purger les hypothèques légales non inscrites, ne se lie pas au cas où des poursuites sont intentées ; il suppose que ces hypothèques sont en repos. Que devrait donc faire le tiers détenteur sommé de délaisser ? Dans quel délai exposerait-il son contrat, puisque l'article 2195 n'en prescrit aucun ? Quelles offres ferait-il, puisque le chapitre 9 ne lui en ordonne aucune ? Faudrait-il qu'il renonçât à la faculté si favorable de purger ?

Au contraire, quand la femme ou le mineur ont pris inscription, le tiers détenteur sait quelle marche il doit suivre. La procédure tracée par les articles 2181 et suivans lui est ouverte ; car celle-ci prévoit tous les cas, même celui où il y a des poursuites. Il semble que le législateur a si bien sous-entendu que nul créancier ne pourrait, sans inscription, agir par voie de délaissement, que l'art. 2179 renvoie le tiers détenteur qui veut purger et arrêter l'effet des sommations, *aux dispositions du chapitre* 8, et non aux dispositions des chap. 8 et 9.

Pourquoi l'art. 2179 ne renvoie-t-il pas au chapitre 9 ? C'est parce que ce chapitre ne donne que les moyens de purger les hypothèques légales non inscrites, et que le législateur ne connaît pas d'hypothèques dispensées d'inscription quand il s'agit de prendre l'initiative des poursuites en délaissement.

779. Indiquons maintenant les actions qui découlent du droit de suite.

Dans l'ancien droit, l'hypothèque donnait naissance à trois actions : 1° l'action personnelle hypothécaire ; 2° l'action hypothécaire proprement dite ; 3° l'action en interruption.

L'action personnelle hypothécaire avait lieu contre le tiers détenteur qui, étant tenu personnellement de la dette, détenait en même temps la chose hypothéquée. Tels sont l'héritier du débiteur, la femme détentrice des héritages de la communauté, etc. (1).

Par cette action, on concluait directement au paiement de la créance pour le total, et l'héritier était condamné personnellement pour la part dont il était héritier, et hypothécairement pour le tout, comme *bien tenant*.

L'héritier était tenu, dans tous les cas, de payer la part dont il était tenu personnellement ; il ne pouvait s'affranchir de cette obligation par le délaissement des héritages hypothéqués auxquels il avait succédé ; mais aussi il pouvait se décharger du surplus de la dette en faisant le délaissement. On voit donc qu'il y avait là mélange de l'action personnelle et de l'action hypothécaire (2). La rai-

(1) Loyseau, liv. 3, ch. 2, n° 4. Pothier, Orl., t. 20, n° 52.

(2) Fachin, Controv., lib. 12, cap. 2, explique ainsi ce cumul : « Par l'action personnelle, on conclut contre l'héritier comme obligé personnellement pour sa part et portion » comme représentant le défunt ; par l'action hypothécaire, » on ne le considère plus comme héritier, mais comme détenteur. Ce sont deux actions cumulées *in eodem libello*. »

son pour laquelle on exerçait en justice cette action personnelle hypothécaire contre les héritiers du défunt, c'est que, d'après l'ancienne jurisprudence, on ne pouvait procéder par la voie exécutive contre ces mêmes héritiers, qu'autant qu'ils s'étaient obligés eux-mêmes par acte devant notaires, ou que le créancier avait obtenu un jugement de condamnation contre eux (1).

779 *bis.* L'action hypothécaire proprement dite avait lieu contre le tiers détenteur qui n'était pas personnellement tenu de la dette. Par cette action, on concluait à ce que la chose fût déclarée hypothéquée à la créance, et à ce qu'en conséquence le possesseur fût condamné à la délaisser pour être vendue en justice, si mieux il n'aimait payer la dette à laquelle elle était hypothéquée.

Le détenteur, actionné par le créancier, mettait en cause son vendeur afin de s'assurer une garantie, et de ne pas voir ce dernier critiquer le délaissement comme fait sans son concours et avec précipitation. S'il y avait plusieurs ventes successives, cela donnait lieu à des mises en cause de garans et arrière-garans, qui compliquaient beaucoup la procédure et faisaient des frais considérables (2).

La raison pour laquelle on était dans la nécessité d'intenter cette action, était que l'hypothèque, quoique affectant la chose, d'une manière réelle,

(1) Pothier, Orléans, t. 20, n° 95, et t. 21, n° 16. *Infrà*, 797.

(2) Loyseau, liv. 5, ch. 15, n° 3.

ne pouvait cependant donner lieu à la voie exécutoire contre un tiers détenteur, à moins que, par l'action hypothécaire, on n'eût obtenu un jugement contre lui (1). Car, l'hypothèque étant secrète, la déclaration publique de son existence était un préalable nécessaire pour forcer les tiers.

Il est clair que cette action hypothécaire est tout-à-fait inutile sous le Code civil, qui a rendu l'hypothèque publique.

L'article 2166 déclare que l'hypothèque inscrite suit l'immeuble en quelque main qu'il passe ; de plus, l'art. 2179 porte que, lorsque le tiers détenteur ne paie pas le total de la dette trente jours après la sommation, chaque créancier a droit de faire vendre sur lui l'immeuble hypothéqué. Il n'est donc pas besoin de jugement pour agir par la voie exécutoire contre le tiers détenteur ; ce jugement ne serait plus désormais qu'une chose inutile et frustratoire.

C'est ce qu'a jugé la cour de cassation par arrêt de cassation du 27 avril 1812 (2) ; la même chose a été aussi décidée par arrêt de la cour de Colmar du 1er décembre 1810 (3).

(1) Pothier, Orléans, t. 21, no 18, et t. 20, no 29.

(2) Rép., Tiers-détenteur, *ad notam*. Dal., Hyp., p. 336.

(3) Et par arrêt de la cour de cassation du 9 mai 1836 (Dalloz, 36, 1, 279).

M. Grenier, pour montrer qu'il n'y a plus d'action hypothécaire, cite les art. 2166 et 2169 du Code civil, et ajoute : » Il ne s'agit plus ici d'*affaires de plaidoiries*, mais bien d'*exé-* » *cution*. » (t. 2, p. 92, no 339). Je suis étonné que M. Grenier ne voie dans une action portée devant le juge que des af-

Ainsi l'hypothèque inscrite vient, sous le Code civil, se résoudre en saisie immobilière que le créancier a droit d'exercer *rectâ viâ* contre les tiers détenteurs, héritiers ou autres. On peut donc dire qu'il n'y a plus d'action hypothécaire proprement dite; car l'action, suivant la définition des Institutes, est le droit de poursuivre devant le juge ce qui nous est dû. « Actio autem nihil est » quàm jus persequendi *in judicio* quod sibi de- » betur (1). » L'on vient de voir que l'exercice de l'hypothèque contre les tiers détenteurs n'amène plus devant le juge, qu'elle donne seulement ouverture à la voie prompte et directe de l'exécution (2).

780. La troisième action que l'hypothèque faisait naître dans l'ancien droit, c'était l'action d'*interruption*. Le créancier l'intentait contre le possesseur de l'héritage, pour faire déclarer par le jugement qu'il y était hypothéqué. Elle était appelée *d'interruption*, parce qu'elle avait pour objet principal d'interrompre le temps pendant lequel le détenteur aurait pu prescrire la libération de l'hypothèque dont son héritage était chargé, en le possédant comme héritage franc. Elle différait de l'action hypothécaire en ce qu'elle n'avait pas pour but d'arriver au délaissement de l'héritage, mais seulement d'obtenir un acte déclaratif d'hy-

faires de plaidoieries, et que ce soit là, à ses yeux, le signe distinctif entre les voies d'action et les voies d'exécution.

(1) Inst., *De actionibus*.

(2) Dal., Hyp., p. 336.

pothèque et interruptif de la prescription (1).

Cette action appartenait tout entière au droit français. En voici l'origine :

Par la Novelle 4, Justinien avait ordonné qu'on ne pût s'adresser au tiers détenteur de la chose hypothéquée qu'après avoir préalablement discuté le débiteur principal et ses cautions. D'un autre côté (2), il était certain que le tiers détenteur, jouissant avec titre et bonne foi, pouvait prescrire l'hypothèque contre le créancier par dix ans entre présens et par vingt ans entre absens. Or, il pouvait souvent arriver que, pendant ces dix et vingt ans, le débiteur fût solvable ; et partant il n'y avait pas lieu à la discussion. Mais si, au bout de ce temps, l'obligé devenait insolvable, et qu'après discussion faite, le créancier voulût agir contre le tiers détenteur, ce dernier le repoussait par la prescription.

Le jurisconsulte Alexandre, frappé de cet inconvénient, crut y remédier en soutenant (3) que la prescription ne devait courir contre le détenteur qu'après la discussion ; qu'autrement il arriverait que l'action hypothécaire fût éteinte avant d'être née. Il disait que, par la Novelle 4, le tiers détenteur n'était tenu que conditionnellement, c'est-à-dire en cas d'insolvabilité du débiteur principal ; or il est de principe, ajoutait-il, que la

(1) Pothier, Orl., t. 20, n° 53. V. mon commentaire *de la Prescription*, n°s 791 et suiv.

(2) Godefroy, sur la loi 7, C. *De præscript.* 30.

(3) Conseil 58, *ad finem*, lib. 5. C'est aussi l'avis de Loyseau, liv. 3, ch. 2, n° 11.

prescription de la dette conditionnelle ne commence que du jour de l'accomplissement de la condition (1).

Mais cette opinion conduisait à ce résultat, que la prescription de l'hypothèque devenait en quelque sorte impossible : de manière qu'il serait arrivé qu'au bout de 100 ans, un acquéreur, laissé en possession paisible de son héritage, se fût trouvé inquiété tout à coup pour une vieille rente, et obligé de délaisser.

Aussi l'opinion la plus commune était-elle que la prescription courait dès le jour de la possession ; car il est au pouvoir du créancier de discuter le débiteur quand il lui plaît (2).

Mais cet avis, quoique le plus légal, n'en avait pas moins de grands inconvéniens, surtout en matière de rentes, et dans un système qui n'admettait pas la publicité des hypothèques. N'y avait-il pas une extrême rigueur à vouloir imputer au créancier de n'avoir pas deviné les dettes et les affaires secrètes de son débiteur?

C'est pour parer à ces difficultés que l'on imagina en France l'action *en interruption :* on l'intentait contre le tiers détenteur, soit que la dis-

(1) C'était mal raisonner, comme le remarque Lebrun, liv. 4, ch. 1, n° 76. Car, ainsi qu'on le verra *infrà*, le tiers détenteur peut prescrire contre l'hypothèque *pendente conditione* (n° 886). Alexandre invoquait les lois *Cùm notissimi*, § *illud*, C. *De præscript. long. temp.*, et *Cùm scimus*, § *illud*, C. *De agricol. et censis.*

(2) Fachin et les nombreux auteurs qu'il cite. Controv., l. 12, c. 83.

cussion n'eût pas été faite, soit que la dette ne fût pas exigible, et l'on concluait contre lui à ce que l'immeuble fût déclaré affecté et hypothéqué à la dette, ce qui interrompait la prescription (1). Par là disparaissait tout ce qu'on pouvait reprocher de vicieux dans ses résultats au système d'Alexandre ou à celui de ses adversaires. Le créancier pouvait toujours intenter l'action d'interruption. Rien ne paralysait en lui cette faculté.

On ne doit pas douter que l'action d'interruption, en tant qu'elle a pour but d'empêcher la prescription au profit du tiers détenteur, ne soit encore conservée dans le nouveau système hypothécaire. Aujourd'hui comme autrefois, il pourrait arriver dans beaucoup de cas que l'hypothèque se prescrivît durant la discussion préalable du débiteur. La créance peut d'ailleurs être conditionnelle et inexigible. Pendant ce temps, le créancier ne peut agir ni contre le débiteur par l'action personnelle, ni contre le tiers détenteur par la voie hypothécaire. Et cependant le possesseur de bonne foi prescrit sous la sauvegarde de son titre par le laps de 10 et 20 ans, pendant que le créancier est ainsi enchaîné!!! L'action en interruption ou en déclaration est donc le seul remède qui reste à ce créancier pour sauver ses droits, et empêcher la prescription de faire des progrès. C'est ce qu'ont jugé la cour de Colmar par arrêt du 1er décembre 1810, la cour de cassation par arrêt du 27

(1) Loyseau, liv. 3, ch. 2, n° 11 et suiv.

avril 1812 (1), et la cour de Grenoble par arrêt du 1er juin 1824 (2).

Article 2167.

Si le tiers détenteur ne remplit pas les formalités qui seront ci-après établies pour purger sa propriété, il demeure, par l'effet seul des inscriptions, obligé, comme détenteur, à toutes les dettes hypothécaires, et jouit des termes et délais accordés au débiteur originaire.

SOMMAIRE.

781. Obligation du tiers détenteur qui ne purge pas. Inexactitude du Code civil.

782. Véritable conclusion de la poursuite hypothécaire.

783. La pratique a renversé le véritable ordre de ces conclusions. Pourquoi? Inexactitude de M. Grenier.

784. Le détenteur qui consent à payer jouit des termes de paiement accordés au débiteur originaire. Quelles sommes doit-il payer? Renvoi.

784 *bis*. Qu'entend-on, à vrai dire, par tiers détenteur? Sens de ce mot dans notre article.

COMMENTAIRE.

781. La loi ne commande pas aux acquéreurs de purger les immeubles des hypothèques qui les

(1) Dal., Hyp., p. 335 et 336. M. Grenier, t. 2, p. 92, n° 339.

(2) C'est du moins ce qu'on peut inférer du considérant final de cet arrêt, qui, du reste, contient des principes sujets à contestation.

couvrent : elle leur en laisse seulement la faculté. Mais si le tiers détenteur ne remplit pas les formalités nécessaires pour purger, alors notre article le déclare assujetti comme *bien-tenant* au paiement de toutes les dettes hypothécaires, sauf les termes et délais accordés au débiteur originaire.

Cet article, conforme à l'art. 101 de la coutume de Paris, répète une erreur que Loyseau, Coquille et autres savans auteurs français (1) avaient depuis long-temps réfutée avec force et avantage, et qui a sans doute échappé au législateur dans la précipitation qui a présidé à la rédaction du titre des hypothèques.

782. Il est faux, en effet, que le tiers détenteur soit obligé au paiement de la dette. Comment peut-on être obligé, en effet, sans contrat ni quasi-contrat, et lorsqu'on n'est pas l'héritier du débiteur? Le tiers détenteur, comme *bien-tenant*, n'est tenu que d'une seule chose, *de délaisser*; c'est là tout ce qu'on peut exiger de lui. Car le créancier qui le poursuit ne fait qu'user contre lui d'un droit purement réel (2). Or, dans toute action réelle, la conclusion est dirigée contre la chose, et non contre la personne (3). Aussi, tous ceux qui ont écrit en jurisconsultes et non en praticiens, ont-ils dit que le créancier a le droit de

(1) Loyseau, liv. 3, ch. 4. Déguerp. Coquille, Cout. de Nivernais, t. 7, art. 3. Lebrun, Success., liv. 4, chap. 2, sect. 1, nos 33 et 34.

(2) L. *pignori*, C. *de pignorib.*

(3) Loyseau, de l'Action mixte, ch. 1, n° 4.

demander au tiers possesseur, non le paiement de la dette, mais le délaissement de la chose (1). Pour qu'il pût demander le paiement de la dette, il faudrait que le tiers détenteur y fût obligé, et il est certain qu'il ne l'est pas.

A la vérité, le détenteur peut éviter le délaissement en payant le montant des créances hypothéquées (2); mais ce n'est là qu'une faculté, qu'une exception contre la demande de délaisser. Ce n'est pas même une obligation alternative. Il est facile de s'en convaincre en se reportant aux principes qui régissent les obligations alternatives. Ainsi, par exemple, personne ne soutiendra que, si le détenteur vient à se trouver par un fait de force majeure dans l'impossibilité de délaisser l'immeuble anéanti par une inondation, il doit payer les sommes garanties sur cet immeuble; et c'est cependant ce qu'il faudrait dire s'il y avait de sa part obligation alternative (3). Concluons donc que le paiement des charges hypothécaires est une pure faculté pour le tiers détenteur. C'est à tort que notre article le qualifie d'*obligé* au paiement. Il devait dire que le possesseur qui ne purge pas est tenu de délaisser, *si mieux il n'aime payer*. On y eût alors reconnu le langage précis et exact que doit toujours tenir le législateur.

783. Mais comme la pratique a été conduite en

(1) Loyseau, liv. 3, ch. 4. Pothier, Orl., t. 20, no 45.

(2) L. 12, § 1, *Quib. modis pignus*, etc. Pothier, Pand., t. 1, p. 562, no 33.

(3) Art. 1193 du Code civil.

France par des hommes qui, dit Loyseau (1), *ignoraient le droit et ne savaient la source de l'action hypothécaire*, il est arrivé qu'on a renversé l'ordre naturel des choses, qu'on a demandé au tiers détenteur *le paiement*, *si mieux il n'aime délaisser;* qu'ainsi on a converti en obligation ce qui n'était qu'une pure faculté, et mis comme faculté ce qui était une véritable obligation; l'habitude a ensuite propagé cette erreur : elle est passée dans plusieurs coutumes, et de là dans le Code civil.

Loyseau prétend que cette mauvaise pratique fut empruntée en France d'un passage du droit canon où une femme, plaidant contre un tiers détenteur de sa dot, conclut ainsi : « Æstimatio» nem dotis sibi restitui, aut in possessiones in» duci », et où le pape Innocent III donne la formule du jugement en ces termes : « Prædictum » reum eidem mulieri ad restitutionem eatenùs » condemnes, quatenùs *de bonis mariti* noscitur » possidere (2). » On sait qu'à une époque où la juridiction ecclésiastique avait entrepris tous les procès en France, on accueillait presque sans examen les décisions du droit canon, d'autant qu'une ignorance générale régnait dans les esprits. Ce fut alors que les praticiens de cour d'église introduisirent une foule de chicanes, de longueurs ou de procédures vicieuses qui souillèrent la pureté du droit (3). Au surplus, l'erreur que je signale

(1) Liv. 3, ch. 4, nº 7.
(2) Decret. Greg., *De pignorib.*, C. 5, p. 420.
(3) Loyseau, liv. 3, ch. 4, nº 8.

d'après le docte Loyseau, ne tient pas seulement à la théorie; elle peut avoir des inconvéniens graves dans la pratique, et occasioner une fâcheuse confusion. M. Grenier lui-même, si versé dans cette matière, s'y est trompé, et l'on s'étonne de lire, à la page 109 du tome 2 de son ouvrage, le passage suivant : « La faculté de délaisser est un » adoucissement que la loi *apporte à la peine qu'elle » prononce contre l'acquéreur, en l'assujettissant à » payer* toutes les créances inscrites, à quelques » sommes qu'elles se portent, lorsqu'il a négligé » les formalités qui lui sont prescrites (pour pur- » ger). » Mais vraiment non ! l'acquéreur n'encourt pas la peine de payer ! bien moins encore le délaissement est-il un adoucissement à cette prétendue peine !! le délaissement seul est *in obligatione*. Le paiement n'est qu'*in facultate*, comme le dit très-bien M. Delvincourt (1).

C'est par suite de la rédaction abusive de cet article du Code civil, qu'on a vu soutenir dans les tribunaux que le tiers détenteur est obligé personnellement à l'acquittement des charges hypothécaires. Mais cette lourde erreur a été proscrite par la cour de cassation par arrêt du 27 avril 1812 (2); il est clair que ce n'est qu'à cause de la possession des biens que le tiers détenteur peut être inquiété. En abandonnant ces biens, il se dégage de toute recherche, *nec tenetur ad id quod est in facultate*.

(1) T. 3, p. 379, note 7.

(2) Dal., Hyp., p. 336. Rép., Tiers détenteur, *ad notam*.

784. Lorsque le tiers détenteur consent à payer, il jouit des termes et délais accordés au débiteur originaire.

Je parlerai sous l'article suivant de ce que doit payer le tiers détenteur, et je donnerai quelques détails plus amples sur le délaissement par hypothèque, et ses différences avec le déguerpissement.

784 *bis*. Mais que doit-on entendre, à proprement parler, par tiers détenteur? quel est celui contre qui on pourra exercer ce qui reste dans le droit actuel de l'action hypothécaire, et qu'il faudra sommer de délaisser ou de payer?

Détenteur, suivant l'étymologie du mot, veut dire, dans son acception la plus large, celui qui tient la chose en sa garde, ou possession, ou propriété à quelque titre que ce soit. Tels sont les gardiens judiciaires, les fermiers, locataires, ceux qui ont la possession annale de bonne ou de mauvaise foi, les propriétaires par succession ou acquisition à titre onéreux ou gratuit, comme acquéreurs, échangistes, donataires, légataires, etc.

Mais, dans notre article, le mot *tiers détenteur* n'a pas une signification si étendue. Il ne concerne pas ceux qui ne détiennent que *merâ custodiâ*, et qui possèdent pour autrui, tels que les colons, fermiers, locataires; c'est pour cela qu'il a été jugé, par arrêt de la cour de cassation du 21 juin 1809, qu'on ne peut faire la sommation de délaisser ou de payer à celui qui ne possède qu'à titre d'antichrèse (1).

(1) Dalloz, Hyp., p. 342, n° 3.

En recourant à ce que nous avons dit ci-dessus nos 776 et suivans, on verra facilement quels sont ceux qui, détenant la chose hypothéquée ou même un de ses démembremens, sont sujets ou non aux poursuites des créanciers ayant inscription sur elle.

J'ajoute que le tiers détenteur dont parle ici la loi est celui-là seul qui est *propriétaire* de la chose sur laquelle est assise l'hypothèque, et qui *peut l'aliéner;* car, la fin de la poursuite hypothécaire étant d'obtenir le délaissement de la chose, comme ce délaissement ne peut être fait que par celui qui peut aliéner (art. 2172), il s'ensuit qu'on ne peut sommer de délaisser ou de payer que celui qui a sur la chose un droit assez étroit pour la pouvoir aliéner.

Ainsi, celui qui a hypothèque sur la nue propriété ne devra pas adresser sa sommation au tiers détenteur qui n'a que l'usufruit. Cette sommation tend en effet au délaissement du fonds. Or, l'usufruitier peut bien aliéner son usufruit, mais il ne peut aliéner la nue-propriété. La sommation s'adresserait donc à quelqu'un qui ne pourrait pas y répondre.

Il en serait autrement si l'hypothèque ne portait que sur l'usufruit. Alors, le tiers détenteur usufruitier pourrait être sommé de délaisser ou de payer. On devrait dire la même chose si l'hypothèque portait sur le fonds et l'usufruit. Le tiers détenteur usufruitier pourrait être sommé de délaisser l'usufruit ou de payer. Dans ce cas, l'usu-

fruitier détient une portion de ce qui est affecté à l'hypothèque (1).

Il me suffit d'énoncer ces règles; elles lèvent toutes les difficultés.

Du reste, on ne devrait pas conclure de là que, de ce que le tuteur ne peut aliéner les biens du mineur, de ce que le curateur à succession est dans la même situation pour les biens de la succession, il ne faut pas, avant de faire saisir les biens du mineur ou de la succession, faire la sommation de payer ou de délaisser; car le tuteur et le curateur représentent le vrai propriétaire, qui est le mineur ou la succession, lesquels doivent être mis en demeure de purger s'ils le veulent. On conçoit que, si ces administrateurs ne peuvent personnellement aliéner, c'est dans l'intérêt de ceux qu'ils représentent; mais qu'ils peuvent se faire relever de cette incapacité en s'environnant des formalités prescrites par la loi. Il n'appartient pas au créancier poursuivant de préjuger ce qu'ils pourront faire dans l'intérêt de l'administration qui leur est confiée.

ARTICLE 2168.

Le tiers détenteur est tenu, dans le même cas, ou de payer tous les intérêts ou capitaux exigibles, à quelque somme qu'ils puissent

(1) Paris, 23 décembre 1808. Sirey, 9, 2, 50. Grenier, t. 2, p. 52, 53. *Suprà*, n° 776.

monter, ou de délaisser l'immeuble par hypothèque sans aucune réserve.

SOMMAIRE.

785. Définition du délaissement.

786. Différence avec le déguerpissement.

787. Quelles personnes peuvent délaisser. Comment se fait le délaissement. Quels en sont les effets. Renvoi.

788. Que doit payer le tiers détenteur s'il préfère conserver l'immeuble.

788 *bis*. Lorsque le tiers détenteur paie, il est subrogé de plein droit aux créanciers hypothécaires. Effet de cette subrogation.

788 *ter*. Comment le tiers détenteur subrogé doit-il diviser son action contre les autres détenteurs de biens hypothéqués?

789. Par la subrogation de plein droit, le tiers détenteur exerce les droits du créancier payé sur tous les biens hypothéqués à ce dernier pour la créance acquittée. Renvoi.

789 *bis*. Par l'exception *cedendarum actionum*, le tiers détenteur peut quelquefois faire réduire la somme que lui demande le créancier poursuivant. Premier cas.

789 *ter*. Deuxième cas.

COMMENTAIRE.

785. Je ne reviendrai pas sur ce que j'ai dit sous l'article précédent de la postposition, qui le défigure, et qui se trouve écrite avec aussi peu d'à-propos dans l'art. 2168. Je me bornerai à répéter que le législateur se fût exprimé d'une manière plus logique, en disant que le tiers détenteur est tenu au délaissement, si mieux il n'aime payer les

capitaux et intérêts exigibles. Il ne fallait pas imiter le mauvais langage de Loisel, qui a fort improprement dit : « *en fait d'hypothèques*, *cens ou* » *rentes*, *il faut payer ou quitter* (1). »

Arrêtons-nous donc à cette vérité, que le tiers détenteur doit quitter ou payer. Mais qu'entend-on par *délaissement ?* C'est *l'abandon de la possession de l'héritage, fait par le tiers détenteur aux créanciers inscrits pour s'exempter de l'expropriation*. Je dis que c'est un simple abandon de la possession. En effet, le tiers détenteur reste toujours propriétaire jusqu'à l'adjudication, et il peut reprendre l'héritage en payant les dettes pour lesquelles il est hypothéqué, et tous les frais (2). Je dis, de plus, que c'est aux créanciers inscrits que se fait le délaissement ; car ce sont eux seuls qui peuvent l'exiger en vertu de leurs hypothèques. Mais remarquons bien qu'ils ne peuvent garder l'immeuble (3), et qu'il faut qu'ils le fassent vendre par adjudication afin de le convertir en argent, et de se payer sur le prix dans l'ordre de leurs hypothèques (4).

786. Le délaissement ne doit pas être confondu avec le déguerpissement. L'objet du déguerpissement était de se dégager de la vente ou redevance foncière assise sur le fonds. Le délaissement n'a

(1) Liv. 3, tit. 7, n° 20. *Inst. Cout.* Je fais cette observation sans vouloir rien ôter au mérite supérieur de ce jurisconsulte.

(2) Loyseau, liv. 1, ch. 2, n° 13, et liv. 6, ch. 7. Pothier, Orléans, t. 20, n° 51. Art. 2173 du Code civil.

(3) *Infrà*, n° 795.

(4) Loyseau, *loc. cit.*

lieu, comme autrefois, que pour les hypothèques. Le déguerpissement se faisait à celui qui avait été autrefois propriétaire de l'immeuble, et ne l'avait cédé qu'à la charge de la rente foncière ; on remettait les choses dans l'état où elles étaient avant le contrat ; au contraire, le délaissement se fait au simple créancier. Celui qui faisait le déguerpissement abandonnait la propriété ; celui qui fait le délaissement n'abandonne que la possession. Ce n'est que par l'adjudication qu'il perd la propriété. Enfin, par le déguerpissement, le propriétaire rentrait dans sa chose et la gardait comme un objet à lui appartenant ; au contraire, le délaissement ne donne au créancier en faveur de qui il est fait, que le droit de vendre l'héritage : il lui est défendu de le garder (1).

787. Nous verrons, sous les art. 2172, 2173, 2174, 2175 et suivans, comment s'opère le délaissement, quelles personnes ont capacité pour le faire, quelles en sont les suites à l'égard du tiers détenteur et en ce qui concerne les charges qu'il a imposées sur la propriété, les améliorations ou détériorations qu'il y a faites, les droits qu'il y possédait avant l'aliénation, etc.

788. Expliquons maintenant ce que doit payer le tiers détenteur, s'il préfère conserver l'immeuble par lui acquis et dont il ne purge pas les hypothèques.

D'après notre article, il doit payer la totalité de

(1) Loyseau, liv. 1, ch. 2, n° 13. Denizart, v° Déguerpissement. Grenier, t. 2, p. 60, n° 328.

la créance en capitaux et intérêts exigibles. Peu importe qu'il ne possède qu'une légère fraction de la chose hypothéquée : l'hypothèque est indivisible ; elle conserve toute la créance dans chaque parcelle de l'immeuble hypothéqué. Peu importe encore que la somme due soit plus considérable que la valeur de l'objet détenu par le tiers possesseur. Le créancier ne peut être contraint de recevoir son paiement par portions. Il faut lui délaisser le total de la chose ou lui payer le total de la dette (1). Quelques auteurs anciens avaient cependant enseigné que le tiers possesseur pouvait s'exempter de la poursuite hypothécaire en offrant la valeur de l'immeuble possédé (2) ! Mais cette opin on ne pouvait se soutenir, et n'avait qu'un petit nombre de partisans (3).

Quand je dis que le tiers détenteur doit payer le total de la dette, il est entendu que cela comprend ls intérêts et dépens, en un mot tous les accessoires quelconques qui ont rang d'hypothèque sur l'immeuble dès avant l'aliénation.

Sur quoi, on a élevé la question de savoir si l'art. 2151 du Code civil peut être invoqué par le tiers détenteur comme par les créanciers inscrits, et si ce tiers détenteur ne doit que les intérêts conservés par l'inscription (4).

(1) Favre, C., lib. 8, t. 6, déf. 40, 41.

(2) Fachin, Cont., lib. 11, c. 11.

(3) Idem.

(4) *Suprà*, n° 702.

MM. Persil (1) et Grenier (2) sont d'avis que la nécessité de conserver les intérêts par l'inscription n'existe qu'entre créanciers, et c'est ce que paraît avoir jugé un arrêt de la cour de Bruxelles du 4 août 1806 (3).

Je pense avec M. Dalloz (4) que cette opinion ne saurait être suivie. Le tiers détenteur ne doit payer que ce qui est hypothéqué sur l'immeuble. Car il ne paie que comme bien-tenant, et non comme obligé personnel. Or, d'après l'art. 2151, il n'y a d'intérêts ayant hypothèque que les trois années attachées de droit à l'inscription, ou ceux qu'on a conservés par des inscriptions spéciales. Tout le reste rentre dans la masse chirographaire.

Si le débiteur avait des termes et délais pour payer, le tiers détenteur en profiterait; en effet, comme il s'exécute à la place du débiteur, il ne doit pas être de plus mauvaise condition que lui. Il arrive quelquefois que l'acquéreur d'un immeuble ne purge pas, parce que les créances dont l'hypothèque couvre cet immeuble, et qu'il doit acquitter entre les mains des créanciers, ne sont payables qu'à des époques éloignées. C'est pour lui un avantage : il n'est pas obligé de faire sur-le-champ des déboursés considérables, comme il aurait été forcé de le faire s'il eût dû acquitter de suite le prix entre les mains du vendeur. C'est aussi un avantage pour le vendeur, qui, malgré les hy-

(1) Sur l'art. 2151, n° 11.
(2) T. 1, n° 101.
(3) Dal., Hyp., p. 320, n° 5.
(4) Dal., Hyp., p. 402, n° 26.

pothèques qui pèsent sur ses biens, trouve néanmoins à s'en défaire avec émolument à cause du long terme des exigibilités. Il fallait donc nécessairement que l'acquéreur participât aux mêmes délais que le débiteur, d'autant que la nature de l'obligation ne peut changer par un fait d'aliénation étranger au créancier.

788 *bis*. Dans l'ancienne jurisprudence les auteurs conseillaient au tiers détenteur qui voulait conserver la possession de l'immeuble, de ne payer qu'autant que le créancier antérieur en date lui cédait ses actions, priviléges et hypothèques. C'est ce qu'on appelait l'exception *cedendarum actionum*. Cela tenait à ce qu'alors on n'était pas bien d'accord sur la question de savoir si la subrogation s'opérait de plein droit en pareil cas. Mais le Code civil a décidé qu'un semblable paiement donnait lieu à *subrogation légale*. Le tiers détenteur ne peut donc plus se faire un moyen de l'exception *cedendarum actionum* pour retarder son paiement (art. 2151 Code civil) (1).

Par cette subrogation, le tiers détenteur peut agir non seulement contre le débiteur principal et ses cautions, mais encore contre les autres détenteurs de biens soumis à l'hypothèque.

La cour royale de Toulouse a même jugé, par arrêt du 19 février 1827 (2), qu'avant d'avoir payé au créancier hypothécaire, et d'être par conséquent son subrogé, il pouvait actionner les autres

(1) *Suprà*, n° 358.

(2) Dal., 28, 2, 41, 42. Sirey, 28, 2, 75.

tiers détenteurs, contre lesquels il aurait son recours après avoir acquitté le montant des charges hypothécaires, afin de faire fixer la somme pour laquelle il aurait, s'il payait, le droit de les poursuivre hypothécairement (1).

788 *ter*. La raison de ceci est que, lorsque le tiers détenteur, qui a payé, agit contre les autres détenteurs de biens hypothéqués, il ne peut pas les rechercher pour le total, mais seulement au prorata de ce que chacun d'eux et lui-même possèdent d'héritages hypothéqués à la dette. Autrement il se ferait un circuit d'actions (2).

Par exemple, Caïus a une hypothèque générale sur les fonds A, B, C, D, appartenant à Sempronius. Ce dernier vend ces biens à *Primus, Secundus*, *Tertius* et *Quartus*. Caïus poursuit Primus, qui paie. Primus est donc subrogé aux droits de Caïus, et peut agir par la voie hypothécaire contre *Secundus*, *Tertius* et *Quartus*. Mais s'il voulait exiger de *Secundus*, par exemple, le total de la créance, il arriverait que ce même Secundus aurait droit d'agir contre lui Primus, comme détenteur d'immeubles affectés à la créance, à laquelle il a été aussi subrogé de plein droit. La sommation ne doit donc exiger que le *prorata* (3).

789. Le tiers détenteur, qui paie le créancier inscrit, est subrogé de plein droit aux hypothèques que ce créancier avait pour la créance, non seulement sur l'immeuble libéré, mais encore sur

(1) *Junge* Loyseau, liv. 2, ch. 8, n° 9.

(2) Voir les arrêts cités *infrà*, au n° 789.

(3) Pothier, Orléans, t. 20, n° 42. Grenier, t. 2, p. 74.

tous autres immeubles (1). J'en ai donné les raisons ailleurs (2). C'est à tort que le contraire a été jugé par un arrêt de la cour de Bourges du 10 juillet 1829.

789 *bis*. Mais si l'exception *cedendarum actionum* ne peut plus être un moyen de retarder le paiement, elle peut être quelquefois un moyen pour faire réduire la démande du créancier qui, par son fait, ne peut subroger le tiers détenteur qui le paie, aux priviléges et hypothèques qu'on avait droit d'attendre de lui. Je m'explique par un exemple.

Caïa a une hypothèque générale sur les fonds A, B, C, D, appartenant à son mari. Celui-ci les vend à *Primus*, *Secundus*, *Tertius* et *Quartus*, et Caïa renonce à son hypothèque sur *Primus*, *Secundus* et *Tertius*. Elle somme *Quartus* de délaisser ou de payer le total de sa dot, montant à vingt mille francs.

De deux choses l'une : ou Caïa a déjà renoncé à son hypothèque quand Quartus a acquis, ou bien cette renonciation n'a eu lieu qu'après son acquisition.

Dans le premier cas, Quartus doit payer la totalité des vingt mille francs, s'il veut s'exempter du délaissement. Les immeubles possédés par Primus, Secundus et Tertius étaient devenus libres

(1) Cassation, 21 décembre 1836 (Sirey, 37, 1, 54). Paris, 20 décembre 1834 (Dalloz, 35, 2, 144. Sirey, 36, 2, 159). Paris, 19 décembre 1835 (Sirey, 36, 2, 160. Dalloz, 36, 2, 79).

(2) T. 1, n° 359.

au moment de son acquisition : il a dû prendre les choses comme elles se trouvaient. Mais si cette renonciation n'a lieu qu'après l'acquisition de Quartus, alors il a droit de dire à Caïa : Je ne puis vous payer le total de la somme qu'autant que vous me subrogerez à vos droits contre Primus, Secundus, Tertius. Lorsque j'ai acquis le fonds D, à vous hypothéqué, j'ai compté que, si vous me poursuivez, j'obtiendrais, en vous payant, le droit de faire contribuer à la dette Primus, Secundus et Tertius, au moyen d'une subrogation dans vos droits. Vous avez rendu cette subrogation impossible *par votre fait :* ce n'est pas moi qui dois en souffrir. Si j'eusse obtenu la subrogation, je n'aurais payé que cinq mille fr. ; car j'aurais forcé Primus, Secundus et Tertius à contribuer et à verser entre mes mains cinq mille francs chacun ; mais votre renonciation me prive de la possibilité de me faire payer ces quinze mille francs. Il me suffit donc de vous payer cinq mille francs, au lieu de vingt mille francs, pour éviter l délaissement (1).

Ces principes et ces distinctions étaient enseignés par nos anciens jurisconsultes. On peut consulter Dumoulin (2) et Loyseau (3). La cour de cassation s'y est conformée par arrêt du 23 janvier 1815 (4), en se fondant sur les lois 5 D. *De censib.*, et 19, D. *Qui potior*, et sur l'art. 1149 du Code civil.

(1) M. Grenier, t. 2, p. 75. M. Dalloz, Hyp., p. 358.
(2) *De usuris*, quæst. 89, n°s 680 et suiv.
(3) Liv. 2, ch. 8, n° 19.
(4) Dal., Hyp., p. 358, 359.

789 *ter.* Il est un autre cas où le créancier n'est pas fondé à exiger le total de la créance, aussi par suite de l'impossibilité de faire cession pleine de ses actions. C'est lorsque le créancier possède lui-même des héritages qui ont été hypothéqués à sa dette. Alors il faut nécessairement qu'il fasse confusion de la dette au prorata de ce qu'il possède d'héritages qui y sont hypothéqués. La raison en est simple. Le tiers détenteur, en payant le tout, est subrogé aux droits du créancier. Mais le créancier ne peut lui céder son hypothèque sur le fonds qu'il détient, puisque, par son fait, il l'a éteinte par la confusion. Il a donc nui par là au tiers détenteur. « Repellitur exceptione quatenùs » nocuit reo, dùm facto suo non potest ei cedere » actiones quas cedere debebat (1).

Cependant, comme le dit Pothier d'après Dumoulin et Loyseau, cette exception ne peut avoir lieu que lorsque le créancier a acquis les héritages hypothéqués à sa dette postérieurement à l'acquisition que le défendeur a faite des autres héritages. Car s'il a acquis auparavant, on ne peut pas dire qu'en les acquérant il ait privé le défendeur d'aucun droit de recours sur ces héritages.

Article 2169.

Faute par le tiers détenteur de satisfaire pleinement à l'une de ces obligations, chaque créancier hypothécaire a droit de faire ven-

(1) Loyseau, liv. 2, ch. 8, n°s 16, 19. Pothier, Orléans, t. 20, n° 43.

dre sur lui l'immeuble hypothéqué, trente jours après commandement fait au débiteur originaire, et sommation faite au tiers détenteur de payer la dette exigible ou de délaisser l'héritage.

SOMMAIRE.

790. Formalités pour les poursuites en délaissement. Commandement au débiteur originaire. Son utilité. Sommation au tiers détenteur. Son utilité.

791. La sommation doit être suivie du commandement dans l'ordre rationnel.

792. De la personne capable pour recevoir la sommation.

793. Du délai pour se pourvoir par saisie immobilière. Mésaccord entre l'art. 2169 et l'art. 2183. Combien de jours sont compris dans le mois. Condamnation d'une opinion de M. Grenier.

793 *bis*. Erreur de la cour de Nîmes, qui a pensé que la sommation dont parle notre article est une sommation *de purger*.

794. Formes de la sommation.

795. C'est sur le tiers détenteur que se poursuit l'expropriation. Il peut opposer le défaut de commandement au débiteur originaire, et même la nullité d'icelui, si elle procédait d'un défaut de qualité dans la personne qui l'a reçu. Mais il ne pourrait exciper d'un vice de forme.

795 *bis*. La déchéance de purger profite à tous les créanciers. Que doivent-ils faire si le poursuivant abandonne la poursuite hypothécaire ?

795 *ter*. La poursuite hypothécaire peut être exercée par tout créancier, quel que soit son rang. *Une hypothèque n'empêche pas l'autre*. Renvoi pour une question qui se rattache à ce principe.

795 *quat*. C'est par la vente en expropriation forcée que se résout la poursuite hypothécaire. Un créancier premier

en hypothèque ne pourrait pas prendre la chose et la garder, à dire d'experts, sous prétexte que les autres créanciers postérieurs n'auraient pas de rang utile dans la collocation, et que la procédure en expropriation serait frustratoire. Arrêt du parlement de Paris et opinion d'Henrys rejetée.

COMMENTAIRE.

790. Les créanciers hypothécaires qui veulent exercer leur recours contre les tiers détenteurs doivent faire d'abord un commandement de payer au débiteur originaire, et une sommation au tiers détenteur de délaisser l'héritage, ou de payer la dette originaire. On procède contre le tiers détenteur, qui ne satisfait pas à l'une ou à l'autre de ces obligations, par la voie de l'expropriation forcée.

Pourquoi un commandement au débiteur originaire? La raison en est que le débiteur principal doit être informé des procédures rigoureuses auxquelles les créancieurs veulent se livrer, afin qu'il puisse aviser aux moyens d'en préserver son acquéreur, en payant la somme due (1). Une autre raison se tire de l'art. 2217 du Code civil; car, si le débiteur et le tiers détenteur ne paient pas, la poursuite vient se résoudre en expropriation forcée. Or, toute poursuite de ce genre doit être précédée, à peine de nullité, d'un commandement de payer, fait, à la requête du créancier, à la personne du débiteur ou à son domicile, par le ministère d'un huissier.

(1) *Infrà*, n° 795.

La même formalité est impérativement ordonnée par l'art. 673 du Code de procédure civile, qui indique les solennités de cet acte de procédure.

D'un autre côté, le tiers détenteur doit être mis en demeure de délaisser ou de payer. Cette sommation est nécessaire pour faire courir le délai du purgement; car c'est seulement par l'expiration de ce laps de temps, sans purger ni payer, qu'il y a ouverture à l'expropriation. Enfin dans le cas où le créancier serait forcé de saisir sur le tiers détenteur, cette sommation vaut commandement à l'égard de ce dernier; elle évite par conséquent les frais d'un nouvel acte (1). Nous devons dire cependant que, pour plus de précaution, il sera bon de dire dans la sommation qu'elle vaut commandement, suivant le modèle donné par M. Pigeau.

Voilà le but de la sommation exigée par notre article; pour être exactement libellée, elle devra contenir demande de délaisser, si mieux n'aime payer la dette exigible. La routine a fait tenir au législateur un langage différent. Mais il faut toujours en revenir à ce qu'il y a de plus conforme à la liaison des idées (2).

(1) M. Pigeau, t. 2, p. 445, *ad notam. Infrà*, n° 794. Paris, 21 mars 1806. Sirey, 7, 2, 249.

(2) Quelle est la durée de l'effet des commandement et sommation prescrits par notre article?

Quant au commandement, il a été jugé, avec raison, qu'il ne se périme pas faute d'avoir été suivi, dans les trois mois, d'une saisie immobilière; qu'à ce cas ne s'applique pas l'arti-

791. Les auteurs ne sont pas d'accord sur la question de savoir si le commandement doit précéder la sommation ou si la sommation doit précéder le commandement (1).

Je pense, avec M. Pigeau, que la sommation au tiers détenteur doit suivre le commandement, et même faire connaître que ce commandement a eu lieu (2). Cela est nécessaire pour que le tiers détenteur sache que son vendeur est poursuivi; car peut-être la crainte des poursuites déterminant le débiteur à payer, le droit de suite deviendra inutile à exercer. Notre article paraît d'ailleurs avoir entendu que le commandement précéderait la sommation; c'est ce qu'indique la tournure de la phrase. Au surplus, il n'y aurait sans doute pas nullité, si la sommation précédait le commande-

cle 674 du Code de proc. civ. Bordeaux, 23 avril 1831 (Sirey, 31, 2, 328). Bourges, 19 décembre 1834. Cassation, 9 mars 1836 (Sirey, 36, 1, 277. Dall., 37, 1, 119). Ce dernier arrêt rejette le pourvoi formé contre celui de la cour de Bourges.

Il y a cependant un arrêt contraire de la cour de Nîmes du 12 février 1833 (Sirey, 33, 2, 178).

Quant à la *sommation* adressée au tiers détenteur, il résulte des dispositions de l'article 2176, qu'elle n'a d'effet que pendant trois ans; c'est ce que j'ai prouvé dans mon commentaire *de la Prescription*, t. 2, n° 580.

Je dois dire, cependant, qu'une opinion contraire a été développée par M. Delvincourt dans le recueil de Sirey, 36, 1, 277; mais je crois ne devoir modifier en rien ce que j'ai enseigné à cet égard.

(1) Sommation avant commandement. Grenier, t. 2, p. 99, et Persil, art. 2169, n° 2. Commandement avant sommation. Pigeau, t. 2, p. 444. Dal., Hyp., p. 332, n° 11.

(2) Arrêt de Toulouse du 29 juin 1836 (Sirey, 37, 2, 27).

ment. Mais l'ordre rationnel exigeait que nous fissions ces observations.

792. La sommation doit être faite au tiers détenteur lui-même, ou, s'il est incapable, à ceux qui sont préposé pour le représenter.

Si l'immeuble avait été vendu à un mari agissant au nom de la communauté, ce serait à lui seul que devrait se faire la sommation.

Mais si l'acquisition eût été faite par la femme avec l'autorisation de son mari, la sommation devrait s'adresser à l'un et à l'autre (1).

793. Je dois préciser davantage le délai dans lequel il y a lieu de se pourvoir par la voie de saisie immobilière.

Notre article dit que les créanciers pourront faire vendre l'immeuble sur le tiers détenteur *trente jours après* le commandement et la sommation.

D'un autre côté, l'art. 2183 dit que le tiers détenteur qui veut se garantir des poursuites doit faire la notification de son titre *dans le mois au plus tard*, à compter de la sommation à lui faite de délaisser ou de payer.

Ces deux dispositions ne concordent pas facilement l'une avec l'autre. En effet, il y a des cas où un mois est plus ou moins que trente jours. Faudra-t-il suivre, dans tous les cas, le délai dont parle l'art. 2169, ou bien faudra-t-il faire plier ce délai aux variations de la longueur du mois?

(1) Art. 2208 du Code civil. Persil, art. 2169, n° 9. Grenier, t. 2, p. 98, 99.

Je m'explique. Il est bien certain que les créanciers hypothécaires ne peuvent agir par la voie de l'expropriation contre le tiers détenteur, qu'autant qu'il est déchu de la faculté de purger, et qu'il ne délaisse pas ou ne paie pas.

Or, il peut purger, c'est-à-dire offrir de payer (art. 2184) *dans le mois* à compter de la sommation (art. 2183). Le mois peut avoir trente-un jours ; le trente-unième jour est-il dans le délai légal pour purger ?

D'un autre côté, notre article 2169 déclare que les créanciers hypothécaires ont droit de faire vendre la chose *trente jours* après le commandement et la sommation, d'où il suit que l'on pourrait faire saisir un jour avant que la faculté de purger fût épuisée.

Les auteurs se sont partagés sur les moyens de concilier l'art. 2169 avec l'art. 2183. M. Battur (1) veut que le mois soit censé de trente jours, et que l'art. 2183 s'explique par l'art. 2169. Au contraire, M. Grenier (2) soutient que le délai du mois dont parle l'art. 2183 doit varier suivant la longueur effective des mois, d'après le calendrier grégorien.

La question de savoir de combien de jours est composé le mois a fort tourmenté les interprètes du droit romain. Balde et Marianus Socin la considéraient comme fort difficile. Dèce, Alexandre, Alciat, s'en sont sérieusement occupés, et l'on

(1) T. 2, p. 104, 105.
(2) T. 2, p. 100 et suiv.

trouve leurs décisions rapportées et discutées par le docte Menochius (1).

Ce qui donnait lieu à ces embarras, c'est que les lois romaines semblaient contenir des contradictions sur la durée légale du mois.

La loi 18, D. *De Ædilit. edicto*, fixait à deux mois le délai pour intenter l'action rédhibitoire, et la loi du 31, § 22, au même titre, expliquait que ce délai devait s'entendre de soixante jours.

L'authentique *jubemus*, C. *De judic.*, fait supposer qu'en droit le délai d'un mois se compose de trente jours. C'est aussi ce qui résulte de la Novelle, 115, § *sed et hoc*, de la loi dernière, C. *De jure delib.*, et des lois 4, § 1, et 29, § 5, D. *De adulteriis.*

D'un autre côté, les lois 2, C. *De tempor. appell.*, et dernière, § 1, C. du même titre, fixent la durée des mois à trente et un jours.

En troisième lieu, la loi 101, *De regulis juris*, enseigne que dans les délais composés de plusieurs mois on doit les faire partie de trente, partie de trente et un jours.

Il paraît qu'en France on ne suivait pas généralement la disposition de ces lois, et qu'à moins de textes exprès on prenait le mois tel qu'il se rencontrait (2). Cependant il y avait diversité d'opinions et conflit dans les arrêts (3). L'on voit que

(1) *De arbit. judic.*, lib. 2, cas. 50.

(2) Julien, Statuts de Provence, t. 1, p. 290. Rép., v° Mois, t. 17.

(3) Dunod, Prescript., ch. 2, p. 2.

l'ordonnance de 1673 disait que les *usances* pour le paiement des lettres de change devaient être de trente jours, encore bien que le mois eût plus ou moins de jours.

D'après la jurisprudence suivie sous le Code civil, on fixe le mois au nombre de jours déterminé par le calendrier grégorien. C'est ce qui a été jugé par différens arrêts de la cour de cassation rapportés par M. Merlin (1). Cette jurisprudence trouve un fort appui dans les dispositions du Code de commerce, qui veut qu'en matière d'usances les mois se calculent suivant le calendrier grégorien.

Mais la cour de cassation reconnaît elle-même qu'il y a des exceptions à cette règle de calcul: c'est lorsque le législateur en a autrement ordonné. Ainsi le Code pénal, art. 40, fixe à trente jours la durée du mois d'emprisonnement.

Ceci posé, il est bien clair que M. Grenier a raison, en thèse générale, lorsqu'il dit que le mois doit être pris tel qu'il se rencontre. Mais je crois que, sur le cas particulier, l'art. 2169 aurait dû lui faire porter une limitation à cette règle. Car l'article 2183 se réfère nécessairement à l'art. 2169. Le législateur ne pouvait qu'avoir ce dernier article sous les yeux, lorsqu'il traçait les dispositions de l'art. 2183. Ne faut-il donc pas dire que le mois dont il est question dans l'art. 2183 est invariablement fixé, par l'art. 2169, à trente jours (2)?

(1) Répert., t. 8, v° Mois.

(2) C'est aussi l'opinion de M. Dalloz, Hyp., p. 370, n° 11.

Mais il faut remarquer qu'on ne doit pas compter, dans le délai de trente jours, celui du commandement ou de la sommation. Indépendamment de tout ce que j'ai dit aux n°s 293 et suivans, sur la règle *dies termini non computatur in termino*, il y a ici une raison de plus; car notre article se sert de ces expressions : « *Le créancier fera vendre l'immeuble trente jours après*, » qui sont tout-à-fait exclusives du jour *à quo*.

Quant au jour *ad quem*, je pense aussi qu'on ne doit pas le comprendre dans le délai des trente jours. Cela est fondé sur l'art. 1033 du Code de procédure civile, qui décide que le jour de la *signification* et celui *de l'échéance* ne sont jamais compris dans le délai général fixé pour les ajournemens, citations, *sommations* (1).

M. Grenier me semble à tort d'opinion contraire (2).

Ainsi, la sommation est faite le 1er février 1827, le tiers détenteur sera encore à temps d'arrêter les poursuites, en faisant la notification le 4 mars.

Au contraire, dans le système de M. Grenier, qui veut qu'on prenne les mois tels qu'ils se rencontrent dans le calendrier grégorien, le tiers détenteur serait forclos s'il laissait passer le 1er mars sans notifier.

Je crois avoir en ma faveur le texte de la loi.

793 *bis*. Au reste, dans ce que j'ai dit, j'ai toujours supposé que la sommation dont parle l'ar-

(1) M. Battur, t. 3, n° 544. M. Dalloz, Hyp., p. 370, n° 12.
(2) Hyp., t. 2, 98, 99, etc.

ticle 2169 est la même que celle dont il est fait mention dans l'art. 2183, et que les trente jours, au bout desquels le créancier peut faire vendre l'immeuble, constituent un seul et même délai avec le mois spécifié dans l'art. 2183 et accordé au tiers détenteur pour purger.

Néanmoins la cour de Nîmes paraît avoir adopté un système contraire. Je ne sais si elle y persiste encore. Du moins, il est certain que, par arrêts des 4 juin 1807 et 6 juillet 1812, elle a décidé que la sommation prescrite par l'art. 2169 n'est pas la même que la sommation prescrite par l'art. 2183 du Code civil; que celle-ci *ne tend qu'à mettre l'acquéreur en demeure de purger*, et que ce n'est que lorsqu'il est déchu de ce droit qu'on peut procéder contre lui, conformément à l'art. 2169; qu'ainsi la sommation de purger doit précéder la sommation de délaisser (1).

Il faut dire que cette opinion n'est pas soutenable. Comment le législateur aurait-il pu songer à faire donner à l'acquéreur une sommation de purger, puisque le purgement des hypothèques est une chose facultative? D'ailleurs, loin qu'il faille avoir fait prononcer nécessairement la déchéance de purger pour procéder par la voie du délaissement, on voit, par l'art. 2183, que la procédure en délaissement se trouve arrêtée et paralysée par les formalités du purgement. Aussi l'opinion de la cour de Nîmes est-elle repoussée par M. Delvincourt (2).

(1) Sirey, 7, 2, 704; 13, 2, 259. Dal., Hyp., p. 383.

(2) T. 3, p. 366, note 4. *Infrà*, n° 916. Arrêt conforme

794. La sommation dont parle notre article n'est assujettie à aucune forme d'exception : il suffit qu'elle soit faite par un huissier et qu'elle contienne demande de la part du créancier, requérant et dénommé, de délaisser ou de payer. On y suit les formes ordinaires pour les exploits. Du reste, il n'est nécessaire ni que l'huissier de qui elle émane soit muni d'un pouvoir spécial, ni que l'exploit contienne la copie des titres du créancier requérant (1), ni que l'huissier exploitant soit un huissier commis. C'est ce qu'a jugé la cour de Bourges par arrêt du 4 juillet 1824 (2). La cour de Rouen a même pensé que le visa du maire n'y était pas indispensable, cette formalité n'étant requise par l'art. 673 du Code de procédure civile que pour le commandement à fin de saisie immobilière (3). Nous avons dit en effet ci-dessus, avec M. Pigeau, que le commandement prescrit par l'art. 673 est inutile quand on procède à une saisie immobilière sur le tiers détenteur, et que la simple *sommation* dont parle notre article suffit à tout (4).

795. C'est sur le tiers détenteur que se poursuit

de la cour de Colmar du 6 décembre 1834, inséré dans le recueil des arrêts de Colmar, par M. Neyremand, avocat, année 1834, p. 289.

(1) Mon commentaire *de la Prescription*, t. 2, n° 579, et un arrêt de Douai du 18 mai 1836 (Dalloz, 37, 2, 172. Sirey, 37, 2, 328).

(2) Dal., 25, 2, 46.

(3) 28 février 1810. S., 11, 2, 243.

(4) N° 790.

l'expropriation. Le texte de notre article s'en explique formellement (1).

Il peut en arrêter l'effet en excipant du défaut de commandement fait au débiteur originaire. On conçoit son intérêt à cet égard. Il serait possible que le débiteur satisfît à l'obligation personnelle, et par là les voies de contrainte contre le tiers détenteur auraient pu être évitées.

Il pourrait exciper de la nullité du commandement provenant du défaut de la qualité en la *personne de celui qui l'a reçu.* La raison de décider est absolument la même (2).

Mais M. Grenier fait remarquer avec raison que le tiers détenteur ne pourrait exciper d'une pure nullité de forme dans le commandement fait au débiteur. Car la forme de l'acte n'intéresse que ce débiteur seul. Il peut couvrir le défaut de forme par son silence. Le tiers détenteur serait tout-à-fait non recevable à se prévaloir de ce moyen (3).

795 *bis.* Si la sommation et le commandement étaient abandonnés par le créancier hypothécaire qui les a fait, parce qu'il aurait été désintéressé par le tiers détenteur (3), il ne serait pas nécessaire qu'un autre créancier, qui voudrait agir *ex*

(1) M. Grenier, t. 2, p. 101, et cela a été jugé par la cour de cass., le 4 janvier 1837 (Sirey, 37, 1, 139. Dalloz, 37, 1, 176).

(2) Arrêt de Nîmes du 6 juillet 1812. Den., 14, 2, 54. Nancy, 5 mars 1827. Cet arrêt est inédit.

(3) T. 2, nº 343.

(4) Exemple. Arrêt de cassation du 30 juillet 1822 (Dal., Hyp., p. 381).

hypothecâ, mît une seconde fois le détenteur en demeure de purger par une sommation.

La première sommation non suivie d'effet dans les trente jours qui se sont écoulés ensuite, à suffi pour que le tiers détenteur fût déchu du bénéfice de purger (1). Cette déchéance profite à tous les créanciers inscrits. Car, de même qu'en conservant la faculté de purger au regard du créancier poursuivant, le tiers détenteur est censé la conserver à l'égard de tous les créanciers inscrits, de même, s'il la perd à l'égard du poursuivant, il est censé la perdre à l'égard de tous (2). Or, une fois cette faculté perdue, la tiers détenteur ne peut la recouvrer par l'abandon des poursuites de la part du créancier plus diligent. Ce désistement ne nuit pas aux droits des autres : d'ailleurs, c'est un désistement de l'instance, de la procédure, et nullement une renonciation à un droit acquis.

Donc, si un second créancier veut reprendre la poursuite, il n'a pas besoin d'une sommation nouvelle. Car l'effet que doit attendre la sommation est déjà produit.

Seulement un second commandement est nécessaire; car il ne peut y avoir de procédure en expropriation valable, sans un commandement donné par le poursuivant au débiteur (3).

795 *ter*. Comme notre article dit en général que

(1) Arrêt de Toulouse du 29 juin 1836 (Sirey, 37, 2, 27).

(2) Cassat., 30 juillet 1822 (Dal., Hyp., p. 381). Riom, 31 mai 1817 (idem, p. 382). Arg. de l'art. 2190 du Code civil.

(3) M. Grenier, t. 2, p. 103.

chaque créancier hypothécaire a droit de faire vendre la chose sur le tiers détenteur, il s'ensuit que la poursuite hypothécaire peut être exercée par tout créancier inscrit, quel que soit son rang. Peu importe qu'il soit le dernier. *Car une hypothéque n'empêche par l'autre.* Toutefois, un créancier second en hypothèque peut-il agir en délaissement lorsque le créancier premier en hypothèque est le tiers détenteur lui-même, et qu'il y a vraisemblance que l'immeuble possédé par ce dernier n'est que l'équivalent de sa créance? J'examinerai cette question aux n°s 804 et 805.

795 *quat.* C'est par la vente par expropriation forcée que se résout la poursuite hypothécaire sur le tiers détenteur. Notre article exclut formellement tout mode d'exécution qui n'aurait pas pour fin la vente aux enchères, cette vente étant le seul moyen de porter l'immeuble à sa plus haute valeur.

Ainsi un créancier premier en hypothèque ne pourrait pas prendre la chose, et la garder pour lui à dire d'experts. Les autres créanciers seraient fondés à exiger la vente aux enchères (1).

Cependant il a été jugé, par arrêt du parlement de Paris du 19 janvier 1647, que la demoiselle le Rasle, comme plus ancienne héritière hypothécaire du sieur Ancelot Favin, pouvait prendre à la prisée et dire d'experts un bien appartenant à ce dernier et hypothéqué à d'autres créanciers du sieur Favin, si mieux n'aimaient ces derniers s'en-

(1) *Suprà*, n° 785.

gager sous caution à faire adjuger l'immeuble à si haut prix que ladite Rasle fût intégralement payée, déduction faite de tous frais d'expropriation. Henrys (1) cite cet arrêt comme un modèle de sagesse, parce qu'il tend à empêcher que le gage suffisant pour payer en entier le plus ancien créancier ne soit consommé, pour le tout ou pour partie, en frais frustratoires de poursuites. Le même auteur rappelle plusieurs autres arrêts qui ont confirmé cette jurisprudence, laquelle est aussi approuvée par Bretonnier (2).

Mais il est plus que problable que cette jurisprudence ne serait pas suivie aujourd'hui. Elle n'a aucun fondement dans le Code; disons mieux, elle résiste au texte de nos lois, qui nous représentent partout la vente publique comme la fin de l'hypothèque (3). Dans l'état actuel des choses, le créancier premier en rang n'a pas plus que les autres le droit de se mettre en possession : il n'a de préférence que sur le prix.

Il existe plusieurs arrêts qui ont décidé, dans des espèces analogues, qu'un créancier hypothécaire ne peut se prévaloir de la convention qui l'autorisait à faire vendre la chose hypothéquée sans *solennités extérieures* (4).

Cependant si la convention avisant aux moyens d'abréger les formalités et d'épargner les frais,

(1) Liv. 4, quest. 30. V. notre préface, p. lxxviij.

(2) Sur Henrys, *loc. cit.*

(3) Art. 2088, et *infrà*, n° 805.

(4) Liége, 3 décembre 1806 (Dal., Nantissement, p. 405). Turin, 21 juillet 1812 (idem).

permettait une voie plus simple que l'expropriation forcée, mais présentant les mêmes garanties de publicité, il y a lieu de croire qu'elle devrait être respectée. C'est ce qu'a jugé la cour de Trèves, par arrêt du 15 avril 1813 (1). Beaucoup de notaires, en passant des contrats hypothécaires, y insèrent pour stipulation expresse que le créancier aura droit de faire vendre la chose hypothéquée aux enchères, pardevant un notaire, avec cahier des charges, affiches, et adjudication préparatoire et définitive. C'est ce qui a lieu presque toujours dans le ressort de la cour royale de Bordeaux (2); mais il est douteux qu'une telle clause pût être opposée à d'autres créanciers inscrits à qui elle n'aurait pas été imposée, et qui n'y auraient pas été partie. Ils pourraient se prévaloir du préjudice que leur cause l'omission de la formalité prescrite par l'art. 695 du Code de procédure civile, qui les appelle à la poursuite en expropriation forcée, et leur permet d'en surveiller la marche pour que l'immeuble soit porté à sa plus haute valeur.

Dans tous les cas, lorsqu'il y a un *tiers déten-*

(1) Dal., Hyp., p. 406, n° 3.

(2) Voir trois arrêts de cette cour, rapportés par Dalloz, 35, 2, 20 et 35, 2, 62, qui reconnaissent la validité de cette clause. Voir aussi mon commentaire *de la Vente*, t. 1, n° 77. Il existe, en sens contraire, un arrêt de Lyon du 2 décembre 1835 (Dalloz, 36, 2, 172) contre lequel il y a eu un pourvoi qui est actuellement pendant devant la chambre civile de la cour de cassation, par suite d'un arrêt d'admission rendu par la chambre des requêtes.

teur de l'immeuble hypothéqué, il est certain que tous ces moyens concertés entre le vendeur et ses créanciers ne peuvent lui être opposés, et qu'on ne peut le dépouiller que par la voie de l'*expropriation forcée* (1).

ARTICLE 2170.

Néanmoins le tiers détenteur, qui n'est pas personnellement obligé à la dette, peut s'opposer à la vente de l'héritage hypothéqué qui lui a été transmis, s'il est demeuré d'autres immeubles hypothéqués à la même dette dans la possession du principal ou des principaux obligés, et en requérir la discussion préalablement selon la forme réglée au titre du cautionnement. Pendant cette discussion, il est sursis à la vente de l'héritage hypothéqué.

SOMMAIRE.

796. De l'exception de discussion. Son origine. Ancienne jurisprudence. Droit intermédiaire. Code civil.

797. Pour demander la discussion, il ne faut pas être débiteur personnel. Cas à cet égard.

798. Si les héritiers du débiteur peuvent demander la discussion.

799. L'exception de discussion n'a pas lieu contre l'action d'interruption, ni contre l'hypothèque spéciale. *Quid* dans le cas où l'hypothèque a été contractée avec pacte que le créancier ne serait pas soumis à la discussion?

(1) M. Persil, 2167, n° 13. Delvinc., t. 3, p. 172, note 1. M. Dalloz, Hyp., p. 332.

800. Pour opposer l'exception, il faut que le débiteur ait en main d'autres biens hypothéqués à la même créance.
800 *bis*. Il faut, outre le principal obligé, discuter les cautions et certificateurs de caution. Dissentiment avec M. Dalloz.
801. De la forme de la discussion.
802. Pendant la discussion, il est sursis à la poursuite hypothécaire. Exception proposée.
802 *bis*. La discussion faite par l'un des créanciers profite aux autres créanciers et nuit aux autres tiers détenteurs.
803. Autres exceptions contre la poursuite. Exception pour améliorations. Renvoi.
804. Exception tirée de l'hypothèque préférable que le tiers détenteur a sur l'immeuble. Raisons qui doivent la faire rejeter. Caution que le tiers détenteur pourrait cependant exiger.
805. Exception tirée de ce que le tiers détenteur aurait payé des créanciers premiers en rang jusqu'à concurrence de la valeur de l'immeuble. On ne doit pas l'admettre, malgré Henrys et Bretonnier.
806. De l'exception de garantie.
807. De l'exception *cedendarum actionum*.

COMMENTAIRE.

796. Notre article s'occupe de l'exception de discussion que le tiers détenteur peut opposer au créancier qui le poursuit. Elle a pour but de renvoyer le créancier poursuivant à se faire payer par les débiteurs personnels, avant d'attaquer les possesseurs et tiers détenteurs qui ne sont tenus qu'à cause de la chose. On a pensé que les obligations personnelles, étant plus étroites, doivent être épuisées, avant d'inquiéter ceux qui sont tenus d'un lien moins rigoureux. « Ne tertius posses-

» sor, dit Huberus (1), ob alienum debitum re » possessâ spolietur. »

Cette exception a son fondement dans la novelle 2 (2), « sed neque ad res debitorum, *quæ » ab aliis detinentur*, veniat priùs creditor, antequàm » transeat viam super personalibus contrà *man» datores et fidejussores et sponsores ;* idem enim est » dicere, vel si quosdam habuerint homines ipsis » sibimet obligatos, et qui hypothecariis actioni» bus sibi teneri possint (3). » Sur quoi l'on peut voir Cujas dans son Exposition des novelles et dans ses Observations (4).

Toutes les coutumes françaises n'avaient pas été aussi favorables aux tiers détenteurs. Plusieurs avaient rejeté le bénéfice de discussion, telles que Cambray, Perche, Auvergne, Marche, Anjou, Dourdan, etc. (5); d'autres ne le rejetaient que

(1) Prælect. sur le D., *De pignorib.*, n° 9.

(2) Par le droit ancien, le créancier paraît n'avoir pas été soumis à l'exception de discussion. Après qu'il avait mis le débiteur en demeure de payer par une sommation, il était maître d'actionner à son gré ou le débiteur principal, ou les cautions, ou d'agir sur les hypothèques (L. 24, C., *De pign.*, L. 10, C., *eod.*). Par le droit nouveau, le créancier conserva bien cette élection, mais ce ne fut que tant que le débiteur possédait la chose. Que si le débiteur l'avait aliénée, alors, par la novelle 4, le créancier ne put poursuivre les tiers détenteurs qu'après avoir discuté le débiteur principal et ses cautions (Voët, lib. 20, t. 4, n° 3).

(3) Cap. 2.

(4) Liv. 8, c. 19. Voyez de plus la glose de Godefroy. Despeisses, t. 1, p. 403, n° 5. Voët, liv. 20, t. 4, n° 3.

(5) Loyseau, liv. 3, ch. 8, n° 1.

pour les rentes constituées avec hypothèque spéciale (1); d'autres au contraire l'avaient admis sans distinction, conformément au droit romain (2), telles que Clermont, Auxerre, Châlons, Sedan.

Néanmoins Loyseau enseigne que le droit commun était qu'il fallait discuter l'obligé principal, et que la novelle 4 devait être suivie dans les coutumes muettes, comme étant plus conforme à l'équité (3).

La loi de brumaire an 7 avait abili la discussion (4); cette abolition peut s'expliquer par ce qui se pratiquait dans les pays de nantissement. Loyseau nous apprend que, sous l'empire des coutumes de nantissement, le bénéfice de discussion n'avait pas lieu, par la raison que le créancier était considéré comme ayant en quelque manière la possession de la chose, au moyen des formalités requises pour le nantissement. Or, ayant une possession feinte et civile de la chose, on ne pouvait le repousser du droit de suite par l'exception de discussion, l'aliénation faite par le débiteur n'ayant pu le déposséder (5).

Les formalités de l'inscription ont beaucoup

(1) Orl., art. 436.

(2) Coquille, Niv., sur l'art. 3 du t. 7. Pothier, sur l'article 436 d'Orléans, et introd., t. 20, n° 35.

(3) Liv. 3, ch. 8, n°s 5 et 6.

(4) Arrêt de la cour de cassation du 16 décembre 1806 (S., 7, 2, 902). Cet arrêt décide que, sous le Code, on ne peut opposer l'exception de discussion à des poursuites commencées sous la loi de brumaire an 7. Grenier, t. 2, p. 56.

(5) Liv. 3, ch. 8, n° 11. Despeisses, t. 1, p. 404, *secundo*.

de rapport avec celles du nantissement (1). On pouvait les considérer dès lors comme constituant au profit du créancier une sorte de prise de possession qui excluait toute exception dilatoire. Quoi qu'il en soit, le Code civil a rétabli l'exception de discussion. Nous allons voir dans quels cas et sous quelles conditions on peut s'en prévaloir.

797. D'abord, celui qui est *personnellement* obligé à la dette ne peut demander la discussion. L'action personnelle, se trouvant jointe à l'hypothèque, produit une obligation *plus prégnante et plus prompte*, comme dit Loyseau (2). De là, la maxime de Bartole, « *quotiès personalis actio cum* » *hypothecariâ concurrit, nec divisioni nec discus-* » *sioni locus est.* »

Ainsi, si le tiers détenteur avait contracté une obligation personnelle envers le créancier; si par exemple, en vertu d'une clause du contrat d'acquisition acceptée par les créanciers inscrits, il se fût soumis à payer les dettes inscrites, il est certain qu'il ne pourrait opposer l'exception de discussion.

De même, si le détenteur possédait comme acquéreur de droits successifs; si, étant donataire, une clause de la donation le chargeait de l'acquittement des dettes, on ne peut douter qu'il ne fût pas recevable à opposer le bénéfice de discussion.

La cour de cassation a même décidé que le tiers

(1) *Suprà*, n° 558.

(2) *Loc. cit. Junge* Favre, C. lib. 2, t. 39, déf. 14. Basnage, C. 14.

détenteur qui, hors la présence du créancier, s'était engagé avec le vendeur à servir les rentes hypothéquées sur l'immeuble, était personnellement engagé dans le sens de l'art. 2172, et ne pouvait pas délaisser (1). En appliquant cette décision à l'espèce, on doit dire qu'il ne pourrait pas opposer les bénéfices de discussion, et c'est ce que décide Loyseau (2), par la raison que, le vendeur ayant recours contre l'acquéreur, il ne serait pas juste que ce dernier pût demander que celui qui a recours contre lui fût discuté avant lui (3). Favre est du même avis : écoutons-le parler : « Qui » emit à debitore eâ lege ut pretii partem sol- » veret certo pignoratitio creditori, si posteà con- » veniatur hypothecaria, non habet beneficium » excussionis. Licèt enim ea conventio, tanquàm » inter alios facta, nullum jus *creditori ignoranti* » adquirere potuerit, prodest tamen ad constituen- » dum emptorem in malâ fide, ne exceptionem » possit objicere, quæ non tàm summo jure niti- » tur quàm æquitate (4). »

Mais si le tiers détenteur n'est pas obligé personnellement, il peut opposer la discussion. Dans cette classe sont ceux qui possèdent l'immeuble à titre de vente ou d'échange pur et simple, de donation à titre particulier, de legs particulier.

(1) 21 mai 1807. S., 7, 1, 278. Rép., Délaissement.

(2) Liv. 3, ch. 8, n° 14, et ch. 2, n° 6.

(3) Despeisses, t. 1, p. 404.

(4) Code, lib. 8, t. 6, déf. 33. V. cependant *infrà*, 813, l'opinion contraire de M. Delvincourt.

Je reviendrai là-dessus dans mon commentaire sur l'art. 2172.

798. A l'égard de l'héritier du débiteur, on sait qu'il n'est tenu *personnellement* que pour sa part et portion. Ce qui peut faire naître la question de savoir si, ayant payé sa part et portion, il pourrait pour le surplus opposer l'exception de discussion.

Il résulte des principes professés par Loyseau, que l'héritier ne peut en aucun cas délaisser, et que, par conséquent, il ne peut s'opposer à la vente de l'héritage par l'exception de discussion (1).

« Faut pareillement observer que cette discus-
» sion, qui a été introduite en faveur du possesseur
» étranger, n'a point lieu à l'égard de l'un des hé-
» ritiers de l'obligé, qui quant et quant serait dé-
» tempteur de a chose hypothéquée, bien qu'il
» offrît de payer, même qu'il eût payé à part sa
» portion héréditaire. » Il paraît que cette doctrine était en vogue du temps de Loyseau. C'est de plus celle de Favre (2) et de Despeisses (3).

On la trouve reproduite dans les ouvrages de Pothier (4), ce qui me paraît étonnant : car ce jurisconsulte, d'accord avec Lebrun (5), enseigne formellement, contre l'opinion de Loyseau, que l'héritier qui a acquitté la part de la dette dont il est personnellement tenu, peut, suivant la nature de l'action hypothécaire, se décharger du surplus

(1) Liv. 3, ch. 8, no 13, et ch. 2, nº 4.
(2) Cod, lib. 8, t. 21, déf. 1.
(3) T. 1, p. 404.
(4) Orl., t. 20, nº 35, et Hyp.
(5) Success., p. 608, nº 33.

par l'abandon des immeubles auxquels il a succédé, et qui y sont hypothéqués. Il résulte bien clairement de ces principes, qui sont ceux qu'on doit suivre aujourd'hui, que, pour ce surplus, l'héritier est considéré comme un véritable tiers détenteur (1); de là, la conséquence qu'il peut opposer l'exception de discussion, tout aussi bien qu'un étranger, et renvoyer le créancier à discuter les immeubles de la succession possédés par les autres héritiers; car s'il est tiers détenteur pour délaisser, alors qu'il a payé sa part, pourquoi ne serait-il pas tiers détenteur pour opposer l'exception de discussion? C'est l'opinion de M. Chabot (2) et de M. Grenier (3); mais M. Dalloz (4) adopte l'opinion contraire. Je lui ferai la même objection que je faisais tout à l'heure à l'opinion de Pothier. Car M. Dalloz admet, comme Pothier, que l'héritier qui a payé sa part et portion est, pour le surplus, un tiers détenteur *non obligé personnellement* (5), qui peut délaisser.

Vainement dit-il que, si l'exception de discussion était opposée par les héritiers, ce serait un moyen de renvoyer le créancier de l'un à l'autre. Cela est vrai; mais ce ne serait qu'à la charge que chacun payât sa part, d'où résulterait que dans

(1) C'est ce qu'a décidé un arrêt de la cour de cassation du 26 vend. an 11, qui reconnaît à l'héritier le droit de délaisser. Denev., an 11, 1, 88.

(2) Sur l'art. 873 du Code civil.

(3) T. 1, p. 356, n° 173.

(4) Hyp., p. 349, n° 4.

(5) Hyp., p. 432, n° 2.

un tel circuit le créancier obtiendrait, en fin de compte, son paiement intégral.

799. L'exception de discussion n'a pas lieu contre l'action en déclaration d'hypothèque, ou autrement dite d'interruption (1). Elle n'a d'utilité que pour empêcher la vente forcée.

Elle n'a pas lieu non plus en cas d'hypothèque spéciale, ce que j'expliquerai plus amplement à l'art. 2171.

Quelques uns ont pensé que l'exception de discussion n'a pas lieu non plus lorsque l'hypothèque a été constituée à la charge que le créancier ne serait pas tenu à la discussion d'autres biens.

Mais c'est une erreur réfutée par Favre (2). La renonciation du débiteur à la discussion ne peut préjudicier à l'acquéreur qui n'était pas partie à cette renonciation. Nul ne peut renoncer qu'à un droit introduit en sa faveur. Or, le bénéfice de discussion n'a pas été introduit en faveur du débiteur; c'est un secours accordé au tiers détenteur : lui seul peut donc y renoncer (3).

800. Notre article veut que l'exception de discussion ne puisse avoir lieu que lorsque le principal ou les principaux obligés ont dans leur possession d'autres immeubles hypothéqués à la même dette.

(1) Loyseau, liv. 3, ch. 8, n° 15. Cassat., 2 mars 1830 (Dal., 30, 1, 149).

(2) *De erroribus pragmat.* error. 6, decad. 5.

(3) Loyseau, liv. 3, ch. 8, nos 21, 22. Pothier, Orl., t. 20, n° 35.

Ainsi, deux conditions sont requises pour qu'il y ait lieu à l'exception de discussion.

La première, que les biens sur lesquels on renvoie le créancier à se pourvoir, soient hypothéqués à la même dette que celle qui donne lieu à la poursuite hypothécaire contre le tiers détenteur. Si le débiteur principal n'avait que des biens *non hypothéqués*, on ne pourrait renvoyer le créancier à les faire vendre préalablement. La raison en est que le produit de cette vente ne lui est pas attribué par préférence, et que, ne pouvant y venir que par concours avec les autres créanciers chirographaires, il a bien plus d'intérêt à faire saisir l'immeuble qui lui est affecté, et sur lequel il n'a pas de rivalité à redouter.

La seconde condition est que les biens hypothéqués sur lesquels on renvoie le créancier poursuivant à se venger, soient encore en la possession du débiteur (1); car s'ils étaient entre les mains d'autres détentenrs, il n'y aurait pas lieu à discussion. Ces autres détenteurs opposeraient à leur tour l'exception dilatoire de discussion, en sorte que le créancier ne trouverait plus personne pour lui répondre.

800 *bis*. Il ne suffit pas de discuter le principal obligé : on doit aussi discuter ses cautions et même le certificateur de la caution, qui se sont obligés hypothécairement à la dette, et qui sont en pos-

(1) Papon, Arrêts, liv. 11, t. 10. Chopin, *De morib. paris.*, lib. 3, t. 2, n° 2. Favre, *De errorib. gram.*, part. 1, decad. 5, error. 9. Guypape, quæst. 432. Despeisses, t. 1, p. 404. Pothier, Orléans, t. 20, n° 37.

session des immeubles grevés de l'hypothèque (1).

C'est ce qu'enseignent Favre (2), Loyseau (3), Despeisses (4); et c'est ce qu'a jugé un arrêt de la chambre de l'Édit de Castres du 11 septembre 1636, rapporté par ce dernier auteur.

M. Dalloz voudrait que l'on suivît sous le Code civil une opinion différente : il se fonde sur ces mots de notre article « *dans la possession du principal ou des principaux obligés.* » Or, dit-il, ces expressions ne s'appliquent qu'à des co-débiteurs solidaires et non à des fidéjusseurs.

Cette doctrine me paraît inadmissible. La pensée du législateur a été de faire porter les poursuites en premier ordre sur ceux qu'un lien *personnel* rend obligés du créancier, afin d'épuiser les moyens de contrainte sur les débiteurs qui, étant tenus en même temps *hypothécairement et personnellement*, sont plus étroitement engagés que ceux qui ne sont tenus que comme *tiers détenteurs*. C'est en ce sens que la loi entend parler des *principaux obligés*. Elle met les tiers détenteurs en face des obligés personnels et hypothécaires, et elle donne à ceux-ci la qualification d'obligés *principaux*, parce qu'en effet le lien principal, qui est le lien *personnel*, pèse sur eux, tandis que les autres n'ont qu'une obligation accessoire comme tiers détenteurs (5).

(1) *Auth. hoc si debitor.* C. *de pignorib.*

(2) C., lib. 8, t. 6, déf. 32.

(3) Liv. 3, ch. 8, n°s 6, 7, 8.

(4) T. 1, p. 403, 404.

(5) C'est en ce sens que la chose a toujours été comprise,

801. Maintenant voyons la forme de la discussion.

D'abord, l'exception de discussion doit être requise par le tiers détenteur : le juge ne peut l'ordonner d'office; et comme elle est purement dilatoire, elle doit être proposée *sur les premières poursuites* (art. 2022 du Code civil) (1).

Qu'entend-on par première poursuite? C'est la sommation faite au tiers détenteur de délaisser ou de payer, parce que, comme nous l'avons vu ci-dessus, cette sommation tient lieu de commandement, et sert de point de départ à la poursuite en expropriation (2).

Néanmoins, rien n'empêcherait le tiers détenteur d'opposer, avant tout, la nullité de la poursuite, si en effet elle était entachée de quelque vice; car, l'exception de discussion étant un obstacle à la poursuite, il s'ensuit qu'il n'est nécessaire d'y recourir qu'autant que la poursuite est régulière. Par la même raison, on pourrait opposer, avant l'exception de discussion, le défaut de qualité dans le poursuivant (3).

Je lis dans les Prélections d'*Huberus* le passage suivant, où l'on voit la qualification de *principal débiteur* donnée à la caution : « Si debitor ejusque hæredes non exstent, priusquàm » tertius possessor excutiatur, fidejussores conveniendi sunt, » qui scilicet ut *principales* debitores sunt obligati, et actio- » nem *principalem* participant..... » *De pign. et hyp.*, n° 9, p. 1033.

(1) Loyseau, ch. 8, liv. 3, n° 26.

(2) N° 790.

(3) On peut consulter, sur le rang à suivre dans les exceptions qu'on a droit d'opposer, *Hilligerus*, commentateur de

Le tiers détenteur doit indiquer au créancier les biens du débiteur principal, et avancer les deniers suffisans pour faire la discussion (1). Il ne doit indiquer ni des biens du débiteur principal situés hors de l'arrondissement de la cour royale du lieu où le paiement doit être fait, ni des biens litigieux, ni, comme je viens de le dire au numéro précédent, des biens hypothéqués à la dette, qui ne sont plus en la possession du débiteur (2).

Je ne fais ici qu'indiquer les principes. Leur développement se rattache à un autre commentaire sur les art. 2022 et suivans du Code civil, au titre du cautionnement. Je me borne à ajouter que, d'après l'art. 2024, toutes les fois que la caution a fait l'indicatlon des biens, et qu'elle a fourni les deniers suffisans pour la discussion, le créancier est, jusqu'à concurrence des biens indiqués, responsable à l'égard du tiers détenteur, de l'insolvabilité du débiteur principal survenue par défaut de poursuites.

802. Pendant la discussion, il est sursis à la vente de l'héritage hypothéqué. Cependant je crois que, malgré la vérité de cette règle, il faut

Donellus (Doneau), lib. 22, cap. 8, note 24. Cette matière des exceptions est fort imparfaitement traitée dans nos auteurs. Mais ce n'est pas le lieu de s'en occuper ici.

(1) Par arrêt du 21 mars 1827, la cour de cassation a décidé que le tiers détenteur n'était pas obligé de faire l'*offre* de l'avance des frais s'il n'en était requis. Dal., 27, 1, 182.

(2) Art. 2023. Pothier, Orl., t. 20, n° 36. Loyseau, ch. 8, liv. 3, n° 19, et Garantie des rentes, ch. 9, n° 4. Basnage, Hyp., ch. 16.

apporter ce tempérament, que l'on ne doit surseoir aux poursuites hypothécaires qu'autant que les biens ne seraient pas notoirement insuffisans pour payer le créancier (1). Car, s'il était évident que les biens indiqués fussent de si peu de valeur qu'il n'y eût pas à beaucoup près de quoi payer la dette, on ne laisserait pas de continuer la poursuite hypothécaire. Le créancier ne peut être retardé dans son paiement. Toutefois, pour peu qu'il y eût des biens, il faudrait toujours les faire vendre, puisque ce serait autant de diminué à la décharge du tiers détenteur. Telle est l'opinion des anciens interprètes, approuvée par Loyseau (2).

802 *bis*. La discussion, une fois faite sur l'exception d'un tiers détenteur, ne peut être réclamée par d'autres tiers détenteurs de biens hypothéqués à la même dette.

De même, la discussion faite par l'un des créanciers profite à tous les autres créanciers qui ont hypothèque (3).

Et ces deux propositions sont toujours vraies, à moins toutefois qu'on ne prouve que, depuis, le débiteur principal a recouvré des biens, ou qu'il a un héritier pur et simple solvable (4).

803. Le Code ne parle dans notre article que de l'exception de discussion : mais il en est plusieurs autres dont s'occupent les auteurs.

La première est l'exception pour raison d'im-

(1) Arrêt de Toulouse du 30 avril 1836 (Sirey, 37, 2, 23).
(2) De l'Act. hyp., liv. 3, ch. 8, n° 24.
(3) Favre, C., lib. 8, t. 6, déf. 30.
(4) Idem, déf. 28.

penses que le détenteur aurait faites sur l'immeuble. Je m'en occuperai sur l'art. 2175.

804. La deuxième a lieu, suivant quelques uns, pour raison des hypothèques que le tiers détenteur pourrait avoir sur l'immeuble, et qui lui assurent un rang *antérieur* au créancier poursuivant.

On a soutenu d'après la loi 12, D. *Qui potior in pig.*, que, dans ce cas, le tiers détenteur pouvait avec fondement s'opposer à l'expropriation, ou même au délaissement, si toutefois il paraissait évident que son hypothèque antérieure fût de nature à absorber la valeur du fonds. Quel serait alors le profit du créancier poursuivant? Il serait absolument nul. L'expropriation ne lui procurerait en aucune manière le paiement de sa créance. Elle ne fait qu'occasioner des frais considérables, qui, diminuant d'autant la valeur de l'immeuble, empêcheraient peut-être le tiers détenteur d'être payé de la totalité de son dû, tandis que, sans ces poursuites, il aurait conservé l'immeuble, et y aurait trouvé une compensation suffisante à sa créance (1).

Cette opinion a une grande apparence d'équité, et elle a été adoptée par arrêt de la cour de Rouen, du 14 décembre 1815 (2).

Néanmoins elle n'est pas exactement vraie, et il faut lui apporter une modification.

En effet, il est certain en principe que le créancier premier en hypothèque, qui achète, sans

(1) Pothier, Orl., t. 20, n° 40. M. Grenier, t. 2, n° 335.

(2) Den., 16, 2, 125. Il a été cassé le 10 février 1818 (Dal., Hyp., p. 340).

formalités d'adjudication, la chose sur laquelle est assise cette hypothèque, est assimilé à un tiers détenteur étranger, et que les autres créanciers hypothécaires, quoique postérieurs, peuvent le poursuivre hypothécairement : « Ex adverso, dit » Voët, si creditor *antiquior* pignus, non actione » publicâ, sed privatim, à debitore comparaverit, » liberum reliquis creditoribus est adversus eum » hypothecariâ agere, et pignus evincere, perindè » ac si extraneo debitor pignus vendidisset. » L. 1, C. *Si antiq. creditor pignus vend.* (1).

Je sais bien que, par la loi 1, C. *Si antiq.*, que je viens de citer, le créancier postérieur qui voulait poursuivre par l'action hypothécaire le créancier antérieur devenu acquéreur du gage commun, devait offrir à ce dernier de lui payer sa créance; sans quoi, il n'était pas écouté dans son action. Mais cela tient à ce que, par le droit romain (2), tous les créanciers indistinctement n'avaient pas le droit de faire vendre l'immeuble, qu'il n'y avait que le créancier premier en rang qui pût faire procéder à l'adjudication. Pour que le créancier suivant pût requérir la mise en vente, il fallait qu'il se mît aux droit du premier, en lui payant ce qui lui était dû. Ceci n'a pas lieu en France : on y a toujours tenu *qu'une hypothèque n'empêche pas l'autre*, et que tout créancier a indistinctement le droit de saisie immobilière.

Seulement, on craint ici que les frais de saisie ne

(1) Lib. 20, t. 5, n° 10. Favre, C., lib. 8, t. 11, déf. 4.
(2) *Suprà*, n° 355.

consomment inutilement la valeur de l'immeuble. Mais comment peut-on savoir que la véritable valeur de l'immeuble sera plus qu'absorbée par la créance antérieure du tiers détenteur, et par les frais? En général, il n'y a, dans le système du Code, peut-être trop confiant à cet égard, que l'adjudication qui soit censée faire porter la chose à un prix dont les créanciers ne puissent pas se plaindre. Ordonnera-t-on une expertise, comme le fit dans un cas à peu près semblable le parlement de Paris, par arrêt du 16 juillet 1641 (1)? Mais on répondra que ce moyen présente moins de sûreté que l'adjudication, la chaleur des enchères pouvant quelquefois élever le prix de la vente bien au-delà de la valeur intrinsèque.

Ainsi, le second créancier hypothécaire qui poursuit la vente, peut toujours répondre avec avantage qu'il est possible que l'adjudication fasse monter le prix de la chose à une valeur plus que suffisante pour acquitter les frais, et payer le tiers détenteur premier en hypothèque. L'exception du tiers détenteur n'est donc pas aussi bien fondée en droit qu'elle le paraît en équité, et elle résiste à l'art. 2169 du Code civil, qui donne à tout créancier inscrit le droit de faire vendre la chose sur le tiers détenteur. C'est ce qu'a jugé la cour de cassation par arrêt du 10 février 1818 portant cassation de celui de Rouen (2).

(1) Henrys, liv. 4, q. 29, ch. 6. *Infrà*, n° 805.

(2) Dal., Hyp., p. 340. Sirey, 18, 1, 173. M. Dalloz n'a pas donné les faits de cet arrêt.

Néanmoins, comme il serait possible qu'en réalité l'adjudication ne produisît aucun autre résultat que de consommer en frais de justice une grande partie de la valeur de l'immeuble, la pratique a introduit l'usage d'ordonner, tout en rejetant l'exception, que le créancier poursuivant donnera bonne et valable caution de faire porter l'immeuble à si haut prix, que le tiers détenteur sera payé *intégralement* de sa créance première en rang (1); par ce moyen, tous les droits sont garantis et les principes sauvés. Je crois que cet usage n'a rien de contraire au Code civil. *Nec obstat*, ce que j'ai dit *suprà*, n° 795 *quat.*, savoir, que le créancier premier en rang qui veut s'emparer du gage commun n'a pas droit d'exiger des créanciers inférieurs requérant l'adjudication, qu'ils donnent caution de faire valoir l'immeuble à un prix suffisant pour l'indemniser loyalement et quittement. Ce dernier cas est différent de celui dont je m'occupe en ce moment. Ici le créancier est acquéreur : il cherche à conserver un droit acquis en opposant une exception à ceux qui viennent le troubler. Dans le n° 795 *quat.*, au contraire, je parle d'un créancier qui n'a aucun droit de propriété sur la chose, qui n'a de préférence que sur le prix de l'héritage, et qui, loin de pouvoir s'opposer à la vente, semble n'avoir d'autre intérêt que de la hâter pour profiter des sommes qu'elle produira. A la vérité, la cour de cassation ne

(1) Pothier, Orléans, t. 20, n° 40. Grenier, t. 2, n° 335, p. 81.

parle pas, dans son arrêt du 10 février 1818, de cette obligation de donner caution; mais il ne faudrait pas croire qu'elle la rejette par son silence : dans l'espèce sur laquelle il a été statué, il n'en avait pas été question entre les parties, et le tiers détenteur n'avait pas songé à la demander (1).

805. La troisième exception, relevée par quelques auteurs, et qui a beaucoup de rapport avec la précédente, c'est l'exception tirée de ce que le tiers détenteur aurait payé jusqu'à concurrence de la valeur de l'immeuble des créanciers hypothécaires antérieurs au poursuivant, et dont il a subrogation légale.

Henrys soutient avec force que cette exception est fondée sur la nécessité d'empêcher de consommer en frais d'expropriation la chose achetée par le tiers détenteur. Il n'est pas raisonnable, dit-il, qu'un tiers acquéreur, qui a payé les premiers créanciers et autant ou plus que le fonds peut valoir, puisse être dépossédé impunément et sans apparence de profit par un dernier créancier, et que celui-ci fasse vendre opiniâtrément un fonds sur lequel il n'a rien à prendre, suivant les apparences. Tout au moins faut-il que ce créancier donne caution de le faire valoir plus qu'il n'est estimé, et de se charger des frais, dommages et intérêts qu'il peut causer par une poursuite volontaire et frustratoire (2).

(1) M. Dalloz est d'une opinion contraire (Hyp., p. 356, 357), mais à tort, à mon avis. V. *infrà*, n° 836.

(2) Liv. 4, ch. 6, p. 29, t. 2.

C'est aussi l'opinion de Bretonnier, annotateur d'Henrys.

Ce cas doit être décidé par les mêmes raisons et de la même manière que le cas précédent. Au moyen de la subrogation légale, l'acquéreur remplace les créanciers qu'il a payés dans l'hypothèque antérieure qu'ils avaient. C'est donc comme si originairement il avait eu de son chef une hypothèque antérieure au créancier poursuivant.

Or, j'ai dit plus haut que le tiers détenteur ne pouvait dans ce cas empêcher la continuation des poursuites; qu'il pouvait seulement exiger que le poursuivant donnât caution de faire valoir la chose à un prix assez haut pour ne pas souffrir de la recherche.

Cependant un arrêt du parlement de Paris, du 16 juillet 1641, rendu sur les conclusions conformes de M. Talon, avocat-général, et rapporté par Henrys, *loc. cit.*, en a jugé autrement, dans un cas où un dernier créancier voulait faire vendre un immeuble à lui hypothéqué sur le *tiers détenteur* qui avait employé le prix à payer des créanciers antérieurs en hypothèque. Le parlement ordonna par cet arrêt que l'immeuble serait expertisé, afin de connaître quelle était sa véritable valeur, et de savoir s'il y avait espoir que le poursuivant pût par la vente forcée profiter de quelque chose. Mais, l'expertise ayant établi que l'immeuble avait été payé par l'acquéreur à sa véritable valeur, la cour jugea par un arrêt définitif du 14 juillet 1642, sur les conclusions conformes de M. Talon, que l'acquéreur ne pourrait être inquiété.

Ces arrêts ne peuvent faire aujourd'hui aucune autorité. On ne doit pas hésiter à les rejeter (1).

806. La quatrième exception relevée par les auteurs est l'exception de garantie. Je laisse parler Pothier (2).

« Lorsque le créancier est personnellement » obligé, de quelque manière que ce soit, envers » le possesseur, à la garantie de l'héritage qui lui » est hypothéqué, *putà*, comme étant devenu » l'héritier du vendeur, il résulte de cette obli- » gation de garantie dont il est tenu, une excep- » tion péremptoire contre son action hypothécaire; » car, la garantie consistant dans l'obligation de » défendre le possesseur de tous troubles en la » possession de son héritage, il est évident qu'elle » résiste à l'exercice de l'action pour le lui faire » délaisser. De là cette maxime : *quem de evic- » tione tenet actio, eumdem agentem repellit exceptio.*

» Lorsque le créancier n'est tenu qu'en partie de » la garantie de l'héritage, il ne sera exclus de l'ac- » tion hypothécaire que pour la partie dont il est » tenu de cette garantie.

» Lorsque le créancier n'est pas à la vérité per- » sonnellement tenu de la garantie, mais possède » des héritages hypothéqués à cette garantie, il » peut, comme possédant ces héritages, être exclus » de l'action hypothécaire ; mais avec cette diffé- » rence que le créancier, qui est personnellement » tenu de la garantie, est absolument exclus de

(1) M. Grenier, t. 2, p. 81, n° 335. *Suprà*, n° 795 *bis*.

(2) Orléans, t. 20, n° 41.

» l'action hypothécaire ; au lieu que celui qui pos-
» sède seulement des héritages affectés à cette ga-
» rantie, n'est exclus de son action hypothécaire
» qu'autant qu'il veut retenir ces héritages, et il
» peut, en les abandonnant, suivre l'action hypo-
» thécaire. »

807. La cinquième exception est l'exception *cedendarum actionum*.

Le tiers détenteur, dit Pothier (1), qui a acquitté la dette par l'effet de la poursuite hypothécaire, a droit de reconquérir, en payant, la subrogation à tous les droits, actions, hypothèques et priviléges du créancier (2).

On voit que cette exception ne pouvait, même d'après Pothier, arrêter la vente par expropriation forcée. C'était un moyen pour le créancier *qui voulait payer* de se ménager un recours contre les autres tiers détenteurs. Mais, une fois la poursuite en expropriation entamée, l'exception *cedendarum actionum* ne pouvait la paralyser, à moins qu'il n'y eût paiement.

Aujourd'hui, le tiers détenteur n'a pas même besoin de demander la cession d'actions. Elle a lieu de plein droit, d'après l'art. 1251 du Code civil, au profit du tiers détenteur qui paie les créanciers hypothécaires. Ainsi, l'on doit dire à plus forte raison que l'exception *cedendarum actionum* n'est d'aucune efficacité contre la poursuite en saisie immobilière.

(1) Orl., t. 20, n° 42.
(2) V. *suprà*, 788 *bis*. et suiv.

Il pourrait arriver cependant que le créancier poursuivant fût lui-même détenteur de choses hypothéquées à sa dette; alors le détenteur d'autres héritages qu'il poursuit en expropriation forcée peut exiger que le créancier fasse confusion de sa dette, au prorata de ce qu'il possède d'héritages hypothéqués et qu'il a acquis postérieurement à l'acquisition du défendeur (1).

Mais de ce que le créancier devrait diminuer sa créance, il ne s'ensuit pas que la poursuite en expropriation puisse être arrêtée. La poursuite n'est pas nulle pour avoir été commencée pour une somme plus forte que celle qui est due au créancier (art. 2216, Code civil).

Seulement, lors de la sommation de délaisser ou de payer, le tiers détenteur pourrait objecter que le créancier doit faire une défalcation sur son dû, et faire des offres réelles, si le créancier opposait quelque résistance.

ARTICLE 2171.

L'exception de discussion ne peut être opposée au créancier privilégié ou ayant hypothèque spéciale sur l'immeuble.

SOMMAIRE.

808. Que l'on ne peut opposer l'exception de discussion à celui qui a hypothèque spéciale. Ancienne jurisprudence. Variété d'opinions.

809. On ne peut l'opposer contre les créanciers privilégiés.

(1) *Suprà*, n° 789 *ter*. Pothier, Orl., t. 20, n° 43.

COMMENTAIRE.

808. C'était autrefois une question fort controversée et fort diversement résolue, que de savoir si l'exception de discussion pouvait être opposée au créancier ayant hypothèque spéciale.

Accurse (1) pensait que le créancier ayant hypothèque spéciale ne pouvait être renvoyé à discuter le débiteur principal et ses cautions. C'était aussi l'avis de Masuer et de Dumoulin, et Voët le trouvait assez probable (2). Mais Loyseau (3) soutient qu'il ne faut pas distinguer, et que celui qui a une hypothèque spéciale doit être renvoyé à discuter le débiteur principal, de même que celui qui a une hypothèque générale. Loyseau convient bien qu'anciennement il en avait été autrement; mais il prétend que c'était une mauvaise pratique fondée sur une fausse interprétation de la novelle 112.

Tel était le sentiment de Favre (4), de Fachinée (5), de Louet, de Brodeau (6), de Despeisses (7).

Le Code a préféré l'ancienne opinion, qui, du reste, avait pour elle le texte ou l'esprit de la plupart des coutumes (8). L'hypothèque spéciale, qui,

(1) Sur la nov. 4, *De fidej.*, § *sed neque*.
(2) Lib. 20, t. 4, n° 3.
(3) Dég., liv. 3, ch. 8, n° 7.
(4) *De errorib. pragmat.*, *error.* 3 *dec.* 6.
(5) Cont., lib. 1, c. 10.
(6) L. H., n° 9.
(7) T. 1, p. 403.
(8) Paris, art. 100. Orléans, art. 436. Sens, art. 134.

chez nous, résulte de la convention, semble prendre dans la convention elle-même quelque chose de plus énergique et de plus étroit, qui s'oppose à ce que le droit qu'elle procure soit suspendu.

Notre article s'applique même au cas où l'hypothèque spéciale embrasserait tous les biens présens du débiteur. La loi a voulu autant qu'il a été en elle favoriser la spécialité, qui sympathise davantage avec la publicité de l'hypothèque.

Quid si l'hypothèque conventionnelle comprenait, outre les biens présens reconnus insuffisans, les biens à venir?

Il faudrait donner la même solution. Cette hypothèque, quoique générale, n'en est pas moins spéciale : les inscriptions qui sont prises à mesure des acquisitions doivent contenir la spécialisation de l'immeuble par la mention de sa nature et sa situation (1).

809. L'exception de discussion ne peut non plus être opposée contre le créancier privilégié.

On sait qu'il y a des priviléges généraux et des priviléges spéciaux.

Notre article, qui a distingué les hypothèques générales d'avec les hypothèques spéciales pour concéder le bénéfice de discussion contre les premières, et le refuser contre les secondes, ne fait pas la même distinction à l'égard des priviléges. Il

Tours, art. 217. Basnage, p. 84. Coquille, t. 7, art. 3. Pothier, Orl., t. 20, n° 35.

(1) Delvinc., t. 3, p. 180, n° 7. Persil, art. 2171, n° 4. Dalloz, Hyp., p. 349, n° 8. *Contrà*, Grenier et Tarrible, *Tiers détenteur*.

dit en général que l'exception de discussion ne peut être opposée au créancier privilégié. Évidemment cette disposition s'applique aux priviléges généraux comme aux priviléges spéciaux.

ARTICLE 2172.

Quant au délaissement par hypothèque, il peut être fait par tous les tiers détenteurs qui ne sont pas personnellement obligés à la dette, et qui ont la capacité d'aliéner.

SOMMAIRE.

810. Transition.
811. Pourquoi celui qui est obligé personnellement ne peut délaisser. La honte d'une saisie peut le porter à tenir ses engagemens. Pourquoi le délaissement est-il admis à l'égard de celui qui n'est pas personnellement obligé?
812. Des mutations par décès et entre vifs qui engendrent ou non obligation personnelle.
813. Le tiers détenteur qui a été chargé de la dette, en l'absence du créancier, peut-il délaisser? Variété d'opinions. Précautions que doit prendre le créancier pour empêcher le délaissement.
814. L'obligation de purger implique-t-elle prohibition de délaisser? Arrêt approuvé quant à sa solution, et blâmé quant aux motifs.
815. De la soumission à payer la folle-enchère.
816. Cas singulier où celui qui a consenti l'hypothèque peut délaisser.
817. Capacité pour délaisser.
818. De l'héritier bénéficiaire.
819. Du curateur à succession vacante. Des syndics d'une faillite. Des envoyés en possession provisoire des biens d'un absent. De celui qui est placé sous la direction d'un conseil.

COMMENTAIRE.

810. Deux conditions sont requises pour délaisser : la première, c'est de n'être pas personnellement obligé à la dette; la seconde, d'avoir capacité pour aliéner.

La première condition a été l'objet de quelques éclaircissemens dans ce que j'ai dit n°s 797 et 798. J'ai cité des exemples qui s'appliquent parfaitement ici, soit d'une manière directe, soit d'une manière indirecte. J'ai parlé aussi des héritiers. Cependant je dois ajouter ici des principes plus précis, et d'autres exemples empruntés à la jurisprudence.

811. Celui qui a contracté une obligation personnelle, garantie par une hypothèque, ne peut en aucune manière se libérer par l'abandon de la chose hypothéquée. La loi 1, au D. *De pignorib.*, dit positivement « qui creditoribus profitetur se » pignoribus cedere, *nihilò magis liberatur.* » Mêmes principes dans les lois *creditor*, D. *si certum pet.* — *si pro mutuâ*, C. *eod. tit.* —*si quis in pignore*, D. *de pign. act.* La raison en est que le délais-

sement n'abolit pas l'obligation personnelle, qui a affecté la personne même du débiteur. Car le gage n'a pas été donné au créancier pour qu'il s'en contente, mais bien pour qu'il y trouve une sûreté. « In datione pignoris non hoc agitur, ut » eo contentus sit creditor, sed potiùs ut in tuto » sit creditum. » *Inst.* § dern. *quib. mod. re con-* » *trah.* (1). »

Ainsi, le délaissement n'aurait aucun but à l'égard du créancier personnel. Il produirait seulement pour résultat de l'exempter des tracasseries ou même de la honte qui accompagnent une expropriation forcée, et de faire suivre l'expropriation sur un curateur. Mais il est juste qu'un mauvais payeur subisse ces désagrémens et cette honte. Ce peut être un frein pour l'empêcher de manquer à ses obligations : la crainte de s'y voir exposé l'excitera à tenir loyalement ses promesses.

Mais à l'égard de celui qui n'est pas tenu personnellement, il n'a d'engagement qu'à cause de la chose, et sa position est toute différente. Dès qu'il consent à abandonner cette chose, il est convenable de l'y admettre, et de le débarrasser des incommodités d'une expropriation, qui ferait une brèche injuste à son crédit (2).

Ceci posé, voyons dans quel cas un détenteur est obligé personnellement.

812. Les mutations uuiverselles ou à titre universel par décès emportent toujours avec elles l'obligation *personnelle* de payer les dettes. Les héri-

(1) Loyseau, Déguerp., liv. 4, ch. 3, n° 3 et 4.
(2) *Infrà*, n° 828.

tiers, les légataires universels, ou à titre universel, sont dans cette catégorie : ils ne succèdent pas seulement aux biens, ils succèdent encore à l'obligation personnelle (1). Ils ne peuvent donc pas délaisser pour la part et portion dont ils sont tenus personnellement.

Le légataire particulier, n'étant pas tenu des dettes, doit être placé dans une catégorie différente. Il peut délaisser, à moins toutefois qu'une clause expresse du testament ne l'obligeât à payer la dette assise sur l'immeuble à lui légué (2). A l'égard des mutations entre vifs, s'il s'agit d'un donataire universel, c'est-à-dire de celui qui est donataire de biens présens et à venir (art. 1085 et 1093 du Code civil), il paraît juste de dire qu'il doit le considérer comme personnellement obligé aux dettes, et qu'il ne peut délaisser.

Mais, pour ce qui concerne la donation de tous les biens présens, ou bien la donation d'une chose déterminée, il est certain que ni l'un ni l'autre de ces donataires n'est *personnellement* tenu des dettes du donateur (3); d'où il suit qu'il y a lieu au délaissement.

Il en est autrement lorsque le donateur a chargé le donataire du paiement des dettes : le délaissement ne lui est pas permis (4).

(1) *Suprà*, nos 797, 798.

(2) L. 70, *De Leg.* 2°.

(3) Cette opinion n'est cependant pas sans contradicteurs. Mais ce n'est pas le moment de la discuter. Je l'ai traitée avec développement dans mon commentaire sur le titre *de la Vente*, nos 448 et suiv.

(4) M. Tarrible, Rép., v° Tiers détenteur.

Mais faut-il nécessairement que cette délégation, que cette charge ait été acceptée par le créancier? Je vais tout à l'heure traiter cette question. Je continue l'énumération des autres causes de mutations entre vifs.

Ce sont la vente, l'échange, la dation en paiement, etc. Dans tous ces cas, l'acquéreur n'est qu'un successeur particulier, qui demeure étranger aux obligations personnelles de son auteur.

Mais les conventions particulières peuvent mettre à la charge de l'acquéreur l'obligation de payer les créanciers avec le prix de la chose. Nul doute que dans ce cas l'acquéreur ne soit tenu personnellement, lorsque les créanciers ont accepté cette délégation. Car il s'établit alors une obligation personnelle entre les créanciers et l'acquéreur (1).

813. Mais que doit-on décider s'il y a eu simple délégation ou indication de paiement?

M. Delvincourt (2) professe l'opinion que l'acquéreur ne s'oblige alors que comme simple détenteur, et qu'il doit être reçu au délaissement. C'est aussi ce qu'a décidé la cour de Bruxelles, par arrêt du 9 floréal an 13 (3).

Mais la cour de cassation a décidé par arrêt du 21 mai 1807, que celui qui avait été chargé par le vendeur de payer une rente, ne pouvait se décharger de la rente à l'égard du créancier en délaissant l'immeuble, encore bien que cette délé-

(1) Loyseau, liv. 4, ch. 4, nos 15 et 16. Bruxelles, 12 mai 1810. Sirey, 13, 2, 365. Dal., Hyp., p. 341, note 1, n° 1.

(2) T. 3, p. 378, note 2.

(3) Sirey, 7, 2, 762.

gation n'eût pas été acceptée par le créancier qui n'avait pas été partie au contrat (1).

Cette seconde opinion paraît préférable; elle est conforme à ce qu'enseigne Loyseau (2).

En effet, le créancier peut s'adresser directement à l'acquéreur qui, par le contrat, s'est obligé à payer entre ses mains. Le créancier n'intente pas alors l'action hypothécaire, dont la conclusion directe est le délaissement et non le paiement; il ne fait qu'exercer les actions de son débiteur, qui pourrait contraindre l'acquéreur à payer suivant la convention. D'où il suit que « quand même l'ac» quéreur voudrait délaisser l'héritage (c'est Loy» seau qui parle), lorsqu'il serait poursuivi par le » créancier, celui-ci pourrait toujours intenter » contre lui l'action utile, en vertu de la promesse » qu'il aurait faite au premier débiteur de payer » et acquitter la rente, *encore même que ce débiteur » n'eût pas fait de cession d'actions au créancier.* »

Cette opinion est seule exacte.

Mais il faut bien remarquer que les créanciers devraient se garder de conclure au délaissement; car le détenteur serait en droit de les prendre au mot (3). Ils doivent se renfermer dans les conclusions de l'action qu'ils exercent au nom du débiteur, et ne pas y mêler les conclusions de l'action hypothécaire.

814. Il s'est présenté la question de savoir si

(1) Répert., Délaissement. Sirey, 7, 1, 278. Dal., Hyp., p. 344. Arrêt conf. Paris, 12 mars 1812. Dal., *loc. cit.*

(2) Liv. 4, ch. 4, n° 10. *Suprà*, n° 797.

(3) V. *infrà*, n° 823.

l'obligation de purger, imposée par le vendeur à l'acquéreur, est une de ces obligations personnelles qui s'opposent au délaissement. On disait pour l'affirmative que la soumission à purger entraîne l'obligation de payer le prix de la chose aux créanciers inscrits, qu'il y a donc impossiblité de délaisser de la part de l'acquéreur; car le délaissement n'est pas le purgement de l'immeuble; c'est une mesure toute différente, et qui suppose même que le purgement n'a pas eu lieu. Néanmoins, par arrêt du 18 juillet 1817, la cour de Poitiers se prononça pour le délaissement, sous prétexte qu'il n'y avait pas eu obligation personnelle, et la cour de cassation (1) rejeta le pourvoi formé contre cet arrêt par le motif qu'il appartenait aux juges du fond de décider, d'après les circonstances, si l'obligation était ou non personnelle.

Pour bien apprécier cet arrêt et celui de la cour de cassation qui le confirme, il faut se fixer sur quelques points de fait importans à connaître. C'est que les créanciers à qui le délaissement avait été fait, ne s'étaient nullement plaints de ce délaissement; ils y avaient même acquiescé, puisqu'ils avaient fait nommer un curateur pour poursuivre l'expropriation sur lui.

C'était le vendeur seulement qui prétendait faire annuler le délaissement. Le litige n'existait qu'entre l'acquéreur et lui. Les créanciers poursuivans n'y étaient pas parties. Or, s'il plaisait à ces créanciers de s'en tenir au délaissement, plutôt que d'in-

(1) 8 juin 1819, Dal., Hyp., p. 347. Sirey, 20, 1, 14.

tenter l'action personnelle contre l'acquéreur, ils en étaient les maîtres, et l'on ne voit pas pourquoi le vendeur serait admis à se plaindre de l'exercice de ce droit. Quand notre article dit que celui qui est obligé personnellement n'est pas reçu au délaissement, il entend dire que ce débiteur personnel ne peut forcer les créanciers à recevoir le délaissement de l'immeuble, comme pourrait le faire un tiers détenteur pur et simple. Mais quand ces créanciers y consentent, on ne voit pas que cet arrangement soit de nature à être critiqué par le vendeur.

Voilà ce qui, dans l'espèce, me paraît devoir mettre à l'abri de la critique la décision des juges de Poitiers. Mais on aperçoit que, pour parvenir à cette solution, ils ont pris une mauvaise route, et ont examiné des moyens qui, suivant moi, n'étaient pas les moyens véritables de la cause (1).

Il me paraît même certain que l'obligation de purger, imposant des obligations personnelles, pourrait mettre les créanciers à même de refuser le délaissement.

815. On a agité une autre question. Celui qui se rend adjudicataire d'un immeuble vendu aux enchères sur vente volontaire, et qui s'oblige à payer la folle-enchère en cas d'inexécution des clauses du contrat d'adjudication, est-il recevable à délaisser l'immeuble par hypothèque?

Dans l'espèce, une des clauses du cahier des charges était de payer aux créanciers inscrits le

(1) *Infrà*, n° 822.

prix de l'adjudication. L'acquéreur, sommé de payer par ces créanciers, leur fit le délaissement. Mais il fut refusé, et, par arrêt de la cour de Paris, du 17 janvier 1816, il fut décidé que la soumission de l'acquéreur à payer la folle-enchère emportait de sa part renonciation au délaissement (1). Cet arrêt est conforme aux principes.

816. Il arrive quelquefois qu'une personne consent à accéder à l'obligation d'une autre, mais seulement pour fournir hypothèque, et sans entendre contracter en aucune manière l'obligation personnelle de payer. Nul doute que, dans ce cas, ce débiteur purement hypothécaire ne soit admis à délaisser pour s'exempter du paiement du prix. C'est aussi l'opinion de Loyseau (2). Cet auteur avertit, du reste, que cette circonstance est rare; car il n'arrive pas souvent qu'on oblige sa terre sans obliger en même temps sa personne. Cependant j'ai vu cette circonstance se rencontrer. Je signale donc ce cas de délaissement comme étant fort remarquable (3), puisque celui qui le fait n'est pas un tiers détenteur, mais bien celui qui a constitué l'hypothèque. On sait qu'en principe celui qui s'est obligé personnellement avec hypothèque n'est pas admis au délaissement.

817. Venons à la seconde condition pour délaisser. C'est d'avoir capacité pour aliéner. Car, quoique le délaissement ne soit pas une véritable alié-

(1) Sirey, 16, 2, 83.

(2) Liv. 4, ch. 3, n° 16.

(3) M. Persil l'a touché, art. 2171, n° 2.

nation, cependant il y conduit directement, puisqu'il place l'héritage entre les mains du créancier pour qu'il le vende.

818. Voyons d'abord ce qui concerne l'héritier bénéficiaire.

Dans des temps anciens, il paraît que c'était l'usage au parlement de Paris d'assujettir l'héritier bénéficiaire détenteur d'immeubles hypothéqués à les délaisser par hypothèque ou à payer. Cet usage fut observé jusqu'à ce que Chopin, le savant commentateur de la coutume de Paris et de la coutume d'Anjou, ayant été chargé de soutenir l'appel contre une sentence qui avait jugé suivant la coutume admise, fit changer la jurisprudence par arrêt du 3 juin 1592, qu'il rapporte lui-même (1), avec une analyse assez étendue de son plaidoyer. Cet arrêt décida qu'il était permis à l'héritier bénéficiaire de garder les biens de la succession, sans être tenu de les délaisser, sauf aux créanciers hypothécaires de les faire saisir réellement. La cour ordonna que cet arrêt serait lu et publié au Châtelet.

Le principal fondement de cet arrêt, d'après les raisons plaidées par Chopin, fut que l'héritier bénéficiaire tient plus du curateur à succession vacante que du véritable héritier, parce qu'il doit compte aux créanciers des biens revenus de la succession.

Lebrun approuve cet arrêt (2). « Comme en

(1) Cout. de Paris, liv. 2, t. 5, nos 22, 23.

(2) Succes., liv. 3, ch. 4, n° 68.

» toute occasion, dit-il, la coutume le compare au » curateur aux biens vacans, il doit observer les » formalités auxquelles un curateur aux biens va- » cans est astreint, pour ne vendre les immeubles » que par décret; et, d'un autre côté, il ne peut » être poursuivi personnellement, ni de l'action » mixte sur ses propres biens, et ne peut être con- » damné de payer les dettes ou de déguerpir, mais » bien de vendre solennellement et de rendre » compte. »

Ainsi, suivant ces auteurs et l'arrêt qu'ils invoquent, l'héritier bénéficiaire ne devait pas être sujet à l'action hypothécaire.

Mais Loyseau, qui a écrit après Chopin, ne partage pas cette opinion. Il tient formellement que l'héritier bénéficiaire est, comme bien-tenant, soumis à l'action mixte ou écrite *in rem* pour les rentes foncières, et à l'action hypothécaire pour les simples hypothèques (1).

Aussi, quand il examine la question de savoir si l'héritier bénéficiaire peut *déguerpir*, il se prononce, sans hésiter, pour l'affirmative, par la raison qu'il est véritable propriétaire des biens, et qu'il peut aliéner (2). C'est aussi l'opinion de Pothier (3).

Mais si l'héritier bénéficiaire pouvait déguerpir de son chef, pourquoi n'aurait-il pas qualité pour délaisser? Le délaissement est quelque chose de moins que le déguerpissement. Il ne produit pas

(1) Liv. 2, ch. 3, nº 4.
(2) Liv. 4, ch. 6, nºs 16 et suiv.
(3) Orl., t. 19, nº 81.

une aliénation actuelle, tandis que le déguerpissement opérait une aliénation présente (1). Le délaissement vient toujours se résoudre en vente publique aux enchères, ce qui est une garantie qu'on retirera de l'immeuble un prix aussi élevé que possible. Au contraire, le déguerpissement était un abandon fait au créancier qui gardait la chose par devers lui.

Mais il ne suffit pas de raisonner par des analogies. Notre article pose un principe : c'est que quiconque peut aliéner, peut aussi délaisser. Toute la question est donc de savoir si l'héritier bénéficiaire peut aliéner.

Or, il est certain que l'héritier bénéficiaire, étant vrai héritier et maître de la succession (*verus enim hæres et herus est*), a capacité pour aliéner.

A la vérité, il est soumis à certaines formalités pour la vente des immeubles (art. 806 du Code civil et 987 et suiv. du Code de procédure civile) ; mais cela ne tient qu'à la forme, et ne touche pas à la capacité. On a cru devoir introduire des formes de vente plus solennelles pour donner une garantie aux créanciers de la succession. Mais la preuve que s'il vend sans formalités, les ventes sont valables et ne peuvent être attaquées, c'est que l'art. 988 du Code de procédure civile se borne, pour toute peine, à le déclarer héritier pur et simple. Loyseau prouve très-bien (2) que, quand l'héritier bénéficiaire vend autrement que par justice, il n'en transfère pas moins à l'acquéreur la propriété in-

(1) *Suprà*, nº 786.
(2) Liv. 4, ch. 6, nº 16.

commutable de la chose; que seulement il s'expose à voir les créanciers soutenir qu'il leur doit compte des biens vendus, non à raison du prix qu'il a touché, mais à raison de leur juste valeur, s'il veulent maintenir qu'ils valaient davantage qu'il ne les a vendus. Ces principes sont ceux de Dumoulin, qui, sur l'article 30 de la coutume de Paris, tient que l'héritier bénéficiaire a capacité non seulement pour vendre, mais encore pour donner les biens de la succession. Ils ont été adoptés par un arrêt de la cour de Rouen du 20 frimaire an 14 (1).

Disons donc que l'héritier bénéficiaire a capacité pour vendre, sauf certaines formalités. Donc il peut aussi délaisser; et remarquons que les formalités dont parlent les articles 806 du Code civil et 987 et suiv. du Code de procédure civile, ne concernent que la *vente;* qu'elles sont par conséquent étrangères *au délaissement*, qui est un acte d'abdication différent, et pour lequel d'ailleurs le Code civil a tracé des formalités solennelles qui servent de garantie, et ne permettent pas de supposer que l'immeuble n'a pas été cédé pour sa juste valeur.

Il faut donc repousser les doctrines professées à cet égard par Chopin et Lebrun, et qui sont fondées sur la fausse assimilation d'un héritier bénéficiaire à un curateur aux biens vacans, et sur de mauvaises conséquences tirées de l'obligation imposée à cet héritier de ne vendre que suivant certaines formalités.

(1) Sirey, 7, 2, 997.

819. A l'égard du curateur à succession vacante, qui n'est qu'un véritable administrateur, il ne peut pas délaisser, et il faut qu'il laisse les créanciers procéder par voie d'expropriation forcée.

Il en est de même du failli, qui est dessaisi par la déclaration de faillite, et ne peut faire aucun acte d'aliénation. A la vérité, le failli peut faire cession de ses biens (art. 566 et suiv. du Code de commerce); et en principe, on assimile souvent le délaissement à la cession de biens (1). Mais il y a cette différence, en ce qui touche la question qui m'occupe, que la cession des biens porte sur *tous les biens* du failli, en sorte qu'aucun des créanciers ne peut en éprouver de préjudice, au lieu que le délaissement par hypothèque n'a pour objet que le simple abandon des propriétés *hypothéquées*, et qu'il est possible que cet abandon de quelques portions seulement de la fortune du débiteur nuise à quelques uns de ceux qui ont des affaires avec lui.

C'est ainsi que l'héritier bénéficiaire peut abandonner *tous* les biens aux créanciers de la succession et aux légataires (art. 802 du Code civil), et que cependant, s'il veut vendre quelques effets singuliers de l'hérédité, il ne le peut qu'avec l'autorisation du tribunal (art. 987 et 988 du Code de procédure civile).

Les syndics provisoires d'une faillite n'ayant aucune mission pour se mêler de l'aliénation des im-

(1) Loyseau, liv. 6, ch. 7, n° 3.

meubles, ne peuvent délaisser pour le failli dont les créanciers hypothécaires veulent poursuivre les biens (1).

Mais, à l'égard des syndics définitifs, il en est autrement : ils ont qualité pour aliéner. D'après l'art. 528 du Code de commerce, ils doivent, en vertu du contrat d'union, et sans autres titres authentiques, poursuivre la vente des immeubles du failli, sans qu'il soit besoin d'appeler le failli. Il est clair qu'ils sont par là investis du pouvoir de faire vendre : ils peuvent donc aussi délaisser.

A la vérité, l'art. 564 du Code de commerce ajoute que les syndics doivent procéder à la vente suivant les formalités prescrites pour la vente des biens des mineurs. Mais cela ne tient qu'aux solennités de la vente, à laquelle on veut qu'il soit donné plus de publicité, pour élever le prix aussi haut que possible. Mais, quant à la capacité de faire vendre, il n'y a aucune assimilation à faire entre les mineurs et les syndics définitifs. Aussi M. Grenier pense-t-il que ces derniers peuvent délaisser (2).

D'après l'art. 128, les envoyeés en possession provisoire des biens d'un absent ne pouvant ni aliéner ni hypothéquer, ne peuvent non plus délaisser. Il faut, dit M. Grenier, qu'ils laissent un libre cours aux actions hypothécaires (3).

Le tiers détenteur placé sous la direction d'un

(1) M. Grenier, t. 2. M. Pardessus, t. 4, p. 329, n° 1179. M. Dalloz, Hyp., p. 343, n° 7.

(2) Grenier, t. 2, n° 328, p. 62.

(3) Ibid.

conseil peut faire le délaissement avec l'assistance du conseil, conformément aux art. 499 et 513 du Code civil.

820. En ce qui concerne le mineur qui se trouve détenteur des biens soumis à une hypothèque, je ne fais pas de doute que son tuteur ne puisse délaisser, pourvu qu'il y soit autorisé par un conseil de famille, d'après l'art. 464 du Code civil. Il en est de même du tuteur de l'interdit (art. 509 du Code civil).

Je remarquerai cependant que MM. Persil (1) et Pigeau (2) veulent, en se fondant sur les articles 457 et 458 du Code civil, que la délibération du conseil de famille soit homologuée par le tribunal. Mais, en plaçant la difficulté sous l'autorité de l'art. 464, on acquiert la conviction que cette formalité est inutile (3).

A ce sujet, M. Tarrible (4) dit une chose fort raisonnable, c'est que ces formalités ne doivent pas empêcher le créancier poursuivant de passer outre, quand les délais pour procéder à la saisie immobilière sont expirés. Mais il me semble que M. Grenier va beaucoup trop loin lorsqu'il dit « que l'*incapacité* d'aliéner rend *impossible, par elle* » *seule*, le délaissement par hypothèque; que ce » n'est pas le cas de recourir à des formalités à » l'effet de le légitimer, etc. (5). » Et pourquoi

(1) Art. 2170, n° 4.
(2) T. 2, p. 447, § 2, no 1.
(3) M. Dalloz, Hyp., p. 343, n° 5.
(4) Rép., v° Tiers détent.
(5) T. 2, p. 59.

donc le tuteur ne pourrait-il pas s'environner de toutes les formalités qui légitiment les aliénations pour arriver au délaissement? Je ne vois pas de prohibition dans la loi.

M. Grenier enseigne lui-même que celui qui a été mis sous l'assistance d'un conseil, et qui, par conséquent, ne peut aliéner sans l'assistance de ce même conseil, peut cependant légitimement délaisser, pourvu qu'il soit assisté du conseil que la loi lui donne. (Art. 499 du Code civil).

Il y a, ce me semble, parité entre les deux cas, si ce n'est que les formalités pour autoriser le tuteur sont plus nombreuses. Mais l'incapacité est analogue. Pourquoi donc M. Grenier ne dit-il pas aussi, à l'égard de cet individu placé sous un conseil, que l'incapacité d'aliéner *rend impossible par elle seule* le délaissement; que ce n'est pas le cas de recourir à des formalités pour le légitimer?

M. Grenier a-t-il voulu dire seulement que le créancier poursuivant n'a pas besoin d'attendre l'accomplissement des formalités requises pour valider l'aliénation des biens du mineur? A-t-il voulu dire que ce créancier poursuivant ne doit pas être partie dans tout ce qui est fait au nom du mineur pour habiliter son délaissement? En droit, nul doute que M. Grenier n'ait eu raison. Mais il faut convenir alors qu'il a enveloppé sa pensée sous des formes bien obscures, et que les fausses propositions dont il l'environne éloignent l'esprit du but qu'il voulait indiquer.

M. Grenier, pour faire sentir de plus en plus la vérité de sa proposition, en ce qui concerne par-

ticulièrement les mineurs, s'applique à réfuter les auteurs qui ont assimilé le délaissement à une vente, et qui ont étayé leur opinion des art. 457, 458. Quoique le sentiment de ces écrivains ne soit pas conforme au mien, je crois devoir faire remarquer cependant que M. Grenier les attaque avec de mauvaises armes. Il leur objecte en effet qu'ils ont tort de s'arrêter aux art. 457 et 458 du Code civil; qu'ils auraient du voir que, pour que l'aliénation soit valable, il faut arriver jusqu'aux articles 955 et 956 du Code de procédure civile; faire procéder par experts à l'estimation de l'immeuble qu'il s'agirait de conserver ou de délaisser; en un mot, compléter tout ce qui est requis par l'ensemble des lois sur l'aliénation des biens des mineurs (1). Or, dit-il, toutes les formalités ne peuvent être appliquées au délaissement.

D'abord, quand tout cela serait vrai, je ne vois pas pourquoi on pourrait dire qu'il y a prohibition de remplir ces nombreuses formalités pour délaisser, pourvu qu'elles se fissent de manière à ne pas retarder l'action des créanciers poursuivans.

Mais ensuite, il est bien évident que M. Grenier va au-delà du but. Il veut appliquer au délaissement les formalités des art. 955 et 956 du Code de procédure civile que la loi n'a établies que pour la *vente* des biens des mineurs. Or, le délaissement n'est pas une vente. Ce peut être une aliénation, mais toute aliénation n'est pas une

(1) T. 2, p. 59.

vente. Et qui ne voit d'ailleurs que ces formalités sont ici hors de propos, puisque, si le délaissement a lieu, les biens seront vendus à la requête des créanciers poursuivans dans la forme des saisies immobilières ?

Je me suis arrêté un peu long-temps peut-être à réfuter une opinion du respectable M. Grenier; peut-être ai-je mal saisi sa pensée. Quoi qu'il en soit, j'ai cru devoir consigner ici mes observations; car je dois avouer que lors de la première lecture que je fis de l'ouvrage de M. Grenier, les passages que j'ai relevés portèrent dans mes idées un trouble que des réflexions plus mûres ont pu seules faire disparaître.

821. §. Si l'immeuble poursuivi hypothécairement est un immeuble de la communauté, le mari peut faire seul le délaissement. Si l'immeuble est un propre de la femme, le délaissement devra être fait par celle-ci avec le consentement de son mari.

Si l'immeuble est dotal, la femme ne peut délaisser qu'avec la permission de justice, conformément à l'art. 1558 du Code civil.

822. Je crois avoir passé en revue à peu près tous les cas d'incapacité de délaissement et ceux où l'on peut se faire relever de cette incapacité en observant certaines formalités habilitantes.

Je dois examiner maintenant quels pourraient être les résultats d'un délaissement fait par un incapable.

D'abord, si l'incapacité du délaissant est reconnue du tribunal, il ne doit pas en donner acte : il doit le rejeter. Mais si cette incapacité n'est pas

connue, et que le tribunal en donne acte, on sait qu'alors le créancier le plus diligent fait nommer un curateur aux biens délaissés, et que c'est sur lui que se poursuit l'expropriation forcée. Le tiers détenteur pourrait, dans ce cas, argumenter de son incapacité, soutenir que la saisie a été faite sur une personne sans qualité, et qu'elle est nulle, et obtenir l'annulation des poursuites. En sorte que le créancier hypothécaire en serait pour les frais avancés, et devrait recommencer une nouvelle saisie sur le tiers détenteur lui-même. Ainsi le créancier poursuivant ne devra pas accepter le délaissement d'une personne incapable et non autorisée, et lorsqu'on se présentera devant le tribunal pour demander acte du délaissement, il devra avoir grand soin de s'opposer à son admission (1).

822. Aux deux conditions requises par le Code pour pouvoir délaisser, quelques personnes ont voulu en ajouter une troisième. On a soutenu que l'acquéreur d'un immeuble ne devait être reçu à délaisser, qu'autant qu'il avait déjà payé le prix à son vendeur. On disait dans ce système que l'acquéreur, qui n'a pas payé le prix au vendeur, doit purger et offrir ce prix aux créanciers. Autrement il serait en son pouvoir de résoudre à son bon plaisir le contrat de vente, et il en résulterait cette étrange combinaison, que celui qui ob-

(1) C'est donc à tort que M. Dalloz a dit qu'il importait assez peu au créancier que la vente fût poursuivie sur le curateur ou sur le tiers détenteur. Hyp., p. 343, n° 8.

tiendrait la résolution du contrat, serait, non pas celui qui a à se plaindre de l'inexécution du marché, mais bien celui qui n'en remplit pas les conditions. En effet, un acquéreur se repent-il d'avoir acheté, désire-t-il se délier d'un engagement indissoluble? Cela lui devient facile! il n'a qu'à ne pas payer son vendeur, et à ne pas purger. Les créanciers le sommeront de payer ou de délaisser : c'est ce qu'il demande, et il se hâtera de faire le délaissement, ce qui équivaut à la résolution du contrat de vente. Heureux encore le vendeur, s'il ne forme pas contre lui une demande en dommages et intérêts pour lui avoir vendu un immeuble dont il a été évincé.

Il suit de là, a-t-on dit, que le délaissement ne serait qu'un moyen de manquer à ses engagemens, et qu'il n'a pas été dans l'intention du législateur de le permettre à celui qui n'a pas payé son vendeur. Il est évident que ce remède ne peut être employé que par celui qui a payé le vendeur et qui se trouve menacé de payer une seconde fois.

C'est vers cette opinion que paraît incliner M. Delvincourt (1).

Mais elle est contraire à un arrêt de la cour de cassation du 8 août 1816 (2).

Dans l'espèce, un créancier avait fait sommation à l'acquéreur, non pas de délaisser, mais de se conformer à l'art. 2183 du Code civil. Mais au lieu de cela, l'acquéreur fit le délaissement, et s'en

(1) T. 3, p. 377, note 1.
(2) S., 16, 1, 333. Dal., Hyp., p. 347, note 1.

fit donner acte par jugement sur requête. Le créancier, loin de s'en plaindre, garda le silence, et ce fut le *vendeur seul* qui s'avisa de critiquer le délaissement, prétendant qu'il aurait dû être précédé tout au moins d'offres de payer adressées au créancier. C'est cette prétention que la cour de cassation rejeta par deux motifs : le premier, qu'il était constant en fait que l'acquéreur n'avait pas contracté l'obligation de purger ; le second, qu'aucune loi ne dit qu'on ne peut délaisser qu'autant qu'on a payé le prix au vendeur, ou offert de le payer aux créanciers, qui le refusent.

C'est à l'opinion de la cour de cassation qu'il faut s'en tenir.

En effet, l'opinion contraire ne tend à rien moins qu'à forcer le tiers détenteur à purger. Et cependant c'est un principe qui sert de base au système hypothécaire, que le purgement des hypothèques est purement facultatif (1).

Je dis que cette opinion ne tend à rien moins qu'à forcer au purgement, et qu'elle ne se borne pas à vouloir priver l'acquéreur du délaissement. Il ne suffirait pas en effet, dans l'opinion que je combats, d'empêcher l'acquéreur de délaisser. Car quel est le but ? D'enchaîner tellement l'acquéreur qu'il ne soit pas en son pouvoir de se dégager du contrat de vente, dont il n'a pas rempli les conditions ? Eh bien ! veut-on que l'acquéreur ne délaisse pas ? Qu'arrivera-t-il ? c'est que les créanciers saisiront sur lui, qu'on l'expropriera forcément et que par

(1) Grenier, t. 2, p. 50.

une voie ou par l'autre on arrivera toujours à une éviction. Il faut donc que les partisans de ce système erroné aillent encore plus loin, et qu'ils disent : « Non seulement l'acquéreur ne pourra pas » délaisser, mais encore il devra nécessairement of» frir le prix aux créanciers inscrits, c'est-à-dire » qu'il faudra, bon gré, mal gré, qu'il purge. » Or, cette proposition est une de celles qu'il suffit d'énoncer pour en sentir le vice, et tout le système auquel elle sert de base doit s'écrouler, puisque, par une confusion palpable, il veut rendre obligatoire et forcé ce que la loi n'a établi que facultativement.

Ainsi, il faut dire que le délaissement est ouvert à tous les acquéreurs, soit qu'ils aient payé ou n'aient pas payé leur vendeur. Il ne peut y avoir grand inconvénient à ce qu'ils préviennent, par un abandon spontané, l'abandon forcé auquel les créanciers ne manqueront pas de recourir, s'ils espèrent meilleur avantage de l'immeuble que du prix stipulé dans le contrat. On objecte qu'un acquéreur de mauvaise foi pourra abuser de cette disposition pour dissoudre un contrat synallagmatique dont il se repent. Mais c'est une erreur de dire que c'est l'acquéreur qui rompt le contrat : ce n'est pas lui qui le dissout, ce sont les créanciers qui, à raison de leur droit hypothécaire, peuvent dessaisir l'acquéreur, et faire vendre la chose. En effet, pensons-y bien, nous sommes dans un cas où le délaissement ne dépend pas seulement de l'acquéreur : il dépend aussi des créanciers, qui sont maîtres de refuser, s'ils espèrent

trouver dans le prix stipulé plus d'avantages que dans l'action hypothécaire. Je dis qu'ils peuvent préférer le prix; car ils ont droit d'exercer les actions de leur débiteur sur ce même prix, non payé, et ils peuvent, ainsi que l'aurait fait ce dernier, poursuivre l'acquéreur sur ses biens personnels jusqu'à ce qu'il se soit libéré. Le délaissement n'est donc pas une faculté dont le tiers détenteur dont nous parlons ait la libre disposition et l'initiative absolue. Il ne peut délaisser qu'autant que les créanciers y consentent (1).

Supposons maintenant que ces créanciers, au lieu de refuser le délaissement, veuillent l'accepter, parce qu'ils y trouvent plus d'avantage qu'à exercer les actions de leur débiteur pour être payés sur le prix stipulé. Il est bien clair que le vendeur ne pourra pas faire révoquer le délaissement, et se plaindre de ce qu'il a eu pour résultat de dissoudre le contrat de vente; car il doit savoir à quelles conditions il a concédé des hypothèques; il a dû prévoir que, si les créanciers trouvent que le prix de vente n'est pas satisfactoire pour eux, ils ont toujours moyen d'en venir à la dépossession de l'acquéreur, à qui le vendeur n'a pu concéder de droit à leur préjudice. Et en effet, si l'acquéreur eût voulu purger, les créanciers auraient été en droit de requérir la surenchère, d'amener une éviction, de faire résoudre le contrat.

Eh bien! au lieu de cela, l'acquéreur ne purge

(1) Arrêt de la cour de cassation du 9 mai 1836 (Dall., 36, 1, 279. Sirey, 36. 1, 623).

pas, mais il délaisse. Il faut vendre alors par expropriation forcée. Or, le résultat n'est-il pas le même? N'y a-t-il pas encore résolution d'un contrat? On voit que c'est là une chose à laquelle il faut aboutir sous une forme ou sous une autre, et que le vendeur ne saurait empêcher.

Seulement, s'il a été stipulé dans la vente que l'acquéreur purgerait, et si l'omission de purger, sanctionnée par le consentement des créanciers, donne lieu à des frais plus considérables, à raison de ce qu'il faut recourir à l'expropriation forcée, qui est plus dispendieuse que l'enchère, le vendeur pourra exiger que ces frais soient supportés par l'acquéreur, qui y a donné lieu en n'exécutant pas les clauses du contrat.

823. M. Grenier a posé une hypothèse de laquelle il semble au premier coup d'œil tirer une conclusion contraire à celle que je viens d'embrasser. Mais, avec un peu d'attention, on voit que le cas est différent. Voici les faits que propose l'auteur. Il les annonce comme un exemple de ce qu'il a vu arriver; mais il est certain qu'ils n'ont rien d'identique avec l'espèce jugée par la cour de cassation dans l'arrêt dont nous venons de parler.

Guillaume achète, en 1806, un domaine moyennant 80,000 francs. Ce domaine est grevé d'un grand nombre d'inscriptions. Menacé de poursuites hypothécaires, Guillaume offre de délaisser. Il y trouve un grand avantage; car cet immeuble, vendu 80,000 francs en 1806, n'en vaut plus que 50,000 au moment du délaissement. De plus, il doit l'intérêt du prix de la vente, qui se monte

très-haut. Il pense qu'en délaissant il ne sera tenu que des jouissances, qui, pour l'ordinaire, se calculent à un taux moins élevé. Ainsi, il gagne 30,000 francs sur le capital, et il fait bénéfice sur les intérêts. Les créanciers, qui s'aperçoivent du tort que leur fait le délaissement, se réunissent et *déclarent tous par acte* qu'ils entendent se contenter du prix de la vente.

Dans ce cas, M. Grenier (1) pense que Guillaume ne peut pas délaisser. Les créanciers, en se contentant du prix stipulé dans le contrat, ne font qu'exercer les droits du vendeur sur Guillaume. Or l'acquéreur ne pourrait, à l'égard de son vendeur, se dispenser de payer et faire le délaissement. Il ne doit pas être de meilleure condition quand les créanciers ne demandent que ce que leur débiteur aurait pu exiger.

Je suis tout-à-fait de l'avis de M. Grenier.

D'abord il suppose que Guillaume n'est pas menacé de poursuites hypothécaires, et qu'il n'y a de sa part qu'une offre spontanée de délaisser. Il n'a pas encore été donné acte du délaissement. Ce délaissement n'est pas définitif. Peut-être même n'y a-t-il pas eu sommation de la part des créanciers !!

Alors que font les créanciers? Ils se gardent bien d'insister sur des poursuites hypothécaires. Ils y renoncent au contraire formellement. Ils savent bien que par des poursuites hypothécaires ils ne peuvent pas conclure en premier ordre au

(1) T. 2, p. 109, n° 345.

paiement, et qu'ils ne peuvent demander directement que le délaissement. Or, le délaissement est précisément ce qu'ils ne veulent pas. Ils sortent d'une voie qui ne pourrait que leur porter préjudice, et ils recourent à une autre action qui n'a rien de commun avec l'action hypothécaire, et qui est purement personnelle, et tend à exercer les droits du débiteur. Voilà comment s'explique l'hypothèse de M. Grenier.

Mais si les créanciers eussent été assez mal avisés pour s'engager dans l'action hypothécaire, dont la conclusion directe est le délaissement, ils devaient perdre leur procès. On ne conçoit pas comment ils auraient pu faire déclarer inadmissible le délaissement par eux réclamé, et demander en premier ordre une condamnation pécuniaire contre quelqu'un qui n'est pas obligé envers eux.

En définitive, lorsque les créanciers veulent exercer les actions personnelles de leur débiteur pour le prix, ils doivent bien se garder d'y mêler la conclusion de l'action hypothécaire, qui tend à tout autre fin. Ils doivent éviter avec soin un amalgame préjudiciable à leurs intérêts (1).

ARTICLE 2173.

Il peut l'être même après que le tiers détenteur a reconnu l'obligation ou subi condamnation en cette qualité seulement : le délaissement n'empêche pas que, jusqu'à l'ad-

(1) *Suprà*, n° 813.

judication, le tiers détenteur ne puisse reprendre l'immeuble en payant toute la dette et les frais.

SOMMAIRE.

824. Dans le doute, on doit présumer que le tiers détenteur n'a pas voulu s'obliger personnellement.

825. Le délaissement n'est pas une aliénation. Conséquences de ce principe.

826. Si les créanciers renoncent au délaissement, le tiers détenteur peut-il se dispenser de reprendre la chose? Arrêt de Riom combattu.

826 *bis*. Quand le délaissant a repris la chose, en offrant de payer toute la dette, il devient débiteur personnel des créanciers inscrits. Conséquence de ceci. Renvoi.

COMMENTAIRE.

824. Le tiers détenteur peut même délaisser lorsqu'il a reconnu l'obligation, en qualité de tiers détenteur seulement, ou subi condamnation dans cette même qualité. Il suffit qu'il n'ait en lui rien de ce qui tient à l'obligation personnelle. Tant qu'il reste tiers détenteur pur et simple, la faculté de délaissement lui demeure toujours ouverte.

L'acquéreur reconnaît l'obligation en qualité de tiers détenteur, lorsqu'il reconnaît que sa propriété est hypothéquée à la dette. Cette reconnaissance ne porte alors que sur l'hypothèque : elle n'a pas trait à l'obligation personnelle (1).

Dans le doute, on doit toujours présumer que l'acquéreur n'a voulu s'obliger que comme tiers

(1) Loyseau, liv. 4, ch. 4, n° 11.

détenteur; car l'obligation personnelle est une aggravation qui ne doit pas être facilement admise; il faut qu'elle soit prouvée (1).

825. Notre article confirme de la manière la plus expresse ce que j'ai dit nos 785 et 786, que le délaissement n'est pas une aliénation, mais seulement une abdication de la possession, et que l'acquéreur reste propriétaire de la chose jusqu'à l'adjudication. C'est seulement par l'adjudication qu'il y a aliénation définitive, et que la chose cesse de lui appartenir.

De ce principe résultent plusieurs conséquences.

1° L'acquéreur peut, jusqu'à l'adjudication, reprendre sa chose, pourvu qu'il paie toute la dette et les frais (art. 2173);

2° Le délaissement n'opère pas mutation. La loi du 22 frimaire an 7, art. 68, § 4, no 1, ne l'assujettit, par suite, qu'à un droit fixe de cinq francs;

3° Si l'immeuble périt par cas fortuit avant l'adjudication, la perte retombe sur l'acquéreur. *Res perit domino*, et il n'aura pas de garantie contre son vendeur pour ce fait de force majeure imprévue (2);

4° Si, après l'adjudication de l'héritage délaissé, il se trouve plus d'argent qu'il n'en faut pour payer

(1) M. Delvinc., t. 3, p. 378, note 3. *Quid* s'il a notifié son contrat aux créanciers inscrits et offert de payer le prix? Il est, dans ce cas, non recevable à délaisser. Paris, 9 novembre 1833 (Dalloz, 34, 2, 160; Sirey, 34, 2, 191).

(2) M. Delv., t. 3, p. 378, no 5.

toutes les dettes, le surplus appartient à celui qui a fait le délaissement, en déduction du prix de son acquisition et de ses dommages et intérêts (1).

826. On a demandé si, le délaissement étant effectué par l'acquéreur, et les créanciers y renonçant, ce même acquéreur peut se dispenser de reprendre l'immeuble, et le laisser au vendeur, malgré la volonté de ce dernier.

Cette question s'est présentée devant la cour de Riom, qui, par arrêt du 17 avril 1820, rendu sous la présidence de M. Grenier, et sur les conclusions de M. Pagès, procureur général, a décidé que, lorsque le délaissement est fait, le vendeur ne peut forcer l'acquéreur à reprendre la chose, au cas où les créanciers renoncent à faire l'expropriation, et se désistent de leur demande en délaissement (2).

Dans l'espèce de cet arrêt, le vendeur s'était empressé de payer les créanciers qui avaient demandé le délaissement, et ceux-ci s'étaient désistés. Il y avait bien d'autres inscriptions au profit de créanciers qui n'avaient pas été parties dans les poursuites en délaissement. Mais le vendeur offrait caution à l'acquéreur qu'il ne serait pas inquiété; seulement, il voulait que l'acquéreur reprît l'immeuble, et que par une voie indirecte il ne parvînt pas à résilier le contrat. Mais l'acquéreur refusait d'y consentir; et suivant quelques circonstances de la cause, on est autorisé à penser

(1) Loyseau, lib. 6, ch. 7, n° 4. Colmar, 22 novembre 1831 (Dal., 32, 2, 35).

(2) Sirey, 23, 2, 87. Dal., Hyp., p. 348, n° 3.

que sa résistance était dictée parce que l'immeuble avait perdu de sa valeur, et que la conservation ne lui en était pas avantageuse. Il disait que le délaissement avait tout consommé entre lui et son vendeur; qu'une fois sorti de ses mains, il ne pouvait être forcé à reprendre un immeuble qui serait pour lui la source d'une longue involution de procédures.

Le système de l'acquéreur, proscrit par les premiers juges, fut accueilli pleinement par la cour royale. J'ai vainement cherché la citation de cette décision dans l'ouvrage de M. Grenier. J'espérais que cet auteur me donnerait la clef d'un arrêt si extraordinaire par les principes qu'il contient et les résultats qu'il amène. M. Grenier n'en parle pas.

Quoi qu'il en soit, cette décision ne peut être en droit d'aucune autorité. Qui ne voit, en effet, que, l'adjudication n'ayant pas eu lieu, la propriété était toujours restée à l'acquéreur, qu'il n'en avait pas été privé un seul instant, et que c'était de sa part une absurdité de ne pas vouloir se ressaisir d'une chose qui n'était jamais sortie de son domaine? A part toutes les circonstances de fraude, on voyait clairement qu'il voulait arriver à la résolution du contrat; mais il n'osait pas la demander, et il est à remarquer qu'il n'y concluait pas. Plus confiant dans des moyens détournés et moins dignes par conséquent de fixer l'attention des juges, il soutenait que le délaissement l'avait dépouillé au regard du vendeur. Mais ce n'était là qu'un sophisme. Le délaissement ne rompt pas le fil qui unit la chose au propriétaire. Les droits res-

tent toujours intacts; et s'il n'y a pas d'adjudication, c'est comme si l'acquéreur n'eût jamais été recherché. Loyseau va même jusqu'à dire, et avec raison, que le débiteur originaire, qui paie les créanciers poursuivans, *fait casser* et *révoquer le délaissement*, et *contraindre* l'acquéreur de reprendre l'héritage (1).

826 *bis.* Lorsque le tiers détenteur a déclaré vouloir reprendre la chose délaissée, en offrant de payer toute la dette et les frais, il devient débiteur *personnel* des créanciers. On a vu ci-dessus quelques conséquences de cet état de choses (2). Ainsi, il n'est plus nécessaire d'avoir une inscription pour poursuivre un tiers détenteur qui se trouve dans une telle position.

Article 2174.

Le délaissement par hypothèque se fait au greffe du tribunal de la situation des biens; il en est donné acte par le tribunal.

Sur la pétition du plus diligent des intéressés, il est créé à l'immeuble délaissé un curateur sur lequel la vente de l'immeuble est poursuivie dans les formes prescrites pour les expropriations.

SOMMAIRE.

827. Le délaissement se fait en justice. Sa forme.

(1) Liv. 6, ch. 7, n° 4.

(2) Arrêt de cassation, *suprà*, n° 726 *ter*.

828. Pourquoi l'expropriation se suit sur un curateur.

829. A qui doit se faire le commandement quand on poursuit l'expropriation sur le curateur.

COMMENTAIRE.

827. Le délaissement doit se faire en justice par acte au greffe de la situation des biens. Cet acte doit être signé de la partie et du greffier. On le signifie au vendeur et aux créanciers (1); puis, par simple acte, le possesseur somme le créancier poursuivant de comparaître devant le tribunal pour voir dire qu'attendu qu'il est simple tiers détenteur, il lui sera donné acte du délaissement.

Il est possible que le délaissement soit contesté. Les créanciers inscrits peuvent avoir intérêt à repousser l'offre qui leur en est faite, soit parce qu'elle émane d'une personne incapable, soit parce qu'étant faite par un possesseur obligé personnellement à la dette, il leur est plus avantageux d'avoir le prix stipulé dans le contrat d'acquisition que d'avoir la valeur actuelle d'un bien qui peut avoir dépéri.

Dans ce cas, le créancier répond par simple acte; on va à l'audience, et le tribunal statue.

Si le délaissement n'est pas contesté, il n'est pas nécessaire, dit M. Pigeau, de le faire recevoir par jugement. Ce sont en effet des frais inutiles. Le créancier le plus diligent fait nommer un curateur. Il présente à cet effet une requête dans laquelle il demande acte du délaissement et nomination du curateur.

(1) Pigeau, t. 2, p. 448. Pothier, Orléans, t. 20, nº 50.

828. C'est sur ce curateur que la vente est poursuivie dans la forme des expropriations forcées. « Il ne faut pas trouver mauvais, dit Loyseau, que » le décret ne se poursuive pas sur celui qui a fait » le délaissement de l'héritage, encore qu'il en demeure toujours seigneur, mais sur le curateur » aux biens vacans. Car cela se fait à l'exemple de la » cession des biens, où il a été ordonné par le droit, » que la vente se ferait sous le nom d'un curateur, » ou *magister bonorum*, afin d'éviter l'infamie ou » l'ignominie qui, selon l'ancien droit, résultait de » la vente et distraction publique des biens (1). »

Ces raisons restent encore aujourd'hui dans toute leur force; car nos mœurs modernes, malgré ceux qui les calomnient, sont empreintes d'une juste sévérité pour celui qui se laisse déchoir du rang honorable de propriétaire. Aussi M. Delvincourt (2) me paraît-il avoir été trop réservé lorsqu'il dit que la nomination du curateur a pour objet d'empêcher *les désagrémens* de l'expropriation. L'expression de désagrément n'est pas assez forte. S'il ne fallait pas parler de note d'infamie, du moins le mot de honte eût été à sa place (3).

829. Lorsque les créanciers vont poursuivre sur le curateur l'expropriation des biens délaissés, à qui doivent-ils faire le commandement requis par l'art. 673 du Code de procédure civile, et par l'art. 2217 du Code civil?

(1) Liv. 6, ch. 7, n° 5.

(2) T 3, p. 378, note 6.

(3) *Suprà*, n° 811.

D'abord il ne me paraît pas que ce soit au curateur. Il n'est pas débiteur ; il n'a pas possibilité de payer : il n'est que le *plastron* de la poursuite en saisie immobilière, si l'on peut ainsi parler.

Est-ce au tiers détenteur ? Mais à quoi bon faire ce commandement au tiers détenteur ? Le commandement a pour objet de demander le paiement de la somme due, et il est déjà certain que le détenteur ne paiera pas, puisque c'est pour ne pas payer qu'il fait le délaissement. D'ailleurs, les articles 2217 et 673 du Code civil n'exigent de commandement qu'au *débiteur*. Or, le tiers détenteur n'est pas débiteur ; une fois qu'il a fait le délaissement, il n'y a plus de lien entre le créancier et lui : il devient *penitùs extraneus*.

C'est donc au débiteur principal que le commandement doit être fait. Lui seul est *débiteur ;* et, quoiqu'il ait vendu l'immeuble, cependant il ne peut lui demeurer étranger.

Toutefois, si le créancier avait déjà fait au débiteur originaire le commandement prescrit par l'article 2169 du Code civil, et que ce commandement ne fût pas périmé, je pense que l'on pourrait procéder à la saisie sur le curateur sans le renouveler. Il a suffi pour avertir le débiteur et éveiller son attention. D'ailleurs il ne faut pas multiplier inutilement les formalités et les frais.

Mais si le délaissement eût été fait sans avoir été précédé du commandement dont parle l'art. 2169, dans ce cas, il serait indispensable que le créancier poursuivant fît ce commandement au débiteur, avant de commencer la poursuite sur le curateur.

Sans cela, sa poursuite serait nulle. Je pense que c'est en ce sens qu'on doit entendre un arrêt de la cour de Riom, du 20 août 1821, rapporté par M. Grenier (1). Car, si M. Grenier avait voulu établir qu'indépendamment du commandement prescrit par l'art. 2169, il en faudrait un nouveau au débiteur avant de procéder à la poursuite sur le curateur, je ne pourrais pas partager cet avis.

ARTICLE 2175.

Les détériorations qui procèdent du fait ou de la négligence du tiers détenteur, au préjudice des créanciers hypothécaires ou privilégiés, donnent lieu, contre lui, à une action en indemnité ; mais il ne peut répéter ses impenses et améliorations que jusqu'à concurrence de la plus-value résultant de l'amélioration.

SOMMAIRE.

830. Liaison. Détériorations et améliorations en cas de délaissement.

831. Détériorations fortuites. Des détériorations du fait du tiers détenteur. Distinction admise dans l'ancienne jurisprudence entre les détériorations antérieures à la demande sur action hypothécaire et les détériorations postérieures.

832. Pourquoi cette distinction est inadmissible sous le Code civil.

833. Cas où l'on demande s'il y a détérioration.

834. Coupe de bois taillis. Coupe de futaie.

(1) T. 2, p. 68.

835. Améliorations dont le tiers détenteur a droit d'être indemnisé. Raison de cette indemnité.

836. Le tiers détenteur ne peut se faire payer des améliorations par droit de rétention.

837. Là répétition ne doit porter que sur la plus-value. Définition des impenses et des améliorations.

838. Mais si la plus-value dépasse l'impense, le tiers détenteur ne doit répéter que l'impense.

838 *bis*. Si l'impense n'a pas produit d'amélioration, bien qu'elle fût nécessaire, il n'y a pas lieu à répétition. Rejet de l'opinion contraire de MM. Delvincourt et Dalloz. Quand bien même l'impense serait *nécessaire*, il ne doit y avoir répétition que de la plus-value. Critique d'un arrêt de la cour de cassation, au moyen des lois romaines, de l'opinion de Cujas, Loyseau et Bourjon.

838 *ter*. Pour appliquer notre article, il n'y a pas lieu à distinguer si le tiers détenteur est ou non de bonne foi.

839. Le tiers détenteur ne compense pas les améliorations avec les fruits qu'il a perçus.

839 *bis*. L'évaluation de l'amélioration doit se faire pár experts.

839 *ter*. Doivent-ils faire leur évaluation en bloc ou pièce à pièce?

COMMENTAIRE.

830. Notre article embrasse deux objets : dans la première partie, il est relatif aux détériorations qui résultent du fait du détenteur, et qui ont causé du dommage aux créanciers. Dans la seconde, il s'occupe du cas où le détenteur a fait des améliorations à la chose qu'il délaisse.

Cet ordre est celui que je vais suivre dans le commentaire de l'art. 2175. Voyons pour les détériorations.

831. D'abord il est certain que le tiers détenteur n'est pas tenu des détériorations fortuites ou naturelles. Car, dit Loyseau (1), *il déguerpit pour les dettes d'autrui, et perd lui-même le plus.* Aussi notre article ne le rend-il responsable que des détériorations qui procèdent *de son fait* ou de sa *négligence.*

Ces détériorations sont les démolitions de constructions, et autres actes provenant non pas seulement de la faute du tiers détenteur, mais encore de son fait, et qui ont causé du dommage aux créanciers (2).

Pour apprécier les devoirs du tiers détenteur, sous ce rapport, on peut prendre pour guide l'article 605 du Code civil. Si les détériorations ont été occasionées par le défaut de réparation et d'entretien, avant l'acquisition faite par le tiers détenteur, il n'est pas responsable. Les réparations qu'il ferait seraient volontaires, et constitueraient à son égard *une amélioration :* mais si les dégradations ont été occasionées par défaut d'entretien depuis son acquisition, alors s'ouvre contre lui une action en indemnité.

La constitution d'une servitude qui diminue l'héritage de valeur est-elle assimilée à une détérioration ? Je touche plus bas cette question (3).

Dans l'ancienne jurisprudence on faisait une distinction importante entre les détériorations ar-

(1) Liv. 5, ch. 14, n° 7.

(2) V. mon comm. sur *la Vente*, n° 738. J'y discute aussi (n°s 361 et suiv.) le système des fautes, qui est si controversé.

(3) *Infrà*, n° 843 *bis*.

rivées avant la demande en déclaration d'hypothèques et les détériorations survenues depuis.

On pensait que les détériorations occasionées par le fait, ou la négligence, ou la faute du détenteur, avant l'action hypothécaire, ne donnaient lieu à aucune action en indemnité contre lui : car, étant maître de sa chose, il pouvait en user et en abuser. *Qui enim rem suam neglexit, nullius querelæ subjectus est.* L. *Si quid possessor*, § *sicut.*, D. *de petit. hæred.*

Cela avait lieu quand même le tiers détenteur aurait su que l'héritage était hypothéqué ; car l'hypothèque, disait-on, n'empêche pas qu'il ne soit propriétaire et qu'il ne puisse disposer de la chose jusqu'à ce qu'il soit poursuivi hypothécairement pour être condamné à délaisser. Il a pu penser que le débiteur satisferait le créancier, et qu'il ne serait pas soumis à l'action hypothécaire.

Mais, depuis que le tiers détenteur avait été ajourné par l'action hypothécaire, il ne pouvait plus toucher à l'héritage au préjudice du créancier, parce qu'alors l'héritage était *plus particulièrement* affecté à l'hypothèque, dit Loyseau, et que d'ailleurs il fallait qu'après la condamnation il délaissât l'héritage tel qu'il était lors de la demande, L. *Si fundus*, § *interdùm*, D. *De pignorib.* (1).

832. Cette distinction ne peut plus être admise aujourd'hui que l'action hypothécaire et le quasi-

(1) Loyseau, liv. 5, ch. 14, nos 7, 8, 10. Pothier, Orl., t. 20, nos 47, 48.

contrat, qu'elle produisait pour délaisser l'immeuble tel qu'il était au jour de la demande, sont effacés de nos lois. Il faut dire que le tiers détenteur est tenu des dégradations qu'il a commises postérieurement aux inscriptions, sans qu'il soit besoin d'aucune sommation. Le système de la publicité a dû amener cette innovation. L'inscription est un avertissement officiel qui exclut le doute; le tiers détenteur ne peut prétexter cause d'ignorance. D'ailleurs l'inscription est une espèce de prise de possession de la chose par le créancier; elle produit sur l'immeuble une affectation plus étroite que l'hypothèque occulte de l'ancienne jurisprudence. On a fait attention à ces expressions remarquables de Loyseau, que *la demande en déclaration d'hypothèque affecte plus particulièrement l'immeuble à l'hypothèque.* On a vu que c'est là une de ses raisons pour dire que, depuis cette demande, le tiers détenteur ne peut pas faire de détériorations. Aujourd'hui les poursuites hypothécaires ne donnent pas plus d'étreinte à l'hypothèque qu'elle n'en avait auparavant. Elle reste toujours telle que l'avait faite l'inscription. Car il est impossible d'arriver à un degré d'affectation plus étroit que celui que produit l'inscription. Ainsi, l'on doit dire que l'inscription engendre chez nous tous les effets qui n'étaient attachés, dans la jurisprudence ancienne, qu'à l'action hypothécaire (1).

(1) M. Delv., t. 3, p. 382, note 10. M. Grenier, t. 2, p. 89. M. Dalloz veut que le tiers détenteur ne soit responsable des

833. Ainsi, si le tiers détenteur avait démoli la maison hypothéquée, il serait tenu à indemniser les créanciers inscrits avant cette démolition. Si l'on trouve un arrêt de la cour de cassation, du 9 août 1825, qui semble juger que le tiers acquéreur qui démolit la maison hypothéquée pour en vendre les matériaux, n'est pas soumis à une indemnité envers les créanciers hypothécaires, c'est que cet arrêt est rendu dans une espèce où il y avait bonne foi de la part du tiers détenteur, et où il était décidé en fait que la vente des matériaux avait eu lieu au vu et su des créanciers, qui n'avaient pas réclamé (1).

La démolition avait été en effet la charge de la vente. L'acquéreur n'était pas un véritable tiers détenteur : il n'avait acheté que des choses mobilières (2), puisque l'obligation de détruire la maison mobilisait les matériaux. Enfin, cette destruction n'était pas *du fait* de l'acquéreur, puisque telle était la condition de son marché, et qu'il n'avait pas été libre de démolir ou de ne pas démolir.

834. On ne peut ranger dans la classe des détériorations les coupes régulières des bois taillis et des bois de haute futaie aménagés. Ces coupes sont *fruits*, d'après les art. 590 et 591 du Code civil. Les créanciers n'y ont droit que depuis la sommation, comme on le verra dans l'article sui-

dégradations que depuis la sommation (Hyp., p. 354, n° 9). Il cite à l'appui de son opinion M. Grenier, qui dit tout le contraire.

(1) Dal., 26, 1, 3, 4.

(2) *Suprà*, n° 777.

vant. Pour le temps antérieur, le tiers détenteur est libre d'en disposer; car l'hypothèque ne doit pas l'empêcher de jouir des fruits et de l'utilité de la chose.

Mais, en ce qui concerne les hautes futaies non aménagées, M. Persil pense que le tiers détenteur (1) ne peut y toucher au préjudice des créanciers inscrits. Car ces hautes futaies font toute la valeur du sol. S'il les abat, il en devient responsable. C'est une dégradation. On cite, à l'appui de cette opinion, le passage suivant de Basnage : « Et » comme *un créancier* ou un acquéreur peut veil- » ler pour la conservation de ses hypothèques, et » empêcher qu'elles ne soient affaiblies ou dimi- » nuées par la détérioration des biens qui lui sont » hypothéqués, il fut jugé, le 10 avril 1653, que » celui qui avait acheté des bois de haute futaie » était tenu de bailler caution aux créanciers hy- » pothécaires, du prix du bois qu'il faisait abattre, » parce que la valeur du fonds hypothéqué était » diminuée par cette valeur. »

Cette opinion ne me paraît pas cependant très-satisfaisante, comme je l'ai dit *suprà* (2). Une futaie n'est pas comme une maison; elle est destinée tôt ou tard à être coupée, au lieu qu'une maison est faite pour rester debout. Si donc le propriétaire fait couper la futaie, sans fraude, pour ses besoins, et à l'époque favorable pour cela, je ne crois pas que ce soit là une *dégradation*. C'est

(1) T. 1, p. 249.

(2) N° 404. V. aussi mon comment. sur le titre *de la Vente*, n° 491.

l'usage légitime d'un droit. C'est remplir la destination naturelle d'une futaie, et les créanciers doivent s'imputer de s'être contentés d'un gage si fragile.

835. Voyons ce qui concerne les améliorations faites par le tiers détenteur.

D'abord la loi ne donne une indemnité au tiers détenteur que pour les améliorations qui proviennent de son fait; car les améliorations naturelles, telles qu'alluvion, etc., tournent au profit du créancier hypothécaire, et ne donnent lieu à aucune répétition en faveur du tiers détenteur (1).

836. Quant aux améliorations qui sont le fait même du tiers détenteur, comme constructions, plantations, etc., il est certain qu'en droit, l'hypothèque les affecte; car nous avons vu, par l'art. 2133, que l'hypothèque s'étend à toutes les améliorations survenues à l'immeuble hypothéqué, et il n'importe que ces améliorations soient faites par le débiteur ou par un tiers détenteur. Il ne faut pas hésiter à dire que celles-là même qui proviennent du fait du tiers détenteur sont saisies par l'hypothèque et susceptibles du droit de suite (2). Seulement l'équité a voulu que le tiers détenteur fût indemnisé de ses dépenses jusqu'à concurrence de l'augmentation de valeur que la chose en a reçue, *quatenùs res pretiosior facta est* (3); car les créanciers, qui le dépossèdent, ne doivent pas s'enrichir à ses dépens.

(1) Loyseau, liv. 6, ch. 8, nº 1. L. 29, § 1, D. *De pignor.*
(2) Loyseau, liv. 6, ch. 8, nº 2.
(3) Loi précitée, § 2.

Mais un point plus difficile est de savoir si le tiers détenteur a le droit de rétention sur l'immeuble, et s'il peut s'opposer à la saisie jusqu'à ce qu'il ait été payé de la valeur de ces améliorations.

Si la question devait être jugée par les lois romaines, elle ne serait pas long-temps douteuse. La loi 29, § 2, D. *De pignorib. et hypoth.*, décide formellement que le tiers détenteur assigné en action hypothécaire, qui a fait des impenses sur l'immeuble, a droit de le retenir jusqu'à ce qu'il ait été remboursé. J'ai cité ailleurs d'autres lois qui décident la même chose (1). J'y ai joint l'autorité de Voët et de Favre (2), qui ont écrit sous l'influence du droit romain.

Mais Loyseau enseignait (3) que ces lois ne pouvaient se garder en France. En effet, dans le droit romain, un créancier postérieur n'avait pas le droit de vendre la chose, avant d'avoir payé le créancier qui lui était préférable. Or, celui qui avait bâti l'édifice (4) étant le plus privilégié, il s'ensuivait que les créanciers hypothécaires ne pouvaient faire vendre qu'après lui avoir payé ses améliorations. Mais, en France, il n'en était pas ainsi : tout créancier avait droit de saisie. Le plus privilégié n'avait d'autre avantage que de se faire colloquer préférablement. De là, Loyseau concluait que le tiers détenteur privilégié pour ses impenses n'avait pas le droit de rétention, qu'il pouvait être con-

(1) N° 260.
(2) C., déf. 19, liv. 8, t. 6.
(3) Liv. 6, ch. 8, n° 8.
(4) *Suprà*, n° 241.

traint à délaisser, même avant que le prix de ses impenses lui eût été remboursé, sauf à lui, après que l'héritage aurait été vendu, à se faire colloquer à l'ordre par privilége. C'était aussi l'opinion de Pothier (1), qui, après avoir cité Loyseau, s'étaie des mêmes raisons que lui; mais Basnage pensait que le tiers détenteur pouvait user du droit de rétention (2). Je dois dire cependant que cet auteur ne discute pas la question : d'ailleurs il manque tout-à-fait de critique; et, dans tout ce qui ne tient pas à la routine du barreau, son opinion ne peut être d'un grand poids.

Sous le Code civil, M. Tarrible a soutenu que le droit de rétention peut être exercé par le tiers acquéreur (3), et il se fonde sur la loi 29, § 2, D. *De pignorib.* Son avis est suivi par M. Battur (4). Aucun de ces auteurs n'a essayé de répondre à la raison péremptoire par laquelle Loyseau prouve que la décision de la loi romaine n'est pas compatible avec un système hypothécaire différent de celui adopté à Rome pour la vente des gages. C'était cependant par là qu'il fallait commencer pour invoquer cette loi. Mais il ne paraît pas que, dans cette discussion, MM. Tarrible et Battur aient porté leur attention sur l'opinion de Loyseau et de Pothier, omission inconcevable dans un auteur aussi exact et aussi éclairé que M. Tarr ble.

Je crois que M. Grenier a suivi la véritable

(1) Orl., t. 20, n_0 38.

(2) Ch. 16, p. 88.

(3) Répert., v_o Privilége.

(4) T. 2, p. 60, 61.

route (1), lorsqu'il a soutenu que l'opinion de Loyseau et de Pothier devait prévaloir sous le Code civil. Le texte de l'art. 2175 me paraît prouver en effet qu'il a été rédigé sous l'influence de ces deux grandes autorités. Il ne parle pas de rétention ; il donne seulement un droit *de répétition*. Cette expression *répétition* est remarquable ; elle donne la juste idée du droit du tiers détenteur. Il n'a qu'une créance, et pas un droit de rétention, qui paralyserait l'exercice des actions hypothécaires, et qui entraverait l'exécution de l'art. 2169. Car il ne faut pas perdre de vue que l'hypothèque frappe sur les améliorations comme sur la chose même, ainsi que nous l'avons dit il n'y a qu'un instant. Il faut donc que le droit de suite par hypothèque y exerce son empire, et que les améliorations se vendent avec le fonds. Et pourquoi d'ailleurs une exception serait-elle accordée au tiers détenteur ? Serait-ce parce que ses améliorations le rendent préférable pour sa plus-value à tous les créanciers hypothécaires ? Mais ce n'est pas un motif pour empêcher la vente de la chose hypothéquée. C'est ce que j'ai prouvé ci-dessus, n° 804, dans un cas analogue. Une hypothèque n'empêche pas l'autre.

M. Tarrible insiste cependant en faveur du droit de rétention, et dit que si ce remède n'est pas accordé au tiers détenteur, il se verra frustré de ses sûretés ; car la créance que lui donne l'art. 2175 n'est pas privilégiée. Le législateur ne s'en explique

(1) *Junge* M. Dalloz, Hyp., 35, n° 2.

pas, et l'on ne peut étendre ces priviléges. Pour que cette créance pût être privilégiée, il faudrait que le tiers détenteur eût pris les précautions indiquées par l'art. 2103 du Code civil pour les architectes, et c'est ce que ne pensera jamais à faire un propriétaire qui travaille sur sa propre chose, et à part toute idée d'éviction et de répétition.

Je renvoie à la réponse que M. Grenier a faite à ces raisons de M. Tarrible (1). Je ne pourrais que copier cet auteur. Je me bornerai à dire qu'il est évident que notre article, en donnant au tiers détenteur une répétition pour sa plus-value au moment où la chose va être vendue et le prix distribué, a été rédigé dans des idées de préférence sur ce prix, qui sont d'accord avec le système de Loyseau et de Pothier. Cette préférence est inhérente à la plus-value ; elle n'a pas besoin d'être justifiée par des moyens auxiliaires, tels que ceux qu'on exige à l'égard des architectes pour prévenir les fraudes.

Cette opinion se corrobore d'un arrêt de la cour de Turin du 30 mai 1810, et d'un arrêt de la cour de cassation du 29 juillet 1819, confirmatif d'un arrêt de la cour de Pau, qui avait repoussé le système de M. Tarrible (2).

Du reste, s'il y avait lieu de craindre que les frais de l'expropriation absorbassent le prix, et que le détenteur perdît ses impenses, je pense,

(1) T. 2, p. 85.
(2) Dal., Hyp., p. 335, 356.

d'après Pothier et ce que j'ai dit *suprà*, n° 804, que ce détenteur pourrait exiger que le créancier poursuivant lui donnât caution (1) que l'immeuble serait porté à si haut prix que le délaissant y trouverait le prix de ses impenses.

837. Les répétitions du tiers détenteur pour impenses et améliorations ne peuvent porter que sur la plus-value. C'est ce que disait la loi 29, § 2, D. *de pignorib.* « Non aliter cogendos creditori- » bus ædificium restituere, quàm *sumptus* in ex- » tractione erogatos, *quatenùs pretiosior res facta* » *est*, restituerent. »

Loyseau (1) donne une définition aussi exacte que précieuse de ce mots *impenses* et *améliorations*. Je crois utile de la reproduire dans un commentaire destiné à faire sentir la force et l'étendue de chaque expression.

Les impenses sont les sommes qui ont été dépensées à améliorer l'héritage. Les améliorations sont ce qu'il vaut de plus à raison des sommes qui y ont été employées. Il arrive presque toujours que l'impense est plus forte que la plus-value ou l'amélioration qui en résulte. Cependant il arrive quelquefois aussi que l'amélioration, ou plus-value, est plus forte que la somme employée à la produire. Je dépense 50,000 fr. dans ma maison qui en valait 100,000 fr. : voilà l'impense. Mais ce n'est pas à dire pour cela que ma maison vaudra 150,000 fr. Le plus souvent l'amélioration, c'est-à-dire le pro-

(1) M. Dalloz est d'avis contraire. Hyp., p. 353, n° 4.

(2) Liv. 6, ch. 8, n° 15. *Suprà*, n° 551.

duit de l'impense, ne s'élevera qu'à une plus-value moindre que la somme dépensée. Ainsi ma maison, ainsi réparée, pourra ne valoir que 120,000 fr. Il est cependant possible que, si la dépense a été faite à propos, en temps opportun, je la vende 200,000 fr., et qu'une impense de 50,000 fr. me produise une plus-value de 100,000 fr.

838. Ceci posé, on demande si le tiers détenteur devra répéter l'impense on l'amélioration.

Si l'impense excède l'amélioration, il aura plus d'intérêt à répéter l'impense; si l'amélioration excède l'impense, il aura plus d'intérêt à réclamer l'amélioration, c'est-à-dire la plus-value.

Faisons bien attention d'abord qu'il ne s'agit pas du recours à exercer par le tiers détenteur contre son vendeur. Ce recours est réglé par des principes spéciaux que j'ai exposés dans mon commentaire sur le titre de *la Vente*(1). Il repose sur une responsabilité sévère, sur l'obligation contractée par le vendeur d'indemniser l'acheteur de tout dommage. (Art. 1630 et 1634 du Code civil.)

Mais le recours dont nous nous occupons ici a lieu contre des *créanciers hypothécaires*, et les règles sont différentes.

Je pense avec Loyseau qu'il faut suivre la décision des lois romaines(2). Or, voici ce qu'elles portent. Si l'impense est plus forte que l'amélioration qui en résulte, le tiers détenteur ne pourra prétendre que l'amélioration ou plus-value. La loi 29,

(1) Nos 508, 509, 510.

(2) Loyseau, *loc. cit.*, et Huberus, *De rei vind.*, n° 10, p. 771.

§ 2, D. *de pignor. et hypothec.*, dit : *Recepturum sumptus quatenùs res pretiosior facta est.* Au contraire, si l'amélioration est plus forte que l'impense, il doit suffire au tiers détenteur de recevoir son déboursé. « Reddet dominus impensam, ut fundum » recipiat, usque eo duntaxat quo pretiosior factus » est; et *si plùs pretii accessit, solùm quod impen-* » *sum est.* » L. *in fundo*, D. *de rei vindicat.* (1).

Le texte de notre article n'est pas contraire à ces règles d'équité. Il dit à la vérité que le tiers détenteur ne pourra répéter ses impenses et améliorations que *jusqu'à concurrence de la plus-value résultant de l'amélioration;* d'où l'on pourrait conclure que la plus-value est dans tous les cas le taux invariable de l'indemnité à laquelle il peut prétendre; mais ce serait une erreur à notre avis. La loi fixe ici un *maximum*. Elle décide qu'en aucun cas le tiers détenteur ne pourra prétendre à plus qu'à la plus-value. Ainsi, s'il a fait 50,000 fr. d'impenses, et que la plus-value produite ne soit que de 25,000 francs, il ne pourra répéter que 25,000 fr. Mais remarquons bien qu'il ne dit pas qu'il ne recevra pas moins que la plus-value, et il ne s'oppose pas à ce qu'on fixe un minimum plus d'accord avec l'équité et la justice, lorsque la plus-value est exorbitante comparativement à la somme dépensée. De quoi pourrait se plaindre le tiers détenteur, puisqu'on lui paie ses déboursés (2)?

(1) V. aussi les lois 2, § *Pater*, Dig., *De lege Rhodiâ*, et *si fundum*, Dig., *De rei vindicat.*

(2) Mais son vendeur devra lui payer l'amélioration entière. (V. mon comm. sur *la Vente*, n° 510.)

838 *bis.* Ici se présentent plusieurs difficultés. La première consiste à savoir si la règle posée par notre article s'applique aux impenses nécessaires, et si elle ne doit pas être restreinte aux seules impenses utiles. La seconde, qui est une conséquence de la première, consiste à savoir si, lorsque l'impense est nécessaire, et qu'elle n'a pas produit de plus-value, on peut néanmoins la répéter.

Par arrêt du 11 novembre 1824 (1), la cour de cassation a décidé que l'art. 2173 ne s'applique qu'aux impenses d'amélioration, mais qu'il ne concerne pas les impenses nécessaires, de telle sorte que, lorsque le tiers détenteur a fait des dépenses pour empêcher la ruine de la chose, il doit être remboursé de la totalité de ses déboursés, sans égard à la plus-value. Dans l'espèce, l'impense excédait la plus-value; comme il s'agissait d'impenses nécessaires, la cour de cassation pensa que le tiers détenteur pouvait les répéter en entier, par préférence aux créanciers hypothécaires.

Cette décision peut s'autoriser d'un passage de Pothier, qui est ainsi conçu :

« Suivant la loi 29, § 2, Dig. *de pign. et hypoth.*, » le détenteur d'un héritage assigné en action » hypothécaire qui a fait des impenses *nécessaires* » *ou utiles*, a droit de les retenir jusqu'à ce qu'il » ait été remboursé, savoir, à *l'égard des néces-* » *saires*, de ce qu'*elles ont coûté* ou dû coûter; et à » l'égard des *utiles*, de la somme dont l'héritage » s'en trouve actuellement plus précieux, ce qui est

(1) Dal., Hyp., p. 60. *Suprà*, n° 243.

» fondé sur ce que le créancier ne doit pas profi-
» ter aux dépens de ce détenteur des dépenses qu'il
» a faites pour lui conserver ou améliorer son gage;
» suivant cette règle : *Neminem æquum est* cum
» alterius detrimento locupletari (1). »

Il faut convenir néanmoins que cette décision de Pothier, tout en ayant l'apparence de s'appuyer sur les lois romaines, confond des choses qu'elles distinguent soigneusement, et que d'un autre côté la cour de cassation a adopté le parti qui s'éloigne le plus de notre article.

Pour approfondir cette difficulté, rappelons d'abord la distinction des impenses en *nécessaires*, *utiles* et *voluptuaires* (2).

Les impenses *nécessaires* sont celles qui ont pour objet la conservation de la chose et qui l'empêchent de périr. « Impensæ necessariæ sunt quæ
» si factæ non sunt, res peritura aut deterior futura
» sit (3)... » « Veluti aggeres facere, flumina aver-
» tere, ædificia vetera fulcire, idemque reficere,
» arbores in locum mortuorum reponere (4). »

Les impenses utiles sont celles qui n'ont pas seulement pour résultat de conserver la chose, mais encore de l'améliorer. « *Utiles impensas* Fulci-
» nius ait quæ meliorem dotem faciunt, non dete-
» riorem esse sinunt. » L. 79, § 1, Dig. *de verb. signif.*

(1) Orl., t. 20, n° 38.

(2) Sur les impenses en général, voyez Tiraqueau, *De rei. gent.*, § 32, glose 1, n° 52. Cujas, obs., lib. 10, cap. 10. Louet, lettre E, cap. x. Leprêtre, centurie 2, ch. 93.

(3) Paul, l. 79, Dig., *De verb. signif.*

(4) Ulp., l. 14, *De impensis in res dot.*

Enfin les impenses voluptuaires sont celles qui ont pour but l'embellissement de la chose. « Quas » ad voluptatem facit, et quæ facies exornant. » L. 7, Dig. *De impensis in res dot.*; et 77, § 2, *De verb. signif.*

Outre ces impenses, il y a des impenses d'entretien ordinaire, telles que labour, curage de fossés, travaux de jardins, et *autres petites accommodations* (1), qui sont réputées avoir été faites *fructuum causâ* (2).

Ceci posé, tâchons de pas perdre de vue le point de notre question. Elle ne consiste pas à savoir si, pour ses dépenses nécessaires, le tiers détenteur a une action contre son vendeur en cas d'éviction; car l'affirmative ne fait pas de doute (3). Mais ce que nous recherchons, c'est de savoir si les impenses nécessaires, faites par le tiers détenteur, doivent être répétées contre les créanciers hypothécaires en entier, ou seulement *in quantùm res pretiosior facta est*, de telle sorte que, s'il n'y a pas eu d'amélioration, il n'y a rien à répéter par privilége contre les créanciers hypothécaires.

Une chose bien digne de remarque, c'est que, dans les deux seules dispositions du Code qui aient trait à cette question, la loi n'accorde de préférence et de privilége entre créanciers que jus-

(1) Loyseau, liv. 6, ch. 6, n° 2.

(2) *De impensis in res dot.*, l. 15 et 12.

(3) L. 44, § 1, Dig., *De damno infect.* Mon comment. sur *la Vente*, n°s 508 et suiv.

qu'à concurrence de la plus-value (1) (art. 2103 et 2175). Or de quoi s'agit-il ici? Ne le perdons pas de vue! Il s'agit d'une répétition *privilégiée* contre des créanciers nantis d'une garantie hypothécaire. Il faut donc un texte de loi bien clair et bien précis pour constituer ce privilége. C'est ce texte de loi que je cherche en vain et que la cour de cassation n'e pas trouvé.

Notre article parle des *impenses* faites sur la chose possédée par le tiers détenteur, et ce mot comprend à coup sûr les trois sortes d'impenses dont nous avons parlé ci-dessus. Eh bien! que dit-il de ces impenses? Qu'on ne peut les répéter que jusqu'à concurrence de *la plus-value résultant de l'amélioration*. Il n'y a donc de privilége que pour la plus-value. Le reste tombe dans la classe des créances ordinaires qui ne peuvent être opposées aux créanciers hypothécaires.

Je parlais tout à l'heure des lois romaines, et je disais que Pothier ne me paraissait pas en avoir reproduit exactement l'esprit.

Les lois romaines décidaient que le tiers détenteur n'avait pas droit de répéter contre le créancier hypothécaire les impenses nécessaires de grosses *réparations*, *impensas in refectione*. La loi 44, § 1, *Dig. de damno infecto*, est positive, et voici comment Cujas s'en explique, dans son commentaire sur ce qui nous reste des ouvrages d'*Africain* (2) : « Inde quæritur an idem dicendum sit, si quis

(1) *Suprà*, n° 243.

(2) Tract. 9, p. 2099.

» ædes suas, quas créditori obligaverat, alii vendiderit, et *emptor eas refecerit* (1), an etiam » repelletur creditor agens hypothecariâ, nisi paratus sit emptori præstare *impensas* refectionis? » Et Africanus negat idem esse dicendum; *negat* » *onerandum esse creditorem hypothecarium præstatione impensarum... de sumptibus refectionis hic* » *agitur. Hos non agnoscit creditor, qui ab emptore* » *pignus suum persequitur, cui sufficit habere regressum adversùs venditorem*, evictionis nomine, in » quo judicio *veniunt impensæ refectionis.* »

Quelques interprètes avaient été embarrassés pour concilier la décision de cette loi avec la loi *Paulus*, § *Domus* (2), Dig. *de pignorib.*, que j'ai citée tout à l'heure. Accurse surtout s'en était fort tourmenté. Mais Cujas trouve qu'il n'y a rien de plus simple que de montrer leur rapport. « Nihil » est facilius. Quid tot commenta Accursii in hanc » rem? »

En effet, dit-il dans la loi 44, § 1, Dig. *De damno infecto*, il est question de travaux de *réparations* (*refectiones*) (3). Au contraire, dans la loi *Paulus*, § *Domus*, le jurisconsulte parle de travaux de reconstruction qui sont travaux d'améliora-

(1) Ce mot signifie *réparer*, et même faire de grosses réparations. L. 14, Dig., *De impens. in res dot. factis.*

(2) C'est la loi 29, § 2, Dig., que Pothier cite dans le passage rapporté ci-dessus.

(3) Et faisons bien attention que ce ne sont pas des réparations de simple entretien ordinaire, puisqu'elles donnent lieu à répétition contre le vendeur, ainsi que le dit la loi 44, § 1, *De damno infecto*.

tion. « In D. § *Domus*, dit-il, agitur de sumptibus » *ædificationis* sive *extructionis*, de sumptibus fac- » tis *in novum* ædificium : hos agnoscit creditor : » quoniam sine his nullius ædificii pignus creditor » haberet, sed areæ tantùm, et æquum est ut qui- » bus restitutum est sibi *integrum* pignus, hoc » præstare non recuset. *Distinguenda sunt genera* » sumptuum ; non de eodem genere sumptuum » hoc loco agitur et illo. »

Voilà donc la distinction bien marquée.

Les réparations et tous les travaux *d'entretien* qui n'ajoutent pas à la valeur de l'immeuble, ne peuvent être l'objet de répétition contre le créancier qui poursuit le délaissement. Mais les travaux qui augmentent, qui améliorent, qui rétablissent ce qui est détruit, donnent lieu à répétition, non pas toutefois jusqu'à concurrence de la totalité de l'impense, *sed in quantum res pretiosior facta est.* C'est la limitation portée par la loi 29, § 2, D. *De pignorib. et hyp.*

C'est en reproduisant l'esprit de ces lois que Loyseau disait : « Il faut donc tenir que les grosses » améliorations et rebâtimens sont répétés par l'ac- » quéreur, mais non pas les simples *réparations* et » *entretenemens;* car il suffit que le tiers acquéreur » ait recours pour raison d'iceux contre son ven- » deur (1). »

Et ailleurs : « c'est qu'il faut distinguer les répa- » rations ou entretenemens des maisons d'avec les » bâtimens ou réédifications : « *Aliud est reficere*

(1) Liv. 6, ch. 8, n°s 9 et 10.

» *ædes læsas, aliud lapsas restituere* », et, comme dit » la loi : « *Aliud est tueri quod acceperis, aliud no-* » *vum facere.* L. 44, Dig. *De usuf.* Telles person- » nes en droit sont sujettes aux réparations et en- » tretenemens, comme le mari, pour raison des » héritages dotaux, comme l'usufruitier, qui ne » sont pas tenus des réédifications. »

« Surtout cette différence paraît clairement en » joignant la loi *Domus* avec la loi *Sumptus*, Dig. » *De leg.* 1°... en lisant la loi *Sumptus*, suivant » la vraie lecture que lui a donnée le docte Cu- » jas, on voit que l'héritier qui était chargé de » rendre après sa mort une maison, l'ayant fait » rebâtir à neuf après l'avoir brûlée, retire et dé- » duit les impenses de la réédification; mais s'il » n'avait fait que la réparer, il ne conserverait » rien (1). »

Ces autorités son très-ponctuelles. On peut les généraliser en faisant attention que les réédifications y figurent comme le cas le plus notable et le plus certain d'améliorations; que les *réparations* et *entretenemens* y sont rappelés comme exemple de ce qui entretient l'immeuble dans l'état où il est, de ce qui, par conséquent, n'améliore pas l'immeuble, mais l'empêche de dépérir. Eh bien! dans le cas d'amélioration, on ne peut répéter que la plus-value contre les créanciers. Dans le cas de réparation, il n'y a rien à réclamer contre eux.

C'est évidemment dans cet esprit qu'a été rédigé l'art. 2175. On ne peut contester qu'il n'ait

(1) Liv. 5, ch. 6, nos 13 et 14.

été fait sous l'influence des idées de Loyseau, qui a creusé si profondément la matière du délaissement par hypothèque. Il limite les répétitions *à la plus-value*. Donc, s'il n'y a pas de plus-value, il n'y a rien à répéter. M. Dalloz, qui soutient le contraire, en se fondant sur l'autorité de Loyseau, me paraît avoir cité pour lui la loi qui le condamne (1).

Ce que décidaient les lois romaines, ce que Loyseau enseignait avec toute la puissance de sa vaste érudition, le Châtelet de Paris le jugeait constamment au rapport de Bourjon (2). Voici comment cet auteur termine l'exposé de la jurisprudence qui faisait alors le droit commun : « Il y aurait » trop d'embarras à lui accorder le rembourse- » ment de ses dépenses *hors le cas que ses dépenses* » *ont visiblement amélioré le fonds*. Cessant cette cer- » titude, c'est le cas de se tenir à la rigueur ; mais, » l'amélioration étant certaine, c'est le cas dans » lequel la rigueur devrait cesser. »

Mais faisons ici une observation. Quand on fait une réparation, il arrive quelquefois, il arrive

(1) Hyp., p. 353, n° 5. M. Dalloz dit que si les dépenses étaient *nécessaires*, le tiers détenteur pourrait les répéter, bien que l'immeuble n'eût pas été *amélioré*. Nous verrons tout à l'heure que Loyseau condamne, en matière de délaissement, la distinction des impenses en *nécessaires*, *utiles*, *voluptuaires*. Ainsi, Loyseau n'a rien à faire dans cette opinion que M. Dalloz lui attribue. M. Delvincourt, qui enseigne l'opinion à laquelle M. Dalloz s'est rattaché, se garde bien de citer Loyseau, t. 3, p. 180, n° 11.

(2) T. 2, p. 646, 647, n°s 4 t 5.

même souvent qu'elle n'est pas mathématiquement bornée à la conservation de la chose, mais qu'elle l'améliore, qu'elle lui donne une plus-value. Il y a alors plus que réparation, il y a aussi *opus novum*, addition d'une valeur qui n'existait pas auparavant. La réparation doit alors être répétée jusqu'à concurrence de la plus-value, ou se trouve placée dans le cas *d'amélioration* prévu par notre article.

C'est ce qui avait lieu dans l'espèce jugée par la cour de cassation. Les travaux de réparation entrepris pour faire cesser des traces de délabrement *antérieurs à l'acquisition*, n'avaient pas seulement remis l'immeuble dans son ancien état de conservation, mais ils lui avait encore apporté une plus-value de 2245 francs. Il fallait donc accorder cette plus-value. Ce n'était nullement se mettre en contradiction avec les lois romaines et avec Loyseau, parce que, si ces autorité refusent la répétition pour les réparations, elles ne la refusent qu'autant qu'elles n'améliorent pas; mais il ne fallait pas accorder plus que la plus-value.

En effet, notre article, de même que l'art. 2103, n'accorde de privilége que pour cette plus-value. C'est seulement pour cette plus-value que le tiers détenteur peut réclamer préférence sur les créanciers hypothécaires. Pour le surplus, il a sans doute une action en garantie contre son vendeur, mais il n'est qu'un simple créancier chirographaire; s'il se présente à l'ordre sur le prix de la chose, il ne pourra prendre rang qu'après les hypothécaires. Car, hors des art. 2103 et 2175 du

Code civil, qui limitent la répétition privilégiée à la plus-value, le tiers détenteur ne peut réclamer aucune préférence.

Mais, objecte la cour de cassation, il s'agit ici des dépenses *nécessaires* qui ont conservé l'immeuble.

Eh bien ! supposons d'abord qu'empruntant les paroles de Cujas rapportées ci-dessus, la cour de cassation veuille les appliquer au tiers détenteur, et dire : « Qu'il a préservé le gage d'une perte cer» taine, qu'il l'a rendu sain et sauf aux créan» ciers. » Assurément il n'aura pas fait plus que celui qui rétablit à neuf l'immeuble qui a péri ; et cependant les lois romaines et Cujas entendaient qu'il ne fût indemnisé de ce service que *in quantum res pretiosior facta est*. Que fait cependant la cour de cassation? elle trouve que l'indemnité de la plus-value n'est pas suffisante, et qu'il faut accorder répétition pour la totalité des déboursés!! C'est évidemment violer l'art. 2175, ou méconnaître sa portée et son origine.

Le président Favre rapporte un arrêt du sénat de Chambéry, du 14 mars 1594, qui décide que le tiers détenteur a droit à être indemnisé des impenses qu'il a faites pour la *conservation* comme pour *l'amélioration* de la chose (1). Mais il met ces impenses sur la même ligne, et comme il donne pour base à cette décision la loi 29, § 2, Dig. *De pignorib.*, il est clair qu'il sous-entend que le droit du tiers détenteur est limité à la plus-value ; car c'est la décision formelle de cette loi.

(1) C., lib. 8, t. 6, déf. 19.

Et, en effet, qu'importe que la dépense ait été occasionée pour dépenses nécessaires ou utiles, et qu'elle ait *conservé* ou *amélioré !*

Loyseau nous enseigne formellement qu'en matière de délaissement par hypothèque, il n'y a pas lieu à faire la distinction des impenses en *utiles*, *nécessaires* ou *voluptuaires*. Écoutons-le parler (1): « Il ne faut donc point recourir en cette matière à » la distinction vulgaire des impenses *nécessaires*, » *utiles* ou *voluptuaires*, parce que cette distinction » ne convient pas proprement aux améliorations; » car le mot emporte qu'elles soient utiles; autrement elles ne seraient pas améliorations, et ne » *peuvent être nécessaires*, parce que nul n'est contraint d'améliorer, mais de *réparer*. Aussi elles » ne peuvent être simplement *voluptuaires*, puisqu'elles sont améliorations. Et d'ailleurs quand » la chose se vend, comme ici, même les réparations voluptuaires se retirent toujours en tant » que la chose en est vendue davantage (2).

Loyseau me paraît avoir parfaitement raison, et est surtout très-conséquent avec les lois romaines, qui font la base de son argumentation. Que dit en effet la loi 44, § 1, Dig. *de Damno infecto?* Que l'acheteur ne peut exiger que les créanciers lui tiennent compte des dépenses qu'il a faites *in refectione*. Or, qu'est-ce que de pareilles dépenses?

(1) Liv. 6, ch. 8, n° 11.

(2) En effet, la loi 10, Dig., *De impensis in res dot.*, dit : « Quod si hæ res, in quibus impensæ factæ sunt promercales » (venales) fuerint, tales impensæ non voluptuariæ, sed utiles » sunt. »

Ce sont des dépenses *nécessaires*. «Itemque (dit la »loi 14, Dig. *De imp. in res dot.*) *impensæ necessa-* »*riæ sunt*, quibus non factis, dos imminuitur, ve- »luti... ædificia vetera fulcire, itemque *reficere*.» Donc les impenses *nécessaires* ne peuvent être répétées contre les créanciers; donc on ne peut répéter que celles *quæ rem meliorem faciunt*, et non pas celles *quæ rem deteriorem esse non sinunt* (1). qui sont les nécessaires. La seule question est donc de savoir s'il y a eu amélioration. Que cette amélioration soit causée par des impenses nécessaires dans l'origine, mais poussées ensuite jusqu'à l'amélioration, qu'elle découle d'impenses moins urgentes, peu importe! S'il y a eu amélioration, il y a lieu à répétition jusqu'à concurrence de la plus-value. S'il n'y a pas eu amélioration, le tiers détenteur n'aura que son recours en éviction contre son vendeur.

On voit que la cour de cassation a pris absolument le contrepied des lois romaines, et qu'elle s'est fondée pour dépasser la plus-value sur un cas qui paraissait aux jurisconsultes romains, et à Cujas et à Loyseau, ne devoir pas même servir de base à une répétition.

Au surplus, qu'elle est la raison de ce système des lois romaines auquel il est évident que l'article 2175 est conforme?

C'est d'abord que le tiers détenteur a su qu'une cause d'éviction pesait sur l'immeuble par lui acquis, qu'ayant à s'imputer de n'avoir pas pris ses

(1) L. 79, § 1, Dig., *De verbor. signif.*

précautions à l'égard de son vendeur pour se faire indemniser de ses frais de réparations, il est moins favorable que les créanciers hypothécaires qui ne font que poursuivre leur gage, et dont l'action ne doit pas être entravée par des exceptions trop rigoureuses, afin que la confiance de celui qui a prêté ses fonds, et qui ne fait que réclamer son dû, ne soit pas trompée, d'autant que son hypothèque s'étend sur toutes les modifications que la chose a subies, et qu'elle a saisi les ouvrages de réparation au moment où ils se sont unis à la chose, de telle sorte que le tiers détenteur n'a pu faire ces ouvrages qu'à la charge de l'hypothèque préexistante.

En second lieu, le tiers détenteur est tenu des réparations qui ont pour but d'empêcher la détérioration de la chose. Notre article s'en explique formellement, puisqu'il soumet ce tiers détenteur à une indemnité au profit des créanciers si, par sa négligence, la chose vient à dépérir. Il n'a donc pas de recours contre eux pour ces sortes d'impenses. En les faisant, il remplit un devoir dont l'omission ferait peser sur lui une responsabilité infaillible. Obligé à réparer, il doit le faire sans espoir de répétition, sauf tous ses droits contre son vendeur. Ce n'est que lorsqu'il améliore qu'il a droit à indemnité; car, nul n'étant tenu d'améliorer, c'est alors un service qu'il rend et non un devoir qu'il accomplit. Voilà pourquoi l'amélioration lui est payée jusqu'à concurrence de la plus-value.

Or, il me semble que cette différence entre les impenses *nécessaires* et *d'améliorations* est claire-

ment inscrite dans l'art. 2175 ; car il met en regard et spécifie sans ambiguité les *devoirs* et les *droits* des tiers détenteurs. *Ses devoirs* sont de faire les dépenses nécessaires pour que la chose ne périsse pas; *son droit*, c'est une indemnité, non pour ces impenses, mais pour l'amélioration. Je demande si cette espèce d'antithèse qu'offre l'art. 2175 n'est pas extrêmement significative? Assurément si la loi avait voulu que les frais de réparations nécessaires fussent répétés, elle l'aurait dit, comme elle l'a dit dans les art. 861, 862, 863 et 1673 du Code civil.

En troisième lieu, le créancier hypothécaire n'est pas censé s'enrichir des réparations qui maintiennent la chose dans son état de conservation; car, faute de ces réparations la loi lui donne droit à un supplément d'hypothèque, quand les détériorations éprouvées par la chose compromettent son droit (art. 2131).

En quatrième lieu, le tiers détenteur qui délaisse, ne doit pas être reçu à se montrer sévère dans ses répétitions, à l'égard du créancier hypothécaire; car il ne tient qu'à lui de ne pas délaisser, en payant les charges hypothécaires. Il pouvait même purger, en offrant de payer son prix, et conserver par là la propriété de la chose. C'est donc le cas de dire que la maxime *Nemo ex alterius damno locupletari debet* ne reçoit pas son application. Car, suivant les docteurs, elle cesse quand il y a faute de celui qui éprouve le dommage : « Hoc » iniquum non est, cum ex suo vitio hoc incom» modo afficitur (1). » On a toujours dit *volenti non*

(1) Loyseau, liv. 6, n° 14.

fit injuria; or, que le tiers détenteur soit indemnisé de ce qui a augmenté la valeur du gage entre ses mains, c'est ce qui paraît équitable sans doute. Mais tant que le créancier reste dans la position où il était, tant qu'on ne lui livre qu'un gage de même importance et valeur que celui qu'il avait dès le commencement, il ne serait pas juste d'arrêter la poursuite hypothécaire par des demandes en indemnité.

Après tout, l'art. 2175 a prononcé. Faire revivre en sa présence l'opinion de Pothier, c'est se mettre en contradiction ouverte avec lui.

838 *ter*. Dans tout ce que nous avons dit cidessus, nous n'avons pas parlé de la distinction ordinaire entre les possesseurs de bonne foi et les possesseurs de mauvaise foi; car cette distinction n'a lieu que quand il s'agit d'apprécier les droits d'un *simple possesseur*, tandis qu'ici il s'agit d'un *propriétaire* (1). Il y a d'ailleurs bonne foi chez le tiers détenteur; car, bien qu'il ait su par les inscriptions que l'immeuble qu'il achetait était hypothéqué, il a toujours eu juste sujet d'espérer que le débiteur paierait la dette et amortirait l'hypothèque.

839. Un autre principe qu'il importe de remarquer, c'est que le tiers détenteur ne compense pas les améliorations avec les fruits.

Quand il s'agit d'un simple possesseur de bonne foi, on déduit des indemnités qu'il doit retirer pour améliorations, la valeur des fruits qu'il a

(1) Loyseau, liv. 6, ch. 8, n° 12.

perçus (1). Mais comme le tiers détenteur dont nous nous occupons ici est maître et seigneur de l'héritage, et qu'il gagne les fruits *jure dominii*, il n'y a pas lieu à faire déduction (2).

839 *bis*. L'estimation des améliorations doit en général se faire par experts (3). Néanmoins, les juges ne sont pas précisément obligés de suivre ce mode, quoiqu'il soit le moins défectueux. On a vu un tribunal décider que la plus-value serait estimée par la différence entre le prix de l'acquisition et celui de la revente de l'immeuble. Sur le pourvoi formé en cassation, il fut décidé que, la loi ne fixant pas un mode d'évaluation plutôt qu'un autre, les juges avaient pu choisir celui qui leur avait paru préférable (4).

Cependant ce mode d'évaluation n'est pas sans difficulté (5). Vainement on voudrait l'étayer de ce qui est prescrit par l'art. 2103 du Code civil; mais il n'y a pas parité entre les deux cas. L'art. 2103 ordonne des mesures de précaution pour constater l'état de l'immeuble avant les travaux. Ici l'état de choses n'est nullement constaté, et ne peut pas l'être, le propriétaire n'étant pas dans la même situation que l'architecte. Le prix fixé dans le contrat d'acquisition ne peut être une boussole bien exacte, et n'équivaut pas au procès-verbal d'état

(1) L. *Sumptus et emptor*, Dig., *De rei vindicat.*
(2) Loyseau, *loc. cit.*, n° 14.
(3) Idem, n° 19.
(4) 29 juillet 1819. Dal., Hyp., 355.
(5) M. Grenier, t. 2, p. 88, 89.

des lieux requis par le même art. 2103; car l'affection de l'acquéreur pour la chose, et beaucoup d'autres circonstances, ont pu faire donner à l'immeuble, lors de l'acquisition, une valeur de circonstance plutôt qu'une véritable valeur vénale.

839 *ter*. Loyseau examine la question de savoir si, dans l'estimation, les impenses doivent être prises en bloc, ou bien pièce à pièce et en détail. Les opinions étaient fort divisées à cet égard parmi les interprètes. Mais Loyseau les concilie très-bien en disant que, s'il est question des améliorations, il faut nécessairement les estimer en gros; car elles ne peuvent être dites améliorations *nisi respectu totius operis*. Mais que, s'il faut priser les impenses, il faut nécessairement que ce soit *par le menu* et par chaque article de dépense (1).

ARTICLE 2176.

Les fruits de l'immeuble hypothéqué ne sont dus par le tiers détenteur qu'à compter du jour de la sommation de payer ou de délaisser ; et si les poursuites commencées ont été abandonnées pendant trois ans, à compter de la nouvelle sommation qui sera faite.

SOMMAIRE.

840. Époque à compter de laquelle les fruits sont dus.

840 *bis*. Les fruits sont immobilisés par la sommation de délaisser. Erreur de M. Tarrible, qui pense qu'ils restent meubles.

(1) *Loc. cit.*, n° 18.

840 *ter*. *Quid* s'il y avait bail, antichrèse, cession anticipée de fruits, etc. Renvoi.

COMMENTAIRE.

840. Notre article fixe l'époque à compter de laquelle les fruits de l'immeuble sont dus aux créanciers hypothécaires par le tiers détenteur sommé de délaisser ou de payer.

C'était dans l'ancienne jurisprudence une chose assez controversée que de savoir l'époque à laquelle les fruits étaient dus.

Loyseau pensait que le tiers détenteur devait seulement les fruits depuis la contestation en cause; mais que, s'il délaissait sans contester, il n'était tenu d'aucun fruit (1). Auzanet (2) tenait aussi que celui qui délaissait sans contestation, après la discussion des héritages par lui indiqués, ne devait pas de fruits. C'était aussi l'opinion de Favre (3), de Henrys et de Bretonnier (4). On autorisait ce sentiment des lois 16, § 4, et 1, § 2, D. *de pignor*. (5).

D'autres pensaient au contraire que les fruits perçus pendant la discussion, et même depuis l'assignation en déclaration d'hypothèque, étaient dus par le tiers détenteur; il paraît même que, pendant un temps, il fut d'usage au palais de l'ordonner ainsi.

(1) Liv. 5, ch. 15, n° 7.
(2) Sur Paris, art. 102.
(3) C., lib. 8, t. 6, déf. 15.
(4) T. 2, liv. 4, ch. 5, q. 17, p. 229.
(5) Pothier, Pand., t. 1, p. 562, n° 34.

Néanmoins, par la suite, on en revint au système contraire plus favorable au tiers détenteur, et il y a plusieurs arrêts cités par Bretonnier au lieu préallégué.

Notre article fait courir les fruits depuis la sommation, en sorte qu'il se rapproche davantage de l'opinion contraire à celle de Loyseau, Auzanet, Henrys et Bretonnier. Ainsi, s'il y a lieu à discussion, les fruits perçus pendant qu'elle s'opérera seront dus aux créanciers hypothécaires, à compter du jour de la sommation de délaisser.

Mais si les poursuites commencées sont abandonnées pendant trois ans, laps ordinaire des péremptions d'instance, alors il faudra une nouvelle sommation pour mettre le tiers détenteur en dem ure de devoir les fruits (1).

La raison pour laquelle le tiers détenteur fait les fruits siens avant la sommation de délaisser, c'est que l'hypothèque n'empêche pas qu'il ne soit propriétaire (2).

Que si la sommation arrête les fruits au profit des créanciers hypothécaires, c'est que l'exercice de l'hypothèque les immobilise, et qu'il ne serait pas juste que le tiers détenteur, étant tenu de délaisser, perçût les fruits d'un immeuble de la propriété duquel il doit être évincé (3).

840 *bis*. On a élevé ici une question qui me paraît véritablement singulière; elle consiste à savoir si

(1) M. Grenier, t. 2, p. 91.

(2) Mon commentaire *de la Prescription*, t. 2, n° 580.

(3) *Infrà*, n° 882.

les fruits dus par le tiers détenteur depuis la sommation sont meubles, et s'ils doivent être distribués au marc le franc entre tous les créanciers, tant hypothécaires que chirographaires.

M. Tarrible pense que ces fruits sont meubles, et il soutient qu'il n'y a d'immobilisés que les fruits échus depuis la dénonciation au saisi faite en vertu de l'art. 869 du Code de procédure civile. La conclusion qu'il tire de cet état de choses, c'est que les fruits échus depuis la sommation jusqu'à la dénonciation au saisi, doivent être distribués au marc le franc entre tous les créanciers, tant chirographaires qu'hypothécaires, tandis que les fruits échus depuis la dénonciation au saisi sont immeubles, et doivent être distribués entre tous les créanciers hypothécaires (1).

Cette opinion n'est pas soutenable. Il est clair que, par cela seul que les fruits échus depuis la sommation tombent sous le coup du droit de suite, ils sont immeubles; car on sait qu'il n'y a que les immeubles ou les choses immobilisées qui soient susceptibles du droit de suite. Étant immobilisés par la sommation, les fruits sont donc dévolus exclusivement aux créanciers hypothécaires. Quant à l'argument que M. Tarrible tire de l'article 689 du Code de procédure civile, il est facile de le réfuter, en disant que cet article ne statue que pour le cas où la chose est poursuivie sur le débiteur, tandis que l'art. 2176 est fait pour le cas où il y a un tiers détenteur, et où la procédure en

(1) Rép., Tiers détenteur, n° 73.

expropriation a été précédée de la procédure en délaissement (1).

840 *ter*. *Quid* si l'héritage poursuivi était donné à bail? On pourrait appliquer les dispositions de l'art. 691 du Code de procédure civile; et, dans le cas où le bail aurait date certaine avant la sommation, les créanciers poursuivans auraient droit aux fermages suivant leur rang d'hypothèque (2).

En se reportant aux nos 777 *ter* et suivans, on trouvera plusieurs questions qui peuvent se rattacher à notre article, et dont la solution est indiquée.

Article 2177.

Les servitudes et droits réels que le tiers détenteur avait sur l'immeuble avant sa possession, renaissent après le délaissement ou après l'adjudication faite sur lui. Ses créanciers personnels, après tous ceux qui sont inscrits sur les précédens propriétaires, exercent leur hypothèque à leur rang sur le bien délaissé ou adjugé.

SOMMAIRE.

841. Le délaissement fait renaître les droits que le tiers détenteur avait avant l'acquisition.

842. *Quid* si, étant créancier hypothécaire avant l'acquisi-

(1) V. là-dessus M. Delv., t. 3, p. 180, note 8. M. Dalloz, Hyp., p. 354, n° 10.

(2) *Suprà*, n° 777 *ter*.

COMMENTAIRE.

841. Lorsque le tiers détenteur a abandonné l'héritage par délaissement, et que l'aliénation est consommée, tous les droits réels, tels que servitude, hypothèque, etc., que le tiers détenteur avait sur l'immeuble avant l'aliénation, et que la confusion avait éteints, renaissent à son profit, et les choses sont replacées au point où elles étaient avant que ce même tiers détenteur ne devînt acquéreur.

Cette règle est développée avec une grande force dans Loyseau (1), qui s'autorise des lois *Dominus*, D., *de usuf.*; *si maritus*, C., *de inoff. Test.*, et *ex Sextante*, § *ult.*, D., *de re judicatâ*, dont il donne la conciliation avec quelques autres lois romaines, que les interprètes opposaient comme contraires. C'est aussi la doctrine de Renusson (2), de Voët (3), « Quo fit, dit ce dernier » auteur, ut, ablato dominio, pristina jura redintegrentur. » Cela est conforme aux principes généraux ; ils ont toujours été appliqués en ce sens lorsqu'il y a reprise de la chose sur l'acquéreur,

(1) L. 6, ch. 4, et ch. 7, n° 6.

(2) Subrog., ch. 5, n° 23.

(3) Lib. 20, t. 5, *De dist. pignor.*

soit par l'effet du retrait conventionnel ou lignager, soit par l'effet du pacte commissoire, etc. (1).

Le tiers détenteur reprend son rang hypothécaire tel qu'il était fixé avant son acquisition. « *Jus suum* (dit encore Voët) (2), *jus suum pignoris cum prælatione ità reviviscit, quasi nulla pignoris emptio intervenisset.* » C'est aussi ce qu'enseigne le président Favre (3).

Cette règle doit avoir lieu, soit que le créancier soit devenu propriétaire de la chose par succession, soit qu'il l'ait reçue à titre de dation en paiement.

Ce qui pourrait faire croire à une différence, c'est que dans le premier cas il y a simplement *confusion*, tandis que dans le second cas il y a *confusion et novation*, la dation en paiement étant un véritable paiement (4). Or, on pourrait dire qu'à l'égard du simple cas de confusion, on conçoit la renaissance des hypothèques, puisque la confusion n'a lieu qu'autant que dure l'acquisition; mais que l'obligation ne laisse pas de subsister, tandis que lorsqu'il y a dation en paiement, et par conséquent novation, le paiement efface l'obligation, et que c'est le cas de dire : *Obligatio semel extincta non reviviscit.*

(1) L. 2, § 18 et 19, Dig., *De hæred. vel. act. vend.* L. 3, § dernier, Dig., *De usuf. accres.* Tiraqueau, *De retract. gentil.*, § 1, glose 7, n° 73. Voët, liv. 18, t. 3, n° 28. Pothier, des Retraits, n° 431, et Bail à rente, n° 168.

(2) Liv. 20, t. 5, n° 10.

(3) C., liv. 8, t. x, déf. 4; et Bourjon, t. 2, p. 647.

(4) *Infrà*, t. 4, n° 847 *bis*, où je reviens là-dessus.

Mais il faut dire que les hypothèques renaissent dans un cas comme dans l'autre, ou, pour mieux dire, qu'elles n'ont été que momentanément assoupies. C'est ce que Loyseau a très-clairement prouvé (1). En effet, la dation en paiement ne produit libération qu'autant qu'elle est *irrévocable*, le créancier n'étant censé avoir voulu donner quittance à son débiteur qu'autant qu'il ne serait pas évincé (2). De là l'adage : *Acquisitio dominii revocabilis non extinguit hypothecam vel servitutem.*

842. Mais que devrait-on décider si, pendant la détention de l'acquéreur, son inscription se fût périmée ?

On peut voir la solution que j'ai donnée sur cette question *suprà* n° 726 *bis*.

843. Venons maintenant à l'examen des effets du délaissement par rapport aux hypothèques concédées par le délaissant : c'est un point prévu par la deuxième partie de notre article. Il décide que les créanciers personnels du délaissant viennent après tous les créanciers inscrits sur le précédent propriétaire.

Cette disposition est fort simple et fort rationnelle quand on se réfère au système consacré par le Code civil; savoir, que la vente purgeait toutes les hypothèques *non inscrites*. Dès-lors, les créanciers personnels du tiers détenteur ne pouvaient entrer en lutte qu'avec des créanciers du précédent propriétaire inscrits avant eux, et toute difficulté s'évanouissait.

(1) Liv. 6, ch. 4, n°ˢ 14 et 15.

(2) L. 46, Dig., *De solut*. Voët, *De solut.*, n° 13.

Mais l'art. 834 du Code de procédure civile a permis de s'inscrire pendant la quinzaine qui suit la transcription faite par le tiers détenteur. Une grande innovation est par conséquent intervenue, et l'on demande ce qui arriverait si le tiers détenteur concédait des hypothèques après la vente, et que ses créanciers personnels s'inscrivissent avant que des créanciers du précédent propriétaire eussent pris inscription pendant la quinzaine de la transcription.

Les opinions sont partagées sur cette difficulté. M. Tarrible est d'avis que les créanciers personnels du délaissant l'emporteront sur les créanciers du précédent propriétaire inscrits après eux (1). MM. Persil et Dalloz (2) pensent au contraire que les créanciers du précédent propriétaire doivent toujours l'emporter, par la raison que l'art. 2177 fait clairement entendre qu'il suffit *d'être inscrit sur le précédent propriétaire*, pour être préféré aux créanciers hypothécaires du tiers détenteur. Mais il faut reconnaître que le texte de notre article n'est pas suffisant pour lever tous les doutes, puisqu'il a raisonné dans un système qui n'est pas celui de notre régime hypothécaire actuel : il faut le combiner avec l'art. 834 du Code de procédure civile, et remonter aux principes de la matière, qui, à ce que je crois, repoussent complétement l'opinion de MM. Persil et Dalloz.

Le délaissement par hypothèque ne détruit pas

(1) Rép., Ordre, § 2, n° 3.
(2) Art. 2177, n° 2. Hyp., p. 343, n° 12.

les hypothèques concédées par le tiers détenteur. On ne peut appliquer au délaissement la maxime : *resoluto jure dantis*, etc. Car il ne constitue pas une aliénation, attendu que, jusqu'à l'adjudication, le délaissant reste maître de l'héritage. « Puis donc, dit Loyseau (1), que celui qui a fait » le délaissement demeure seigneur de l'héri» tage, il s'ensuit, *encore plutôt qu'en déguerpis» sement* (2), *que les hypothèques*, *servitudes* et » charges foncières qu'il a imposées sur l'héritage » *demeurent jusqu'alors*, et que partant ses créan» ciers doivent être mis et colloqués en leur ordre » au décret. »

C'est au surplus ce que notre article décide positivement, puisque, loin de déclarer résolues les hypothèques concédées par le délaissant, il leur conserve rang sur le prix si elles viennent en ordre utile.

Les créanciers du délaissant n'en restent donc pas moins créanciers hypothécaires.

Or c'est une règle invariable posée par l'article 2134, qu'*entre créanciers* l'hypothèque n'a de rang que du jour de l'inscription. Donc, il sera impossible de s'écarter de l'ordre des inscriptions et de donner préférence aux créanciers du précédent propriétaire postérieur en inscription.

On oppose que, dans ce système, il arrivera

(1) Lib. 6, ch. 7, n° 6.

(2) Il a prouvé, en effet, au liv. 6, ch. 3, que le déguerpissement ne résolvait pas les hypothèques; car, se faisant *ex causâ voluntariâ*, on ne pourrait lui appliquer la maxime : « *Resoluto jure dantis*, etc. »

qu'un tiers détenteur de mauvaise foi pourra créer à profusion des hypothèques, pour paralyser le droit de suite des créanciers du précédent propriétaire non inscrits au moment de la vente.

Cette objection n'est pas même proposable.

Dans le système qui a présidé à la rédaction de l'art. 2177, le créancier du précédent propriétaire, non inscrit lors de l'aliénation, ne pouvait plus prendre inscription ; son hypothèque était éteinte, et il rentrait dans la masse chirographaire. Il n'avait donc rien à disputer aux créanciers inscrits du tiers détenteur.

L'art. 834 a permis de s'inscrire dans la quinzaine de la transcription ; mais il va sans dire que c'est à la charge que ces nouvelles inscriptions ne prendront rang qu'après celles qu'elles trouveront dans un rang plus ancien. Soutenir le contraire, serait une erreur radicale. Il suit de là que l'art. 834 n'a pas amélioré la position des créanciers non inscrits lors de la vente, dans leur rapport avec les autres créanciers déjà inscrits à cette époque.

En quoi donc l'art. 834 leur a-t-il porté secours?

D'abord, en ce qu'ils auront préférence sur les simples chirographaires ; ensuite, en ce qu'ils auront droit de suite, c'est-à-dire qu'ils pourront suivre l'immeuble ès mains du tiers détenteur (ce qu'ils n'auraient pu faire sous le Code civil), l'en déposséder et le faire vendre publiquement.

Que veut-on dire par conséquent quand on vient soutenir que le *droit de suite* sera paralysé? Y a-t-on bien réfléchi? Ne confondrait-on pas le droit

de suite avec le droit de préférence? Ignore-t-on que le droit de suite appartient au dernier créancier inscrit comme au premier.

Si l'on trouve extraordinaire que le créancier du tiers détenteur plus ancien en inscription ait préférence sur le créancier du précédent propriétaire, dont l'inscription est postérieure, je réponds que je m'étonnerais fort qu'il en fût autrement. Oublie-t-on que ce sont les inscriptions qui font la base de la confiance publique? Quoi donc! un créancier de Pierre, tiers détenteur, aura prêté ses fonds par la seule considération qu'il n'aura pas trouvé d'inscription prise par les créanciers du précédent propriétaire; il aura accepté avec assurance l'hypothèque que Pierre lui aura donnée; il l'aura fait inscrire première en date, et l'on voudrait que, lors du délaissement, des créanciers porteurs d'inscriptions postérieures vinssent lui ravir ses droits? Je pense qu'on n'a pas prévu tous ces inconvéniens; sans cela, on n'aurait pas proposé une opinion si contraire aux vrais principes.

On ne pourra pas objecter, au surplus, que le tiers détenteur ne pouvant (d'après l'art. 2175) rien faire qui affaiblisse les droits des créanciers hypothécaires du précédent propriétaire, il n'a pas pu concéder des hypothèques à leur préjudice. Car, comme je l'ai dit ci-dessus, il n'y a que les actes *postérieurs aux inscriptions* (1) qui puissent donner lieu à un recours contre le tiers détenteur.

(1) N° 832.

Et ici les hypothèques concédées par le tiers détenteur, et inscrites par ses créanciers, sont *antérieures aux inscriptions* des créanciers du précédent propriétaire.

En voilà assez pour montrer que les moyens qu'offre l'art. 2177 se dissipent devant les principes invariables de l'art. 2134, combiné avec l'art. 834 du Code de procédure civile.

843 *bis*. Que deviennent les servitudes constituées par le tiers détenteur délaissant ?

Les auteurs modernes n'ont pas, à ma connaissance, traité cette question. Elle est importante, cependant, et présente des difficultés.

Loyseau se borne à dire, sur cette question, que les servitudes constituées par le délaissant subsistent (1). Mais Bourjon veut que celui qui a obtenu la servitude ne puisse en continuer l'exercice qu'en se soumettant à faire vendre l'héritage à si haut prix, que les créanciers des auteurs du délaissant seront entièrement payés. Car, dit Bourjon, cette servitude ne peut nuire en aucune façon aux créanciers qui poursuivent le délaissement; autrement leur hypothèque se trouverait affaiblie par le fait d'un tiers, ce qui ne peut être (2).

Il me semble que cette opinion devait souffrir des difficultés d'après les anciens principes. Car, suivant la jurisprudence de ce temps, le délaissant

(1) Liv. 6, ch. 7, n° 6.

(2) T. 2, p. 650. Arg. de ce qui se faisait en matière de déguerpissement. Pothier, Bail à rente, n° 182.

n'était tenu de remettre l'héritage que dans l'état où il se trouvait à l'époque de la demande (1). Etant propriétaire, pouvant user et abuser, pourquoi n'aurait-il pas pu constituer des servitudes? Ce n'est qu'autant que ces servitudes auraient été constituées depuis la demande, qu'elles n'auraient pu être opposées aux créanciers hypothécaires.

Sous le Code civil, on se trouve partagé entre deux principes contraires, et qu'il faut concilier : l'un, que le délaissement n'empêche pas le délaissant d'avoir été et d'être encore vrai propriétaire; l'autre, que, depuis les inscriptions, le tiers détenteur n'a pu rien faire pour rendre plus mauvaise la condition des créanciers. Or, comment peut-on savoir que la servitude a nui ou non aux droits des créanciers? On ne peut le savoir qu'après la vente de l'immeuble; et cependant, si l'on vend cet immeuble sans les servitudes, et que le prix qu'on retire de l'adjudication soit plus que suffisant pour payer les créanciers, il en résultera qu'on aura éteint, sans aucun motif, une servitude qui pouvait être fort utile à celui qui l'avait obtenue.

Pour mettre d'accord ces divers intérêts, je crois qu'il faudra autoriser les créanciers poursuivans à exiger qu'en cas de préjudice, le tiers détenteur les indemnise de la constitution de la servitude; ils pourront même, si cela est nécessaire, étendre leur action en indemnité jusqu'au propriétaire lui-même de la servitude; car ce der-

(1) *Suprà*, n° 831.

nier n'a pu acquérir de droits préjudiciables aux inscriptions. (Arg. de l'art. 2175).

Par cette combinaison, tous les droits seront garantis. Les créanciers du précédent propriétaire n'éprouveront aucun dommage, et le propriétaire de la servitude conservera son droit, sauf indemnité s'il y a préjudice, et si le tiers détenteur est hors d'état de le payer.

ARTICLE 2178.

Le tiers détenteur qui a payé la dette hypothécaire, ou délaissé l'immeuble hypothéqué, ou subi l'expropriation de cet immeuble, a le recours en garantie tel que de droit contre le débiteur principal.

SOMMAIRE.

844. Éviction que produit le délaissement. Distinction de Loyseau rejetée. Étendue du recours en garantie contre le vendeur.

COMMENTAIRE.

844. Le délaissement par hypothèque produit pleine éviction. C'est-à-dire que l'acheteur a contre le vendeur l'action pour la restitution du prix et les dommages et intérêts.

Mais faut-il que, pour qu'il y ait lieu à éviction, l'acquéreur ait dénoncé les poursuites au vendeur avant le délaissement, ou au moins avant la vente par adjudication?

Loyseau décide cette question par une distinction entre la partie de la demande en garantie qui porte sur la restitution du prix, et celle qui porte sur les dommages et intérêts.

Dans tous les cas, le vendeur est tenu de la restitution du prix, soit que la poursuite lui ait été ou non dénoncée ; mais il n'est tenu des dommages et intérêts que lorsque le tiers détenteur lui a dénoncé le trouble, et l'a sommé en temps et lieu. « Le vendeur lui dira que, s'il eût été averti du » cret, il ne l'aurait pas laissé achever ; mais il eût » payé promptement ces dettes, ou du moins il » n'eût pas laissé vendre l'héritage à si vil prix, » mais il eût interposé les enchérisseurs (1). »

Mais je doute que cette distinction soit admissible aujourd'hui. Le vendeur est toujours averti, d'après l'art. 2169, par le commandement de payer qui lui est fait à la requête du créancier poursuivant. Il ne peut plus prétendre cause d'ignorance. S'il n'a pas payé le poursuivant, c'est qu'il n'en avait pas le moyen ou qu'il ne l'a pas voulu.

Le tiers détenteur a droit de répéter ce qu'il a payé de son prix, les loyaux coûts de son acquisition, toutes les dépenses qu'il a faites sur l'héritage par lui délaissé, et tous dommages et intérêts tels que de droit (2).

Si ces créanciers personnels avaient été col-

(1) Liv. 6, ch. 7, n° 11.

(2) *Suprà*, t. 3, n° 838. *Infrà*, t. 4, n° 967 ; et Répert., v° Transcription. V. mon commentaire sur *la Vente*, n°s 487 et suiv.

loqués sur le prix, ce qui leur aurait été payé devrait être déduit de ce que le précédent propriétaire aurait à lui rembourser pour dommages et intérêts, etc. (1).

Article 2179.

Le tiers détenteur qui veut purger sa propriété en payant le prix, observe les formalités qui sont établies dans le chapitre 8 du présent texte.

SOMMAIRE.

845. Renvoi pour tout ce qui tient à la purgation des hypothèques.

COMMENTAIRE.

845. Je m'occuperai, sous les art. 2181 et suivans, des formalités relatives au purgement et qui out été établies pour soustraire le tiers détenteur aux poursuites autorisées par le chapitre qui vient d'être analysé.

Nous avons dit *sapra*, n° 778 *quat.*, pour quel motif l'art. 2179 ne renvoie pas au chap. 9, qui indique les moyens de purger les hypothèques légales.

(1) Loyseau, liv. 6, ch. 7, n° 6.

FIN DU TROISIÈME VOLUME.

TABLE DES MATIÈRES

CONTENUES DANS CE VOLUME.

FIN DE LA TABLE DES MATIÈRES.

I0046048

www.ingramcontent.com/pod-product-compliance
Lightning Source LLC
Chambersburg PA
CBHW060909220326
41599CB00020B/2901
* 9 7 8 2 3 2 9 0 5 7 3 8 5 *